INHALTSVERZEICHNIS

Noch gewusst?	6
Basiskonzepte	7

Energiefluss und Stoffkreisläufe — 10

1 Der Rasen vor der Haustür

Pflanzen im Rasen	12
Tiere im Lebensraum Rasen	16
Räuber-Beute-Beziehung	20
Rasen – Weide – Wiese	24
METHODE Untersuchung eines Ökosystems	28
Systeme	32

2 Lebewesen wandeln Energie um

Die Zelle	34
Die Fotosynthese	38
Die Zellatmung	42
IM BLICKPUNKT NATURWISSENSCHAFT Energie	44
Fotosynthese und Zellatmung sind miteinander verknüpft	46
BASISKONZEPT Stoff- und Energieumwandlung	48

3 Der Wald

Pflanzen im Laubwald	50
Moose und Farne	54
Wälder unterscheiden sich	58
Laub- und Nadelbaum im Vergleich	62
Tiere im Wald	64
Spinnen	68
Pilze	72
Lebewesen verändern ihre Umwelt	76
IM BLICKPUNKT GEOWISSENSCHAFTEN Boden	77
IM BLICKPUNKT BODENÖKOLOGIE Zersetzung von Laub	80
METHODE Bestimmung von Bodenlebewesen	81
Bedeutung des Waldes	82
METHODE Naturschutzkonflikte lösen	86

4 Stehende Gewässer

Teich – Weiher – Tümpel – See	88
Einzeller im Teichwasser	92
Tiere im und am Teich	96
METHODE Tierbestand des Teiches erfassen	102

5 Fließgewässer

Von der Quelle bis zur Mündung	104
Tiere im Fließgewässer	108
Veränderung eines Fließgewässers	112
IM BLICKPUNKT TECHNIK Kläranlagen	116
METHODE Biologische Gewässergüte bestimmen	118

6 Mensch und Biosphäre

Beeinflussung der Biosphäre	120
Nachhaltiges Handeln	124

ÜBERPRÜFE DEIN GRUNDWISSEN Energiefluss und Stoffkreisläufe	127

INHALTSVERZEICHNIS

Kommunikation und Regulation — 130

1 Signale senden, empfangen und verarbeiten
- Reize und Sinnesorgane 132
- Sinnes- und Nervenzellen 134
- Gehirn und weiteres Nervensystem 138
- Vom Reiz zur Wahrnehmung 142
- Reiz und Reaktion 144
- Lernen und Gedächtnis 148

2 Krankheitserreger erkennen und abwehren
- Bakterien als Krankheitserreger 152
- IM BLICKPUNKT GESCHICHTE 153
  Alexander FLEMING entdeckt das Penicillin
- Viren als Krankheitserreger 156
- Weitere Krankheitserreger 158
- Immunabwehr 162
- Immunisierung 166
- IM BLICKPUNKT MEDIZIN Blutgruppen 170
- IM BLICKPUNKT MEDIZIN Allergien 171
- HI-Virus – Angriff auf das Immunsystem 172

3 Hormone – Signalstoffe im Körper
- Der Blutzuckergehalt wird geregelt 176
- IM BLICKPUNKT MEDIZIN Diabetes 178
- Stress 180

ÜBERPRÜFE DEIN GRUNDWISSEN 184
Kommunikation und Regulation

Fortpflanzung und Entwicklung — 186

1 Pubertät
- Zeit des Erwachsenwerdens 188
- Geschlechtsorgane 192

2 Sexualität und Fortpflanzung
- Menstruationszyklus und Schwangerschaft 196
- Liebe und Sexualität 200
- Sexualität und Verantwortung 204

ÜBERPRÜFE DEIN GRUNDWISSEN 208
Fortpflanzung und Entwicklung

Individualentwicklung des Menschen — 210

1 Der Lebenslauf des Menschen
- Die Entwicklung von Embryo und Fetus 212
- Mitose und Zellteilung 214
- Von der Zelle zum Organismus 218
- Von der Befruchtung bis zum Tod 222

2 Verantwortlicher Umgang mit dem eigenen Körper

Die Nahrung liefert Stoffe und Energie 224

Enzyme erschließen Nährstoffe 228

Gesunde Ernährung 232

Legale Drogen 236

Illegale Drogen 240
IM BLICKPUNKT RECHT Jugendschutzgesetz 243

3 Organspender werden?

Die Niere 244

Organsysteme im Überblick 246

Organspende und Organtransplantation 248

ÜBERPRÜFE DEIN GRUNDWISSEN 251
Individualentwicklung des Menschen

2 Genetische Familienberatung

Genmutationen und ihre Folgen 280

Weitere Mutationen 284

Methoden der Humangenetik 288
METHODE Stammbäume lesen und auswerten 291

ÜBERPRÜFE DEIN GRUNDWISSEN 294
Grundlagen der Vererbung

Evolutionäre Entwicklung 296

1 Den Fossilien auf der Spur

Fossilien – Zeugen für die Evolution 298

Fossilien mit besonderer Bedeutung 302

Lebewesen der Vergangenheit 306

2 Lebewesen und Lebensräume dauernd in Veränderung

DARWINs Theorie 310

Entstehung von Vielfalt 314

Stammbaum der Wirbeltiere 318

Stammesentwicklung des Menschen 322

Der Mensch erobert die Erde 328
IM BLICKPUNKT GESCHICHTE 332
Menschliche Rassen – ein umstrittener Begriff

Grundlagen der Vererbung 252

1 Gene – Puzzle des Lebens

Kinder sehen ihren Eltern ähnlich 254

Vererbungsregeln 256

Weitere Vererbungsregeln 262

Bildung der Geschlechtszellen 266

Chromosomen – Träger der Erbinformation 270

Vom Gen zum Merkmal 274

Modifikation 278

3 Vielfalt der Lebewesen als Ressource

Biodiversität 334

Bedrohte Vielfalt 338

ÜBERPRÜFE DEIN GRUNDWISSEN 342
Evolutionäre Entwicklung

Register 344

Bildquellenverzeichnis 352

NOCH GEWUSST?

Kennzeichen der Lebewesen
- Bewegung
- Stoffwechsel
- Fortpflanzung und Entwicklung
- Wachstum
- Reizbarkeit

Bau und Leistungen des menschlichen Körpers
- Körperhaltung und Bewegung
- Ernährung und Verdauung
- Atmung und Blutkreislauf
- Aktiv werden für ein gesundheitsbewusstes Leben

Methoden
- Ein Versuchsprotokoll erstellen
- Ordnen
- Einen Steckbrief erstellen
- Beobachten und Beschreiben
- Vergleichen
- Mit Modellen arbeiten
- Sezieren
- Bestimmungsschlüssel anwenden
- Diagramme erstellen
- Untersuchung mit Lupe und Stereolupe
- Mikroskopieren
- Herbarium – Sammeln und bestimmen
- Bewerten

Basiskonzepte
- Angepasstheit
- Vielfalt
- Struktur und Funktion
- Information und Kommunikation
- Fortpflanzung
- System
- Regelung und Steuerung

Naturschutz
- Schutz gefährdeter Wirbeltiere
- Schutz gefährdeter wirbelloser Tiere
- Schutz gefährdeter Pflanzen

Biosphäre 5/6

Vielfalt von Lebewesen
- Angepasstheit von Säugetieren, Vögeln und Insekten
- Blütenpflanzen haben Organe
- Bestäubung und Befruchtung
- Bildung von Früchten und Samen
- Aus Samen entwickeln sich Pflanzen

Angepasstheiten von Pflanzen und Tieren an die Jahreszeiten
- Pflanzen im Jahresverlauf
- Bau der Pflanzenzelle
- Tiere im Jahresverlauf
- Fische, Amphibien und Reptilien
- Vom Überwintern der Vögel
- Verwandtschaft bei Wirbeltieren
- Entwicklung von Insekten
- Pflanzen und Tiere extremer Lebensräume
- Ein Leben im Zoo

Sexualität des Menschen

- Die Pubertät
- Bau der Geschlechtsorgane von Mann und Frau
- Schwangerschaft, Geburt und Entwicklung vom Säugling zum Kleinkind

Nutztiere und Nutzpflanzen

- Der Hund
- Die Katze
- Rind, Schwein und Haushuhn als wichtige Nutztiere
- Gräser ernähren den Menschen
- Die Kartoffel

Sinne erschließen die Welt
- Sinnesorgane des Menschen
- Sinnesleistungen von Menschen

BASISKONZEPT STRUKTUR UND FUNKTION

Die menschliche Hand ist sehr beweglich. Beim Spielen einer Gitarre werden zum Beispiel im schnellen Wechsel verschiedene Gitarrensaiten mit den Fingern gegen den Gitarrenhals gedrückt. Die Hand führt dabei sehr vielfältige, feine und schnelle Bewegungen aus, sodass sich die Finger beugen und strecken. Diese Funktion wird durch die Struktur der Hand, vor allem durch ihre zahlreichen Fingergelenke und Muskeln, ermöglicht.
Bei biologischen Strukturen ist ein Zusammenhang mit ihrer Funktion zu erkennen. Man spricht vom **Basiskonzept Struktur und Funktion.**

BASISKONZEPT VARIABILITÄT UND ANGEPASSTHEIT

Hainbänderschnecken sind unterschiedlich gefärbt. Neben vollständig gelben Individuen kommen auch dunkelbraune Tiere mit schmalen gelben Streifen sowie alle Zwischenformen vor. Die Ausprägung der verschiedenen Farben beruht auf Erbanlagen und ist ein Beispiel für Variabilität. Helle Schnecken sind in einer hellen Umgebung besser getarnt, dunkle Schnecken in einer dunklen Umgebung. Die jeweils bessere Angepasstheit führt zu einem höheren Fortpflanzungserfolg. Da alle Lebewesen in einer Population Variabilität zeigen und deshalb unterschiedlich gut an ihren Lebensraum angepasst sind, spricht man vom **Basiskonzept Variabilität und Angepasstheit.**

BASISKONZEPT REPRODUKTION UND VERERBUNG

Menschen pflanzen sich wie die meisten vielzelligen Lebewesen geschlechtlich fort. Bei der Befruchtung verschmelzen die Zellkerne von Spermienzelle und Eizelle. Die Zellkerne enthalten Erbmaterial des Mannes und der Frau, das in der befruchteten Eizelle kombiniert wird. Aus der befruchteten Eizelle geht durch Zellteilung und Zelldifferenzierung ein vollständiges Lebewesen hervor. Da die Erbanlagen ausgeprägt werden, tragen die Nachkommen Merkmale ihrer Eltern. Bei der ungeschlechtlichen Fortpflanzung, zum Beispiel bei der Knospung mancher Pflanzen, können Nachkommen ohne die Bildung von Geschlechtszellen entstehen. Auch hierbei wird Erbmaterial weitergegeben. Da sich alle Lebewesen unter Weitergabe von Erbmaterial fortpflanzen, handelt es sich um das **Basiskonzept Reproduktion und Vererbung.**

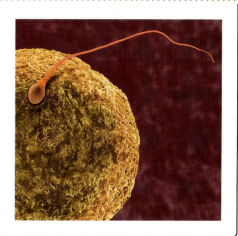

BASISKONZEPT STEUERUNG UND REGELUNG

Schmetterlinge wie der Kleine Fuchs legen sehr kleine Eier. Aus ihnen schlüpfen Larven. Diese Raupen fressen, wachsen und verwandeln sich schließlich in Puppen. Darin findet die Umwandlung zum fortpflanzungsfähigen Falter statt. Da die Schmetterlingsraupen sehr schnell wachsen, häuten sie sich mehrfach. Die Häutung wird durch das Mischungsverhältnis zweier Hormone bestimmt: Das Juvenilhormon verhindert die Puppenbildung, das Hormon Ecdyson löst die Häutung aus. Mit zunehmender Reife des Raupenkörpers verringert sich die Menge des Juvenilhormons, sodass Ecdyson die Verpuppung auslösen kann. Ecdyson steuert die Häutung, das Mischungsverhältnis der beiden Hormone regelt die Entwicklung der Larve. Solche Vorgänge können bei vielen Lebensvorgängen beobachtet werden. Deshalb spricht man vom **Basiskonzept Steuerung und Regelung**.

BASISKONZEPT ENTWICKLUNG

Aus einer befruchteten Eizelle entsteht durch Zellteilung und Zelldifferenzierung ein neues Lebewesen. Dabei entwickeln sich aus einer einzigen Zelle viele unterschiedlich spezialisierte Zelltypen, die zu Geweben und Organen zusammengefasst den neuen Organismus bilden.
Bedingt durch einen Klimawandel entstand vor etwa sechs Millionen Jahren in Ostafrika aus einem Waldgebiet eine Savannenlandschaft. Die daraus resultierenden Änderungen der Lebensbedingungen hatten eine Entwicklung der dort lebenden Vorfahren des Menschen zur Folge. Diese führte zu verschiedenen Vormenschen- und Menschenarten, von denen schließlich nur Homo sapiens überlebt hat.
Beides sind Beispiele für das **Basiskonzept Entwicklung**.

BASISKONZEPT INFORMATION UND KOMMUNIKATION

Sobald die Störche aus ihren Winterquartieren zurückgekommen sind, beginnt die Paarungszeit. Das Männchen steht dann oft im Horst, legt den Kopf zurück und klappert laut mit dem Schnabel. Das Klappern ist eine Information für die Weibchen und signalisiert die Paarungsbereitschaft des Männchens. Während des Balzrituals klappern beide. Sie tauschen so Informationen aus, sie kommunizieren.
Das Senden und Empfangen von Informationen dient der Verständigung unter den Lebewesen. Man spricht hier vom **Basiskonzept Information und Kommunikation**.

BASISKONZEPT SYSTEM

Ein vielzelliges Lebewesen wie der Mensch besteht aus verschiedenen Organen, die zusammenwirken. Manche von ihnen sind zu Einheiten zusammengefasst, die eine gemeinsame Funktion haben, zum Beispiel die Organe des Verdauungssystems. Bestimmte Teile des Gehirns steuern die Vorgänge im Körper und koordinieren so ihr Zusammenspiel. Der Mensch besteht also wie alle Lebewesen aus Einzelteilen, die aufeinander Einfluss haben und zusammenwirken. Daher kann man ihn als System ansehen.

Auch einzelne Zellen bestehen aus Einzelteilen, die zusammenwirken. Somit können auch einzelne Zellen als System angesehen werden.

In ihrer Umwelt hängen alle Lebewesen von Umweltfaktoren ab, die auf sie einwirken. Umgekehrt beeinflussen auch Lebewesen ihre Umwelt. Deshalb kann man die Umwelt eines Lebewesens, die man Ökosystem nennt, ebenfalls als System ansehen. Sogar die gesamte belebte Welt, die Biosphäre, bildet in dieser Betrachtungsweise ein System.

Weil man auf allen Anschauungsebenen, auf denen man die belebte Welt betrachtet, Systeme entdecken kann, spricht man vom **Basiskonzept System.**

BASISKONZEPT STOFF- UND ENERGIEUMWANDLUNG

Die großen Blätter der Bananenpflanze nehmen viel Sonnenlicht auf. Die darin enthaltene Lichtenergie wird im Prozess der Fotosynthese in chemische Energie umgewandelt, die in Glukose gespeichert wird. In den Früchten sind große Mengen von Kohlenhydraten wie Glukose und Stärke enthalten. Sie sind Energielieferanten für Stoffwechselprozesse der Pflanzen.

Aufgrund des hohen Kohlenhydratgehaltes eignen sich Bananen auch als Energiequelle für Sportler. In der Zellatmung wird die in der Glukose enthaltene Energie in andere Energieformen umgewandelt, zum Beispiel in Bewegungsenergie. Dabei wird die Glukose zu Wasser und Kohlenstoffdioxid abgebaut.

Alle Lebensvorgänge sind an die Umwandlung von Stoffen und Energie gebunden. Daher spricht man vom **Basiskonzept Stoff- und Energieumwandlung.**

Energiefluss und Stoffkreisläufe

1 **Der Rasen vor der Haustür** 12

2 **Lebewesen wandeln Energie um** 34

3 **Der Wald** 50

4 **Stehende Gewässer** 88

5 **Fließgewässer** 104

6 **Mensch und Biosphäre** 120

In diesem Kapitel beschäftigst du dich mit

- verschiedenen Lebensräumen. Du erfährst, wie man sie beschreibt und untersucht. Du lernst Zusammenhänge zwischen Lebewesen untereinander sowie Wechselwirkungen von Lebewesen und ihrem Lebensraum kennen.

- Stoffkreisläufen und der Energieumwandlung in Lebewesen. Du lernst, dass Zellen für unterschiedliche Energieumwandlungen spezialisiert sind und wie sich dies auf das gesamte Lebewesen auswirkt. Du erfährst außerdem, welche Bedeutung die Vorgänge der Fotosynthese und der Zellatmung in einzelnen Zellen und für ganze Ökosysteme haben.

- den Ökosystemen Rasen, Wald, See und Fließgewässer. Du lernst ihre wesentlichen Strukturen und Wirkungszusammenhänge kennen. Dabei erfährst du, wie natürliche Faktoren und menschliches Handeln die Zusammensetzung und das Funktionieren von Ökosystemen beeinflussen.

- dem besonderen Verhältnis von Mensch und Biosphäre. Du lernst, welche Schwierigkeiten es den Menschen bereitet, die Biosphäre für nachfolgende Generationen lebenswert zu hinterlassen. Dabei erfährst du, was du zum Schutz der Umwelt beitragen kannst.

ENERGIEFLUSS UND STOFFKREISLÄUFE
DER RASEN VOR DER HAUSTÜR

01 Rasenmähen

Pflanzen im Rasen

Einmal in der Woche wird der Rasen gemäht – auch wenn die Gänseblümchen blühen. Wie können sie und die Graspflanzen nach dem Schnitt weiterwachsen?

DER RASEN · Kurze grüne Grashalme bestimmen das Bild vom Rasen. Bei genauerem Hinsehen entdeckt man allerdings Unterschiede in der **Wuchsform** verschiedener Gräser. Einige Graspflanzen wie die Wiesenrispe und der Rotschwingel bilden *Ausläufer*. Oft verlaufen die Ausläufer unter der Erde. Daneben gibt es Graspflanzen ohne Ausläufer. Hierzu gehört das Ausdauernde Weidelgras. Es wächst in kleinen Büscheln, den *Horsten*.

Schon beim Aussäen wurde darauf geachtet, dass Gräser mit den verschiedenen Wuchsformen vorkommen. Die Horste des Weidelgrases sind erwünscht, weil sie einen teppichartigen Rasen bilden. Wenn aber einzelne dieser Pflanzen zertreten werden, kann Weidelgras nicht in die entstandene Lücke wachsen, weil es keine Ausläufer bildet. Daher wurden auch Ausläufer bildende Grasarten ausgesät.

Alle Grasarten vertragen es, wenn ihre Blätter teilweise abgeschnitten oder abgefressen werden. Das liegt zum einen daran, dass ihre Blätter an Stellen weiterwachsen können, die nah am Boden sind. Zum anderen liegt die Spitze ihres Sprosses geschützt zwischen den Blättern. Sie wird nicht abgemäht. Die genannten Merkmale sind eine Anpassung an Tierfraß, die auch Schnittverträglichkeit zur Folge hat.

02 Ausdauerndes Weidelgras

03 Wachstumsbereiche bei Gräsern

Beschriftungen Abb. 03: wachsendes Blatt; vollständig entwickeltes Blatt; Blattspreite; hier kann abgeschnitten werden; Blattscheide; hier können Blätter weiterwachsen; Triebspitze; Knoten; Wurzel

04 Pflanzen zwischen Graspflanzen: **A** Braunelle, **B** Persischer Ehrenpreis, **C** Gänseblümchen, **D** Löwenzahn, **E** Weißklee

KONKURRENZ IM RASEN · Die Graspflanzen bedecken den Boden dicht. Trotzdem können einige andere Pflanzen zwischen ihnen gedeihen: Die Sprosse von Braunelle, Persischem Ehrenpreis und Weißklee wachsen am Boden zwischen den Graspflanzen. Ihre Blätter und Blüten reichen nach oben aus dem Rasen. Werden sie abgeschnitten, überdauern die niederliegenden Sprosse und bilden neue Blätter aus. Daher halten diese Pflanzen den Schnitt aus. Löwenzahn, Gänseblümchen und auch Breitwegerich haben kurze Sprosse und breite Blätter. Diese liegen ganz dicht am Boden. Wo sie wachsen, wächst kein Gras. Da sie so niedrig wachsen, werden sie beim Mähen nicht zerstört. Sie ertragen den Schnitt.

BETRETEN ERLAUBT · Weil Graspflanzen neue Blätter aus ihrem kurzen Spross ganz nah am Boden ausbilden, überleben sie ohne Probleme, wenn man auf sie tritt. Auch die niederliegenden Sprosse ihrer Konkurrenten Braunelle, Ehrenpreis und Weißklee werden nicht beschädigt. Sie sind durch die darüber liegenden Graspflanzen geschützt. Die Blätter von Breitwegerich, Löwenzahn und Gänseblümchen liegen zwar frei, sind aber unempfindlich gegen Tritt. Die genannten Eigenschaften der Pflanzen ermöglichen es, dass man einen Rasen häufig betreten kann.

LEBENSRAUM RASEN · Der Rasen ist ein von Menschen eingerichteter und gepflegter **Lebensraum** für bestimmte Gräser. Er bietet aber auch weiteren Pflanzenarten Lebensmöglichkeit. Sie müssen nur die vom Menschen und einigen Tieren ausgehenden Faktoren Tritt, Fraß und Schnitt sowie die Konkurrenz untereinander und mit den Gräsern aushalten.

Da die Faktoren Tritt, Fraß, Schnitt und Konkurrenz von Lebewesen ausgehen, bezeichnet man sie als **biotische Faktoren.**

1. Beschreibe, wie ein Rasen entsteht und wie er sich weiter entwickelt!
2. Erläutere, wie Gräser mit anderen Pflanzen um den Platz konkurrieren!
3. Erläutere, wie der Mensch als biotischer Faktor für die Pflanzen im Rasen wirkt!

05 Wiesenrispe

06 Rotschwingel

ENERGIEFLUSS UND STOFFKREISLÄUFE
DER RASEN VOR DER HAUSTÜR

07 Rasenpflanzen im feuchten oder trockenen Boden: **A** Gundermann, **B** Sternmoos, **C** Kranzmoos, **D** Schafgarbe

griechisch a- = un-

griechisch bios = Leben

LICHT UND BODENFEUCHTE · Wiesenrispe, Rotschwingel und Weidelgras wachsen im Rasen am besten, wenn sie sonnig stehen. Im Schatten wachsen sie nicht mehr dicht beieinander. Daher sieht ein Rasen im Schatten eines Baumes oder Hauses auch anders aus als ein Rasen in der Sonne. Außerdem wachsen im Schatten andere Pflanzen zwischen den Gräsern als in sonnigen Bereichen: Gundermann und Gewelltes Sternmoos wachsen an feuchten, schattigen Stellen, Schafgarbe und Kranzmoos an sonnigen, trockenen.

Wenn Licht und Bodenfeuchte unterschiedlich sind, ist in der Regel auch die Zusammensetzung des Rasens anders. Also sind Licht und Bodenfeuchte für die Pflanzen bedeutsame Faktoren. Man nennt sie **abiotische Faktoren**, weil sie nicht direkt von Lebewesen ausgehen.

MINERALSTOFFE IM BODEN · Pflanzen benötigen für ihr Wachstum Mineralstoffe. Diese erhalten sie aus dem Boden. Dennoch zeigt sich bei diesem *abiotischen Faktor*, dass einige Pflanzen dort vorkommen und gut wachsen, wo viele Mineralstoffe im Boden vorhanden sind, andere aber nicht. Also hängt die Zusammensetzung des Rasens auch mit diesem Faktor zusammen: Den Rotschwingel findet man oft an Stellen, wo wenig Mineralstoffe im Boden sind, Weidelgras und Wiesenrispe wachsen häufig dort, wo der Mineralstoffgehalt des Bodens mittelmäßig hoch ist.

Am Lebensraum Rasen lässt sich erkennen, dass zahlreiche biotische und abiotische Faktoren auf ein Lebewesen einwirken.

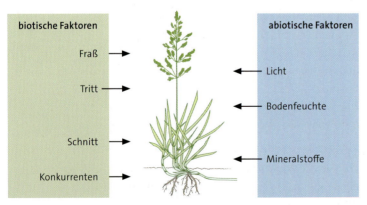

08 Wiesenrispenpflanze mit bedeutsamen Faktoren im Rasen

4 Erläutere, was Abbildung 08 aussagt!

MATERIAL

Material A ▸ Rasen bei unterschiedlicher Beleuchtung

Angetroffene Grasarten	Unbeschatteter Bereich		Beschatteter Bereich	
	Deckung	Gesamtdeckung	Deckung	Gesamtdeckung
	alle Angaben erfolgen in Prozent der Bereichsfläche			
Weidelgras	41	98	0	15
Rotschwingel	23		9	
Wiesenrispe	18		0	
Einjähriges Rispengras	13		6	
Straußgras	3		0	

Wenn man Rasenflächen von oben betrachtet, kann man unterschiedlich viel vom Erdboden sehen. Der Teil des Erdbodens, der von Pflanzen verdeckt ist, wird als Deckung bezeichnet. Man unterscheidet dabei die Gesamtdeckung durch alle Pflanzen und die Deckung durch einzelne Pflanzenarten. Auf mehreren Rasenflächen wurde die Deckung erfasst.

Dabei wurden jeweils durch Bäume beschattete (B) und unbeschattete (A) Bereiche eines Rasens verglichen. In beiden Bereichen eines jeden Rasens war dieselbe Mischung von Grasarten ausgesät worden. Die Ergebnisse der Untersuchung eines Rasens sind in der Tabelle dargestellt. Untersuchungen bei anderen Flächen und Grasmischungen führten zu ähnlichen Ergebnissen.

A1 Beschreibe die in der Tabelle dargestellten Ergebnisse!

A2 Erläutere, welche Auswirkungen der abiotische Faktor Licht auf die Individuen einzelner Rasenarten hat!

A3 Erläutere, dass auch biotische Faktoren das Ergebnis der Untersuchung beeinflussen!

Material B ▸ Beobachtung an Breitwegerichpflanzen

Breitwegerichpflanzen (A) haben einen kurzen Spross, an dem die Blätter

sitzen. Die Seitensprosse mit jeweils einem Blütenstand sind blattlos. Im Rasen werden die Blütenstände regelmäßig abgemäht.

B1 Beschreibe die unterschiedlichen Wuchsformen der Wegerichpflanzen in einem Rasen (B) und am Wegrand (C)!

B2 Nenne biotische Faktoren für Rasen und Wegrand, die gleich oder unterschiedlich sind!

B3 Nenne biotische Faktoren, die im Rasen wahrscheinlich verhindern, dass die Wuchsform des Wegerichs in C entsteht!

B4 Begründe alle Nennungen!

ENERGIEFLUSS UND STOFFKREISLÄUFE
DER RASEN VOR DER HAUSTÜR

01 Jagderfolg

Tiere im Lebensraum Rasen

Die Amsel hat einen Regenwurm aus dem Rasen gezogen. Welche weiteren Tiere gibt es im Lebensraum Rasen?

PFLANZENFRESSER · Auf dem Rasen sieht man in der Regel nicht viele Tiere. Das heißt aber nicht, dass hier nur wenige leben. Vielmehr sind die, die an den Pflanzen fressen, unauffällig oder kommen dann, wenn sie nicht durch Menschen gestört werden: Wiesenschnakenlarven und die Larven des Gartenlaubkäfers leben unterirdisch und fressen an den Wurzeln der Graspflanzen. Blattläuse sind sehr klein und fallen nur in großer Anzahl auf. Sie stechen mit einem Rüssel in pflanzliche Zellen und leben von deren Inhalt. Regenwürmer leben unterirdisch. Sie ziehen abgestorbene Pflanzenteile in ihre Gänge. Hier werden

02 Feldmaus

03 Gartenlaubkäfer: **A** Käfer, **B** Larve

04 Auf und in dem Rasen: **A** Wiesenschnake, **B** Wiesenschnakenlarve, **C** Schwarze Wegameise, **D** Grünspecht, **E** Mauswiesel

die Pflanzenteile von Bakterien und nur mikroskopisch sichtbaren Pilzen verdaut. Das Produkt wird von den Regenwürmern gefressen. In vielen Städten gibt es Wildkaninchen, die meistens nachts auf den Rasenflächen Gras fressen. Feldmäuse und Schermäuse graben Gänge und fressen ebenfalls Gräser sowie andere Pflanzen.

Im Rasen sind also oberirdische und unterirdische Teile der Gräser und anderer Pflanzen Nahrung für verschiedene Tiere. Diese Tiere leben von den energiereichen Stoffen, aus denen die Pflanzen aufgebaut sind. Sie konsumieren diese Stoffe. Daher nennt man sie **Konsumenten**.

Pflanzen stellen dagegen aus energiearmen Stoffen mithilfe der *Fotosynthese* energiereiche Stoffe her, die sie zum Aufbau ihres Körpers nutzen. Man nennt sie **Produzenten**.

TIERFRESSER · Tiere, die sich im Rasen von Pflanzen ernähren, können selbst Nahrung für andere Tiere sein: Im Boden lebende Maulwürfe fressen Regenwürmer, Insekten, Insektenlarven und junge Mäuse. Ameisen ernähren sich von verschiedenen Insekten und trinken den Honigtau, eine zuckerhaltige Flüssigkeit, die Blattläuse ausscheiden.

Auf dem Rasen finden sich auch Tierfresser aus anderen Lebensräumen ein: Mauswiesel erbeuten Feldmäuse und Kaninchen. Grünspechte fressen Ameisen. Ein Sperber fängt eine Amsel oder auch einen Grünspecht.

Weder Pflanzenfresser noch Tierfresser können energiereiche Stoffe aus energiearmen herstellen. Sie alle sind *Konsumenten*.

Viele Tiere sind nicht ausschließlich Pflanzen- oder Tierfresser. Amseln zum Beispiel ernähren sich nicht nur von Würmern, Insekten und deren Larven, sondern auch von Früchten. Feldmäuse fressen manchmal auch Insekten. Solche Tiere nennt man **Allesfresser**.

1. Erläutere, worin sich Pflanzen- und Tierfresser gleichen und unterscheiden!

2. Beschreibe zwei verschiedene Wege, auf denen energiereiche Stoffe von einer Graspflanze bis in einen Sperber gelangen können!

05 Regenwurm

lateinisch consumere = verbrauchen

lateinisch producere = hervorbringen

ENERGIEFLUSS UND STOFFKREISLÄUFE
DER RASEN VOR DER HAUSTÜR

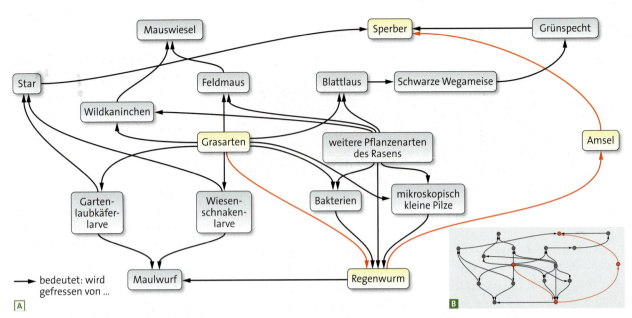

06 Nahrungsbeziehungen im Lebensraum Rasen: **A** Ausschnitt aus einem Nahrungsnetz, **B** Netzstruktur

ERNÄHRUNGSVIELFALT · Die Nahrungsbeziehungen zwischen Pflanzen, Tieren, Pilzen und Bakterien sind vielfältig. Zur Veranschaulichung dieser Beziehungen zeichnet man ein Begriffsdiagramm, in dem die Namen der betrachteten Arten mit Pfeilen verbunden werden. Das entstandene Bild ähnelt einem Netz, dessen Knoten durch die Namen der Arten gebildet werden. Daher nennt man diese Abbildung ein **Nahrungsnetz**.

Ein Weg durch solch ein Netz gleicht einer Kette und wird deshalb als **Nahrungskette** bezeichnet. So ist der Weg Gras → Regenwurm → Amsel → Sperber eine *Nahrungskette*.

ENERGIEWEITERGABE · Auch abgestorbene Pflanzen sind Nahrungsgrundlage für Tiere. So zieht der Regenwurm zunächst Pflanzenteile in den Boden, die hier von Bakterien und Pilzen verdaut werden. Danach frisst er sie. Auf diesem Weg erhält der Regenwurm energiereiche Stoffe. Er kann damit die Energie verwerten, die in abgestorbenen Pflanzen enthalten ist. Es gibt viele Tiere, die Regenwürmer fressen: Spitzmäuse, Maulwürfe und bestimmte Fliegenlarven erbeuten die Regenwürmer unterirdisch. Stare, Amseln und Krähen ziehen die Würmer aus dem Boden. Kröten fressen Regenwürmer, die sich oberirdisch aufhalten. Sie alle leben also mithilfe der Energie, die ursprünglich in den abgestorbenen Pflanzen enthalten war.

07 Weitergabe energiereicher Stoffe aus abgestorbenen Pflanzen durch Regenwürmer

3) Erläutere mithilfe der Abbildung 07, dass der Regenwurm Teil vieler Nahrungsketten ist!

MATERIAL

Material A ▸ Lebenszyklus des Gartenlaubkäfers

Gartenlaubkäfer ähneln Maikäfern, sind aber bloß 8 bis 12 Millimeter groß. Entsprechend ähneln ihre Larven Maikäferlarven. Sie sind mit bis zu 15 Millimetern allerdings kleiner. Im Mai schlüpfen die Käfer aus Puppen. Oberhalb des Bodens erfolgt die Begattung. Direkt danach legen die Weibchen in etwa 5 bis 16 Zentimetern Tiefe im Boden Eier ab. Rund drei Wochen später schlüpfen die Larven. Sie fressen an Pflanzenwurzeln. Graspflanzen erhalten dann nicht mehr genügend Wasser und vertrocknen. Die Larven leben, wenn sie Graswurzeln fressen, direkt unter der Bodenoberfläche. Sie sind leichte Beute für Vögel, Maulwürfe und andere Tiere. Bei deren Suche nach den Larven kann die Rasennarbe erheblich zerstört werden.

Ab Mitte Oktober wandern die Larven in frostfreie Bodenschichten. Sie verpuppen sich im April. Nach vier Wochen schlüpfen die Käfer, die sich vom Laub verschiedener Bäume und Sträucher ernähren. Sie leben drei Tage bis etwa einen Monat lang.

A1 Beschreibe, wie der Gartenlaubkäfer im Verlauf seines Lebens unterschiedliche Lebensräume und unterschiedliche Nahrung nutzt!

A2 Erläutere, dass der Gartenlaubkäfer ein Konsument ist!

A3 Stelle die im Text benannten Nahrungsbeziehungen durch ein Begriffsdiagramm dar!

A4 Erläutere, wie der Entwicklungszyklus des Gartenlaubkäfers an die Jahreszeiten angepasst ist!

Material B ▸ Formicarium – ein Heim für Ameisen

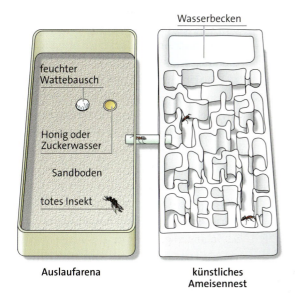

Ameisen findet man im Rasen auf Anhieb. Häufig sieht man sie an einer Stelle aus dem Boden kommen. Es ist einfach, sie in ein künstliches Nest zu bringen und ihre Lebensweise im Klassenraum zu beobachten. Die helle Auslaufarena, in der die Ameisen Futter finden und auch Abfälle aus ihrem Nest ablagern können, erhält einen Boden aus Sand. Das künstliche Nest ist aus Gips gegossen, muss immer etwas feucht gehalten werden und enthält Kammern, in denen die Ameisen Eier, Larven und Puppen versorgen können. Es wird mit einer Glasscheibe bedeckt, auf die noch ein Holzbrett aufgelegt wird, sodass es im Nest dunkel ist. Wenn man die Ameisen beobachten will, kann man das Brett abnehmen.

B1 Erschließe aus dem Material und dem Lehrbuchtext, welche abiotischen und biotischen Faktoren für die Ameisen wichtig sind!

B2 Benenne die Ernährungsweise der Ameisen mit Fachbegriffen!

B3 Stelle die Ernährungsweise der Ameisen in einem Begriffsdiagramm dar!

ENERGIEFLUSS UND STOFFKREISLÄUFE
DER RASEN VOR DER HAUSTÜR

01 Junger Sperber erbeutet Star

Räuber-Beute-Beziehungen

Ein Sperber hat in einem Garten einen Star erbeutet. Obwohl solche Ereignisse häufig vorkommen, leben und brüten in Deutschland jährlich etwa 2,5 Millionen Starenpaare. Wie ist dies zu erklären?

JAGDBILANZ · Ein Sperber schlägt im Durchschnitt pro Tag ein bis drei kleinere Vögel. In Deutschland leben etwa 40 000 Sperber. Wenn sich Sperber nur von Staren ernährten, benötigten sie etwa 15 Millionen dieser Vögel. Da die Stare in Deutschland lediglich zehn Millionen Nachkommen im Jahr haben, fräßen die Sperber mehr als jährlich hinzukommen. Daher gäbe es weniger Stare und als Folge davon auch weniger Sperber. Dass dies nicht so ist, liegt im Wesentlichen daran, dass Sperber nicht nur eine Beutetierart jagen. Sie ernähren sich hauptsächlich von den Arten, die im Gebiet am häufigsten sind. In einer im Jahr 1997 untersuchten Stadt sind dies Grünfink, Haussperling, Kohl- und Blaumeise.

JAGDERFOLG · Sperber sind schnelle und wendige Vögel. Plötzlich hinter einer Hausecke erscheinend, können sie einzelne Vögel auf dem Rasen überraschen und ergreifen. Ein einzelner Star in einem großen Schwarm ist

02 Starenschwarm

03 Star erbeutet Wiesenschnakenlarve

dagegen vor dem Beutegreifer geschützt: Stare fliegen in großen Schwärmen zur Futtersuche, zum Nachtquartier und auch zum Winterquartier. Gerät ein Greifvogel in einen solchen Schwarm, wird er von den Staren so dicht bedrängt, dass er keinen Platz zum Fliegen hat. Er fällt aus dem Schwarm nach unten heraus. Stare sind also keine leichte Beute für den Sperber. Er kann den Bestand an Staren deshalb nicht dauerhaft verringern.

ANGEBOT UND NACHFRAGE · Wiesenschnakenlarven sind eine häufige Nahrung der Stare. Sie leben im Boden und fressen an den Wurzeln der Gräser. Wenn die Larven in großer Anzahl vorhanden sind und nur wenige Stare im Gebiet vorkommen, können trotz großen Nahrungsangebots nur wenige Larven gefressen werden. Daher werden Graspflanzen großflächig zerstört.

Weil in diesem Fall Stare **Räuber** und Schnakenlarven **Beute** sind, lässt sich sagen: Wenn trotz hoher Beuteanzahl die Räuberanzahl gering ist, bleibt die Beuteanzahl groß.

Wiesenschnakenlarven leben außer im Rasen vor allem in feuchten Weiden. Da seit einiger Zeit viele Landwirte ihr Vieh ganzjährig im Stall halten, benötigen sie die Weideflächen nicht mehr. Stattdessen nutzen sie sie beispielsweise als Äcker. Damit hat sich der Lebensraum der Schnaken und anderer Insekten, von denen Stare leben, verkleinert. Die Anzahl der Stare ist gesunken.
Der geschilderte Zusammenhang lässt sich folgendermaßen zusammenfassen: Eine geringe Beuteanzahl bewirkt eine geringe Räuberanzahl. Die *Beute* beeinflusst die Anzahl der *Räuber*.

04 Wiesenschnakenlarven im Rasen

1) Fasse am Beispiel des Stars zusammen, welche Beziehungen zwischen einem Räuber und seiner Beute bestehen!

2) Nenne Bedingungen, die das Überleben von Räuber und Beute ermöglichen!

3) Erstelle ein Begriffsdiagramm mit den Begriffen Lebensraum, Pflanzen, Pflanzenfresser, Räuber 1, Räuber 2!

ENERGIEFLUSS UND STOFFKREISLÄUFE
DER RASEN VOR DER HAUSTÜR

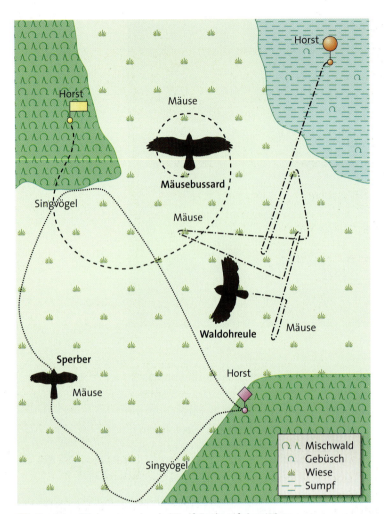

05 Horste und Nahrungsreviere bei Greifvögeln auf einer Wiese

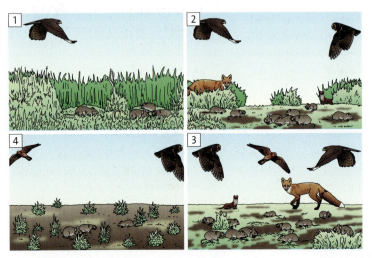

06 Schema zum Feldmauszyklus und seinen Folgen

JAGDKONKURRENTEN · Sperber jagen zwar im Siedlungsbereich, hauptsächlich kommen sie aber an Waldrändern vor. Hier fliegen sie ihre Überraschungsangriffe auf die Beute. Auch Mäusebussarde und Waldohreulen leben dort. Alle drei Greifvogelarten fressen Feldmäuse, konkurrieren also um diese Beute. Der Sperber bevorzugt allerdings kleine Vögel. Mäuse frisst er sehr selten. Waldohreule und Mäusebussard jagen hauptsächlich Mäuse. Die Eule sucht nachts auf der freien Wiesenfläche, der Bussard tagsüber. Da Feldmäuse etwa alle drei Stunden auf Nahrungssuche gehen, haben die Räuber diese Beute ganztägig zur Verfügung. Weil der Sperber hauptsächlich andere Beute frisst und Mäusebussard und Waldohreule zu verschiedenen Tageszeiten jagen, können alle Räuber nebeneinander existieren.

BEUTEZYKLUS · In manchen Jahren, wenn das Wetter geeignet ist, wachsen die Gräser auf einer Wiese besonders gut. Bleiben zudem starke Regenfälle aus, die zum Tod vieler Mäusejungtiere führen, vermehren sich die Feldmäuse stark. Das lockt Räuber wie Fuchs, Greifvögel und Mauswiesel an. Sie ziehen wegen des großen Nahrungsangebots viele Jungtiere groß. Obwohl viele Mäuse gefressen werden, vermehren sich die Mäuse, weil die Überlebenden sehr viele Nachkommen haben. Erst wenn sie so zahlreich geworden sind, dass ihre Nahrung nicht mehr ausreicht und der Platz zu eng wird, sterben viele von ihnen. Jetzt wandern die meisten Raubtiere wieder ab. Andere wie die Mäusebussarde bleiben im Lebensraum und ziehen weniger Jungtiere groß als in vorherigen Jahren. Bei günstiger Witterung können sich die Mäuse erneut vermehren, sodass ein neuer Beutezyklus einsetzt.

4) Erläutere, wie Räuber an ihre jeweilige Beute angepasst sind!

5) Erläutere am Beutezyklus das Basiskonzept Entwicklung!

Material A ▸ Räuber-Beute-Beziehung im Modell

Realität und Modell

Für das Spiel stellt man sich eine Wiese vor, auf der Feldmäuse die Beute von Mauswieseln sind. Jedes Raubtier, das mindestens fünf Beutetiere fängt, überlebt und bekommt Nachkommen. Falls ein Raubtier weniger als fünf Beutetiere fängt, stirbt es oder wandert aus. Zur Durchführung des Spiels benötigt man pro Zweierteam 100 Perlen, eine Petrischale und einen Teelöffel. Die Perlen stehen für die Mäuse. Der Wiese entspricht im Modell die Petrischale, dem Beutefang das Löffeln mit dem Teelöffel.

Für jede Spielrunde bitte eintragen:	Generation = Spielrunde									
	1	2	3	4	5	6	7	8	9	10
Anzahl der Beutetiere bei Beginn der Runde	10	20	32	50	60					
Gesamtanzahl der gefangenen Beutetiere	0	4	7	20						
Anzahl der überlebenden Beutetiere	10	16	25	30						
Anzahl der Raubtiere bei Beginn der Runde	1	1	1	2	5					
Anzahl der überlebenden Raubtiere	0	0	1	2						
Nachkommen der Raubtiere	0	0	1	3						

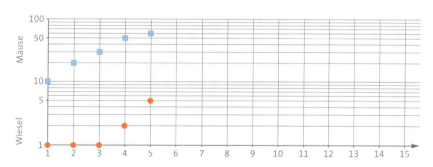

Spielregeln:

1 Das Spiel beginnt mit zehn Perlen in der Petrischale.

2 In jeder Runde wird mindestens einmal gelöffelt, so auch in der ersten Runde.

3 Man löffelt, ohne hinzusehen. Die gelöffelten Perlen kommen zum Vorrat zurück.

4 Zu jeder in der Petrischale verbliebenen Perle wird eine neue hinzugegeben. Falls dann nicht mindestens zehn Perlen in der Schale liegen, wird auf zehn ergänzt. Mehr als 100 Perlen dürfen nicht in die Schale.

5 Sollten fünf oder mehr Perlen auf einen Löffel gekommen sein, darf man in der nächsten Runde zweimal löffeln, ab zehn Perlen dreimal, ab 15 viermal und so weiter.

6 Sollten weniger als fünf Perlen auf dem Löffel sein, darf man in der nächsten Runde einmal weniger löffeln. Regel 2 gilt weiterhin.

7 In jeder Runde wird jedes Löffeln für sich betrachtet. Beispiel: Man darf dreimal löffeln und erhält erst drei, dann vier und schließlich sechs Perlen. Für die nächste Runde gehen durch das erste und zweite Löffeln zwei Möglichkeiten verloren. Durch das dritte Löffeln kommt eine hinzu. Man darf also zweimal löffeln.

A1 Erkläre die Einträge in der Tabelle mit den Spielregeln!

A2 Erläutere die Spielregeln mit den Begriffen der ersten Tabellenspalte!

A3 Übertrage die Tabelle und die Grafik in dein Heft und spiele bis zur 15. Runde weiter!

A4 Vergleiche dein Spielergebnis mit dem anderer Teams! Leite aus den Spielergebnissen Regelmäßigkeiten ab!

A5 Vergleiche Spielregeln und Spielverlauf mit den Ereignissen im Beutezyklus! Stelle Gemeinsamkeiten und Unterschiede dar!

A6 Begründe mit einigen der Spielregeln, dass im Spiel eher Regelmäßigkeiten zu erwarten sind als im natürlichen Beutezyklus!

ENERGIEFLUSS UND STOFFKREISLÄUFE
DER RASEN VOR DER HAUSTÜR

01 Rasen und Wiese

Rasen – Weide – Wiese

Der Rasen im Vordergrund ist gemäht, die Wiese dahinter nicht. Aber auch eine Wiese muss irgendwann gemäht werden. Welche Unterschiede zwischen Rasen und Wiese ergeben sich durch die Art des Mähens?

LEBENSGEMEINSCHAFTEN · Rasen entsteht, wenn man bestimmte Gräser aussät und dann regelmäßig und häufig mäht. Für eine Wiese und eine Weide werden ebenfalls erwünschte Gräser ausgesät. Eine Wiese wird seltener gemäht, nur einige Male im Jahr. Die Weide entsteht durch Tierfraß. Es gibt also jedes Mal einen entscheidenden biotischen Faktor, der wichtig dafür ist, ob ein Rasen, eine Wiese oder eine Weide entsteht. Man könnte an ein und derselben Stelle, dem *Wuchsort*, jeden der drei Grünlandtypen schaffen.

Dieser jeweils bestimmende Faktor hat zum Beispiel Einfluss darauf, wie viel Licht bis auf den Boden kommt. In einer hochgewachsenen Wiese ist dies weniger als beim Rasen und der Weide. Also haben hier biotische Faktoren Einfluss auf einen abiotischen. Weil solche Zusammenhänge in der Natur häufig sind, muss man zum Vergleich von Lebensräumen sämtliche am jeweiligen Wuchsort vorhandenen abiotischen Faktoren, den **Biotop,** und sämtliche Lebewesen, die **Biozönose,** betrachten. Abiotische Faktoren wie das Licht, die Bodenbeschaffenheit und die Feuchte haben Einfluss darauf, welche Pflanzenarten vorkommen. Daher kann man zusammenfassend und verallgemeinernd sagen, dass der Biotop die Biozönose beeinflusst und die Biozönose den Biotop. Durch diese wechselseitige Beeinflussung entsteht ein jeweils besonderes Ganzes, zum Beispiel ein Rasen, allgemein ein **Ökosystem.**

02 Wuchshöhe einer Wiese im Jahresverlauf

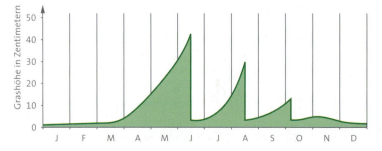

03 Rinderherde auf der Weide

ÖKOSYSTEME RASEN, WIESE, WEIDE · Der *Rasen* im Garten hat nur wenige Lebensbereiche. Kurze Graspflanzen geben ihm ganzjährig eine gleichmäßige Struktur. Die Wuchshöhe der *Wiese* ändert sich dagegen im Verlauf des Jahres stark. Wenn man ihr Zeit zur Entwicklung lässt, sodass Gräser und andere Pflanzen wachsen und zum Blühen kommen, können in einer Wiese viele Tierarten leben. Die Biozönose in der Wiese ist dann artenreicher als die im Rasen.

Die *Weide* enthält ebenfalls mehr Strukturen als der Rasen, weil die Weidetiere nicht alle Pflanzen fressen. Rinder meiden zum Beispiel Gräser in der Nähe ihrer Fladen. Es entsteht ein Mosaik aus kurz gefressenen Bereichen und Stellen, in denen Pflanzen höher wachsen. Darüber hinaus bilden Kuhfladen Teillebensräume, die für viele Tiere wichtig sind. Dungfliegen und Mistkäfer legen hierin ihre Eier ab. Der Neuntöter frisst häufig Tiere aus den Fladen.

1 ⌋ Stelle das Ökosystem Wiese in einem Kurzvortrag vor! Benutze die Abbildungen 01, 02 und 04!

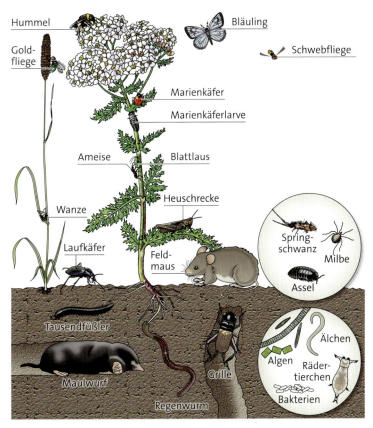

04 Strukturen in einer Wiese und zugeordnete Tiere

MATERIAL

Material A ▸ Veränderung der Artenzusammensetzung auf Wiese und Weide

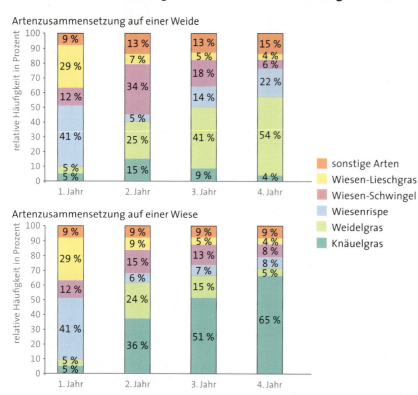

Auf zwei benachbarten Standorten mit gleichen Bodenverhältnissen wurden im ersten Jahr dieselben Grasarten ausgesät. Ab dem zweiten Jahr wurden die Flächen unterschiedlich genutzt. Jeweils am Ende des Sommers wurden die Arten der Biozönose in ihrer relativen Häufigkeit erfasst. Die Grasarten wurden dabei einzeln benannt.

A1 Beschreibe die dargestellten Versuchsergebnisse!

A2 Ziehe Schlussfolgerungen zu den besonderen Eigenschaften, die Weidelgras und Knäuelgras haben!

A3 Erstelle Hypothesen, weshalb die sonstigen Arten in einer Weide einen größeren Anteil haben als in einer Wiese!

Material B ▸ Werte abiotischer Faktoren in einer ungemähten Wiese und einem Rasen

Lichtmenge zehn Zentimeter über dem Boden in Lux	5 000	20 000
Bodentemperatur zwei Zentimeter im Boden in Grad Celsius	18	21
Luftfeuchtigkeit zehn Zentimeter über dem Boden in Prozent	58	50
Wasserverdunstung zehn Zentimeter über dem Boden in Milliliter pro Stunde	0,2	0,5

Individuen des Rüsselkäfers *Protapion fulvipes* wurden häufiger in einem Rasen als in einer Wiese gefangen. Die Tiere entwickeln sich in den Blütenständen des Klees. In der Tabelle sind Werte abiotischer Faktoren dargestellt, die an einem sonnigen Tag gemessen wurden.

B1 Ordne die Spalten der Tabelle begründet Wiese und Rasen zu!

B2 Entwickle mit Bezug auf die abiotischen Faktoren eine Hypothese zum Vorkommen des Rüsselkäfers!

B3 Entwirf einen Laborversuch, der die Hypothese überprüfen kann!

Material C ▸ Feldmauszyklen

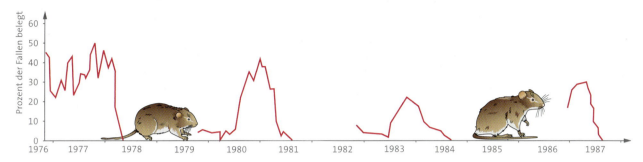

In einer mehrjährigen Untersuchung wurden Feldmäuse in Fallen gefangen. Das Gebiet bestand aus Wiesen und Weiden und bot reichlich Nahrung für Mäuse.

In jedem Jahr wurden mehrmals an denselben Stellen Fallen aufgestellt und regelmäßig kontrolliert. Die Zeit nach dem Aufstellen der Falle bis zur Kontrolle war jedes Mal gleich lang. Um die Mäusepopulation nicht dauerhaft zu stören, wenn nur wenig Mäuse vorkommen, hat man Stichprobenfänge gemacht. Deren Daten sind im Diagramm nicht enthalten. So wurde kontrolliert, ob sich die genauere Messung lohnt.

Bei jeder Fallenkontrolle wurde notiert, wie viel Prozent der Fallen Mäuse enthielten. Daraus hat man die Feldmausdichte, also die Anzahl der Feldmäuse im Untersuchungsgebiet, geschätzt.

C1 Beschreibe die Untersuchungsergebnisse!

C2 Erläutere, wie man aus den Untersuchungsergebnissen die Gesamtanzahl der vorkommenden Mäuse schätzen kann!

C3 Begründe die Ergebnisse!

C4 Erläutere, weshalb man nach den Untersuchungen von einem „Dichtezyklus" bei den Feldmäusen sprechen kann!

Material D ▸ Regenwurmgedicht

Unterm Rasen

Es laufen die Kinder
und raufen und spielen,
und unter ihnen
im Erdreich wühlen
die Würmer, die vielen.
Doch was sie da unten
im Dunkeln, im Kühlen,
die Würmer, die vielen,
beim Wühlen fühlen –
keine Sprache beschreibt es.
Es ist ein Geheimnis und bleibt es.

(Josef Guggenmos)

D1 Gib den Text des Gedichts mit eigenen Worten wieder!

D2 Erläutere, welchen Einfluss das Spielen der Kinder auf die Regenwürmer haben kann!

D3 Benenne die Eigenschaft von Regenwürmern, für die sich der Dichter Guggenmoos interessiert!

D4 Entwirf einen Versuch, in dem untersucht wird, ob Regenwürmer den Unterschied zwischen Sand- und Lehmboden feststellen können!

D5 Entwirf einen Versuch, in dem untersucht wird, ob Regenwürmer Erschütterungen feststellen können!

D6 Entwirf einen Versuch, in dem untersucht wird, ob Regenwürmer Licht- und Temperaturreize erkennen!

D7 Diskutiere, ob die drei Versuche das Geheimnis zumindest teilweise lüften können, das der Dichter angesprochen hat!

ENERGIEFLUSS UND STOFFKREISLÄUFE
DER RASEN VOR DER HAUSTÜR

METHODE

Untersuchung eines Ökosystems

01 Geräte zur Sportrasenuntersuchung

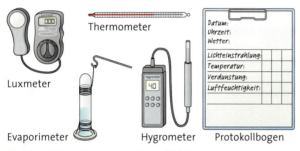

02 Material zur Messung von Umweltfaktoren

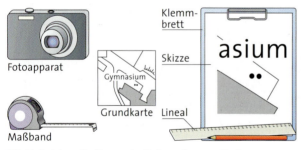

03 Material zur Kartierung des Untersuchungsgeländes

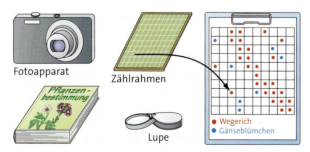

04 Material zur Untersuchung von Pflanzen

Schön grün, gleichmäßig gewachsen und unkrautfrei soll er sein, der Spielrasen. Darüber hinaus soll er das Betreten ertragen. Dennoch soll genügend Wasser versickern, denn niemand möchte, dass ein Ball in einer Pfütze hängen bleibt und nicht weiter   rollt. Und außerdem wünscht man sich eine ebene Fläche beim Ballspiel.

In Fußballstadien werden solche Rasenflächen von Spezialfirmen hergestellt. Diese überprüfen die gewünschten Merkmale mithilfe von Messgeräten: Mit Latten, die auf den Boden gelegt werden, erkennt man, ob die Rasenfläche in alle Richtungen eben ist. Den Zählrahmen benutzt man, um zu bestimmen, wie die erwünschten Gräser und unerwünschten Kräuter verteilt sind. Mit den Ringen und der Einstechlanze misst man, wie schnell das Wasser versickert und wie fest die Grasnarbe ist. Ein Spielrasenbegutachter weiß also genau, was er untersuchen will.

Ein Biologe hat andere Interessen. Er betrachtet einen Rasen als Lebensraum für Tiere, Pflanzen und andere Lebewesen. Deshalb untersucht er abiotische und biotische Faktoren für die Lebewesen sowie deren Vorkommen. Jede Untersuchung beginnt – genau wie bei dem Spielrasenbegutachter – mit einer angemessenen Planung.

PLANUNG UND METHODENWAHL · Damit man später genau belegen kann, wo man eine Untersuchung durchgeführt hat, beschreibt man zunächst den Lebensraum. Bei einem Rasen kann man die Fläche in eine Karte vom Schulgelände eintragen, ihre Größe ausmessen und Fotos anfertigen. Man benötigt also Hilfsmittel für die Kartierung.

Beim Betrachten und Beschreiben einer Rasenfläche kann eine besondere Verteilung von Pflanzen oder Tieren auffallen. Man stellt zum Beispiel fest, dass auf einem Trampelpfad durch den Rasen wenige Gras-, aber viele Breitwegerichpflanzen wachsen. Eine zugehörige Forschungsfrage lautet: „Wächst Wegerich häufiger auf Trampelpfaden als in der restlichen Wiesenfläche?" Zur Beantwortung der Frage kann man mit einem Zählrahmen die Zahl aller Wegerichpflanzen auf einer bestimmten Fläche ermitteln. Ihre Verteilung trägt man in das Bild des Zählrahmens ein, indem man in das Feld einen Punkt macht, wo man die Pflanze gefunden hat. Auch bei weiteren

Pflanzenarten kann man so verfahren. Wenn man nicht sicher ist, zu welcher Art eine gefundene Pflanze gehört, benutzt man ein Bestimmungsbuch.

In gleicher Weise plant man die Untersuchung der Verbreitung von Tierarten. Für jede weitere Beobachtung und Untersuchung benötigt man eine spezielle Planung.

BEISPIELE · Im Kapitel „Pflanzen im Rasen" wurde beschrieben, dass einige Pflanzen eher in besonnten Bereichen, andere im schattigen Bereich wachsen. Um nachzuprüfen, ob dies für die angegebenen Arten gilt, kann man die Verbreitung dieser Pflanzen kartieren und die Lichtmenge an den Wuchsorten messen. Für vergleichbare Messungen benötigt man zwei Luxmeter: Mit dem einen misst man die eingestrahlte Lichtmenge an einer vorher festgelegten Stelle, die ganztägig unbeschattet ist. Das ist der **Referenzpunkt**. Mit dem anderen misst man gleichzeitig an einer Untersuchungsstelle. Man teilt den zweiten Messwert durch den ersten und gibt das Ergebnis in Prozent an. Dieser Wert wird benutzt.

Wenn die ursprüngliche Annahme, dass eine Pflanze eher im Licht wächst, nicht bestätigt wird, kann man die Werte weiterer abiotischer Faktoren messen und untersuchen, ob die Verbreitung der Pflanze hiermit zusammenhängt. Wichtige Einflussfaktoren für das Pflanzenwachstum sind neben dem Licht die Temperatur, die Bodenfeuchte und die Wasserverdunstung. Die Verdunstung misst man mit einem Evaporimeter.

Im Kapitel „Tiere im Rasen" wurde ein Formikarium zur Beobachtung von Ameisen vorgestellt. Mithilfe des Formikariums kann man die Frage untersuchen, wie die Ameisen es schaffen, ihre Eier und Larven vor dem Austrocknen und Durchnässen zu schützen. Hierzu kann man sowohl im Lebensraum Temperatur und Feuchtigkeit messen als auch im Formikarium. Im Formikarium kann man auch beobachten, ob die Ameisen ihre Eier und Larven an bestimmte Orte tragen, an denen eine bestimmte Temperatur oder Feuchtigkeit vorliegt. Für die Ameisenuntersuchung muss man also die Tiere einfangen und auch Material aus dem Lebensraum mit in den Biologieraum nehmen und dort untersuchen. Man benötigt Messgeräte für Temperatur, Luft- und Bodenfeuchte.

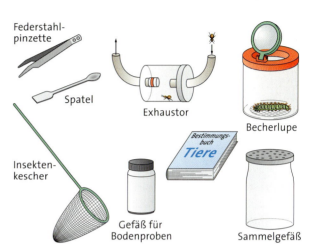

05 Material für Tierfang und Tierbestimmung

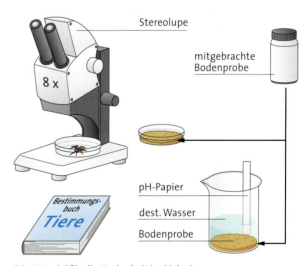

06 Material für die Nacharbeit im Biologieraum

1 ♩ Erläutere, welches biologische Wissen ein Gutachter besitzt, der Sportrasen bewertet!

2 ♩ Begründe, welche Untersuchungen eines Ökosystems für den Rasenbegutachter wahrscheinlich nicht bedeutsam sind!

3 ♩ Erstelle einen Arbeitsplan zur Beschreibung des Rasens auf dem Schulgelände oder in einem naheliegenden Park!

ENERGIEFLUSS UND STOFFKREISLÄUFE
DER RASEN VOR DER HAUSTÜR

METHODE

Untersuchung eines Ökosystems

Beispiel Trittpflanzen

ENTWICKLUNG DER UNTERSUCHUNGSFRAGE · Rasen soll betreten werden können. Wenn allerdings häufig immer über dieselben Stellen gelaufen wird, wachsen dort bald nur noch wenige Rasengräser und einige charakteristische Pflanzen, die Trittpflanzen. Ihr Vorkommen hängt mit dem biotischen Faktor Tritt zusammen. Die erste Untersuchungsfrage lautet: „Welche Pflanzenarten kommen auf den betretenen Flächen vor?" Weil ein Weg durch einen Rasen an den Rändern weniger häufig betreten wird als in der Mitte, wird die Frage erweitert: „Welche Pflanzenarten kommen auf den unterschiedlich intensiv betretenen Flächen vor?" Um auch über die einzelnen Arten Informationen zu erhalten, stellt man die Frage: „Welche Pflanzenarten, die auf dem Weg wachsen, kommen wie häufig auf den unterschiedlich intensiv betretenen Flächen vor?"

UNTERSUCHUNGSMETHODE · Man erstellt zunächst eine Liste der Pflanzenarten und wählt dann verschieden intensiv betretene Bereiche des Weges aus. Hier legt man jeweils einen oder mehrere Zählrahmen so aus, dass man eine Fläche von einem Quadratmeter untersuchen kann. Wenn man an einem Wegrand untersucht, kann dies eine rechteckige Fläche mit den Seitenlängen zehn Zentimeter und zehn Meter sein. Man schaut die Untersuchungsfläche von oben an und schätzt, welcher Anteil des Erdbodens nicht zu sehen ist, weil er von Pflanzen verdeckt wird. Dieser Anteil heißt Deckungsgrad und wird in Prozent angegeben.

Nun bestimmt man mithilfe der folgenden Werteskala die Häufigkeit des Vorkommens für jede Pflanzenart. Sie wird ebenfalls als Deckungsgrad angegeben.

Deckungsgrad von Pflanzenarten	
+	vereinzelt vorkommend
1	weniger als 5 % der Fläche bedeckend
2	5 % bis 25 % der Fläche bedeckend
3	25 % bis 50 % der Fläche bedeckend
4	50 % bis 75 % der Fläche bedeckend
5	mehr als 75 % der Fläche bedeckend

ERGEBNIS · Bei einem Weg wurden auf sieben Flächen folgende Schätzwerte ermittelt.

Untersuchungsfläche	A	B	C	D	E	F	G
Deckungsgrad aller Pflanzen in Prozent	50	50	35	30	30	10	10
Englisches Raygras (Weidelgras)	3	2	2	1	2	1	1
Strahlenlose Kamille	2	+	+	1	1	1	+
Vogelknöterich	+	–	1	+	1	1	+
Einjähriges Rispengras	1	3	1	2	2	2	1
Breitwegerich	1	1	+	1	1	1	1
Löwenzahn	1	–	+	+	1	–	–
Kriechender Weißklee	+	+	–	–	+	1	–

– bedeutet, dass die Pflanzenart fehlt.

Bei den meisten Schulen sind zum Vergleich eigene Untersuchungen möglich. Darüber hinaus kann man mit den folgenden Messungen klären, welche besonderen abiotischen Faktoren diese Pflanzen ertragen: Man steckt ein Kunststoffrohr wenige Zentimeter in den Boden, gießt einen Liter Wasser hinein und stoppt die Zeit, bis sämtliches Wasser versickert ist. Man misst an den Standorten, an denen die Pflanzenarten aus der Tabelle vorkommen, die relative Lichtmenge. Man misst bei sonnigem Wetter die Oberflächentemperatur des Bodens auf und neben dem Weg.

1) Erläutere mithilfe der Ergebnistabelle, welche Untersuchungsflächen in der Mitte oder am Rand des Weges waren!

2) Erläutere, ob die Wuchsorte in der Wegmitte und am Wegrand Einfluss auf das Vorkommen einzelner Arten haben!

3) Begründe, welche Messwerte zu erwarten sind, wenn man weiß, dass viele Trittpflanzen verdichtete Böden, hohe Temperaturen und volles Sonnenlicht ertragen!

Beispiel Beziehungen zwischen Blüten und Insekten

ENTWICKLUNG VON UNTERSUCHUNGSFRAGEN · *Auch auf einem kurz geschorenen Rasen kommen zwischen den Gräsern einige Pflanzen zum Blühen. Zur Zeit ihrer Blüte stellt man fest, dass verschiedene Insekten auf ihnen Pollen und Nektar suchen. Einige Insekten stecken ihren Rüssel in die Blüte, andere kriechen mit dem Kopf und dem Brustbereich in die Blüten hinein. Es gibt auch Insekten, die Blütenteile abbeißen und fressen. Die Pflanzen stellen den Insekten Pollen und Nektar zur Verfügung. Die Insekten transportieren Pollen von Blüte zu Blüte und sorgen so für deren Bestäubung. Daraus lassen sich die folgenden Fragen ableiten: „Fliegt ein Insekt, das an der Blüte einer Pflanze beobachtet wird, zu einer anderen Pflanze derselben Art?" „Wird die Braunelle lediglich von Hummeln besucht oder sind weitere Arten anzutreffen?" „Aus welchen Insektengruppen kommen die Blütenbesucher?"*

UNTERSUCHUNGSMETHODE · *Man stellt zunächst die Blütezeit der verschiedenen Arten im Rasen fest. In dieser Zeit dokumentiert man mit einer Kamera die blütenbesuchenden Insekten. Nach und nach erhält man so eine Liste der Blütenbesucher, die man nach Insektengruppen sortiert. Ab und zu beobachtet man ein einzelnes Insekt, zum Beispiel eine Hummel, wenn sie von Blüte zu Blüte fliegt. Dabei schreibt man auf, welche Pflanzenarten sie anfliegt. Man notiert auch, ob sie mehrere Blüten einer Pflanze besucht oder von einer Pflanze zur anderen fliegt.*

ERGEBNISSE · *Die Kleine Braunelle blüht von Juni bis Oktober, die Schafgarbe von Ende Mai bis Oktober, das Gänsefingerkraut von Mai bis August und der Kriechende Weißklee von Mai bis Oktober. Hummeln besuchen häufig nacheinander Blüten einer Pflanzenart, bei Wespen und Fliegen ist dies nicht so häufig der Fall. Auf den offenen Blüten der Schafgarbe und des Gänsefingerkrauts landen Insekten verschiedener Gruppen, bei Weißklee und Braunelle beobachtet man häufig nur Wild- und Honigbienen sowie Hummeln, die in die Blüten hineinkriechen.*

01 Blütenbesuchende Insekten: **A** Hummel auf Kleiner Braunelle, **B** Hummel auf Schafgarbe, **C** Hummel auf Kriechendem Weißklee, **D** Schwebfliege auf Gänsefingerkraut, **E** Wespe auf Schafgarbe, **F** Fliege auf Schafgarbe

4 *Erläutere, wie sich die Untersuchungsfragen aus den gegebenen Informationen ableiten lassen!*

5 *Entwirf einen Beobachtungsplan, mit dem man die nebenstehenden Ergebnisse zum Blütenbesuch verschiedener Insektenarten erhalten hat!*

ENERGIEFLUSS UND STOFFKREISLÄUFE
DER RASEN VOR DER HAUSTÜR

01 Kompost

02 Funktionen im Ökosystem

Systeme

Rasenflächen werden häufig gemäht, und das Mähgut wird wegtransportiert. Weil dann die Gräser schlecht wachsen, muss gedüngt werden. Für den Hausrasen wird empfohlen, das Gras zu kompostieren und den Kompost als Dünger zu verwenden. Weshalb kann man auf diese Weise düngen?

AUFBAU UND ABBAU IM ÖKOSYSTEM · Gräser und andere Pflanzen im Rasen stellen aus energiearmen Stoffen energiereiche Stoffe her. Sie produzieren mithilfe von Lichtenergie aus Kohlenstoffdioxid, Wasser und Mineralstoffen Kohlenhydrate, Fette und Eiweiße. Ihre Funktion im Ökosystem ist die von *Produzenten*.
Alle anderen Lebewesen leben von diesen energiereichen Stoffen. Wiesenschnakenlarven fressen zum Beispiel an Graspflanzen. Sie haben im Ökosystem die Funktion von *Konsumenten*.
Im Komposthaufen stellt man ideale Bedingungen für besondere Konsumenten wie Bakterien und mikroskopisch kleine Pilze her. Sie bilden beim Abbau der Nährstoffe viele energiearme Stoffe. Sie zersetzen die energiereichen Stoffe bis hin zu Mineralstoffen, Wasser und Kohlenstoffdioxid. Somit haben sie im Ökosystem die Funktion von Zersetzern oder **Destruenten.** Der fertige Kompost enthält daher viele Mineralstoffe, die die Gräser zum Wachsen benötigen.
Produzenten, Konsumenten und Destruenten wirken als Bestandteile des Ökosystems Rasen zusammen. Nicht jedes Lebewesen beeinflusst jedes andere. Insgesamt ergibt sich ein Ganzes. In vielen Ökosystemen ist dies ähnlich, auch wenn Menschen nicht eingreifen. Man kann also ein Ökosystem als ein **System** ansehen: Es ist ein Gebilde aus Einzelteilen, die zusammenwirken. Ökosysteme verändern sich andauernd. Bei einem Organismus kann man das Zusammenwirken der Teile besser nachvollziehen als bei einem Ökosystem. Er ist ein System, das sich **zeitweise im Gleichgewicht** befindet. Fehlendes wird zum Beispiel laufend ersetzt: Rote Blutzellen haben nur eine begrenzte Lebenszeit. Daher werden als Ersatz für abgestorbene Zellen ständig neue gebildet.

WEITERE LEBENDE SYSTEME · Wenn man sowohl ein Lebewesen als auch das Ökosystem, in dem es lebt, als System erklärt, dann ist das eine System Bestandteil des anderen.
Eine Zelle in einem mehrzelligen Organismus kann ebenfalls als System im System betrachtet werden: Sie ist als *System Zelle* Teil im *System Lebewesen* im *System Ökosystem*. Diese Betrachtungsweise kann man auch außerhalb eines Ökosystems fortführen: Das *System Ökosystem* ist Bestandteil eines noch größeren Systems, der **Biosphäre,** der Gesamtheit aller Ökosysteme auf unserer Erde.

SYSTEMGRENZEN · Zellen, Organe und Organismen haben klar zu erkennende Grenzen. Bei Ökosystemen ist dies nicht so. Auf dem Land grenzt man sie häufig nach der vorherrschenden Pflanzengemeinschaft ab, zum Beispiel als Buchenwald oder Glatthaferwiese.
Alle genannten Grenzen sind durchlässig, wie das folgende Beispiel zeigt: Bei der Fotosynthese in blattgrünhaltigen Zellen einer Rasenpflanze wird Kohlenstoffdioxid verwendet und Sauerstoff hergestellt. Ein Teil des Sauerstoffs tritt aus der Zelle aus. Er befindet sich daraufhin noch im Pflanzenorgan Blatt. Durch die Spaltöffnungen verlässt er dieses Organ und damit den Organismus Pflanze. Er ist nun Teil der Luft im Ökosystem Rasen. Durch Luftbewegung kann die gerade betrachtete Menge Sauerstoff in andere Ökosysteme geraten. Sie befindet sich dabei in der Biosphäre. Der Sauerstoff hat Systemgrenzen überschritten. Auch Kohlenstoffdioxid und weitere Stoffe durchdringen bei dieser Sichtweise Systemgrenzen. Lebende Systeme sind nicht geschlossen, sondern offen.

SYSTEME VON LEBEWESEN · In einer Biozönose bilden die Lebewesen verschiedener Arten die Elemente des Systems Biozönose. Zur Erklärung von Zusammenhängen betrachtet man bei jeder Art diejenigen Individuen, die für ihre Artgenossen erreichbar sind. Sie bilden eine Fortpflanzungseinheit, eine **Population.** Eine

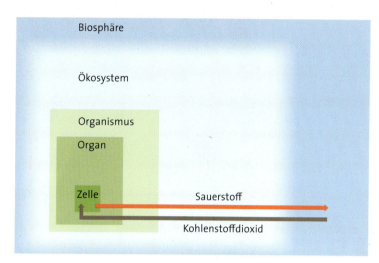

03 Grenzüberschreitender Austausch bei der Fotosynthese

Feldmauspopulation und eine Wieselpopulation kann man als Elemente im Ökosystem Wiese ansehen, die einander als *Beutepopulation* und *Beutegreiferpopulation* beeinflussen: Wird die Mäusepopulation größer, wächst die Wieselpopulation durch Fortpflanzung. Die Wieselpopulation verändert die Mäusepopulation nur wenig, sodass kein Gleichgewicht zwischen den Populationen vorliegt. In der künstlichen Welt des Spiels sind Populationsgleichgewichte möglich. In der Natur sind Populationen **Systeme im Ungleichgewicht.** Sie werden durch Zufälle stark beeinflusst, zum Beispiel durch besondere Wetterereignisse, Krankheiten oder neue Räuber.

Man kann alle belebten Bereiche auf der Erde als Systeme ansehen. Gemäß dieser grundlegenden Idee, diesem **Basiskonzept,** sind insbesondere Ökosysteme, Organismen und Zellen Systeme. In einem Teilgebiet der Biologie, der Systembiologie, beschreibt man Zellen und Organismen mit mathematischen Modellen.

1 Erläutere anhand von Graspflanzen, Wiesenschnakenlarven und Bakterien die Funktionen im Ökosystem! Betrachte dabei auch das Überschreiten von Systemgrenzen!

ENERGIEFLUSS UND STOFFKREISLÄUFE
LEBEWESEN WANDELN ENERGIE UM

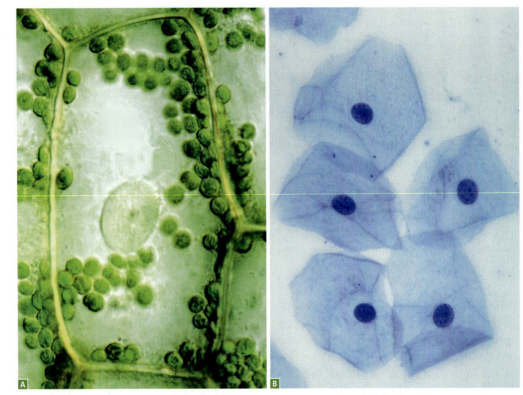

01 Mikroskopische Bilder von Pflanzen- und Tierzellen:
A Zelle aus einem Wasserpestblättchen,
B angefärbte Zellen aus der Mundschleimhaut des Menschen

Die Zelle

> *Die Zellen von Pflanzen und Tieren sind zwar prinzipiell ähnlich aufgebaut, es gibt jedoch auch grundsätzliche Unterschiede. Was haben Pflanzenzellen und Tierzellen gemeinsam und worin unterscheiden sie sich?*

DIE PFLANZENZELLE · Betrachtet man ein Blatt der Wasserpest unter dem Mikroskop, so kann man erkennen, dass es aus einer Vielzahl ähnlich aussehender Zellen besteht: Die Zellen haben eine fast rechteckige Form und sind mit einer Länge von etwa 0,2 Millimetern vergleichsweise groß. Die meisten Pflanzenzellen haben nur eine Größe zwischen 0,1 und 0,01 Millimeter. Alle Zellen, ob groß oder klein, sind aus ähnlichen Bestandteilen aufgebaut.

Pflanzenzellen werden von einer **Zellwand** umschlossen. Sie besteht größtenteils aus einem Geflecht von festen Fasern und gibt der Zelle eine stabile Form. Zellwände verschiedener Zellen können unterschiedlich dick sein.

Im Inneren der Zelle befindet sich eine zähflüssige Masse, das Zellplasma oder **Cytoplasma.** Hier findet ein großer Teil des Stoffwechsels statt, in dem Stoffe hergestellt, umgewandelt oder abgebaut werden. Außerdem enthält das Cytoplasma weitere Zellbestandteile.

Der **Zellkern** liegt meistens am Rand der Zelle im Cytoplasma. Er erscheint unter dem Mikroskop kugel- oder linsenförmig und ist etwas dunkler als seine Umgebung. Der Zellkern enthält das Erbmaterial und steuert die Stoffwechselprozesse in der Zelle.

Schon bei 200-facher Vergrößerung erkennt man unter dem Lichtmikroskop im Cytoplasma der Blattzellen viele kleine, linsenförmige, kräftig grün gefärbte Körperchen, die Blattgrünkörner oder **Chloroplasten**. Sie enthalten den grünen Blattfarbstoff, das **Chlorophyll**. Chloroplasten kommen in Zellen von Laubblättern und Stängeln vor und geben Pflanzen die grüne Färbung. Das Chlorophyll kann das Son-

nenlicht aufnehmen, sodass in den Chloroplasten Fotosynthese ablaufen kann.
Etwas schwieriger ist es, im Lichtmikroskop einen Bereich im Cytoplasma zu entdecken, den man **Vakuole** nennt. Die Vakuole der Blattzellen nimmt einen beträchtlichen Raum ein. In jungen Pflanzenzellen ist sie noch sehr klein. Sie kann aber, wie zum Beispiel in Zwiebelhautzellen, mehr als 90 Prozent des Zellinhalts ausmachen. Dann wird das Cytoplasma an den Zellrand gedrängt. In der Vakuole können Abfallstoffe gelagert werden. Sie steht unter Druck und stabilisiert die Zelle von innen.

Einige besonders gestaltete Bereiche im Cytoplasma sind so klein, dass man sie selbst bei stärkerer Vergrößerung unter dem Lichtmikroskop nur als kleine Striche oder Pünktchen erkennen kann. Es sind die **Mitochondrien**. Sie kommen in allen Pflanzenzellen vor. In ihnen findet die Zellatmung statt, bei der Traubenzucker abgebaut wird. Dabei wird Energie übertragen, die der Zelle und damit dem ganzen Organismus zur Verfügung steht.
Der eigentliche äußere Abschluss der Pflanzenzelle, die **Zellmembran**, liegt der Zellwand innen an. Sie ist unter dem Lichtmikroskop gar nicht zu erkennen. Sie ist ein sehr feines, zartes, aber flexibles Häutchen, durch das Stoffe hindurchtreten können.

DIE TIERZELLE · Tierzellen, zum Beispiel Zellen aus der Mundschleimhaut des Menschen, sind meistens kleiner als Pflanzenzellen. Sie haben keine feste Zellwand, die ihre Zellmembran umschließt. Sie sind daher weich und lassen sich leichter als Pflanzenzellen zerreißen. Mundschleimhautzellen sind wie alle Tierzellen vollständig von Cytoplasma ausgefüllt. Es fehlt die zentrale Vakuole. Der Zellkern liegt in der Regel in der Zellmitte und nicht am Rand wie bei Pflanzenzellen. Auch die winzigen Mitochondrien sind vorhanden. Dagegen gibt es in Tierzellen keine Chloroplasten.
Die Zellbestandteile der Tierzellen sind genauso aufgebaut wie die der Pflanzenzellen und sie besitzen auch die gleiche Funktion: Der Zellkern steuert Lebensvorgänge in den Zellen, die Mitochondrien stellen Energie bereit und im Cytoplasma laufen wesentliche Stoffwechselreaktionen ab.

1 Vergleiche die Zellen aus dem Wasserpestblatt und der Mundschleimhaut!

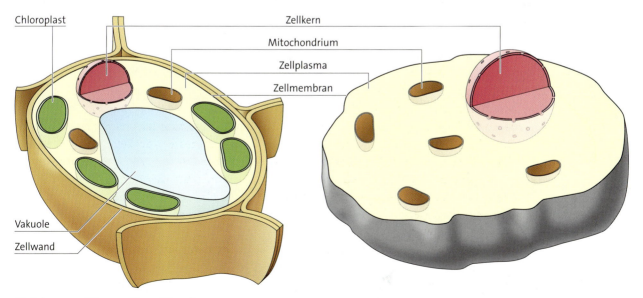

02 Schema von Pflanzenzelle und Tierzelle

ENERGIEFLUSS UND STOFFKREISLÄUFE
LEBEWESEN WANDELN ENERGIE UM

ZELLTYPEN · Die in den Pflanzen und Tieren vorkommenden Zellen zeigen deutliche Unterschiede in Form und Struktur. Sie sind an verschiedene Funktionen angepasst.

Chloroplasten findet man vorwiegend in Zellen von Laubblättern und Stängeln, in denen Fotosynthese stattfindet. In anderen Zellen fehlen Chloroplasten. Auch die Form der Zellen kann sehr unterschiedlich sein: Wurzelhaarzellen verfügen über dünne, fingerförmige Ausstülpungen mit sehr dünner Zellwand. Mit ihnen kann die Wurzel besonders gut Wasser und Mineralstoffe aus dem Boden aufnehmen. Die Zellen an der Blattoberfläche sind puzzleartig miteinander verschränkt und bilden damit einen festen Abschluss nach außen. Im Holzteil von Pflanzen gibt es teils tote, röhrenförmige Zellen, die fast nur noch aus Zellwand bestehen. In ihnen werden Wasser und Mineralstoffe transportiert. Insgesamt sind bei Blütenpflanzen etwa 75 unterschiedliche **Zelltypen** bekannt.

Auch im tierischen Organismus gibt es unterschiedliche Zelltypen: Knorpelzellen zum Beispiel sind eiförmig und liegen in einer von ihnen ausgeschiedenen elastischen Substanz. Muskelzellen sind spindelförmig und lang gestreckt. Sie enthalten fadenförmige Strukturen, die sich verkürzen können. Nervenzellen sind sternförmig und haben einen sehr langen Fortsatz. Sie sind untereinander vielfältig verbunden und können Informationen schnell weiterleiten.

Es gibt also nicht nur Unterschiede zwischen Tier- und Pflanzenzellen. Auch Tierzellen oder Pflanzenzellen können sich untereinander erheblich unterscheiden. Wenn man also Zellen vergleichen will, muss man immer genau angeben, welche Zellen gemeint sind.

GEWEBE · Gleichartig gestaltete Zellen kommen in Lebewesen nur selten einzeln vor. In aller Regel bilden sie Verbände, die eine gemeinsame Aufgabe erfüllen. Solche Zellverbände nennt man **Gewebe**. So gibt es zum Beispiel das **Deckgewebe**, das die Körperoberfläche oder Körperhohlräume abgrenzt. Es gibt **Bindegewebe**, zu dem Knochen, Knorpel und Sehnen gehören, und es gibt **Muskelgewebe** und **Nervengewebe**. Bei Pflanzen ist besonders das **Bildungsgewebe** hervorzuheben. Seine Zellen sind klein und zart und besitzen weder eine ausgeprägte Zellwand noch eine Vakuole.

2 Beschreibe je drei Zelltypen von Pflanzen und von Tieren!

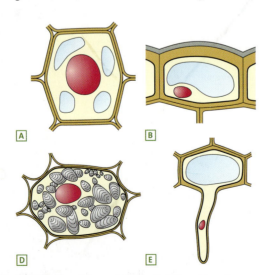

03 Beispiele von Zelltypen bei Pflanzen: **A** junge Zelle aus dem Grundgewebe, **B** Deckgewebe, **C** Leitgewebe, **D** Speichergewebe, **E** Wurzel

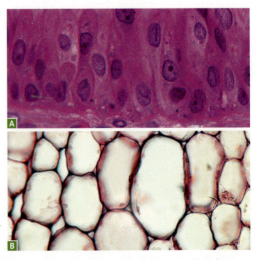

04 Gewebe: **A** Deckgewebe von Tieren, **B** Grundgewebe von Pflanzen

MATERIAL

Material A ▸ Vergleich von Tier- und Pflanzenzellen

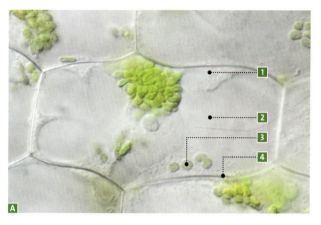
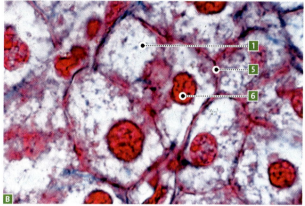

A1 Nenne die Fachbegriffe für die mit Zahlen gekennzeichneten Bereiche!

A2 Ordne die mikroskopischen Aufnahmen von Zellen folgenden Bildunterschriften zu: „Zellen aus dem Blatt der Wasserpest" oder „Zellen aus der Leber einer Maus"! Begründe die Zuordnung!

A3 Vergleiche die beiden Zelltypen! Lege dazu eine Tabelle an! Berücksichtige darin die in den Abbildungen erkennbaren Zellbestandteile!

A4 Nenne Bestandteile der Zellen, die in den Abbildungen nicht zu erkennen sind!

A5 Erläutere, woher die beiden Zelltypen ihre Nährstoffe erhalten! Nenne den Ort in den Zellen, an dem die in den Nährstoffen enthaltene Energie freigesetzt wird!

Material B ▸ Zuordnung von Tier- und Pflanzenzellen

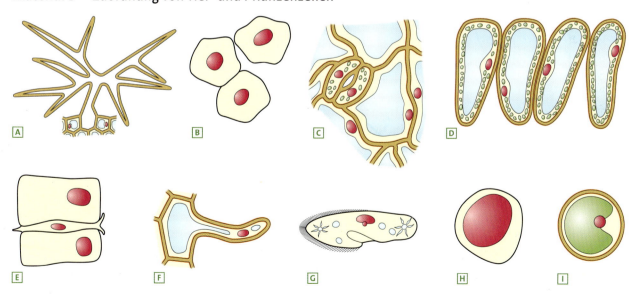

B1 Ordne jede Abbildung entweder den Pflanzen oder den Tieren zu! Begründe jede Zuordnung!

B2 Die Abbildung A stellt eine tote Zelle dar. Nimm Stellung zu dieser Aussage!

B3 Nenne die Zellen, die vermutlich selbst keinen Zucker herstellen können! Begründe!

ENERGIEFLUSS UND STOFFKREISLÄUFE
LEBEWESEN WANDELN ENERGIE UM

01 Der Apfelbaum wächst und bildet Äpfel

Die Fotosynthese

Im Frühjahr bilden Apfelbäume Laubblätter und Blüten. Im Sommer reifen die zuckerhaltigen Äpfel. Wie gelingt es dem Apfelbaum, jedes Jahr aufs Neue Blätter und Äpfel zu bilden und außerdem noch zu wachsen?

griechisch phos = Licht

griechisch synthesis = Aufbau

FOTOSYNTHESE · Wie alle grünen Pflanzen benötigt der Apfelbaum Wasser und Kohlenstoffdioxid. Das Wasser wird von den Wurzeln im Boden aufgenommen und durch die Sprossachse zu den Laubblättern transportiert. Das Kohlenstoffdioxid stammt aus der Luft und gelangt über die Spaltöffnungen in die Laubblätter. In den Laubblättern gibt es viele Zellen, die Chloroplasten mit *Chlorophyll* enthalten. Fällt Licht auf das Chlorophyll, so kann Traubenzucker, die **Glukose**, gebildet werden. Die Energie des Lichts bewirkt, dass aus Kohlenstoffdioxid und Wasser die energiereiche Glukose entsteht. Gleichzeitig wird Sauerstoff freigesetzt, der schließlich durch die Spaltöffnungen des Laubblattes in die Luft entweicht. Der gesamte Vorgang heißt **Fotosynthese**.

Vereinfacht lässt sich die Fotosynthese durch ein Ablaufschema veranschaulichen, in dem vor einem Reaktionspfeil Wasser und Kohlenstoffdioxid stehen und dahinter Glukose und Sauerstoff. Die über dem Reaktionspfeil angedeuteten Lichtstrahlen sollen ausdrücken, dass für diese Reaktion Lichtenergie erforderlich ist.

Die in den Laubblättern hergestellte energiereiche Glukose wird zur Bildung der zuckerhaltigen Äpfel verwendet. Sie ist auch Grundbaustein für das Wachstum des Apfelbaumes. Ebenso

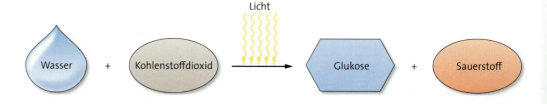

02 Ablaufschema der Fotosynthese

nutzen Tiere und Menschen die Fotosyntheseprodukte der Pflanzen: Sie atmen den Sauerstoff ein und ernähren sich von den produzierten Nährstoffen. Daher ist die Fotosynthese der wichtigste biologische Prozess auf der Erde.

ORT DER FOTOSYNTHESE · Mikroskopiert man den Querschnitt eines Laubblattes, so zeigt sich ein charakteristischer Aufbau: Blattoberseite und -unterseite werden jeweils von einer Schicht aus lückenlos aneinandergereihten Zellen gebildet. Sie besitzen keine Chloroplasten. Ihre Zellwände sind leicht verdickt. So entsteht eine Art Außenhaut, die als obere beziehungsweise untere *Epidermis* bezeichnet wird. Auf den Epidermiszellen liegt nach außen hin eine Wachsschicht, die *Kutikula*. Sie dient als Verdunstungsschutz.

Unter der oberen Epidermis befinden sich lang gestreckte, dicht nebeneinander liegende Zellen, die reich an Chloroplasten sind. Aufgrund der palisadenartigen Anordnung wird diese Schicht als *Palisadengewebe* bezeichnet. Das auf die Blattoberfläche auftreffende Licht kann tief in die Zellen gelangen, ohne weitere Zellwände durchdringen zu müssen. Unter diesem *Palisadengewebe* liegen rundliche, ovale Zellen mit weniger Chloroplasten. Zwischen den Zellen sind große, luftgefüllte Hohlräume. Aufgrund des lockeren Aufbaus wird diese Schicht als *Schwammgewebe* bezeichnet. Besonders große Hohlräume gibt es über den zahlreichen Öffnungen in der unteren Epidermis. Durch diese verschließbaren *Spaltöffnungen* können Sauerstoff, Kohlenstoffdioxid und Wasserdampf in das Blatt eintreten oder hinaus gelangen.

Das Laubblatt ist von reich verzweigten Blattadern durchzogen. Sie stabilisieren das Blatt. In ihnen wird zum Beispiel Wasser transportiert, das für die Fotosynthese gebraucht wird. Die Baumerkmale des Laubblattes sind an ihre jeweilige Funktion angepasst.

1) Beschreibe den Vorgang der Fotosynthese!

2) Erläutere das Ablaufschema der Fotosynthese!

3) Beschreibe die Angepasstheiten der Zelltypen in den jeweiligen Blattschichten!

griechisch epi = darauf, über

griechisch derma = Haut

lateinisch cuticula = Häutchen

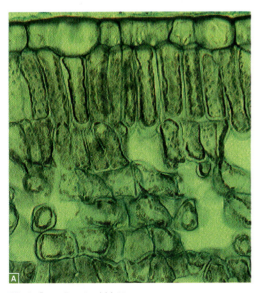

03 Aufbau eines Laubblattes:
A Querschnitt durch ein Buchenblatt, mikroskopische Aufnahme,
B dreidimensionales Schema

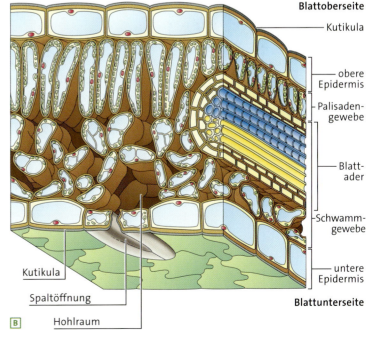

ENERGIEFLUSS UND STOFFKREISLÄUFE
LEBEWESEN WANDELN ENERGIE UM

CO₂ = chemische Schreibweise für Kohlenstoffdioxid

O₂ = chemische Schreibweise für Sauerstoff

H₂O = chemische Schreibweise für Wasser

EINFLUSSFAKTOREN · Das Wachstum der Pflanzen hängt von mehreren Faktoren ab, die direkt oder indirekt die Fotosynthese beeinflussen. Dazu gehören Lichtmenge, Kohlenstoffdioxidgehalt der Luft und die Höhe der Temperatur. Wenn in einer bestimmten Zeit viel Glukose und Sauerstoff gebildet werden, spricht man von einer hohen **Fotosyntheserate**. Sie ist immer dann hoch, wenn die Faktoren in einer günstigen Menge oder in einem günstigen Bereich vorliegen: Die Fotosyntheserate wird durch eine erhöhte Konzentration an Kohlenstoffdioxid in der Luft gesteigert. Dies nutzen zum Beispiel Gärtner aus, indem sie dieses Gas in Gewächshäuser einblasen. Ebenso erhöht sich innerhalb bestimmter Grenzen die Fotosyntheserate durch die Steigerung der Lichteinstrahlung.

Wie die Keimung oder das Austreiben der Blätter ist auch die Fotosynthese von der Temperatur abhängig. Bei zu hohen oder zu niedrigen Temperaturen läuft die Fotosynthese nur langsam oder gar nicht ab. Die optimale Temperatur ist für jede Pflanzenart verschieden.

FOTOSYNTHESEPRODUKTE · Mit der produzierten Glukose decken Pflanzen in erster Linie den eigenen **Energiebedarf**. Alles, was darüber hinausgeht, wird als Ausgangsstoff für die Umwandlung in andere Stoffe verwendet. Wenn viele Glukosebausteine zu Ketten verknüpft werden, entsteht je nach Art der Verknüpfung entweder **Stärke** oder **Zellulose**. Stärke ist ein Speicherstoff, Zellulose ist ein Baustoff für die Zellwand.

Glukose ist auch Ausgangsstoff zur Herstellung von **Fetten**. Die Umwandlung der Glukose führt zunächst zu den Bausteinen Glyzerin und Fettsäuren, die dann zu Fetten verknüpft werden.

Auch die Aminosäuren, die Bausteine der **Eiweißstoffe**, werden mithilfe von Glukose produziert. Dafür benötigt die Pflanze zusätzlich Mineralstoffe, die mit dem Wasser in die Zellen der Laubblätter transportiert werden.

4 Vergleiche anhand der Abbildung 04 die Herstellung von Stärke, Zellulose, Fett und Eiweiß!

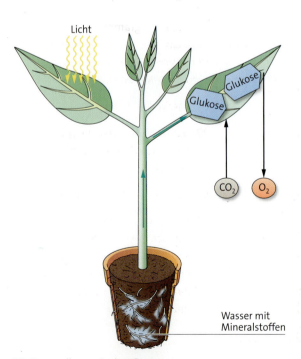
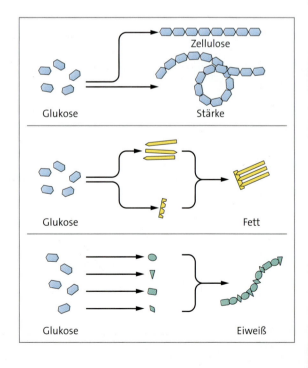

04 Umwandlungen in der Pflanze

Material A — Einflussfaktor Licht

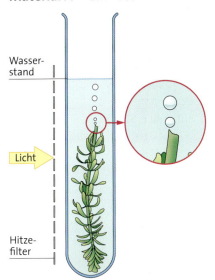

Ein Stängelabschnitt einer Wasserpestpflanze wird so in ein wassergefülltes Reagenzglas eingesetzt, dass die schräge Schnittfläche nach oben zeigt. Der Spross wird mit einer schwachen Lichtstärke belichtet, die man am Reagenzglas mit einem Luxmeter misst. Nach einer kurzen Eingewöhnungszeit wird die Anzahl der Gasblasen gezählt, die sich pro Minute von der Schnittfläche des Stängels lösen. Durch Verschiebung der Lichtquelle erhöht man die Lichtstärke und wiederholt den beschriebenen Vorgang. Auf diese Weise werden sieben Messwerte ermittelt.

A1 Erstelle ein Liniendiagramm aus den Werten der Tabelle!

A2 Beschreibe das erhaltene Ergebnis!

A3 Deute das Versuchsergebnis!

A4 Erläutere, weshalb ein Hitzefilter zwischen der Lichtquelle und dem Reagenzglas aufgestellt werden muss, der das Licht ungehindert passieren lässt!

A5 Gib an, was man tun könnte, um das Ergebnis abzusichern!

Reagenzglas	1	2	3	4	5	6	7
Beleuchtungsstärke in Lux	200	1 000	4 000	8 000	16 000	24 000	32 000
Gasbläschen pro Minute	0	0	4	8	12	13	13

Material B — Einflussfaktor Temperatur

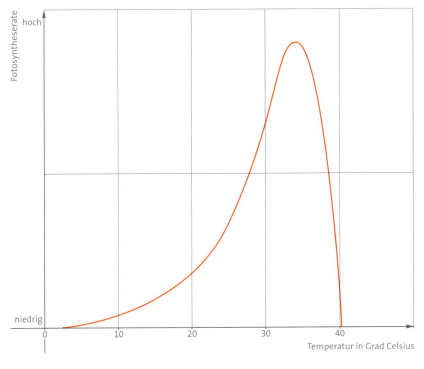

Das Liniendiagramm zeigt das Ergebnis eines Experiments zur Wirkung der Temperatur auf die Fotosyntheserate einer Pflanze.

B1 Beschreibe das Ergebnis!

B2 Nenne Möglichkeiten, wie man die Fotosyntheserate im Versuch messen könnte!

B3 Deute das Versuchsergebnis!

B4 Formuliere je eine Vermutung, wie sich der Kurvenverlauf ändern würde, wenn man eine Pflanze aus Nordeuropa beziehungsweise aus Südeuropa untersucht hätte!

ENERGIEFLUSS UND STOFFKREISLÄUFE
LEBEWESEN WANDELN ENERGIE UM

01 Austreiben von Laubblättern und Blütenanlage aus der Endknospe einer Rosskastanie

Die Zellatmung

Im Frühjahr wachsen aus Knospen Blätter und Blüten heran. Doch schon bevor die ersten Laubblätter entstehen und Fotosynthese betreiben können, findet in den Knospen Wachstum statt. Die hierfür benötigte Energie kann nicht aus der Fotosynthese kommen. Woher stammt sie dann?

ZELLATMUNG · Pflanzen speichern die durch Fotosynthese hergestellte Glukose in Form von Stärke in Blättern, Knollen, Samen oder Knospen. Die Stärke wird zum Beispiel im Frühjahr für das Austreiben von Blättern und Blüten gebraucht. Dazu wird sie zunächst wieder in Glukose umgewandelt. In weiteren Schritten reagiert dann die energiereiche Glukose mit Sauerstoff, wobei die energiearmen Stoffe Kohlenstoffdioxid und Wasser entstehen. Mithilfe der dabei frei werdenden Energie werden andere Stoffe umgewandelt. Die Pflanze braucht sie zum Aufbau neuer Zellen. So wachsen die Knospen beim Austreiben im Frühjahr. Den gesamten Vorgang, bei dem Glukose abgebaut, Kohlenstoffdioxid und Wasser gebildet und Energie freigesetzt wird, bezeichnet man als **Zellatmung**. Auch hierfür kann man wie bei der Fotosynthese ein Schema formulieren, das die Verhältnisse vereinfacht veranschaulicht. Sobald die ersten Laubblätter entwickelt sind, kann eine Pflanze durch Fotosynthese neue Nährstoffe produzieren und die Stärke- und Nährstoffspeicher wieder auffüllen.

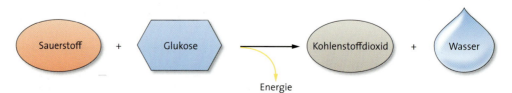

02 Ablaufschema der Zellatmung

ORT DER ZELLATMUNG · Die Zellatmung findet innerhalb der Pflanzenzelle in spezialisierten Zellbestandteilen statt, den Mitochondrien. Mitochondrien gibt es nicht nur in Pflanzenzellen: Sie kommen in allen Zellen von Tieren, Menschen und Pflanzen vor. Da in ihnen Energie für Lebensvorgänge bereitgestellt wird, kann man Mitochondrien auch als „Kraftwerke der Zelle" bezeichnen.

ZELLATMUNG BEI MENSCH UND TIER · Auch Menschen und Tiere benötigen für alle Lebensvorgänge Energie, etwa für Muskelbewegungen, Stoffwechselvorgänge oder für den Blutkreislauf. Energiequellen sind die Nährstoffe, vor allem Kohlenhydrate. Während Pflanzen die Nährstoffe durch Fotosynthese selbst aufbauen können, müssen Menschen und Tiere diese mit der Nahrung aufnehmen. Ein Teil der Nährstoffe wird im Organismus für Wachstum und Umbau verwendet. Ein größerer Teil dient jedoch als Energielieferant. Dazu werden zum Beispiel die Kohlenhydrate in Glukosebausteine zerlegt. Diese werden anschließend in den Mitochondrien unter Sauerstoffverbrauch zu Kohlenstoffdioxid und Wasser abgebaut. Die dabei frei werdende Energie kann für die Lebensvorgänge verwendet werden.

Ein Teil der freigesetzten Energie entweicht als Wärme in die Umgebung. Vögel und Säugetiere können diese Energie auch zur Aufrechterhaltung ihrer Körpertemperatur nutzen. Die Reaktion von Glukose mit Sauerstoff, bei der Kohlenstoffdioxid und Wasser entstehen und bei der Energie freigesetzt wird, ist also bei Mensch, Tier und Pflanze gleich.

ENERGIEHAUSHALT DER PFLANZE · Fotosynthese und Zellatmung sind genau gegenläufige Prozesse: Während bei der Fotosynthese Kohlenstoffdioxid und Wasser zu Glukose und Sauerstoff reagieren, entstehen bei der Zellatmung aus Glukose und Sauerstoff Wasser und Kohlenstoffdioxid.
Wie die Tiere und der Mensch können aber auch die Pflanzen die Energie für ihre Lebensvorgänge ausschließlich aus der Zellatmung gewinnen. Deshalb muss die Zellatmung ständig am Tag und in der Nacht ablaufen.

1 Beschreibe die Gegenläufigkeit von Fotosynthese und Zellatmung!

2 Begründe, weshalb die Pflanze bei Tag mehr Glukose bilden muss, als durch die Zellatmung abgebaut wird!

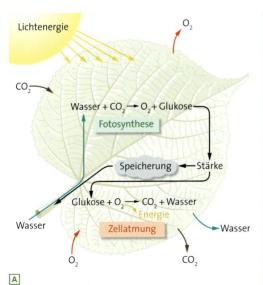
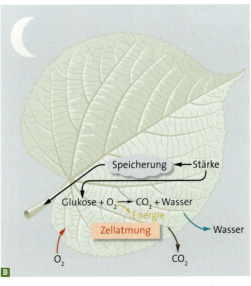

03 Energiehaushalt der Pflanze: **A** bei Tag, **B** bei Nacht

ENERGIEFLUSS UND STOFFKREISLÄUFE
LEBEWESEN WANDELN ENERGIE UM

IM BLICKPUNKT NATURWISSENSCHAFT

04 Energiefluss

Die mithilfe der Fotosynthese gespeicherte Energie in der Glukose wird als **chemische Energie** bezeichnet. Glukose ist somit ein *Energieträger*. **Lichtenergie** und chemische Energie sind **Energieformen**. Die Pflanze wandelt Lichtenergie in chemische Energie um. Sie ist ein Energieumwandler, kurz *Energiewandler*. Auch der Mensch wandelt Energie um. Zum Beispiel wandelt er beim Fahrradfahren chemische Energie aus der Glukose in **Bewegungsenergie** um. Dabei wird Wärme freigesetzt. Dem Fahrradfahrer wird warm. Bei eingeschaltetem Dynamo entsteht aus einem Teil der Bewegungsenergie **elektrische Energie**. In der Lampe am Fahrrad wird elektrische Energie in Lichtenergie umgewandelt. Auch bei diesen beiden Vorgängen wird Wärme frei. Bei allen Energieumwandlungen wird eine Energieform in eine andere überführt. Es wird weder Energie erzeugt noch geht Energie verloren. Die Energiemenge bleibt vollständig erhalten. Dies ist ein Naturgesetz und wird durch den **Energieerhaltungssatz** ausgedrückt.

Bei jeder Energieumwandlung wird Wärme erzeugt. Da Wärme nicht vollständig genutzt oder vollständig in andere Energieformen rückverwandelt werden kann, ist ein Teil der ursprünglichen Energie wertlos geworden. Man spricht von **Energieentwertung**.

05 Energiewandler:
A Känguru
B Glühwürmchen
C Auto
D Kerze
E Ventilator
F Solarzelle

1 Beschreibe die Energieumwandlungen an zwei Beispielen der Abbildung 05!

MATERIAL

Material A ▸ Keimende Erbsen

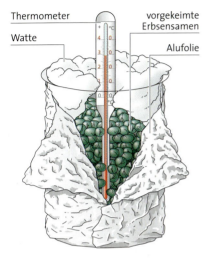

In einem Experiment wurden vorgequollene Erbsensamen in einen Glaszylinder gefüllt. Anschließend wurde ein Thermometer in den Glaszylinder gesteckt. Das Gefäß wurde mit einem feuchten Wattebausch verschlossen und mit Aluminiumfolie locker umwickelt. Alle zwei Minuten wurde die Temperatur abgelesen. Die erhaltenen Werte sind in der unten stehenden Tabelle eingetragen.

A1 Nenne die Frage, die durch den Versuch beantwortet werden soll!

A2 Stelle das Versuchsergebnis in einem Liniendiagramm dar!

A3 Beschreibe das erhaltene Ergebnis und deute es!

A4 Stelle Vermutungen an, weshalb die Erbsen im gequollenen Zustand eingesetzt wurden!

Zeit in Stunden	0	2	4	6	8	10	12	14
Temperatur in Grad Celsius	22	23,5	25,4	26	26,8	27,2	27,8	28,4

Material B ▸ Blumen im Krankenzimmer

Früher wurden in Krankenhäusern abends Blumen aus den Zimmern in den Flur gestellt, weil sie angeblich den Patienten nachts Sauerstoff zum Atmen wegnehmen und schädliches Kohlenstoffdioxid ausscheiden.

	Liegender Patient	Kleine Topfpflanze
Kohlenstoffdioxidabgabe tagsüber (Milligramm pro Stunde)	30 000	schwer nachweisbar
Kohlenstoffdioxidabgabe nachts (Milligramm pro Stunde)	24 000	14

B1 Gib die Ergebnisse der Tabelle in eigenen Worten wieder!

B2 Erkläre die Vorgänge der Zellatmung bei Pflanzen und bei Menschen!

B3 Erkläre, weshalb die Kohlenstoffdioxidabgabe bei Pflanzen tagsüber nicht nachweisbar ist!

B4 Erläutere anhand des Diagramms die Kohlenstoffdioxidaufnahme bei einer Topfpflanze! Gehe dabei auf die negativen Werte auf der Hochachse ein!

B5 Beurteile anhand der Tabelle, ob Pflanzen abends aus dem Krankenzimmer gebracht werden müssen!

B6 Stelle Vermutungen an, welche anderen Gründe es geben könnte, Blumen abends aus dem Krankenzimmer zu entfernen!

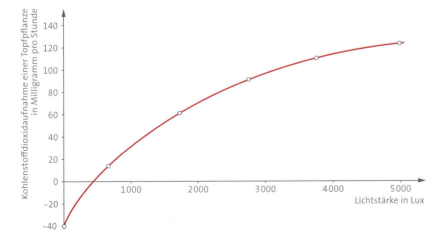

ENERGIEFLUSS UND STOFFKREISLÄUFE
LEBEWESEN WANDELN ENERGIE UM

01 Flaschengarten

Fotosynthese und Zellatmung sind miteinander verknüpft

Ein Flaschengarten besteht aus einem luftdicht verschlossenen Glasballon, der feuchte Erde, einige Pflanzen und kleine Tiere, zum Beispiel Bodenorganismen, enthält. An einem gut belichteten Platz können die Pflanzen und Tiere darin lange leben, obwohl sie keine Stoffe mit der restlichen Umwelt austauschen. Wie ist das möglich?

Joseph PRIESTLEY (1733 bis 1804) Theologe und Naturforscher

PFANZEN UND TIERE · Bereits 1771 untersuchte der englische Naturforscher Joseph PRIESTLEY, wie sich Pflanzen und Tiere gegenseitig beeinflussen: In einem Versuch setzte er eine Maus mit Futter unter eine luftdicht verschlossene Glasglocke. Nach kurzer Zeit wurde die Maus ohnmächtig und starb. In einem weiteren Versuch stellte er nur eine Pflanze unter die Glasglocke. Er wählte dazu eine Pfefferminze. Die Pflanze lebte mehrere Tage weiter. In einem dritten Versuch setzte er die Maus mit etwas Futter zusammen mit der Pflanze unter die Glocke: Die Maus überlebte viele Tage lang und die Pflanze wuchs. PRIESTLEY schlussfolgerte aus den Versuchen, dass die Maus die Luft in der Glasglocke „verschlechterte", während die Pflanze sie „verbesserte".

Zur damaligen Zeit war die Zusammensetzung der Luft noch nicht bekannt. Heute wissen wir, dass für die „Verschlechterung" der Luft bei der Atmung zwei Veränderungen in ihrer Zusammensetzung verantwortlich sind: die Abnahme des Sauerstoffgehaltes und die Zunahme des Kohlenstoffdioxidgehaltes. Infolge der Fotosynthese nimmt der Sauerstoffgehalt zu und der Kohlenstoffdioxidgehalt nimmt ab. Die Luft „verbessert" sich.

Im dritten Versuch sind die beiden Vorgänge miteinander verbunden und gleichen sich gegenseitig aus: Die Pflanze nimmt bei der Fotosynthese Kohlenstoffdioxid auf und gibt Sauerstoff ab. Dadurch „verbessert" sie nach

PRIESTLEY die Luft, sodass Sauerstoff für die Zellatmung von Maus und Pflanze zur Verfügung steht. Umgekehrt entsteht durch die Zellatmung von Maus und Pflanze Kohlenstoffdioxid, das die Pflanze für die Fotosynthese benötigt.

KÜNSTLICHE UND NATÜRLICHE SYSTEME ·
Im Flaschengarten ist der dritte Versuch PRIESTLEYS in veränderter Weise wieder aufgenommen. Ein ähnliches, jedoch viel größeres Experiment mit Namen *Biosphere 2* wurde 1991 im US-Bundesstaat Arizona unternommen. Menschen, Tiere und Pflanzen lebten mehrere Jahre lang in einem 1,3 Hektar großen, luftdicht verschlossenen gläsernen Kuppelbau in unterschiedlich gestalteten Lebensräumen wie unter natürlichen Bedingungen zusammen. Forscher nutzten dieses Modell dazu, um **Wechselwirkungen** zwischen den Lebewesen zu untersuchen.

Lebewesen sind aber nicht nur in solchen künstlichen Systemen voneinander abhängig. Auch in natürlichen Lebensräumen wie Wäldern oder Meeren leben Pflanzen, Tiere und Menschen in solchen Wechselwirkungen zueinander.

Die Pflanzen bilden aus Kohlenstoffdioxid und Wasser mithilfe des Sonnenlichts Glukose. Dabei wird Sauerstoff frei. Menschen, Tiere und Pflanzen wandeln in der Zellatmung Glukose in Kohlenstoffdioxid und Wasser um. Dazu ist Sauerstoff erforderlich. In der Zellatmung wird die in der Glukose gespeicherte Energie für die Lebewesen verfügbar. Das bei der Atmung erzeugte Kohlenstoffdioxid benötigen die Pflanzen wiederum für die Fotosynthese. Tiere, Menschen und Pflanzen sind also aufeinander angewiesen.

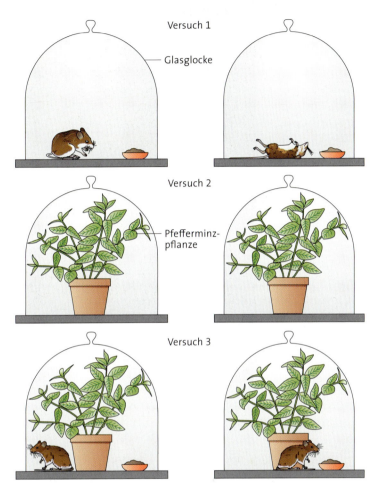

02 Versuche von PRIESTLEY

03 Künstliche Lebensräume: Außenansicht von Biosphere 2

1 ⌋ Erläutere die Wechselwirkungen, in denen Tiere, Menschen und Pflanzen zueinander stehen!

2 ⌋ Erkläre, weshalb die Pfefferminzpflanze in PRIESTLEYs zweitem Versuch überlebte!

ENERGIEFLUSS UND STOFFKREISLÄUFE
LEBEWESEN WANDELN ENERGIE UM

BASISKONZEPT

Stoff- und Energieumwandlung

Bei der **Fotosynthese** wandeln Pflanzen die energiearmen Stoffe Kohlenstoffdioxid und Wasser in die energiereiche Glukose um. Dabei entsteht außerdem Sauerstoff. Die für diesen Vorgang erforderliche Energie stammt aus dem Sonnenlicht. Ein Teil der im Licht enthaltenen Energie wird in der Glukose gespeichert.

Die Glukose ist ein Stoff, dessen Energiegehalt in seinen chemischen Bindungen liegt. Somit wurde mit der Stoffumwandlung auch die Energieform umgewandelt: Aus Lichtenergie wurde chemische Energie. Pflanzen sind also **Stoffumwandler** und **Energieumwandler.** Mit dieser Umwandlung wird Lichtenergie für alle Lebewesen nutzbar.

Aus der Glukose bilden Pflanzen zum Beispiel Stärke und Fette sowie zusammen mit weiteren Stoffen auch Eiweißstoffe, die Proteine. Die Herstellung dieser Nährstoffe ist ebenfalls mit der Umwandlung von Energie verbunden. Pflanzen nutzen die erzeugten Stoffe zum Wachstum oder zur Blüten- und Samenbildung. Die dafür erforderliche Energie wird durch die **Zellatmung** bereitgestellt, bei der Glukose in die energiearmen Stoffe Kohlenstoffdioxid und Wasser umgewandelt wird.

Menschen und Tiere können selbst keine Nährstoffe herstellen. Sie müssen sie mit der Nahrung aufnehmen. Dies sind bei Pflanzenfressern wie beispielsweise dem Rind Gräser, Klee oder andere Kräuter. Fleischfresser wie der Mäusebussard konsumieren tierische Nahrung, vor allem Mäuse. Der Mensch nimmt wie andere Allesfresser neben pflanzlicher auch tierische Nahrung zu sich.

Die aufgenommenen Nährstoffe werden zum Teil in körpereigene Stoffe umgewandelt und zum Wachstum verwendet. Zum Teil werden sie aber auch für die Zellatmung benötigt. Die Zellatmung stellt die Energie für Stoffumwandlungen sowie für Bewegung oder für die Wärmeproduktion zur Verfügung. Auch hier sind also Energie- und Stoffumwandlungen untrennbar miteinander verbunden. Menschen und Tiere sind daher, genauso wie die Pflanzen, **Stoffumwandler** und **Energieumwandler**.

Da alle Lebewesen Stoffe umwandeln und die darin gespeicherte Energie in eine für sie nutzbare Energieform überführen, spricht man vom Basiskonzept Stoff- und Energieumwandlung.

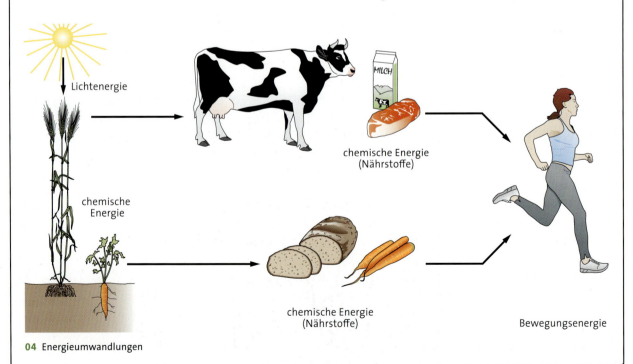

04 Energieumwandlungen

MATERIAL

Material A ▶ Wechselbeziehung zwischen Tieren und Pflanzen

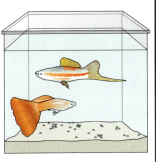 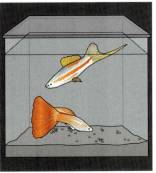  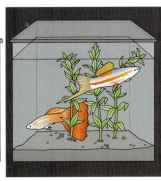

A Tiere mit Licht   **B** Tiere ohne Licht   **C** Pflanzen und Tiere mit Licht   **D** Pflanzen und Tiere ohne Licht

In einem Experiment wurden vier luftdicht verschlossene Aquarien unterschiedlich besetzt und belichtet.

A1 Begründe für jedes Aquarium, wie sich jeweils der Gehalt an Kohlenstoffdioxid und Sauerstoff ändert!

A2 Erkläre, unter welchen Bedingungen offene Aquarien mit Sauerstoff versorgt werden müssen!

Material B ▶ Energie in Lebewesen und im Ökosystem

Vorgang	Energiemenge in MJ pro Tag
Nahrungsaufnahme	234,0
Abgabe von Kot	63,0
Abgabe von Methan	10,8
Aufnahme ins Blut	160,2
Ausscheidung von Urin	10,4
Körperfunktion mit Wärmebildung	97,5
Produktion im Körper, hauptsächlich Milch	52,3

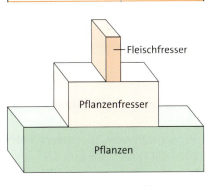

Nahrungspyramide

Ein erwachsenes Rind frisst täglich 15 Kilogramm Futter, das 234 Megajoule chemische Energie enthält. In der Tabelle sind weitere durchschnittliche Energiemengen bei Rindern angegeben.
Im Pansen eines Rindes entsteht das Gas Methan. Es gelangt durch das Maul nach außen.
Ein Rind benötigt zwar Energie für Fortpflanzung, Fortbewegung und Neubildung von Zellen. Diese Energiemenge ist aber auf den Tag bezogen sehr gering. MJ bedeutet Megajoule. Ein Megajoule ist gleich 1000 Kilojoule oder 239 Kilokalorien.
Genauso wie das Futter haben alle Stoffe, aus denen das Rind selbst besteht, einen bestimmten Energiegehalt. Wenn man diese Energiemenge und auch die von anderen Lebewesen ermittelt hat, kann man in einem Ökosystem den Energiegehalt sämtlicher Lebewesen schätzen.

In der pyramidenförmig gestuften Grafik entsprechen die Volumina der Quader den Energiegehalten aller Pflanzen, Pflanzenfresser sowie Tier- oder Fleischfresser im Ökosystem Rinderweide.

B1 Beschreibe die dargestellten Ergebnisse!

B2 Berechne die relativen Anteile in Prozent der aufgenommenen Energie, die in die Produktion von Milch und die Wärmebildung gehen!

B3 Erläutere mit einer Rechnung, dass keine Energie verloren geht!

B4 Begründe das in der Nahrungspyramide dargestellte Ergebnis mit Bezug auf deine Erkenntnisse aus den Aufgaben B1 bis B3! Nimm Seite 44 zu Hilfe!

ENERGIEFLUSS UND STOFFKREISLÄUFE
DER WALD

01 Buchenwald

Pflanzen im Laubwald

Im Sprichwort heißt es: „Man sieht vor lauter Bäumen den Wald nicht mehr." Das bedeutet, dass man vor lauter Einzelheiten die Gesamtheit nicht mehr erkennt. Was macht aus einer Ansammlung von Bäumen einen Wald?

DER BUCHENWALD · In vielen mitteleuropäischen Buchenwäldern ist der Schatten der Baumkronen so stark, dass unter ihnen nur wenige kleinere Pflanzen genug Licht zum Wachstum bekommen. Unterhalb des Blätterdaches kann man weit durch den Wald sehen. Man spricht von Buchen-Hallenwäldern. In anderen Wäldern dringt mehr Licht durch das Blätterdach zum Boden vor. In ihnen gibt es mehr Unterholz, in dem sich Tiere verstecken können. Jeweils ähnlich hoch aufragende Bäume, Sträucher, Kräuter und zarte Moospflänzchen kann man zu Stockwerken oder Schichten zusammenfassen. Das erleichtert die Beschreibung eines Waldes. Man geht dabei Schicht für Schicht vor.

STOCKWERKE DES WALDES · Die Wipfel der hohen Bäume kommen in den Genuss des vollen Sonnenlichts. Sie beschatten die Gewächse unter sich und bilden die **erste Baumschicht**. Einige der kleineren Bäume unterhalb der hoch aufragenden Baumkronen können einmal in die erste Baumschicht nachwachsen, die Kronen von Hainbuchen und anderen Bäumen bleiben aber stets im Schatten der größeren. Ihr Stockwerk bezeichnet man als **zweite Baumschicht**.

Bäume haben einen deutlichen Stamm, der von der Krone abgesetzt ist. Die meisten kleineren Pflanzen, die unter ihnen wachsen, besitzen keinen Stamm. Wenn sie verholzte Äste und Zweige haben, bezeichnet man sie als Sträucher, die in einer **Strauchschicht** zusammenstehen. Noch kleiner sind die Kräuter mit nicht verholzten Stängeln. Insgesamt bilden sie die **Krautschicht** eines Waldes. Man kann außerdem noch eine **Moosschicht** unterscheiden. Diese winzigen Pflänzchen wachsen am Waldboden.

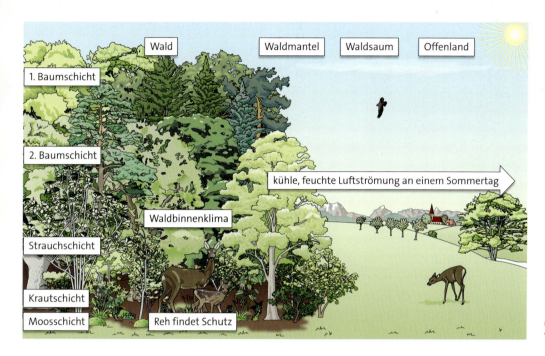

02 Waldrand und Waldbinnenklima

DER WALD ALS GANZES · Es gibt sehr verschiedene Wälder: Laubwälder, Nadelwälder, Mischwälder, tropische Regenwälder. Nur ihre erste Baumschicht steht voll in der Sonne und voll im Regen. Darunter herrscht Sonnen- und Regenschatten. Im Inneren eines mitteleuropäischen Waldes ist es an einem warmen Sommertag stets kühl. In der Nacht, wenn offenes Land auskühlt, hält sich dagegen die Wärme unter dem Blätterdach. Im Wald besteht also ein spezielles **Waldbinnenklima,** das durch geringe Temperaturunterschiede geprägt ist. Wasser, das an den Baumstämmen und außen an den Baumkronen herabläuft, verdunstet nur langsam. Die Feuchtigkeit hält sich. Daher zeichnet sich das Waldbinnenklima auch durch hohe Luftfeuchtigkeit aus.

Schatten und Waldbinnenklima sind besonders charakteristisch für den Wald. Viele Moose können nur deswegen im Wald leben. Tiere finden Schutz im Unterholz. Viele Kräuter tragen nur dann Blätter und Blüten, wenn das Laub der Bäume noch nicht ausgetrieben ist. Buschwindröschen und Scharbockskraut erhalten dann genug Licht für die Fotosynthese.

GRENZEN DES WALDES · Am Rand eines Waldes findet man einen Bereich hoher Sträucher, den **Waldmantel** mit Hasel, Weißdorn und Schlehe. Von ihren Früchten ernähren sich Drosseln, Eichelhäher und Eichhörnchen. Weiter außerhalb schließt sich ein Bereich aus niedrigem Gebüsch und vielen Kräutern an, darunter Kälberkropf, Storchschnabel, Sternmiere und Lichtnelke, der **Waldsaum.**

Der Waldrand ist keine starre Grenze. Aber auf einer Landkarte ist er als exakte Linie eingezeichnet. Das ist eine Vereinfachung, die sich von den wirklichen Verhältnissen unterscheidet. Der Wald beeinflusst seine Umgebung durch einen kühlenden Luftstrom an Sommertagen. Und viele Tiere, beispielsweise Rehe und Wildschweine, finden zwar im Dickicht Unterschlupf, aber Nahrung vor allem außerhalb davon. Es gibt also Beziehungen zwischen dem Wald und dem offenen Land.

1 Beschreibe einen Laubwald!

2 Erkläre anhand der Abbildung, wie das besondere Waldbinnenklima zustande kommt!

ENERGIEFLUSS UND STOFFKREISLÄUFE
DER WALD

03 Austreibender Baum

04 Blätter mit Fensterfraß

05 Erfrorene Blätter

06 Jahresringe

BÄUME IM JAHRESLAUF · Die meisten heimischen Laubbäume tragen nur im Sommer Laub, sie sind **sommergrün**. Im Winter sind sie dagegen kahl.

Im Frühjahr beginnt der **Laubaustrieb.** Gleichzeitig entstehen unter der Rinde Holzzellen mit großem Durchmesser und dünnen Zellwänden, das **Frühholz.** Darin werden große Mengen an Wasser und Mineralstoffen transportiert, die zur Bildung der Blätter gebraucht werden.

Junge Blätter sind besonders nahrhaft für viele Tiere. Maikäfer und viele andere Insekten entwickeln sich im Frühjahr, wenn es frisches Laub gibt. Die Tiere fressen vor allem die Blattteile zwischen den Blattadern. Man spricht von **Fensterfraß.** Bäume können von Insekten vor allem unmittelbar nach dem Laubaustrieb kahl gefressen werden.

Junge Blätter sind auch besonders empfindlich gegenüber **Spätfrost.** Wenn es Frost gibt und in kalten Mainächten Wasser in dem zarten Laub gefriert, dehnt es sich aus und sprengt die Zellen. Das Blatt vertrocknet anschließend.

Viele Bäume treiben nochmals im Frühsommer aus. Bei manchen Bäumen nennt man den zweiten Austrieb **Johannistrieb,** weil er ungefähr am Johannistag, dem 24. Juni, stattfindet. Stehen die Bäume schließlich in vollem Laub, werden große Mengen an Kohlenhydraten aufgebaut. Sie werden zum Bau der Wände kleinerer Holzzellen benutzt und somit gespeichert. Diese Zellen haben dickere Wände als die des Frühholzes. Das so entstandene **Spätholz** gibt dem Stamm Stabilität. Im Lauf der Jahre bilden sich abwechselnd hellere Frühholz- und dunklere Spätholzzellen. Es entsteht das Muster der **Jahresringe,** an denen man das Alter eines Baumes erkennen kann.

Im Herbst werden Bestandteile der Blätter abgebaut, unter anderem das Chlorophyll, sodass andere Farbstoffe der Blätter erkennbar werden und eine **Herbstfärbung** eintritt. Wertvolle Mineralstoffe aus den Blättern werden im Stamm und in den Wurzeln gespeichert. Das bunte Laub fällt schließlich zu Boden.

MATERIAL

Material A ▸ Der Waldrand

Material:
Etwa zehn Bambusstäbe, je etwa einen Meter lang.

Durchführung:
Stecke einen Waldrand so exakt wie möglich mit den Stäben ab!

A1 Begründe deinen Klassenkameraden gegenüber, weshalb du die Stäbe so und nicht anders gesteckt hast!

A2 Erkläre, weshalb deine Entscheidungen schwierig waren!

A3 Begründe, weshalb der Wald sich nicht exakt gegenüber dem offenen Land abgrenzen lässt!

Material B ▸ Ordnen von Pflanzen anhand der Kronblätterzahlen

Buschwindröschen

Scharbockskraut

Sternmiere

B1 Zähle bei jeder Pflanze die Blüten mit 5, 6, 7, 8, 9 oder 10 Kronblättern!

B2 Gib an, bei welchen Pflanzen die Zahlen der Kronblätter konstant sind und bei welchen nicht!

B3 Gib an, inwieweit die Zahl der Kronblätter für die Bestimmung der Pflanzen entscheidend ist!

ENERGIEFLUSS UND STOFFKREISLÄUFE
DER WALD

01 Moos und Farn

Moose und Farne

Für viele Wälder sind intensiv grüne Moose und Farne charakteristisch. Sie haben keine Blüten. Was sind das für Gewächse und worin besteht ihre besondere Bedeutung?

02 Frauenhaarmoos

MOOSE · Moose sind zarte Gewächse mit kleinen Blättchen. Ihnen fehlen nicht nur Blüten, sondern auch weit in den Boden reichende Wurzeln. Daher können sie nicht groß werden. Moospflänzchen nehmen Wasser und alle weiteren lebensnotwendigen Stoffe mit ihrer gesamten Oberfläche auf. Manche Moose kommen mit den wenigen Mineralstoffen aus, die im Regenwasser enthalten sind. Andere profitieren vom Wasser, das an Baumrinden herunterläuft. Dieses Wasser enthält mehr Mineralstoffe. Moospflänzchen wachsen häufig dicht beieinander in Moospolstern. Sie sind fast immer feucht. Manche Moose können aber auch für eine gewisse Zeit völlig austrocknen. Sie leben weiter, wenn es wieder feuchter wird. Moose sind dazu in der Lage, viel Wasser zu speichern: in den Blättchen, dazwischen und zwischen den Pflänzchen, die ein Moospolster bilden.

VERSCHIEDENE MOOSE · Bei den **Laubmoosen** erkennt man kleine Stämmchen und Blättchen. Die Blättchen sind beim Frauenhaarmoos einige Millimeter lang und sternförmig angeordnet. Die Polster dieses typischen Waldmooses sind meistens feucht. Das Weißmoos

hat ganz winzige Blättchen und bildet sehr dichte Polster. Diese sind nicht immer feucht. Wenn Weißmoos austrocknet, schimmern die Blättchen weißlich.
Bei den **Lebermoosen** decken lappenähnliche und verzweigte Blattorgane einander ab. Das Brunnenlebermoos gedeiht an dauernd von Wasser überrieselten Orten.

FARNE · Farne sind viel kräftiger als Moose. Sie haben Wurzeln, Sprosse und große Blätter, die man **Wedel** nennt. Farne nehmen, im Gegensatz zu Moosen, aus dem Boden Wasser und Mineralstoffe auf, die durch Leitungsbahnen in der Pflanze verteilt werden. Wasser und Mineralstoffe werden zur Fotosynthese benötigt, die in den dunkelgrünen Farnwedeln sogar im tiefen Schatten der Wälder abläuft. Die Leitungsbahnen der Farne sind fast so leistungsfähig wie bei Blütenpflanzen, vor allem bei baumförmigen Farnen, die in früheren Phasen der Erdgeschichte häufiger vorkamen. Heute noch wachsen Baumfarne in tropischen Wäldern.

VERSCHIEDENE FARNE · Man kann Farne an der unterschiedlichen Gestalt der *Wedel* unterscheiden. Es gibt Farne mit ganzrandigen Wedeln: Der Hirschzungenfarn kommt in feuchten Waldtälern vor. Wurmfarn und Frauenfarn haben dagegen gefiederte Wedel. Der Wurmfarn ist kräftiger als der etwas zarter und feiner gebaute Frauenfarn.
Der Hauptspross des Adlerfarns liegt waagerecht im Boden und kann viele Meter lang werden. Von der Hauptachse zweigen einzelne, bis zu zwei Meter hohe Farnwedel ab. Sie sehen wie einzelne Farnpflanzen aus, sind aber in Wirklichkeit nur deren aus dem Boden ragende Wedel. Der Adlerfarn kann als eine von ganz wenigen Waldpflanzen Waldbrände überstehen, denn seine Grundachse ist im Boden vor dem Feuer geschützt. Wenn man in einem Wald reichlich Adlerfarn findet, ist dies oft ein Indiz dafür, dass es an dieser Stelle früher einmal einen Waldbrand gegeben hat.

03 Weißmoos **04** Brunnenlebermoos

05 Hirschzungenfarn

06 Adlerfarn

ENERGIEFLUSS UND STOFFKREISLÄUFE
DER WALD

07 Sporenträger eines Farns

08 Wurmfarn

09 Frauenfarn

ENTWICKLUNG VON MOOSEN UND FARNEN ·
Im Unterschied zu den Samenpflanzen vermehren und verbreiten sich Moose und Farne mithilfe von **Sporen**. Sporen sind Zellen, die in großer Anzahl in speziellen Organen gebildet werden. Sie sind winzig klein und leicht und können deshalb vom Wind transportiert werden. Bei günstigen Bedingungen wachsen die Sporen zu neuen Pflanzen heran.

Bei Moosen entstehen aus den *Sporen* zunächst *Zellfäden*, die sich vielfach verzweigen können. Auf ihnen entwickeln sich neue *Moospflänzchen*. Auf diese Weise kann bereits aus wenigen Sporen ein ganzes Polster hervorgehen. An den Spitzen dieser Pflänzchen bilden sich männliche und weibliche *Geschlechtsorgane*, in denen die jeweiligen Geschlechtszellen heranreifen. Die Befruchtung kann nur erfolgen, wenn Wasser vorhanden ist: Die *männlichen Geschlechtszellen* schwimmen mit Geißeln zu den *Eizellen*. Nach der Befruchtung entwickeln sich aus den *Zygoten* auf den Moospflänzchen *Sporenträger* mit Kapseln, in denen viele Sporen gebildet werden.

Bei Farnpflanzen entstehen aus den Sporen kleine *Zellflächen*. Sie tragen die männlichen und weiblichen *Geschlechtsorgane* mit den jeweiligen Geschlechtszellen. Auch bei Farnen schwimmen begeißelte *männliche Geschlechtszellen* zu den *Eizellen*. Erst aus der Zygote entsteht die eigentliche Farnpflanze. Unter den Wedeln befinden sich die *Sporenkapseln* in regelmäßigen Sporenhaufen. Beim Wurmfarn sehen sie wie kleine, gebogene Würmchen aus, beim Frauenfarn sind sie länglich oder hakenförmig. Hier werden die Sporen gebildet.

Wegen ihrer Art der Fortpflanzung werden Moose und Farne auch als **Sporenpflanzen** bezeichnet.

1) Zeichne je ein Pfeildiagramm zur Fortpflanzung von Moosen und Farnen und vergleiche!

2) Stelle in einer Tabelle die Unterschiede zwischen Moosen und Farnen dar!

MATERIAL

VERSUCH A ▸ Moose speichern Wasser

Material:
Eimer, Briefwaage, Becherglas, Moospolster.

Durchführung:
Sammle im Wald Moos, lasse es einige Tage lang austrocknen und wiege es. Lege das Moos anschließend in einen Eimer und bedecke es vollständig mit Wasser. Überführe es nach einigen Minuten in ein Becherglas, dessen Gewicht du kennst. Wiege nun das Becherglas mit dem nassen Moos!

A1 Berechne, um wie viel Prozent die Masse des Mooses zugenommen hat!

A2 Nenne Ursachen für die hohe Wasserspeicherfähigkeit!

A3 Erkläre, weshalb Moose häufig in Form von Moospolstern vorkommen!

A4 Erläutere auf dieser Grundlage, welche Bedeutung Moose für das Ökosystem Wald haben!

Material B ▸ Torfmoos und Moor

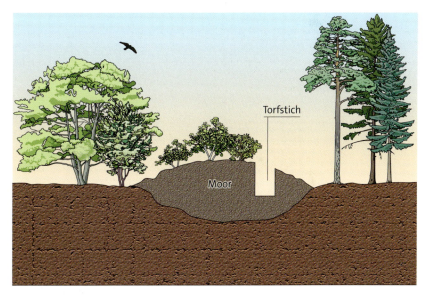

Torfmoos findet man vor allem in Mooren. Es ist ein besonderes Laubmoos: Nach oben wächst es weiter, unten stirbt es ab. Die pflanzliche Substanz wird nicht abgebaut, weil im Moor Mikroorganismen die abgestorbenen Pflanzenteile nicht zersetzen können. Daher häuft sich im Lauf der Zeit immer mehr unzersetztes Material an, das man dann Torf nennt. Dadurch wird das Moor immer höher und wölbt sich allmählich auf. In den letzten Jahrhunderten wurde viel Torf abgebaut. Nachdem man ihn getrocknet hatte, konnte man ihn als Brennstoff verwenden. Oder man vermischte ihn mit Mineralstoffen und nutzte ihn als Düngetorf. Heute wird Torfabbau möglichst vermieden. Viele Moore stehen unter Naturschutz.

B1 Beschreibe die Entwicklung von Mooren und erkläre, welche besondere Rolle dabei das Torfmoos spielt!

B2 Erläutere, weshalb Torf als Brennstoff dienen kann!

B3 Stelle Vermutungen an, weshalb der Torfabbau heute kritischer gesehen wird als früher!

ENERGIEFLUSS UND STOFFKREISLÄUFE
DER WALD

01 Buchen- und Fichtenwälder nebeneinander

Wälder unterscheiden sich

In vielen Gegenden kann man hellgrüne Laubwälder, in denen das Laub gerade ausgetrieben ist, von dunkelgrünen Nadelwäldern unterscheiden. Wie kommt es zustande, dass so unterschiedliche Wälder unmittelbar nebeneinanderstehen?

WALD UND FORST · Von Natur aus ist Mitteleuropa ein Laubwaldgebiet, in dem vor allem die Rotbuche dominiert. Diese Wälder werden schon lange von Menschen genutzt und verändert. Jedes Waldstück hat andere Besitzer. Einige von ihnen fällten Laubbäume und pflanzten dann Nadelbäume. Dies waren vor allem Fichten, die in Nordrhein-Westfalen nicht heimisch sind. Sie wachsen besonders schnell. Andere Waldbesitzer behielten Laubbäume oder pflanzten sie immer wieder neu. Dadurch entstanden klar voneinander abgegrenzte Waldbereiche mit Laub- oder Nadelbäumen. Die Unterschiede der Wälder gehen also allein auf Menschen zurück.

Die größten Waldbesitzer sind der Staat und die Gemeinden. Für die Bewirtschaftung dieser Wälder und auch vieler privater Wälder sind Förster zuständig. Der vom Förster im Auftrag des Besitzers betreute Wald ist ein **Forst**.

Förster haben heute nicht mehr nur das Ziel, möglichst viel Holz zu verkaufen. Waldgesetze schreiben vor, dass auch die Tiere und Pflanzen der Wälder geschützt werden müssen. Außerdem hat der Wald eine Erholungsfunktion für die Menschen. Daher bevorzugen heute viele Förster wieder den Anbau von Laubbäumen. Aber der aus ökologischer Sicht gewünschte Umbau von Nadel- zu Laubwäldern dauert lange. Zunächst müssen die Bäume hiebreif werden, das heißt, eine ausreichende Höhe und Dicke erreicht haben, damit man ihr Holz gut verkaufen kann. Pflanzt man dann Laubbäumchen an, muss man sie vor dem Wild schützen: Viele Tiere fressen junge Laubbäume an, aber keine Fichten.

WALD UND WUCHSORT · Unterschiede in der Waldzusammensetzung gehen aber nicht nur auf die forstliche Nutzung zurück, sondern auch auf Unterschiede im Angebot an Wasser und Mineralstoffen am Wuchsort. Daher kann nicht jede Baumart überall wachsen. In sehr vielen Wäldern kann die *Buche* gedeihen. Aber an Wuchsorten, die sehr trocken und arm an Mineralstoffen sind, sind *Eichen* und *Kiefern* überlegen, etwa auf Sandboden wie in der ostwestfälischen Senne.

Dicht an Flüssen, wo Überflutungen häufig sind, kann die Buche ebenfalls nicht wachsen, weil es unter Wasser zu Sauerstoffmangel im Boden kommt. Auf etwas höher gelegenen Flächen der Flussniederungen bleiben nach einer Überschwemmung Mineralstoffe zurück. Sie düngen den Boden und ermöglichen ein üppiges Wachstum von *Eichen, Ulmen, Linden* und *Eschen*. Sie bilden den typischen Wald der **Hartholzaue**.

Dicht an den Flüssen wachsen *Weiden* und *Pappeln*. Sie werden oft von fließendem Wasser überströmt. Winterliches Eis reißt einzelne Äste oder sogar ganze Büsche und Bäume ab. Weiden und Pappeln treiben anschließend aber sofort wieder aus, sodass sich das Gehölz dieser **Weichholzaue** immer wieder regeneriert. Die Wälder der Hartholz- und der Weichholzaue werden als **Auenwälder** bezeichnet.

An Wuchsorten, wo sich das Wasser staut, sodass der Grundwasserspiegel das ganze Jahr über sehr hoch steht, kann die Buche ebenfalls nicht wachsen. Dort findet man *Erlen*, die einen **Erlenbruch** oder Erlenbruchwald bilden. Wo früher ein Erlenbruch lag oder heute noch liegt, findet man häufig Orte mit der Endsilbe -bruch. Erlenbruchwälder sind sehr reich an Mineralstoffen. Viele von ihnen sind so nass, dass man sie kaum betreten kann. Und oft sind sie so undurchdringlich wie ein Dschungel, weil viele Kräuter und Sträucher in ihrem Unterwuchs zu finden sind. Der Besuch in einem Erlenbruchwald kann daher zum Abenteuer werden!

02 Kiefernwald

03 Auenwald: Weichholzaue im Vordergrund, dahinter Hartholzaue

04 Erlenbruch

niederdeutsch Brook = feuchte Senke

ENERGIEFLUSS UND STOFFKREISLÄUFE
DER WALD

05 Niederwald

06 Hudewald

07 Schutz für junge Bäume in einem wildreichen Wald

WALDNUTZUNGEN · Wälder wurden früher sehr unterschiedlich genutzt. Man holte nicht nur Bau- und Brennholz aus den Wäldern, sondern ließ dort auch Tiere weiden oder nutzte Falllaub als Einstreu im Stall. Die vielfältige und intensive Nutzung führte vielerorts zur Zerstörung der Wälder. Daher versuchte man, einzelne Waldstücke voneinander abzugrenzen.

An einigen Stellen machte man immer wieder Brennholz. Aus den Baumstümpfen trieben danach neue Äste aus, die schließlich zu neuen Baumstämmen wurden. In einem solchen **Niederwald** wurden Eichen und Hainbuchen gefördert, weil sie nach dem Holzmachen immer wieder austrieben.

Andere Waldparzellen wurden beweidet. Man bezeichnete sie als **Hudewälder**. Hirten sorgten dafür, dass die Tiere nur in den dafür vorgesehenen Waldstücken grasten. Junge Bäume kamen nicht in die Höhe, weil sie vom Vieh gefressen wurden. Die wenigen Bäume, die alt wurden, entwickelten breite Kronen. Im Herbst brachte man Schweine unter die so gewachsenen Eichen. Hirten schlugen die Eicheln von den Bäumen, die Tiere wurden damit gemästet. Heute gibt es nur noch einige Hudewälder, die traditionell genutzt werden, um eine schützenswerte Landschaftsstruktur zu erhalten.

Um der Übernutzung der Wälder entgegenzuwirken, erließ man Gesetze zu ihrem Schutz. Seit dem 18. Jahrhundert gilt das Ziel der **nachhaltigen Nutzung**: Man soll Wäldern nur noch so viel Holz entnehmen, wie zur gleichen Zeit nachwächst. Die Waldweide wurde verboten, und seitdem darf nicht jeder Holz aus dem Wald holen. Förster sorgen dafür, dass Wälder zwar Profit abwerfen, aber ihr schützenswertes Bild erhalten bleibt. Doch immer noch gibt es Nutzungskonflikte: Viele Jäger fördern die Vermehrung von Rehen, die junge Bäume anfressen. Es ist daher oft sehr kompliziert, das Wachstum junger Bäume zu fördern.

1 Nenne natürliche und durch Nutzung bedingte Waldunterschiede!

MATERIAL

Material A ▸ Laub- und Nadelwälder

A1 Vergleiche die Wälder auf den beiden Bildern!

A2 Formuliere Vermutungen zu den Ursachen der festgestellten Unterschiede!

A3 Vergleiche beide Waldbilder mit einem selbst gewählten Wald in der Umgebung der Schule!

Material B ▸ Unterschiedliche Nutzungsansprüche

B1 Gib an, welche Ziele von Waldbesitzern, von Jägern, von Spaziergängern, von Sportlern und von Naturschützern verfolgt werden!

B2 Ergreife Partei für ein Ziel und erläutere, wie es zu verwirklichen ist!

B3 Begründe, weshalb ein Förster nicht alle Wünsche zur Nutzung eines Waldes erfüllen kann, die an ihn herangetragen werden!

Laub- und Nadelbaum im Vergleich

01 Eiche

02 Esche

03 Stechpalme

04 Kirschbaum

STECKBRIEF LAUBBAUM · Laubbäume haben breite Blätter. Die Formen der Blätter sind einfach wie bei der Eiche oder zusammengesetzt wie bei der Esche. Die meisten mitteleuropäischen Laubbäume tragen nur im Sommer Laub und verlieren ihre Blätter im Herbst. Eine immergrüne Strauchart, Stechpalme oder Ilex, wächst gelegentlich baumförmig und ist daher der einzige einheimische immergrüne Baum. In wärmeren Regionen, etwa am Mittelmeer, gibt es diverse immergrüne Laubbäume. In tropischen Regenwäldern tragen Laubbäume das ganze Jahr über Blätter. Dort werfen die Bäume zwar auch ihre Blätter ab, aber nicht alle zur gleichen Zeit. Entsprechend werden das ganze Jahr über neue Blätter gebildet.

Im Holz mitteleuropäischer Laubbäume gibt es weite und enge Leitbahnen. Im Frühjahr entstehen weite Leitbahnen. Zur Zeit des Laubaustriebs kann daher rasch viel Wasser von den Wurzeln in die Baumkronen geleitet werden. Im kühlen und feuchten Klima ist dies für das Wachstum von Laubbäumen günstig. Im trockenen Sommer werden enge Leitbahnen gebildet, in denen weniger Wasser transportiert wird. Gerbstoffe machen das Holz vieler Laubbäume besonders haltbar. Eichenholz ist daher gut zum Bau von Häusern und Schiffen geeignet. Das Holz vieler Laubbäume ist schwerer als Wasser. Man kann es daher nicht flößen oder triften: Das Floß würde untergehen.

Eine Eigenschaft haben alle Laubbäume ohne Ausnahme: Sie sind **Bedecktsamer.** Das bedeutet, dass bei ihnen die Samenanlage, aus der der Same hervorgeht, vom Fruchtknoten umschlossen wird. Die daraus entstehende Frucht schützt den Samen bis zur Keimung. Oft ist ein Nährgewebe vorhanden, aus dem der Same bei der Keimung Nährstoffe bezieht. Oder die Frucht kann so umgebildet sein, dass sie zur Nahrung von Tieren wird, die die Samen verbreiten. Das gilt beispielsweise für die Kirsche.

STECKBRIEF NADELBAUM · Nadelbäume haben schmale Blätter mit kleiner Oberfläche, die Nadeln. Die meisten Nadelbäume sind immergrün. Nur die Lärche, die von Natur aus im Hochgebirge wächst, verliert im Herbst ihre Nadeln. Die anderen Nadelbäume werfen wie tropische Laubbäume ihre Blätter zu jeder Jahreszeit ab, bilden sie aber vor allem im Frühjahr und Frühsommer neu. Die Blätter sind von einer dicken Wachsschicht bedeckt, die die Wasserabgabe einschränkt. Nadelbäume können daher auch an trockenen Standorten wachsen. Dort sind sie Laubbäumen überlegen. Der Wacholder gedeiht sogar in trockenen Heidegebieten.

Trocken ist es auch dort, wo es lange Frost gibt. Dort ist nämlich Wasser oft gefroren, sodass es von den Bäumen nicht aufgenommen und weitergeleitet werden kann. Aus diesem Grund gedeihen Kiefern in Europa sowohl im trockenen Süden, am Mittelmeer, als auch im kalten Norden, in Skandinavien und Russland. Dort sind auch Fichten häufig zu finden.

Das Holz von Nadelbäumen ist sehr gleichmäßig gebaut. Alle Leitbahnen sind ähnlich groß. Daher werden stets ähnlich große Mengen an Wasser von den Wurzeln in die Baumkronen transportiert. Das Holz von Nadelbäumen ist leichter als Wasser. Es schwimmt also, wenn man es in Flöße bindet und auf dem Wasser transportiert.

Eine Eigenschaft haben alle Nadelbäum ohne Ausnahme: Sie sind **Nacktsamer.** Das bedeutet, dass bei ihnen die Samenanlage, aus der der Same hervorgeht, frei auf dem Fruchtblatt liegt und nicht in einem Fruchtknoten eingeschlossen ist. Deshalb haben sie keine Frucht.

1) Stelle Unterschiede zwischen Laub- und Nadelbäumen in einer Tabelle zusammen!

2) Erkläre die unterschiedliche Verbreitung von Laub- und Nadelbäumen in Europa!

05 Lärche

06 Wacholder

07 Kiefer

08 Fichte

ENERGIEFLUSS UND STOFFKREISLÄUFE
DER WALD

01 Ein Waldtier wie den Fuchs sieht man nicht oft

Tiere im Wald

Viele Menschen meinen, dass es im Wald viele Tiere gibt: Rehe, Füchse und Wildschweine. Doch wer im Wald große Tiere sehen will, wird meistens enttäuscht. Man trifft auf Vögel und Insekten, andere Tiere sieht man selten. Leben wirklich viele Tiere im Wald?

ENERGIEANGEBOT · Pflanzen im Wald, vor allem Bäume, bauen durch Fotosynthese eine große Menge organischer Substanzen auf, in denen viel Energie gespeichert ist. Pflanzen bestehen vor allem aus *Zellulose*, Holzgewächse auch aus *Lignin*. Diese Stoffe können von Tieren nicht direkt als Nahrung verwertet werden.

Nur einige wenige Kleinstlebewesen sind dazu in der Lage, diese Substanzen zu zerlegen und von ihnen zu leben. Manche Teile von Pflanzen, die arm an Zellulose oder Lignin sind, sind für Tiere nahrhaft: Knospen, junge Blätter, einige Früchte, Wurzeln oder unterirdische Speicherorgane.

ERNÄHRUNGSTYPEN · Mäuse und andere Nagetiere fressen Samen. Eichhörnchen und Eichelhäher legen Speicher von Haselnüssen und Eicheln an, die sie dann nutzen, wenn keine Früchte reif sind. Sie sind **Pflanzenfresser**. Gleiches gilt für Rehe. Sie ernähren sich von Blättern und der Rinde von Bäumen. Sie sind – ebenso wie Hirsche – *Wiederkäuer*, in deren Pansen Kleinstlebewesen die Zellulose verdauen. Wiederkäuer können nur durch die Tätigkeit der Kleinstlebewesen von der zellulosereichen Nahrung leben.

Weil nahrhafte Pflanzenteile nur zu bestimmten Jahreszeiten erscheinen, können viele Tiere in einem mitteleuropäischen Wald nicht das ganze Jahr über die gleiche Nahrung zu sich nehmen.

Kleine Insekten können zu bestimmten Zeiten in großer Anzahl auftreten. Ameisen, Wespen oder Borkenkäfer sind dann besonders auffällig. Die Entwicklung vieler Insekten im Wald ist genau an die Entwicklung von Pflanzen angepasst.

Frostspannerraupen erscheinen, wenn das Laub der Bäume austreibt. Junge Blätter werden von diesen Schmetterlingslarven vollständig gefressen. Es kommt zu **Kahlfraß**. Bei älteren Blättern bleiben die härteren und mehr Zellulose enthaltenden Blattrippen erhalten. Dann spricht man von einem **Fensterfraß**. Wenn die Blätter ausgewachsen sind und ihr Gehalt an Zellulose größer ist, werden sie nicht mehr gefressen. Fliegende Falter entwickeln sich im Winter. Ihre Eier legen sie in Knospen ab, aus denen dann – genau zum Blattaustrieb – die nächste Generation an Raupen schlüpft.

In manchen Jahren verläuft die Entwicklung von Bäumen und Frostspannern nicht genau synchron. Die Raupen verhungern, wenn sie nur ein paar Tage zu früh oder zu spät erscheinen. Befallene Pflanzen treiben erneut Blätter aus. Hainbuchen sind bald nach dem Insektenfraß wieder grün, Eichen und Buchen haben einen **Johannistrieb**: Im Hochsommer bilden sich erneut Blätter, an denen keine Insekten mehr fressen. Sie haben sich dann bereits verpuppt.

FLEISCH- UND ALLESFRESSER · Zu der Zeit, in der sich Spannerraupen entwickeln, brauchen Spechte und Singvögel besonders viel Nahrung. Sie füttern dann ihre Jungen im Nest mit Insektenlarven. In den anderen Jahreszeiten kommen sie mit einem geringeren Nahrungsangebot aus. Luchse, Eulen und andere **Fleischfresser** trifft man selten an, weil sie im Wald nur wenige Tiere ganzjährig erbeuten können. An manchen Orten gibt es Wildkatzen, die wieder angesiedelt wurden.

Füchse ernähren sich von Mäusen, anderen Kleinsäugern und Vögeln, aber auch von Früchten. Wildschweine durchwühlen den Boden und fressen Wurzeln, Kartoffeln und Getreide, aber auch Mäuse, Würmer und Insekten. Beide sind also Allesfresser.

1 Erkläre, weshalb nur wenige große Tiere in mitteleuropäischen Wäldern ganzjährig vorkommen!

02 Frostspannerraupe beim Fensterfraß

03 Johannistrieb

04 Kleiber mit Insektenlarven am Nest

ENERGIEFLUSS UND STOFFKREISLÄUFE
DER WALD

NAHRUNGSBEZIEHUNGEN · Zwischen den einzelnen Lebewesen bestehen Nahrungsbeziehungen. Pflanzen bauen über die Fotosynthese organische Substanzen auf. Die darin enthaltene Energie können sie selbst nutzen, oder sie wird von Tieren verwertet. Weil Pflanzen aus energiearmen Stoffen energiereiche Stoffe herstellen, die von anderen Lebewesen genutzt werden können, haben Pflanzen die Funktion von **Produzenten**. Tiere sind **Konsumenten** energiereicher Stoffe. Die Stoffe und die darin enthaltene Energie nutzen sie für den Aufbau körpereigener Substanz. Einige Substanzen bauen sie ab und scheiden sie aus. Dabei erfüllen sie die Funktion von **Destruenten**. Sowohl größere als auch kleine, im Boden lebende Tiere fressen andere Tiere oder Aas, also tote Tiere. Sie bauen dabei nicht nur Substanzen ab, sondern auch ihre eigene Körpersubstanz auf. Daher sind sie sowohl *Konsumenten* als auch *Destruenten*.

Die Nahrungsbeziehungen zwischen verschiedenen Lebewesen in einem Lebensraum lassen sich in einem Nahrungsnetz schematisch darstellen. Jeder Pfeil zeigt an, welche Tierart von einer anderen gefressen wird.

KONKURRENZ · Nahrungsbeziehungen können sehr vielfältig sein. Viele Tierarten haben die gleiche Nahrung und viele Beutetiere werden von zahlreichen Tierarten gefressen. Sowohl Uhus als auch Füchse ernähren sich von ausgewachsenen Buntspechten oder deren Jungtieren. Sie können beide ebenfalls Eichhörnchen oder Marder erbeuten. Sie sind daher **Nahrungskonkurrenten**. Wenn es wenige Füchse gibt, kann sich der Buntspecht stärker vermehren. Aber auch Uhus können sich dann besser ernähren und vermehren: Zum einen gibt es dann mehr Buntspechte als Beutetiere, zum anderen ist die Konkurrenz zu den Füchsen geringer.

Wenn sich Uhus vermehren, werden auch mehr Eichhörnchen erbeutet. Gibt es weniger Eichhörnchen, werden weniger Fichtensamen gefressen oder als Wintervorrat im Boden vergraben. Nur aus den wenigen Fichtensamen, die von Eichhörnchen nicht wieder gefunden werden, wachsen später Bäume empor. Daher wird dann die Fichte auch weniger gut verbreitet. An der Darstellung eines Nahrungsnetzes kann deutlich gemacht werden, dass alle Lebewesen in einem Wald in Beziehung zueinander stehen, auch solche, von denen man es so nicht erwartet hätte.

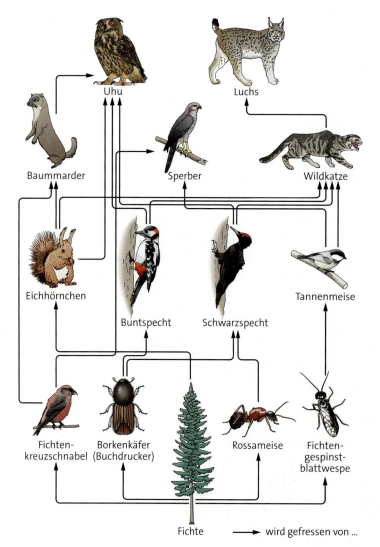

05 Nahrungsnetz

2 Beschreibe an einem Beispiel, wie sich Nahrungskonkurrenz auf das Nahrungsnetz auswirkt!

MATERIAL

Material A ▸ Der Himbeerkäfer

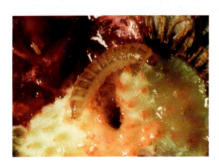

Der Himbeerkäfer frisst zuerst an Blütenknospen der Himbeere, danach den Blütenstaub der Pflanze. Schließlich legt er seine Eier in unreifen Himbeeren ab. Dort entwickeln sich die Larven zur gleichen Zeit wie die Früchte, welche die Nahrung der Larven sind. Zur Reifezeit der Himbeeren fallen die Larven auf den Boden und verpuppen sich. Dort nehmen sie keine Nahrung auf. Im Boden schlüpfen aus ihnen Käfer, die erst zur Zeit der Entwicklung früher Himbeerpflanzen im Folgejahr aus dem Boden kriechen und an den Pflanzen zu fressen beginnen.

A1 Beschreibe, zu welchen Jahreszeiten der Käfer oder seine Larve Nahrung zu sich nimmt!

A2 Stelle eine Vermutung auf, warum spät blühende Himbeersorten mit spät reifenden Früchten von Himbeerkäfern nicht befallen werden!

Material B ▸ Nahrungsquellen für Menschen im Wald

Menschen können in mitteleuropäischen Wäldern nicht dauerhaft überleben, weil nur zu bestimmten Jahreszeiten geeignete Nahrung zur Verfügung steht. Im tropischen Regenwald gibt es keine Jahreszeiten. Daher reifen das ganze Jahr über Früchte heran.

B1 Stelle in einer Tabelle zusammen, in welchen Monaten welche Nahrung für Menschen im mitteleuropäischen Wald verfügbar ist!

B2 Entwickle Hypothesen, warum Menschen im tropischen Regenwald ohne Ackerbau dauerhaft überleben können!

Material C ▸ Konkurrenz zwischen Greifvögeln

	Waldohreule	Waldkauz	Habicht
Aufenthaltsort	Rand von Misch- und Nadelwäldern mit angrenzenden Wiesen und Feldern	Laub- und Mischwälder mit angrenzenden Wiesen und Feldern	Laub- und Mischwälder mit angrenzenden Wiesen und Feldern
Brutplatz	verlassene Nester von Greifvögeln, Krähen oder Elstern	Baumhöhlen	Kronen hoher alter Bäume
Ernährungsweise (selten)	Feld- und Rötelmäuse (kleine Vögel)	Feld- und Rötelmäuse (Wanderratten, Eichhörnchen, Kaninchen, kleine Vögel)	kleine bis mittelgroße Vögel (Feld- und Rötelmäuse, Kaninchen)
Aktivitätszeit	Dämmerung, Nacht	Dämmerung, Nacht	Tag
Körperbau	bis 370 g, bis 36 cm	bis 630 g, bis 42 cm	bis 1500 g, bis 63 cm

C1 Ermittle anhand der Tabelle, wie stark die Konkurrenz zwischen Waldkauz, Waldohreule und Habicht in Bezug auf „Aufenthaltsort", „Ernährungsweise" und „Brutplatz" ist!

C2 Überprüfe, ob die Konkurrenz vollständig ist oder nicht!

C3 Entwickle eine Hypothese, ob die drei Vogelarten in einem Gebiet dauerhaft nebeneinander leben können!

ENERGIEFLUSS UND STOFFKREISLÄUFE
DER WALD

01 Kreuzspinne in ihrem Netz

Spinnen

Im Zentrum ihres Netzes wartet die Kreuzspinne. Wenn sich ein Insekt darin verfängt, wird es zur Beute für die Spinne. Sie spinnt das Insekt ein und saugt es aus. Wie stellen Spinnen ihre Spinnfäden und Netze her, die sie zum Beutefang und zum Erwerb von Nahrung brauchen?

STRUKTUR UND FUNKTION DER SPINNFÄDEN · Spinnen besitzen am Hinterleib *Spinndrüsen*, mit denen ein feiner Faden erzeugt wird. Zunächst bildet die Spinne eine klebrige Flüssigkeit aus Eiweiß. Wird diese Substanz über die *Spinnwarzen* am Hinterleib abgegeben, erhärtet sie an der Luft zu einem Spinnfaden. Die Spinnfäden, die man auch als Spinnenseide bezeichnet, sind enorm reißfest und dehnbar.
Bevor Spinnen ein neues Netz bauen, fressen sie die alten Spinnfäden auf. So verwerten sie die Eiweißstoffe immer wieder und sparen Energie.

Die Vielfalt der von Spinnen erbauten Netze ist groß. Jede Art dieser Tiere baut ein für sie typisches Netz. Besonders bekannt ist das Radnetz der Kreuzspinne. Es besteht aus unterschiedlichen Spinnfäden. Die Fangfäden dieses Netzes sind klebrig, sodass die Beute an ihnen haften bleibt. Andere Fäden sind trocken. An ihnen entlang bewegt sich die Spinne in ihrem Netz fort. Spinnen können mit den Spinndrüsen bis zu sechs verschiedene Sorten von Spinnfäden herstellen. Jede Fadenart erfüllt eine bestimmte Funktion, beispielsweise zum Bau des Netzes, zum Einwickeln der Beute oder zum Spinnen einer Hülle für die Eier, einem **Kokon**.

KÖRPERBAU DER SPINNE · Spinnen besitzen ebenso wie Insekten gegliederte Laufbeine. Beide werden in die Tiergruppe der Gliederfüßer eingeordnet. Beide verfügen über ein Außenskelett aus Chitin. Allerdings haben

Spinnen vier Beinpaare, Insekten nur drei. Der Spinnenkörper gliedert sich in ein *Kopf-Brust-Stück* und einen *Hinterleib*. Vorne am Kopf sitzen *Punktaugen* und vor dem Mund paarige Kieferzangen mit *Giftklauen*. Daneben befinden sich *Kiefertaster*, die bei der Paarung eine besondere Bedeutung für die Männchen haben. Am Hinterleib erkennt man die Spinnwarzen. Die *Krallen* an den Füßen geben der Spinne Halt im Netz und beim Laufen.

BEUTE DER SPINNEN · Fangnetze werden zwischen Pflanzenteilen aufgespannt. Im Radnetz der Kreuzspinnen verfangen sich vor allem fliegende Insekten, welche die Spinne durch einen Biss mit ihren Giftklauen tötet. Das Beutetier wird außerhalb des Spinnenkörpers verdaut, indem Verdauungssäfte in das Tier eingespritzt werden. Die dadurch verflüssigte Nahrung wird von der Spinne aufgesogen.

Springspinnen springen auf ihre Beute und sichern sich dabei mit einem Faden ab. Haubennetzspinnen bauen ihre Netze so, dass am Boden laufende Beutetiere daran kleben bleiben. Zerreißt ein Insekt einen Spinnfaden, ziehen sich andere Fäden zusammen und heben die Beute vom Boden ab. Dann wird das Insekt von der Spinne getötet und gefressen.

ANSPRÜCHE AN DEN LEBENSRAUM · Spinnen kommen nahezu überall an Land vor und ihre Artenanzahl ist groß. Allein in Deutschland gibt es über 1000 Spinnenarten.

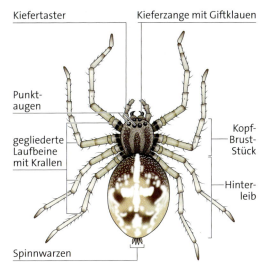

02 Körperbau der Spinnen

Aufgrund der unterschiedlichen Beschaffenheit der Lebensräume kommen in ihnen jeweils verschiedene Spinnenarten vor, die unterschiedlich angepasst sind. Man kann Spinnen fangen und die Funde auswerten, um Umweltbedingungen zu charakterisieren. Beispielsweise kommen bei hoher oder geringer Bodenfeuchtigkeit unterschiedliche Spinnenarten vor.

Spinnen zeigen also die Ausprägungen des Lebensraumes besonders gut an. Man bezeichnet Spinnen daher auch als *Bioindikatoren*.

lateinisch indicare = anzeigen

1) Beschreibe die Beutefangmethoden aus Abbildung 03!

2) Nenne Gemeinsamkeiten von Spinnen und Insekten!

3) Erkläre den Begriff Bioindikator!

03 Radnetz

04 Haubennetz

05 Springspinne

ENERGIEFLUSS UND STOFFKREISLÄUFE
DER WALD

06 Fortpflanzung und Entwicklung:
A Größenvergleich von Spinnenweibchen und Spinnenmännchen,
B Jungspinnen im Netz

FORTPFLANZUNG UND ENTWICKLUNG · Spinnen sind in der Regel Einzelgänger, die nur zur Paarungszeit zusammenkommen. Häufig sind die Weibchen größer als die Männchen. In ihrem Hinterleib reifen viele Eizellen heran. Das Männchen wirbt in einem typischen Ritual um das Weibchen. Bei manchen Arten bringen die Männchen den Weibchen Nahrung mit. Zeigt das Weibchen seine Paarungsbereitschaft, überträgt das Männchen mithilfe des Kiefertasters Spermienzellen in die bauchseitige Geschlechtsöffnung des Weibchens. Bei vielen Spinnenarten wird das Männchen nach der Paarung vom Weibchen gefressen, falls es nicht entkommt. Dadurch nehmen die Weibchen zusätzliche Nährstoffe auf, die für die Produktion der vielen Eizellen und teilweise für die Versorgung der Jungspinnen nützlich sind.

Mit speziellen Spinndrüsen stellen die Weibchen Seide für einen Kokon her, der die Eier umgeben soll. Nach der Paarung werden die Eizellen zusammen mit den Spermienzellen des Männchens in diesen Kokon aus Spinnfäden abgelegt. Erst hier erfolgt die Befruchtung. Nach einigen Tagen bis Wochen schlüpfen die Jungtiere, die sich während des Wachstums mehrmals häuten. Bei den meisten Arten ist der Nachwuchs dann auf sich allein gestellt. Die Weibchen einiger Spinnenarten betreiben jedoch intensive *Brutpflege*. Sie füttern und bewachen die Jungtiere.

JÄGER UND BEUTE ZUGLEICH · Spinnen ernähren sich hauptsächlich von Insekten. Aber sie werden auch von anderen Spinnen gefressen. Außerdem werden sie von Schlupfwespen, Eidechsen, Fröschen, Vögeln und kleinen Säugetieren erbeutet. Bestimmte Angepasstheiten schützen die Spinnen vor Beutegreifern. Einige Spinnenarten ziehen sich in Erdhöhlen zurück. Andere nehmen den Farbton des Untergrundes an, sodass sie getarnt sind. Wieder andere Spinnen haben eine auffällige Färbung, die Beutegreifern signalisieren soll, dass sie giftig oder ungenießbar sind. Die Wespenspinne ähnelt einer Wespe und wird daher seltener erbeutet.

4 Beschreibe, wie Spinnen vor Beutegreifern geschützt sind!

MATERIAL

Material A ▸ Spinnen und Insekten

A1 Vergleiche den Körperbau der Spinnen und Insekten auf den Abbildungen!

A2 Ordne die einzelnen Organismen den beiden Tiergruppen zu!

A3 Begründe, weshalb eines der Tiere als Ameisenspinne bezeichnet wird!

Material B ▸ Spinnen in unterschiedlichen Lebensräumen

	Frisch aufgeforsteter Wald		Naturbelassener Wald	
eingefangene Spinnen gehören zu...	1. Jahr	10. Jahr	1. Jahr	10. Jahr
Waldarten	42	273	396	380
Offenlandarten	73	12	15	8
weitverbreiteten Arten	83	382	117	93
Gesamtanzahl	198	667	528	481

In einem alten Wald und einem frisch aufgeforsteten Wald wurde das Vorkommen verschiedener Spinnenarten ermittelt. Dazu wurden Spinnen auf gleich großen Flächen eingefangen, nach Arten bestimmt und gezählt. Die Untersuchung wurde nach zehn Jahren wiederholt. Die Tabelle zeigt die Ergebnisse der Auszählungen.

B1 Berechne den prozentualen Anteil der gefangenen Spinnen jeder Artengruppe an der Gesamtanzahl!

B2 Stelle die prozentualen Anteile in einem geeigneten Diagramm dar!

B3 Beschreibe die Entwicklung der Artengruppen auf den beiden Versuchsflächen!

B4 Deute die Ergebnisse, indem du die Angepasstheit der jeweiligen Artengruppe an den Lebensraum in deine Überlegungen einbeziehst!

ENERGIEFLUSS UND STOFFKREISLÄUFE
DER WALD

01 Fliegenpilze im Wald

Pilze

> *Im Herbst leuchtet einem der rote Hut des Fliegenpilzes bereits von Weitem entgegen. Auch auffällig viele andere Pilze erscheinen plötzlich zur gleichen Jahreszeit. Woher kommen sie?*

BAU DER PILZE · Pilze sind weder Tiere noch Pflanzen, sondern eine ganz eigene Gruppe von Lebewesen. Der Fliegenpilz ist ebenso wie andere Pilze giftig. Es gibt auch zahlreiche ungiftige Pilze, die ausgesprochen schmackhaft sind: Champignon, Pfifferling, Steinpilz, Trüffel.

02 Pilzmyzel

Stiel und Hut sind nur Teile des Organismus Fliegenpilz. Der Hut, den man auch Schirm nennt, ist ein *Sporenträger*. Hier reifen die Sporen heran, die der Fortpflanzung dienen. Sie wachsen im Boden zu einem weitläufigen Geflecht feiner Pilzfäden heran, das man als **Myzel** bezeichnet. Die einzelnen Zellfäden nennt man **Hyphen**. Das Myzel ist der zentrale Teil des Pilzkörpers. Bei vielen, aber durchaus nicht allen Pilzarten wächst aus dem Myzel zu bestimmten Zeiten ein Stiel mit Hut empor.
Die Zellen der Pilze haben wie diejenigen der Pflanzen Vakuolen und Zellwände, aber keine Chloroplasten, sodass sie keine Fotosynthese leisten. Die Zellwände bestehen nicht aus *Zellulose* wie bei Pflanzen, sondern aus *Chitin*, dem Stoff, aus dem die Außenskelette von Insekten und Spinnen gebaut sind. In ihren Zellen speichern Pilze keine Stärke wie die Pflanzen, sondern *Glykogen* wie Tiere. Pilze sind also eine ganz eigenständige Organismengruppe.

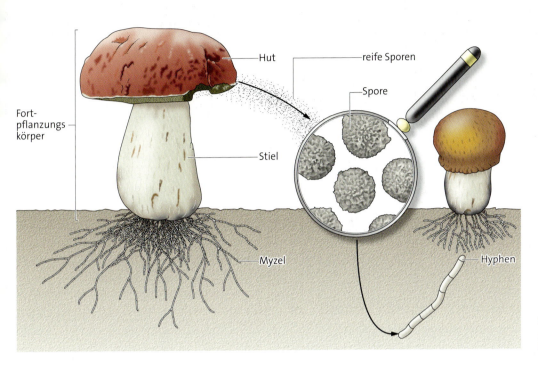

03 Bau und Fortpflanzung eines Hutpilzes

LEBENSWEISEN VON PILZEN · Pilze können keine energiereichen Substanzen aus energiearmen aufbauen und müssen daher wie Tiere Nahrung aufnehmen. Es gibt drei Typen des Nahrungserwerbs, zwischen denen man aber nicht immer ganz genau unterscheiden kann. **Saprophyten** sind Fäulnisbewohner, die sich von toter organischer Substanz ernähren. **Parasiten** gedeihen auf lebenden Pflanzen und Tieren. In Bäumen lösen sie zum Beispiel die Verbindungen zwischen einzelnen Holzzellen auf, sodass das Holz morsch wird und zerbröselt. Parasitische Pilze wie der Buchenschwamm bilden das ganze Jahr über Sporenträger.

Der dritte Typus bildet eine Lebensgemeinschaft mit Pflanzen, die beiden „Partnern" nützt. Eine solche **Symbiose** heißt **Mykorrhiza**, in der der Pilz mit organischen Stoffen versorgt wird. Die Pflanze erhält vom Pilz zusätzliches Wasser und Mineralstoffe, die im weit reichenden Myzel transportiert werden. Verbindet sich eine Pflanzenwurzel mit einem Pilzmyzel, vergrößert sich der Bodenraum, aus dem die Pflanze Wasser und Mineralstoffe aufnehmen kann, um ein Vielfaches.

PFLANZEN UND PILZE IM JAHRESLAUF · Die Sporenträger der meisten Mykorrhizapilze erscheinen nur im Spätsommer und Herbst. Das ist beim Fliegenpilz genauso wie bei Pfifferling und Steinpilz. Dann nämlich lagern Bäume organische Substanzen in den Wurzeln ein. Die Pilze beziehen diese Stoffe aus der Pflanze und verwenden sie zum Aufbau der Sporenträger. Im Frühjahr und Frühsommer werden dagegen durch die immer im Boden vorhandenen Myzele Wasser und Mineralstoffe zur Pflanze geleitet. Bäume brauchen dann besonders viel von diesen Substanzen, weil sich die Blätter entfalten und entwickeln. Die feinen Myzele der Mykorrhizapilze sind also stets vorhanden, während manche Sporenträger nur zu bestimmten Jahreszeiten zu sehen sind.

1) Vergleiche Merkmale und Ernährungsweisen von Pflanzen, Tieren und Pilzen!

2) Erläutere in Bezug auf den Bau eines Pilzes, weshalb man dessen Sporenträger nur sehr behutsam mit einem Messer abschneiden soll!

ENERGIEFLUSS UND STOFFKREISLÄUFE
DER WALD

GANZ KLEIN UND GANZ GROSS · Nur wenige Pilze sehen so aus wie ein Fliegenpilz. Sehr viele winzig kleine einzellige Pilze kann man nur unter einem Mikroskop erkennen. Sie nehmen ebenso wie ihre größeren Verwandten Nährstoffe von anderen Organismen auf. Schimmelpilze bauen energiereiche Stoffe ab, beispielsweise von Brot oder Obst. Dabei verändert sich der Geschmack der Nahrungsmittel. Weil Schimmelpilze giftige oder krebserregende Stoffe bilden können, darf man verschimmelte Lebensmittel nicht essen. Andere Schimmelpilze, die man durchaus essen kann, braucht man zur Herstellung von Camembert, Roquefort oder anderen Käsesorten.

Bäckerhefe ernährt sich von Zucker. Setzt man sie einem Teig zu, also einem Gemisch aus Mehl, Wasser und ein wenig Zucker, betreibt sie Zellatmung. Dabei bildet sich Kohlenstoffdioxid, das den Teig zum „Gehen" bringt. Brot oder Kuchen werden dadurch locker. Bierhefe lässt Malz, das mit Wasser versetzt wurde, gären. Diese und weitere Hefepilze braucht man zur Zubereitung von alkoholischen Getränken. Dabei wird immer Glukose zu Alkohol und Kohlenstoffdioxid abgebaut. Die dabei frei werdende Energie wird vom Pilz genutzt.

Für die kleinen gilt also genau das Gleiche wie für die großen Pilze: Einige werden ausgesprochen gerne gegessen, andere sind ungenießbar. Weitere Pilzarten enthalten Giftstoffe, sodass man in Lebensgefahr gerät, wenn man sie isst.

Es gibt auch sehr große Pilze. Vor allem das im Boden oder im Holz verborgene Myzel kann gewaltige Ausmaße annehmen. In Oregon in Nordamerika fand man einen Hallimasch, der eine Ausdehnung von beinahe zehn Quadratkilometer und ein Gewicht von etwa 600 Tonnen aufweist. Man hält diesen Pilz für das größte Lebewesen der Welt, und man schätzt, dass er weit mehr als 2000 Jahre alt ist.

04 Schimmel: **A** Brotschimmel, **B** Schimmelkäse, **C** verschimmeltes Obst, **D** Köpfchenschimmel

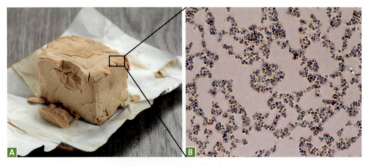

05 Hefe: **A** Hefewürfel, **B** mikroskopische Aufnahme

06 Hallimasch

3) Nenne Pilze, die man für die Lebensmittelherstellung nutzt!

MATERIAL

Material A ▸ Mykorrhiza

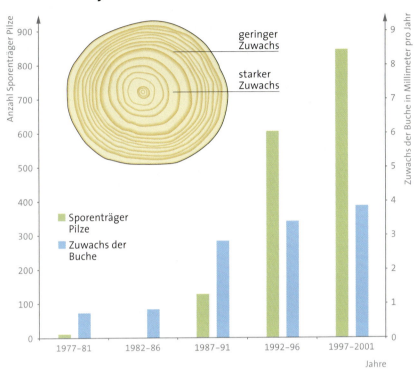

Jahr für Jahr wurden in einem Waldstück die Zahlen von Sporenträgern der Pilze erfasst. Ein großer Teil davon bildete eine Mykorrhiza mit Buchenwurzeln. Im Jahr 1987 wurde der Wald vom Förster ausgelichtet. 2001 fällte man eine Buche und ermittelte den jährlichen Zuwachs des Baumes im Zeitraum von 1977 bis 2001.

A1 Beschreibe die Messergebnisse!

A2 Begründe, warum der Baum nach der Auslichtung ein stärkeres Wachstum zeigte!

A3 Beschreibe, wie die Auslichtung von 1987 die Pilze förderte!

A4 Fasse die Abhängigkeiten zwischen Forstmaßnahme, Baum- und Pilzwachstum zusammen!

A5 Bewerte die Maßnahme, die der Förster in dem Waldstück durchgeführt hat!

Material B ▸ Flechten

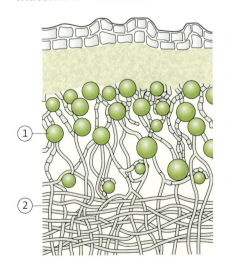

Flechten sind eine ähnliche Lebensgemeinschaft wie die Mykorrhiza. Es sind ebenfalls Pilze beteiligt, aber anstelle vielzelliger Pflanzen findet man einzellige Algen. Flechten gedeihen selbst an zeitweise sehr trockenen Plätzen, an denen keine Pflanzen wachsen: an Baumrinden und sogar auf Felsen und an Hausfassaden. Pilze speichern Wasser und Mineralstoffe. Auf einem mikroskopischen Bild erkennt man einzelne Algen, die Fotosynthese betreiben, und vielzellige Myzele von Pilzen.

B1 Benenne die Strukturen, die mit den Ziffern 1 und 2 bezeichnet sind!

B2 Vergleiche tabellarisch die Flechtensymbiose und die Mykorrhiza! Gehe auf die beteiligten Organismen, ihre Wuchsorte und die Funktionen innerhalb der Symbiose ein!

B3 Erläutere, welche Funktion die Pilze übernehmen, wenn die Flechten an zeitweise sehr trockenen Standorten wachsen!

ENERGIEFLUSS UND STOFFKREISLÄUFE
DER WALD

01 Externsteine (um 1900)

Lebewesen verändern ihre Umwelt

Auf einem alten Foto der Externsteine bei Detmold erkennt man, dass es auf den Felsen vor einigen Jahrzehnten viel mehr Gehölzpflanzen gab als heute. Warum hat man die Bäume auf dem bekannten Naturdenkmal beseitigt?

ABBAU VON GESTEIN · Die bekannten Felsen bei Detmold wurden von Kräften im Erdinneren weit in die Höhe gehoben. Sie sind seitdem Wind und Wetter besonders stark ausgesetzt. Wasser sickert durch Risse in die Felsen ein. Gefriert es und wird zu Eis, dehnt es sich aus und sprengt den Stein. In breiter werdende Spalten können auch Wurzeln vordringen, die ebenso wie andere Teile einer Pflanze von Jahr zu Jahr etwas dicker werden. Dabei wird die Kluft im Stein erweitert. Schließlich kann ein Stück Felsen auch deswegen zu Tal stürzen. Auf diese Weise werden alle weit emporragenden Felsen abgebaut. Während sie verwittern, nehmen sie besonders spektakuläre Formen an. Die Externsteine werden daher seit langer Zeit von vielen Menschen besucht. In den letzten Jahrzehnten bemerkte man, dass man die Pflanzen von den Felsen entfernen muss, um das Naturdenkmal der Externsteine so lange wie möglich zu erhalten.

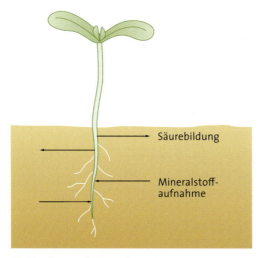

02 Vorgänge an der Wurzel

IM BLICKPUNKT GEOWISSENSCHAFTEN

Boden

ENTSTEHUNG · Böden entstehen durch lang andauerndes Zusammenwirken physikalischer, chemischer und biologischer Prozesse. Wasser versickert in Ritzen des nackten, kompakten Felsgesteins. Wenn es zu Eis gefriert, dehnt es sich aus und erweitert die Gesteinsritze. Erst überziehen Flechten, dann Moose und Kräuter den Felsen und geben Säuren ab. Die Säuren lösen Mineralstoffe aus dem Stein. Zarte Pflanzenwurzeln dringen in kleinste Felsspalten vor. Wenn sie beim Wachstum dicker werden, zersprengen sie den Stein und lösen weitere Mineralstoffe aus dem Untergrund. Weitere Säuren bilden sich, wenn Kleinstlebewesen Überreste von abgestorbenen Pflanzen und Tieren zu Humus abbauen. Höhere Gewächse, auch Bäume, können sich erst ansiedeln, wenn eine größere Menge an mineralstoffreichem Humus entstanden ist.

BAU · Die Böden der mitteleuropäischen Wälder sind deutlich geschichtet. Man kann mehrere **Bodenhorizonte** unterscheiden. Die oben liegende *Streuschicht* besteht aus nicht oder nur wenig zersetztem Laub. Darunter folgt der *A-Horizont*. Wegen seines hohen Humusanteils ist er meistens dunkel gefärbt. Wühlmäuse, Regenwürmer und andere größere Bodenlebewesen durchlüften diese Schicht. Deshalb können Wurzeln gut in den Boden vordringen.
Nur wenige Baumwurzeln reichen bis in den helleren *B-Horizont* hinunter. Er ist reich an Mineralstoffen. Hier gibt es nur wenige Bodenlebewesen. Schließlich folgt der *C-Horizont* mit kaum verwittertem Gesteinsmaterial aus dem Untergrund.
Böden verändern sich ständig: Humus sammelt sich an, Gestein wird abgebaut und Mineralstoffe aus dem Gestein werden freigesetzt.

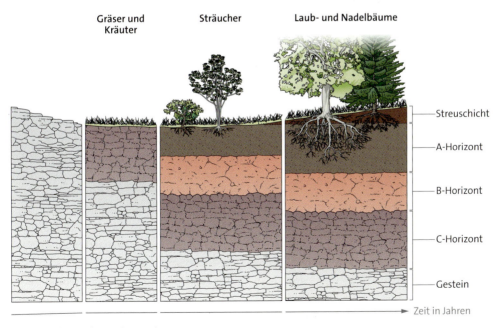

01 Bau und Entstehung eines Bodens

ENERGIEFLUSS UND STOFFKREISLÄUFE
DER WALD

03 Offenes Land

04 Kiefernwald

05 Eichenwald

06 Buchenwald

WALDENTWICKLUNG · Am Ende der letzten Eiszeit, vor mehr als 15 000 Jahren, wuchsen nur kleine Gräser und Kräuter in Mitteleuropa. Nach und nach kamen Bäume und andere Lebewesen aus dem Süden in den Norden. Vor etwa 10 000 Jahren breiteten sich erste Bäume aus: Birken und Kiefern. Zahlreiche Mykorrhizapilze versorgten sie mit Wasser und Mineralstoffen. Unter den Bäumen bildete sich ein Waldbinnenklima mit gemäßigten Temperaturen aus. Feuchtigkeit wurde im Wald gespeichert. Waldtiere fanden sich ein und suchten Schutz in den Wäldern. Eichhörnchen und Eichelhäher brachten Haselnüsse und Eicheln mit, die sie im Boden vergruben. Einige Früchte fanden sie wieder, andere konnten keimen und entwickelten sich zu Haselbüschen und Eichen. Unter Eichen kamen keine Birken und Kiefern mehr in die Höhe, denn sie keimen und wachsen im Schatten nicht. Eichen brauchen mineralstoffreichere Böden, die sich inzwischen herausgebildet hatten. Die Böden hatten einen gut entwickelten A-Horizont und einen B-Horizont, in den die Eichenwurzeln vordrangen und Mineralstoffe aufnehmen konnten.

Schließlich brachten Waldtiere auch Bucheckern mit, sodass Buchen unter den Eichen in die Höhe kamen. Noch besser wuchsen Buchen, wenn Menschen Eichenwälder rodeten, um für einige Jahrzehnte Ackerbau zu betreiben. Wenn sie ihr Land aufgaben, herrschten erneut lichte Bedingungen, die ein Wachstum von Birken und Kiefern begünstigten. Unter diesen Bäumen hatten Buchen mehr Platz zum Wachsen. Buchenwälder sind im Sommer derart dunkel, dass Eichen unter ihnen nicht emporkommen. Wenn Menschen Buchenwälder rodeten, um aus Buchenholz beispielsweise Holzkohle herzustellen, hatten Eichen erneut eine Chance zur Ausbreitung.

1) Beschreibe die Zusammenhänge zwischen Bodenentwicklung und Waldentstehung!

MATERIAL

Material A ▶ Zersetzung von Blättern

Baumarten	1. Jahr H W F S	2. Jahr H W F S	3. Jahr H W F S	4. Jahr H W F S	5. Jahr H W F S	pH-Wert des Laubs
Ulme, Esche	██▓					6,4–6,5
Bergahorn, Linde	████▓					4,5–5,4
Eiche, Rotbuche	██████████▓					4,3–4,7
Fichte, Waldkiefer	██████████████▓					4,1–4,2
Lärche	██████████████████▓					4,2

H = Herbst, W = Winter, F = Frühjahr, S = Sommer   ▇ Zersetzung

Die Zersetzungsdauer und der pH-Wert abgeworfener Blätter verschiedener Bäume wurden bestimmt. Der pH-Wert gibt den Säuregrad an. Je kleiner er ist, desto mehr Säure ist vorhanden.

A1 Vergleiche die Zersetzungsdauer von Laub- und Nadelblättern!

A2 Stelle Vermutungen an, wie der pH-Wert des Laubs und die Zersetzungsdauer zusammenhängen!

A3 Stelle mithilfe der Tabelle eine Vermutung an, weshalb nur wenige Kräuter in reinen Nadelwäldern wachsen!

Material B ▶ Pollendiagramm

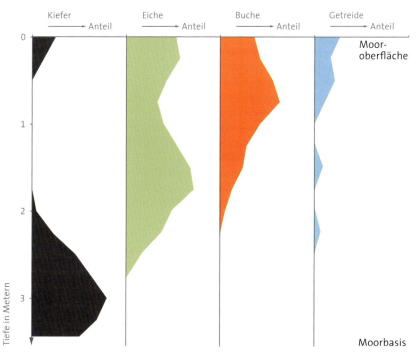

In einem Moor lagert sich jedes Jahr Torf ab. In ihn werden Pollenkörner eingelagert, die vom Wind aus der Umgebung des Moores herangetragen werden. Pollenkörner bleiben jahrtausendelang erhalten. Man kann sie auch dann noch nach Pflanzenarten bestimmen.

Wenn man die Pollenkörner aus Moorschichten unterschiedlichen Alters bestimmt und zählt, kann man erfahren, wie sich die Vegetation im Lauf der Zeit entwickelt hat.

B1 Beschreibe das Diagramm!

B2 Erschließe daraus, wie sich die Zusammensetzungen der Wälder entwickelt haben!

IM BLICKPUNKT BODENÖKOLOGIE

Zersetzung von Laub

Bei der Untersuchung des Waldbodens findet man unterschiedlich stark zersetztes Laub. Auf der Oberfläche liegen abgefallene Blätter aus dem letzten Herbst. Sie bilden eine Schicht, die man **Laubstreu** nennt. Bei Blättern in der Laubstreu erkennt man noch gut, von welchen Bäumen sie stammen. Unter der Laubstreu findet man stärker zersetzte Blätter, die die **Streuschicht** bilden. Meistens kann man nicht mehr herausfinden, zu welcher Baumart die Blätter gehören. Darunter liegt eine Schicht mit dunkler Erde, der **Humus**, in dem fast keine Blattstrukturen mehr erkennbar sind. Allenfalls findet man noch harte Aststücke.

Die Prozesse, die zum Abbau von organischer Substanz führen, werden von sehr verschiedenen Lebewesen durchgeführt. Der auf den ersten Blick leblos erscheinende Waldboden ist in Wirklichkeit der arten- und individuenreichste Lebensraum im Ökosystem Wald. Dort finden sich vor allem Bakterien und andere mikroskopisch kleine Lebewesen. Man sagt, dass ein Esslöffel Waldboden mehr Lebewesen enthält, als Menschen auf der Erde wohnen.

Gut erkennen kann man Schnecken, Regenwürmer, Ohrwürmer, Tausendfüßer und Asseln. Kleiner sind Springschwänze und Hornmilben.

Man bezeichnet alle Bodenlebewesen als Zersetzer oder *Destruenten*. Dies ist aber nicht ihre einzige Leistung im Ökosystem. Alle diese Tiere ernähren sich auch von den Blättern und bauen aus den aufgenommenen Substanzen ihre Körper auf. Sie sind daher auch *Konsumenten*. Beim Abbau der Laubblätter verbrauchen alle Bodenlebewesen Sauerstoff. Beim Zersetzungsprozess wird Kohlenstoffdioxid frei und es bleiben die nicht weiter abbaubaren Mineralstoffe zurück, beispielsweise Kalium- und Magnesiumverbindungen. Man bezeichnet diesen Prozess als **Mineralisation**.

Die Mineralstoffe können erneut von Pflanzen aus dem Boden über die Wurzeln aufgenommen werden. Ein vom Menschen nicht beeinflusster Wald hat also ein perfektes Recyclingsystem, das ein Düngen überflüssig macht. Mineralstoffe, die zuvor in den Blättern gespeichert waren, werden bei der Zersetzung freigesetzt, sodass sie wieder für Pflanzen verfügbar sind.

Dieser Kreislauf läuft allerdings nur in der Theorie so ab. Weil der Wind Laub zu Haufen zusammenbläst und Regenwasser Mineralstoffe in die Bäche schwemmt, werden die Stoffe ungleich verteilt, und es entwickelt sich ein Nebeneinander mineralstoffreicher und -armer Plätze.

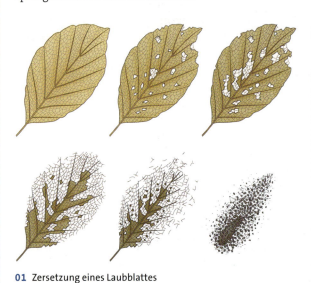

01 Zersetzung eines Laubblattes

02 Mineralstoffkreislauf

METHODE

Bestimmung von Bodenlebewesen

Bei einem Bestimmungsschlüssel wird unter einer Nummer ein Merkmalspaar betrachtet. Es ist wichtig, immer beide Beschreibungen zu lesen. Daraufhin muss eine Entscheidung getroffen und bei der entsprechenden Nummer fortgefahren werden. So ergibt sich der Weg bis zum gesuchten Tier. Bei der Bestimmung von Tieren der Laubstreu achtet man zunächst darauf, ob bei einem Tier Beine vorhanden sind, und wenn ja, wie viele. Danach unterteilt man in Schnecken, Würmer, Insekten, Spinnentiere, Asseln und Tausendfüßer.

1	Tiere ohne Beine	weiter bei 2
1*	Tiere mit Beinen	weiter bei 7
2	Tiere mit Kriechsohle	weiter bei 3
2*	Tiere mit wurmförmigem Körper	weiter bei 4
3	Tiere mit Gehäuse	**Gehäuseschnecken**
3*	Tiere ohne Gehäuse	**Nacktschnecken**
4	Tier mit Ringelung	weiter bei 5
4*	Tier ohne Ringelung, glatt, weißlich	**Fadenwürmer**
5	Tier mit Kopfkapsel	**Insektenlarven**
5*	Tier ohne Kopfkapsel	weiter bei 6
6	rötlich, am Hinterende abgeplattet, bis 200 mm	**Regenwürmer**
6*	weißlich, bis 35 mm, Rückenblutader nur am Vorderende	**Enchyträen**
7	Tiere mit 3 Beinpaaren	weiter bei 9
7*	Tiere mit mehr als 3 Beinpaaren	weiter bei 8
8	Tiere mit 4 Beinpaaren	weiter bei 15
8*	Tiere mit vielen Beinpaaren	weiter bei 18
9	Tiere ohne Flügel	weiter bei 10
9*	Tiere mit Flügeln	weiter bei 11
10	Hinterleib ohne Schwanzfäden, auf Bauchseite meist Sprunggabel	**Springschwänze**
10*	Hinterleib mit zwei Schwanzfäden	**Doppelschwänze**
11	Deckflügel kurz, größter Teil des Hinterleibs nicht bedeckt	weiter bei 12
11*	Deckflügel lang, Hinterleib mindestens zu zwei Dritteln bedeckt	weiter bei 13
12	ohne zangenförmigen Anhang	**Kurzflügelkäfer**
12*	mit zwei zangenförmigen Anhängen	**Ohrwürmer**
13	mit Sprungbeinen	**Waldgrille**
13*	zwei Flügelpaare	weiter bei 14
14	Vorderflügel hart oder derb als Deckflügel	**Käfer**
14*	Vorderflügel keine Deckflügel, Kopfunterseite mit Saugrüssel	**Wanzen**
15	Vorder- und Hinterleib durch dünnen Stiel verbunden	**Webspinnen**
15*	Vorder- und Hinterleib stoßen in ganzer Breite aneinander	weiter bei 16
16	Körper ungegliedert	weiter bei 17
16*	Hinterleib gegliedert, Taster mit Scheren, bis 4,5 mm	**Afterskorpione**
17	kurze Beine, klein, bis 1 mm	**Milben**
17*	sehr lange, dünne Beine, Körper eiförmig	**Weberknechte**
18	1 Beinpaar pro Segment	weiter bei 19
18*	2 Beinpaare pro Segment	weiter bei 20
19	gedrungener Körper, 14 Beinpaare	**Asseln**
19*	länglicher Körper, mehr als 14 Beinpaare	**Hundertfüßer**
20	spiralig einrollend	**Schnurfüßer**
20*	kugelig einrollend	**Saftkugler**

Schnirkelschnecke

Regenwurm

Ohrwurm

Kurzflügelkäfer

Laufkäfer

Wolfspinne

Assel

ENERGIEFLUSS UND STOFFKREISLÄUFE
DER WALD

01 Holzernte mit einem Harvester

Bedeutung des Waldes

Ein Wald ist nicht nur Lebensraum für Pflanzen und Tiere. Er hat auch wirtschaftliche Bedeutung und eine Erholungsfunktion für den Menschen. Welche Folgen hat das für den Wald?

WIRTSCHAFTLICHE BEDEUTUNG · Holz aus dem Wald wird auf vielfältige Weise wirtschaftlich genutzt. Aus Stammholz werden Balken und Bretter für den Hausbau oder für die Möbelproduktion gefertigt. Holz ist daher ein wichtiger *Baustoff*.
Astholz wird für die *Papierherstellung* verwendet oder kann zu Pellets verarbeitet werden, die man zur Wärmeerzeugung verbrennt. Holz wächst immer wieder nach und kann, wenn man einen Gehölzbestand richtig behandelt, immer wieder neu gewonnen werden. Holz ist also ein nachwachsender Rohstoff und gehört daher – anders als Kohle, Erdöl und Erdgas – zu den *erneuerbaren Energiequellen*.
Seit dem 19. Jahrhundert werden Wälder planvoller und intensiver genutzt als zuvor. Motorsägen und Traktoren lösten Handsägen und Pferde ab.
Die meisten Wälder in Deutschland sind heute Nutzwälder und werden als Forste bezeichnet. In einem Forst werden gezielt diejenigen Bäume gepflanzt, die am Standort am besten wachsen und einen möglichst hohen Ertrag bringen. Alte, morsche Bäume werden entfernt. Nur wenige Wälder werden nicht von Menschen genutzt. Dort werden keine Bäume gefällt und die Pflanzen breiten sich selbständig aus.

ERHOLUNGSFUNKTION · Viele Menschen leben heute in großen Städten. Sie genießen es jedoch, ihre Freizeit außerhalb von Siedlungen zu verbringen, zum Beispiel beim Wandern, Joggen, Spazierengehen oder Pilzesammeln. Dass wir den Wald als erholsam empfinden, hat verschiedene Gründe. An heißen Tagen ist es im Wald angenehm kühl. Die großen Bäume spenden Schatten und die Luftfeuchtigkeit ist hoch. Weil Blätter Staub aus der Luft filtern, ist die Luft außerdem sehr sauber. Die Bäume bremsen starken Wind, und es ist angenehm still im Wald. Nur einzelne Vögel singen.

ÖKOLOGISCHE BEDEUTUNG · Eine 100-jährige Buche bildet jedes Jahr mehr als 600 000 Blätter. An einem Sonnentag nimmt dieser Baum etwa 9400 Liter oder 18 Kilogramm Kohlenstoffdioxid aus der Luft auf. Dadurch wird der Kohlenstoffdioxidgehalt der Atmosphäre gesenkt. Aus diesem Grund werden Wälder als **Kohlenstoffdioxidspeicher** bezeichnet. Kohlenstoffdioxid gehört zu den Treibhausgasen, die zur Erderwärmung beitragen. Die Fotosynthese in den Blättern der Bäume wirkt dem Treibhauseffekt entgegen, sodass Wälder eine große Bedeutung für den *Klimaschutz* haben. Über die Fotosynthese gibt die 100-jährige Buche etwa 13 Kilogramm Sauerstoff pro Tag ab. Sie produziert damit den Tagesbedarf von etwa zehn Menschen.

Wenn Regentropfen auf Blätter fallen, werden sie in kleinere Tropfen zerteilt, die nur langsam zum Boden gelangen. Dort wird Wasser vom Moos wie ein Schwamm aufgesaugt. Es versickert nur langsam im lockeren Waldboden und gelangt ins Grundwasser, fließt aber nicht oberirdisch ab. Deshalb wirkt ein Wald als *Schutz vor Überschwemmungen*. Bäume und der Waldboden filtern Regenwasser, und es entsteht sauberes Grundwasser. Weil das Wasser nur langsam vom Wald in die Bäche gelangt und der Boden durch die Baumwurzeln gefestigt wird, wird besonders in hügeligen Gegenden verhindert, dass Erde und Sand abgespült werden. Der Wald wirkt also als *Erosionsschutz*. Eine 100-jährige Buche nimmt an einem Tag etwa 400 Liter Wasser über die Wurzeln auf. Die gleiche Menge wird über die Blätter wieder abgegeben. Durch die Wasserabgabe trägt der Wald erheblich zur *Wolkenbildung* bei.
In der Luft befindliche Staubteilchen bleiben auf den Blättern liegen und werden vom nächsten Regen abgespült. Das Blätterdach der

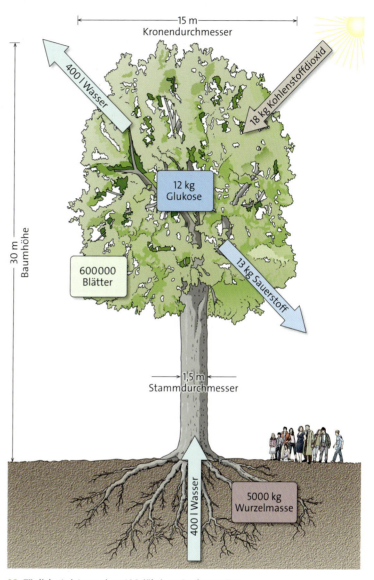

02 Tägliche Leistung einer 100-jährigen Buche pro Tag

Bäume wirkt auf diese Weise als *Filter* für Staub aus der Luft, und Wasser wird gereinigt. Dies trägt erheblich zur Wohlfahrtswirkung des Waldes bei.

1) Erstelle ein Begriffsdiagramm zur Erholungsfunktion, wirtschaftlichen und ökologischen Bedeutung des Waldes!

2) Überlege, worin sich die Meinungen über den Wald bei Forstbesitzern und Spaziergängern unterscheiden!

ENERGIEFLUSS UND STOFFKREISLÄUFE
DER WALD

03 Luftaufnahme einer Fichtenmonokultur

griechisch monos = allein

MONOKULTUREN · In einem Forst wird oft nur eine Baumart angepflanzt, die wirtschaftlich besonders ertragreich ist. Wälder, in denen nur eine Baumart angebaut wird, bezeichnet man als **Monokultur**. In Fichtenmonokulturen stehen die Bäume dicht an dicht und nur wenig Licht erreicht den Boden. Aus diesem Grund sterben oft die unteren Äste ab. Der Waldboden ist von einer dicken Nadelschicht bedeckt, weil Nadeln schlechter als Laubblätter von Bodenlebewesen zersetzt werden. Die geringe Lichtmenge am Boden und die Nadelschicht verhindern, dass sich eine abwechslungsreiche Kraut- und Strauchschicht wie in anderen Wäldern entwickelt.

Daher leben in einer Monokultur auch nur wenige Tiere. Man spricht von geringer **Artenvielfalt** und geringer *Biodiversität*.

Monokulturen von Bäumen bringen Gefahren für die Forstwirtschaft mit sich. Fichten haben flache Wurzeln, die nur schlecht im Boden verankert sind. Je größer die Bäume werden, desto anfälliger sind sie gegenüber Stürmen, was sich besonders verheerend in einer Monokultur auswirkt. Tiere, die sich von den angebauten Bäumen ernähren, können sich rasch ausbreiten. In Fichtenmonokulturen werden Borkenkäfer zu Schädlingen, weil sie sich dort optimal entwickeln. Spechte finden in einem solchen Wald nur wenige Bruthöhlen. Sie kommen dort selten vor. Der Borkenkäfer hat also kaum Fressfeinde und breitet sich massenhaft aus. Deshalb wird er mit Borkenkäferfallen bekämpft, deren Duftstoffe die Käfer anlocken. Weil die Bäume so dicht nebeneinanderstehen, können sich auch Pilzkrankheiten ausbreiten.

MODERNE BEWIRTSCHAFTUNG DES WALDES · Seit einigen Jahrzehnten achten Förster immer stärker darauf, dass bei der Waldbewirtschaftung nicht nur an den finanziellen Ertrag gedacht wird. Eine Verbindung wirtschaftlicher, ökologischer und sozialer Interessen, beispielsweise für die Naherholung, wird heute als **nachhaltige Waldwirtschaft** bezeichnet. Der damit zusammenhängende Waldumbau dauert allerdings lange, weil Bäume auch in Monokulturen langsam wachsen und erst allmählich geschlagen werden können.

04 Schäden durch Borkenkäfer

05 Borkenkäferfalle

MATERIAL

85

Material A ▸ Entfernung von Totholz

Der Buchenspinner ist ein Nachtfalter, der vor allem in Rotbuchenwäldern vorkommt. Er legt viele Eier, aus denen Raupen schlüpfen, die sich von den Laubblättern der Rotbuchen ernähren.

Der Abendsegler, die größte bei uns vorkommende Fledermausart, braucht zur Aufzucht seiner Jungtiere geräumige Baumhöhlen, die er meistens in alten Bäumen findet. Die Nahrung der Abendsegler besteht fast ausschließlich aus fliegenden Insekten.

A1 Erstelle zunächst ein Wirkungspfeilschema zur Wechselbeziehung Abendsegler und Buchenspinner und formuliere entsprechende Je-desto-Sätze!

A2 Erläutere, wie es sich auf den Bestand von Abendseglern und Buchenspinnern auswirkt, wenn die alten, morschen Bäume eines Waldes entfernt werden!

A3 Stelle eine begründete Vermutung auf, welche Auswirkungen die Entfernung von Totholz auf das gesamte Nahrungsnetz im Wald hat!

Material B ▸ Holz als erneuerbare Energieträger

Bei der Verbrennung von Erdgas, Erdöl oder Holz entsteht Kohlenstoffdioxid, das den Treibhauseffekt verstärkt. Heute verwendetes Erdgas und Erdöl entstand im Lauf vieler Millionen Jahre. Man kann Erdöl und Erdgas nicht herstellen, sondern nur aus Lagerstätten unter der Erde fördern. Sie sind danach nicht mehr verfügbar. Aus diesem Grund werden sie als fossile Energieträger bezeichnet, die nicht regeneriert werden können. Energiereiche Stoffe, die durch biologische Prozesse verhältnismäßig schnell neu gebildet werden, zum Beispiel Holz, bezeichnet man dagegen als erneuerbare Energieträger. Obwohl Holz ein erneuerbarer Energieträger ist, ist die Verbrennung von großen Holzmengen umstritten.

B1 Vergleiche beide Abbildungen!

B2 Nenne mögliche Gründe, die gegen die Verwendung von Holz als einzigem Brennstoff sprechen!

B3 Erläutere, wie sich der Kohlenstoffdioxidgehalt in der Luft ändert, wenn zusätzlich zu Holz auch fossile Brennstoffe verwendet werden!

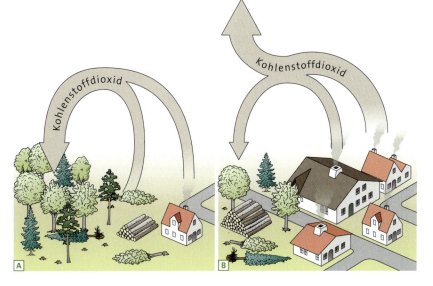

ENERGIEFLUSS UND STOFFKREISLÄUFE
DER WALD

METHODE

Naturschutzkonflikte lösen

01 Neustadt

Streit in Neustadt

In Neustadt wird gestritten. Mitten im nahe gelegenen Wald will ein Unternehmer einen Freizeitpark errichten. Dafür müsste ein großes Stück Wald abgeholzt werden. Ein Teil der Bürger ist dafür: Sie hoffen, dass es durch den Bau des Parks neue Arbeitsplätze in Neustadt gibt. Kinder und Jugendliche wünschen sich schon lange mehr Freizeitmöglichkeiten und sind begeistert von der Idee. Bisher gibt es nämlich in Neustadt kaum attraktive Möglichkeiten, seine Freizeit zu verbringen. Andere Bürger fürchten, dass mehr Verkehr in die Stadt kommt. Sie fürchten um ihre Ruhe. Vor allem Naturschützer sind gegen das Projekt. Denn der Uhu und weitere seltene Tiere könnten vertrieben werden. Sie bevorzugen große und ruhige Wälder. Der Versuch, dem Unternehmer ein anderes Gelände anzubieten, misslang: Er ist davon überzeugt, dass sein Freizeitpark nur in dem strittigen Waldstück erfolgreich sein wird.

Die meisten Menschen, die von einem solchen Projekt hören, haben sofort eine Meinung dazu, ohne sich die Argumente dafür oder dagegen zu überlegen. Sie beginnen erst dann, ihre Meinung zu begründen, wenn der Konflikt ausgebrochen ist. Aber sie weichen nicht so leicht von ihrer einmal geäußerten Ansicht ab.

Lösungsmöglichkeiten des Konfliktes zeichnen sich nur dann ab, wenn beide Seiten ihre Ansichten klar präsentieren und kompromissbereit sind. Wenn alle bei ihrer einmal geäußerten spontanen Meinung bleiben, wird keine Lösung gefunden. Vielleicht ist nicht einmal ein Kompromiss möglich, sodass nur zwei Alternativen bleiben: Entweder der Freizeitpark wird gebaut und der Wald wird zerstört oder man rettet den Wald, hat dann aber keinen Freizeitpark.

*Um schließlich eine Lösung des Konfliktes herbeizuführen, muss man sachliche **Argumente sammeln, prüfen** und **gewichten**. Jeder Einzelne muss daraufhin entscheiden, ob er bei seiner spontan geäußerten Meinung bleibt oder sich umstimmen lässt. Es ist nicht immer ein Zeichen von Stärke, wenn man auf seinem Standpunkt beharrt und so einen Kompromiss verhindert, der viele Menschen zufriedenstellen könnte.*

Argumente sammeln

*Befürworter und Gegner des Projektes sammeln Begründungen für ihre Meinungen. Einfache Aussagen wie „Das ist doch ein Wald wie jeder andere", „Der halbe Wald reicht auch aus" oder „Die Befürworter des Parks denken nur an ihr eigenes Vergnügen" reichen nicht aus. Man braucht zunächst eine **Tatsachenaussage**, die sich auf Fakten bezieht, zum Beispiel: „In dem Waldgebiet kommen der Uhu und andere seltene Tierarten vor."*

*Dieser Teil des Arguments wird mit einer **„Soll"-Aussage** präzisiert: „Zum Schutz der Artenvielfalt sollen Waldgebiete mit seltenen einheimischen Tierarten erhalten werden. Sie machen die Einmaligkeit des Waldes und des Gebietes rings um Neustadt aus." Beide Aussagen zusammen ergeben eine tragfähige **Schlussfolgerung**, die den dritten Teil des Arguments bildet. Alle Argumente zu einem Konflikt kann man tabellarisch zusammenstellen.*

Argument	Tatsachenaussage	„Soll"-Aussage	Schlussfolgerung
„Artenvielfalt"	In dem Waldgebiet kommen der Uhu und andere seltene Tierarten vor. ✓	Zum Schutz der Artenvielfalt sollen Waldgebiete mit seltenen einheimischen Tierarten erhalten werden. ✓	Das Waldgebiet soll geschützt werden.
„Wald wie jeder andere"	Die Artenvielfalt im Waldgebiet bei Neustadt existiert auch in anderen Wäldern. ✓	Nur Waldgebiete mit einer ungewöhnlichen Artenvielfalt sollen geschützt werden. fraglich	Das Waldgebiet kann/soll für den Bau eines Freizeitparks genutzt werden.
„halber Wald"	Die Hälfte der Waldfläche ist ausreichend, um die Artenvielfalt zu erhalten. fraglich	Artenvielfalt soll geschützt werden. ✓	Die Hälfte des Waldgebiets soll erhalten bleiben, wenn der Rest für den Bau eines Freizeitparks genutzt wird.
„Arbeitsplätze"	Durch den Bau des Freizeitparks entstehen neue Arbeitsplätze. ✓	Die Entstehung neuer Arbeitsplätze soll gefördert werden. ✓	Der Freizeitpark soll gebaut werden.
...	...	...	...

Argumente prüfen

Auf der Grundlage der Argumentesammlung kann geprüft werden, ob die Tatsachen- und „Soll"-Aussagen gültig und überzeugend sind. Die Überprüfung von Tatsachenaussagen spielt in Naturschutzkonflikten eine große Rolle. Die Aussage, dass auch eine halbe Waldfläche zum Erhalt der Artenvielfalt ausreicht, muss von Fachleuten geprüft werden.

„Soll"-Aussagen können dahingehend geprüft werden, ob sie von vielen Menschen akzeptiert werden oder nicht. Der Schlussfolgerung, der Wald bei Neustadt sei nicht schützenswert, weil er nicht ungewöhnlich sei, liegt beispielsweise die fragwürdige „Soll"-Aussage zugrunde, dass nur Waldgebiete mit einer besonderen Ausprägung Schutz bedürfen. Die Ergebnisse der Überprüfungen können mit Symbolen in die Tabelle eingetragen werden.

Argumente gewichten

Zur Planung und zum Naturschutz gibt es Gesetze, die beachtet werden müssen. Man muss darüber hinaus wissen, dass man zahlreichen Werten verpflichtet ist, die sich auch widersprechen können. Zu ihnen gehören Bewahrung eines Ökosystems, Artenschutz, Bereitstellung von Freizeitmöglichkeiten, Attraktivität, Wohlstand, Arbeitsplätze oder Schönheit der Landschaft.

Mit Bezug auf die Werte werden alle Argumente systematisch gewichtet. Hierzu kann das Instrument „Zielscheibe" genutzt werden. In eine Hälfte der Zielscheibe werden die Argumente für die eine, in die andere die für die andere Lösungsmöglichkeit geschrieben. Jedes Argument wird durch Ankreuzen als mehr oder weniger wichtig eingestuft. Man kann beide Seiten vergleichen und dabei feststellen, ob es mehr wichtige Argumente für die eine oder die andere Lösung gibt. Die Ergebnisse können sehr unterschiedlich sein.

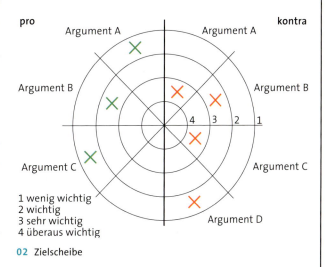

1 wenig wichtig
2 wichtig
3 sehr wichtig
4 überaus wichtig

02 Zielscheibe

ENERGIEFLUSS UND STOFFKREISLÄUFE
STEHENDE GEWÄSSER

01 Schulteich

Teich – Weiher – Tümpel – See

Ein Teich direkt an der Schule ist eine tolle Sache! Dort kann man im Laufe des Jahres Pflanzen und Tiere beobachten oder sich einfach entspannen. Aber worauf muss man achten, wenn man solch einen Teich anlegen möchte?

BAU EINES TEICHES · Ein Teich ist nicht tief, höchstens zwei Meter. So gelangt noch genügend Licht für Wasserpflanzen zum Grund. Der Teich sollte nicht austrocknen, wenn es ein paar Wochen nicht regnet, und im Winter auch nicht bis zum Grund durchfrieren. Daher hebt man ihn in der Mitte mindestens 60 bis 80 Zentimeter tief aus. Ob man ihn überall gleich tief anlegt, hängt davon ab, was man plant: Wenn man möchte, dass sich einheimische Tiere und Pflanzen ansiedeln, sollte er zum Ufer abgeschrägt sein, weil manche Tiere auch an Land steigen müssen. Er sollte ferner flache Teile haben, wo mehr Licht den Grund erreicht.

VERSCHIEDENE TEICHE · Ähnlich wie der Teich an der Schule werden **Gartenteiche** gestaltet, wenn sie der Natur nachempfunden sein sollen. Ihre Größe hängt vom vorhandenen Platz ab. In Grünanlagen gibt es oft **Parkteiche.** Sie sind meistens großflächig, sodass auch Wasservögel wie Enten darauf vorkommen. Dennoch sind sie nicht tiefer als zwei Meter. Teiche, in denen man intensiv Fische hält, müssen eine Vorrichtung zum Wasserwechsel haben, weil die große Anzahl von Fischen auf engem Raum das Wasser schnell verschmutzt. Das Ufer kann steil sein, weil wirbellose Wassertiere in solchen **Fischzuchtteichen** ohnehin bald gefressen werden. Schließlich baut man in abgelegenen Gegenden ohne Wasserleitung **Feuerlöschteiche,** um Löschwasser bereitzuhalten.

1 Gib an, worauf man bei der Anlage eines Teiches achten muss, der der Natur nachempfunden ist!

WEITERE STEHENDE GEWÄSSER · Natürliche Gewässer, die dieselbe Tiefe wie Teiche haben, nennt man auch **Weiher**. In ihnen leben die gleichen Pflanzen und Tiere wie in einem natürlich gestalteten Teich. Je nachdem, ob sie im Wald, auf einer Wiese oder auf einer ehemaligen Industriefläche liegen, können sie aber recht unterschiedliche Bewohner haben. Auch sehr großflächige, nicht zu tiefe Gewässer, wie die **Bergsenkungsgewässer** im Ruhrgebiet, zählen zu den Weihern.

Kleine, flache Gewässer, die regelmäßig austrocknen, heißen **Tümpel**. Man findet sie als Pfützen auf Baustellen, unbefestigten Wegen und an sumpfigen Stellen. Einige sind von Menschen gemacht, wie schlecht ablaufende Regenrinnen oder Anlagen zum oberflächlichen Versickern von Regenwasser. In Tümpeln wachsen nur Pflanzen, die aus dem Wasser herausragen und zeitweilige Austrocknung ertragen. Einige entwickeln sich sehr schnell, wenn Wasser da ist. Wenn es verdunstet, überleben sie in eingetrockneter Form als Dauerstadien. Auch manche Tierarten sind dazu in der Lage.

Gewässer, die tiefer als Teiche sind, nennt man **See**. Meistens gelangt kein Licht mehr auf ihren Grund. Jedenfalls können in der Mitte eines Sees keine Pflanzen wachsen, die am Boden wurzeln.

In Nordrhein-Westfalen gibt es nur wenige echte Seen. Sie liegen im nördlichen Münsterland und im Niederrheingebiet. Auch die Maare in der Eifel, die wassergefüllten Krater erloschener Vulkane, zählen dazu. Sie liegen knapp jenseits der Landesgrenze.

Es gibt aber noch zahlreiche künstliche Seen, die durch das Aufstauen eines Flusses oder Bachs mit einer Staumauer entstanden sind, die sogenannten **Stauseen**. Sie werden angelegt, um Trinkwasser zu speichern, die Wasserführung von Flüssen zu regulieren und um Elektrizität durch Wasserkraft zu erzeugen. Meistens sind sie sehr tief und bilden keine typische Uferzone aus, weil sich ihr Wasserstand durch Aufstauen und Ablassen häufig ändert.

Alle diese Gewässer haben stehendes Wasser. Auch wenn durch einige von ihnen ein Bach oder gar Fluss fließt, kann man die Strömung in dem großen Wasserkörper kaum bemerken.

2 Nenne Typen stehender Gewässer und gib an, wie sie sich unterscheiden!

3 Gib an, woran Pflanzen eines Tümpels angepasst sein müssen!

4 Begründe, wieso in der Mitte von Seen am Boden keine Pflanzen wachsen!

02 Tümpel

03 Stausee einer Talsperre

ENERGIEFLUSS UND STOFFKREISLÄUFE
STEHENDE GEWÄSSER

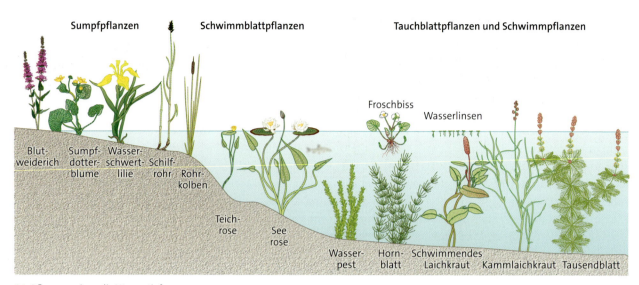

04 Pflanzen zeigen die Wassertiefe

PFLANZEN UND GEWÄSSERZONEN · In stehenden Gewässern kann man Bereiche verschiedener Tiefe am Pflanzenwuchs erkennen. An den flachen Ufern mineralstoffreicher Gewässer wachsen Pflanzen wie Schilfrohr, die unter Wasser wurzeln. Die übrige Pflanze ragt in die Luft. Viele Insektenlarven klettern daran aus dem Wasser. Dort schlüpfen sie dann. Manche dieser Pflanzen ertragen es, bei niedrigem Wasserstand zeitweise im Trockenen zu stehen. Diesen Bereich nennt man **Röhrichtzone.** Nach innen, wo der Grund immer von Wasser bedeckt ist, schließt sich die Zone der **Schwimmblattpflanzen** an. Ein bekanntes Beispiel dafür ist die Seerose. Ihre Wurzelstöcke sind im Grund verankert, ihre Blätter entfaltet sie an der Wasseroberfläche. Die Wasserschicht ist hier noch so flach, dass die blattlosen Stängel nicht durch Wasserbewegung abgerissen werden. Meistens werfen die Schwimmblätter so viel Schatten, dass sich darunter keine anderen Pflanzen entwickeln können. Wasserlinsen sind die kleinsten Schwimmblattpflanzen. Sie haben nur kurze Wurzeln direkt unter den Blättern und treiben frei auf dem Wasser. Oft sind sie so zahlreich, dass sie die Oberfläche völlig bedecken. Man findet sie in flachen, aber stark beschatteten Gewässern, die nur an der Oberfläche mit genügend Licht versorgt werden. Manchmal treiben auch Pflanzen frei im Wasser, die wie grüne Watte aussehen. Das sind Fadenalgen, die nicht am Grund verankert sind. Oft bedecken solche Watten große Teile der Wasseroberfläche. Sie kommen in Gewässern vor, die sehr viele Mineralstoffe enthalten.

Dort, wo das Gewässer zur Mitte hin noch tiefer wird, kommen bei genügend Licht **untergetauchte Wasserpflanzen** vor, die oft ein undurchdringliches Gewirr bilden. Sie sind mit wenigen Wurzeln am Boden verankert, sodass sie nicht abgetrieben werden. Das ist die Hauptfunktion ihrer Wurzeln. Mineralstoffe nehmen Wasserpflanzen, anders als Landpflanzen, mit der gesamten Oberfläche der Pflanze auf.

5 Beschreibe, wie sich der Bewuchs eines großen Gewässers vom Ufer zur Mitte hin verändert, und nenne die für das Vorkommen der Pflanzen wichtigen Faktoren!

6 Nenne Bedingungen, die die Entwicklung von Wasserlinsen und Fadenalgen fördern!

MATERIAL

Material A ▸ Vorkommen von Wasserpflanzen

A1 Gib an, in welchem Bereich eines Gewässers die vier nebenstehend abgebildeten Pflanzen vorkommen!

A2 Begründe deine Entscheidung aufgrund von Angepasstheiten der Pflanzenkörper, die du den Abbildungen entnehmen kannst. Nimm dazu den Text auf Seite 90 zu Hilfe!

A3 Vergleiche die Angepasstheiten der Seerose und der Wasserlinse an ihre Lebensräume!

Material B ▸ Gewässertypen

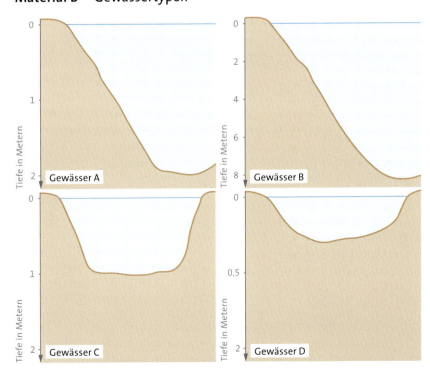

B1 Nenne die Gewässertypen, die in den Abbildungen A bis D dargestellt sind!

B2 Begründe deine Zuordnungen aufgrund der eingetragenen Maßangaben!

B3 Erläutere, welchen Einfluss die Tiefe der Gewässer B und D auf Pflanzen hat, die dorthin gelangt sind!

B4 Zeige an einem selbst gewählten Beispiel auf, dass es Gewässer gibt, die sich nicht eindeutig einem Typ zuordnen lassen!

B5 Zeichne das Profil eines naturnah gestalteten Teiches!

ENERGIEFLUSS UND STOFFKREISLÄUFE
STEHENDE GEWÄSSER

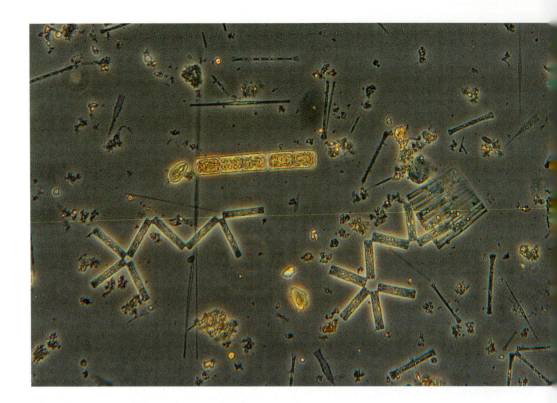

01 Planktonalgen aus einer Talsperre des Ruhrverbands (mikroskopische Aufnahme)

Einzeller im Teichwasser

Teichwasser ist meistens leicht getrübt, oft erscheint es auch schwach grünlich oder bräunlich. Manchmal kann man erkennen, dass sich darin winzige Lebewesen tummeln. Was sind das für Lebewesen und wie sehen sie aus?

TEICHWASSER MIKROSKOPIEREN · Um die winzigen Lebewesen im Teichwasser genau zu erkennen, muss man sie durch ein Mikroskop betrachten. Oft sind nur wenige Lebewesen in einer Wasserprobe enthalten. Zum Anreichern schöpft man Wasser und gießt es durch einen feinen Gazefilter. Dies kann zum Beispiel ein Planktonnetz oder ein Kaffeefilter aus Nylon sein. Wenn man den Filter umstülpt, kann man die an der Spitze haftenden Lebewesen in eine kleine Wasserschale abspülen. Ein Tropfen einer solchen Probe eignet sich zum Mikroskopieren.

02 Plankton mikroskopieren: **A** Teichwasser filtrieren, **B** Filtrat abspülen, **C** Tropfen auf den Objektträger, **D** Deckglas auflegen

ALGEN · Kleinstlebewesen, die man in der Wasserprobe unter dem Mikroskop erkennen kann, sind häufig grünlich gefärbt. Man nennt sie **Algen**. Viele bestehen aus nur einer Zelle, die jedoch alle Bestandteile enthält, die zum selbstständigen Leben nötig sind. Sie haben Chloroplasten, in denen die Fotosynthese stattfindet. Algen sind daher Pflanzen und können mithilfe von Sonnenlicht aus energiearmen Stoffen Kohlenhydrate produzieren. Sie sind unabhängig von energiereicher Nahrung und gehören deshalb zu den *Produzenten*. Die Zellmembran der Algen ist von einer Zellwand umgeben, die der Zelle Form und Stabilität gibt. Weiterhin besitzen Algen einen Zellkern. Manche Arten haben **Geißeln** zur Fortbewegung und **Pigmentflecken**, die das Licht aus einer bestimmten Richtung abschatten und ihnen so die Orientierung zum Lichteinfall ermöglichen.

EINZELLIGE TIERE · Andere Kleinstlebewesen haben zwar einen Zellkern, aber keine Chloroplasten und keine feste Zellwand. Es handelt sich um **einzellige Tiere**. Sie sind von einer dünnen, flexiblen Zellmembran umschlossen, die sehr beweglich ist, aber keinem hohen Innendruck standhält. Sie verfügen über **pulsierende Bläschen**, die in die Zelle eindringendes Wasser nach außen pumpen. **Nahrungsvakuolen** umschließen die Nahrung und verdauen sie. Diese Vakuolen entstehen oft an einem bestimmten Bereich der Zelle, dem *Mundfeld*. Tierische Einzeller fressen andere Kleinstlebewesen oder Überreste davon. Es sind also *Konsumenten*. Die Fortbewegung der tierischen Einzeller kann auf verschiedene Weise erfolgen. Einige benutzen lange, fadenförmige Geißeln, wie zum Beispiel der *Hüllenflagellat*. Andere haben zahlreiche borstenförmige **Wimpern** wie das *Pantoffeltierchen*. Die *Amöben* hingegen verformen zur Fortbewegung in einer Art Kriechbewegung ihren gesamten Zellkörper. Tierische Einzeller und einzellige Algen sind also vollständige Lebewesen. Sie besitzen alles, was zum Leben nötig ist.

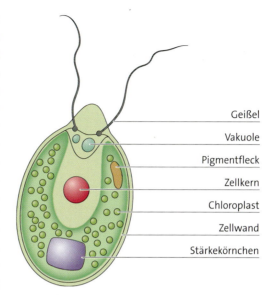

03 Alge (Hüllenflagellat)

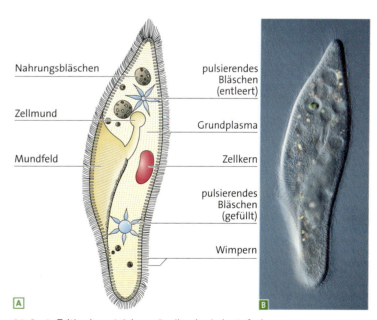

04 Pantoffeltierchen: **A** Schema **B** mikroskopische Aufnahme

1 | Nenne für tierische Einzeller typische Zellbestandteile, die bei Algen fehlen!

2 | Beschreibe, wie sich verschiedene Einzeller fortbewegen!

3 | Erkläre am Beispiel des Hüllenflagellaten, dass dieser tatsächlich ein vollständiges Lebewesen ist!

05 Amöbe

ENERGIEFLUSS UND STOFFKREISLÄUFE
STEHENDE GEWÄSSER

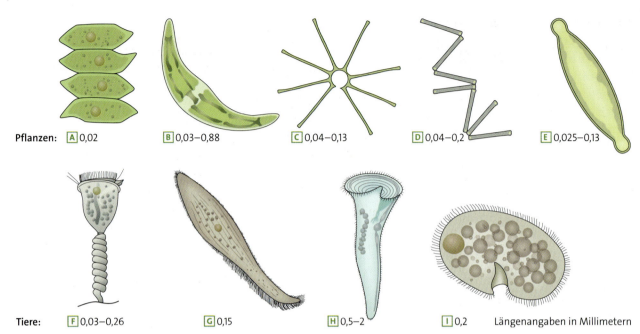

Pflanzen: A 0,02   B 0,03–0,88   C 0,04–0,13   D 0,04–0,2   E 0,025–0,13

Tiere: F 0,03–0,26   G 0,15   H 0,5–2   I 0,2   Längenangaben in Millimetern

06 Formenvielfalt von Kleinstlebewesen: **A** Gürtelalge, **B** Mondalge, **C** Schwebesternchen, **D** Zickzackkieselalge, **E** Kreuzkieselalge, **F** Glockentierchen, **G** Zuckrüsseltier, **H** Trompetentierchen, **I** Heutierchen

07 Mehrzelliges Rädertierchen

VIELFALT DER KLEINSTLEBEWESEN · Die Welt der Kleinstlebewesen ist vielfältig. Sie besiedeln verschiedene Lebensräume und unterscheiden sich im Aussehen und ihrer Ernährungsweise. Oft findet man auch mehrzellige Rädertierchen zwischen den Einzellern.

Die frei im Wasser schwebenden Formen nennt man **Plankton**. Planktonlebewesen sind sehr klein oder haben lange Schwebefortsätze. Sie werden von der Bewegung des Wassers getragen und müssen nicht aktiv schwimmen. Andere Mikroorganismen heften sich an Unterlagen an. Man nennt sie **Aufwuchsorganismen**. Oft haben sie dazu bestimmte Körperstrukturen. So kitten sich Glockentierchen mit der Basis ihrer spiralförmigen Stiele fest und Kieselalgen scheiden Schleim aus, auf dem sie über den Untergrund gleiten. Aufwuchsorganismen sind Nahrungsgrundlage vieler, teilweise größerer Wassertiere, zum Beispiel von Schnecken, die als **Weidegänger** Oberflächen im Wasser abschaben.

Um Aufwuchsorganismen zu mikroskopieren, legt man einen Objektträger für mehrere Tage in den Teich, wo er von Aufwuchsorganismen besiedelt wird. Nachdem man ihn herausgeholt hat, gibt man einen Wassertropfen darauf und bedeckt ihn mit einem Deckglas.

Bei manchen Arten trennen sich einige Zellen nach der Teilung nicht. Es entstehen **Zellkolonien**. Die Zellen der Kolonie unterscheiden sich manchmal, zum Beispiel in der Lage ihrer Geißeln oder in der Größe der Zellen. Sie können dann besondere Aufgaben bei der Fortbewegung oder bei der Vermehrung übernehmen. Mikroorganismen nutzen unterschiedliche *Nahrung*: Algen sind die *Produzenten* und damit die Ernährungsgrundlage. Tierische Einzeller fressen andere Einzeller, sie sind *Konsumenten*. Beide bilden die Nahrungsgrundlage größerer Wassertiere. Umgekehrt nutzen Einzeller auch Teile abgestorbener Mehrzeller und deren Ausscheidungen. Manchmal bauen sie die Nahrung bis zu Mineralstoffen ab und erfüllen dann die Funktion der *Destruenten*.

5 Gib an, wie sich Aufwuchsorganismen an der Unterlage befestigen!

MATERIAL

Material A ▸ Pflanze oder Tier?

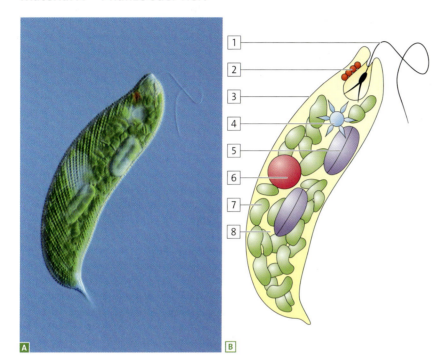

Das einzellige Lebewesen *Euglena* kann sich durch Schlängeln seines Zellkörpers und auch durch Geißelschlag fortbewegen. Es hat Chloroplasten und einen roten Pigmentfleck. Der wirft manchmal Schatten auf die Basis der Geißel. So kann sich *Euglena* orientieren und zum Licht schwimmen. Über die Zellmembran nimmt es auch energiereiche Nährstoffe aus dem Wasser auf.

A1 Benenne die mit Zahlen gekennzeichneten Zellbestandteile von *Euglena*!

A2 Erörtere, ob *Euglena* eine Pflanze oder ein Tier ist!

Material B ▸ Zellkolonien

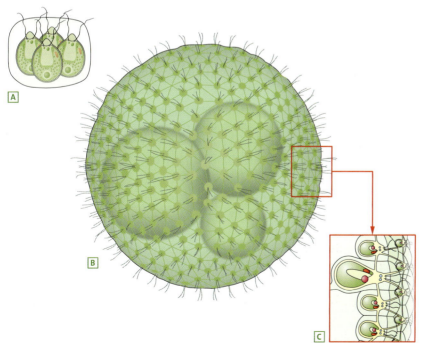

A Mosaik-Grünalge; **B** Volvox; **C** Volvox, Ausschnitt

B1 Vergleiche die Zellen der Mosaik-Grünalge mit dem Hüllenflagellat auf Seite 93 hinsichtlich ihrer Form und ihrer Bestandteile!

B2 Vergleiche die Einzelzellen von *Volvox* miteinander hinsichtlich Form und Größe!

B3 Stelle Vermutungen an, welche Möglichkeiten zum Informationsaustausch und zur Spezialisierung die Zellen der Mosaik-Grünalge und von *Volvox* haben!

B4 Erörtere, welche Vorteile oder Nachteile Zellkolonien beziehungsweise Einzelzellen haben!

ENERGIEFLUSS UND STOFFKREISLÄUFE
STEHENDE GEWÄSSER

01 Wasservögel auf einem Parkteich:
A Kanadagans
B Nilgans
C Reiherente
D Stockente

Tiere im und am Teich

Die ersten Tiere, die einem an einem Teich auffallen, sind Enten oder Gänse. Wieso leben diese Vögel am Wasser? Welche weiteren Tiere gibt es hier noch zu entdecken?

WASSERVÖGEL · Stockenten und Schwäne suchen im flachen Wasser am Grund Pflanzen und Kleintiere. Dabei schwimmen sie an der Oberfläche und tauchen nur Kopf und Hals unter, sie gründeln. Haubentaucher, Reiherenten sowie Bläss- und Teichrallen tauchen: Haubentaucher machen Jagd auf Fische, Reiherenten stöbern am Grund nach Schnecken und Muscheln und die Rallen suchen unterschiedliche Nahrung, auch an der Wasseroberfläche. Gänse zupfen Gras, niedrige Kräuter und Wurzeln am Ufer, fressen aber auch Wasserpflanzen. Bei Nilgänsen kommen noch Würmer, Schnecken und Insekten dazu. Graureiher stehen im flachen Wasser und stoßen mit dem langen, spitzen Schnabel nach Fischen.

Weil die verschiedenen Vogelarten am und auf dem Teich unterschiedliche Nahrung suchen, kommen auch auf kleinen Parkteichen oft mehrere Arten nebeneinander vor. Das Füttern der Enten mit Brot ist daher völlig unnötig. Verfaulende Brotreste verschlechtern nur die Wasserqualität und fördern Krankheiten bei Vögeln und Fischen.

02 Weitere Vogelarten auf Teichen: A Blässralle, B Teichralle, C Haubentaucher, D Graureiher

  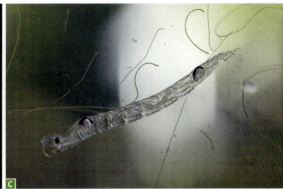

03 Tiere der Oberfläche und des freien Wassers:
A Wasserläufer,
B Wasserfloh,
C Glasmückenlarve

ANDERE TIERE IM TEICH · Viele weitere Tierarten findet man im Teich, selbst wenn er klein ist. Sie halten sich in unterschiedlichen Zonen des Teiches auf. Wie bei den Vögeln unterscheiden sich auch bei ihnen Nahrung und Art des Nahrungserwerbs. Deshalb können viele Arten auf engem Raum zusammenleben.

Auffällig sind die Tiere der **Wasseroberfläche**: *Wasserläufer* gleiten mit ihren langen hinteren Beinpaaren über das Wasser wie Schlittschuhläufer auf dem Eis. Ihre kurzen Vorderbeine halten sie dicht am Mund und ergreifen damit aufs Wasser gefallene Insekten.

Unter der Wasseroberfläche hängen Stechmückenlarven und Rückenschwimmer. Sie werden von einem Vorrat an Atemluft wie ein Korken nach oben getrieben. Rückenschwimmer tragen an der nach oben gerichteten Bauchseite ihren Luftvorrat als glitzernde Blase.

In der **Freiwasserzone** schwimmen Tiere. Fische und Kaulquappen benutzen dazu Flossen, Wasserwanzen und Schwimmkäfer rudern mit abgeplatteten Hinterbeinen. Manche dieser Schwimmer tauchen aber auch zum Grund hinab und halten sich dann kletternd in der **Bodenzone** auf. Dort findet man weitere Insekten, die sich kletternd fortbewegen, sowie Schnecken und Strudelwürmer mit Kriechsohlen. Egel halten sich mit Saugnäpfen fest.

In der Freiwasserzone schweben kleine Lebewesen, ohne zu Boden zu sinken, das *Plankton*. Neben Kleinstlebewesen gehören zu ihnen Wasserflöhe und Glasmückenlarven. Die Glasmückenlarven sind durchsichtig und schweben reglos im Wasser. So werden sie von ihrer Beute, den Wasserflöhen, kaum wahrgenommen.

Schließlich wühlen Tiere mit wurmförmigem Körper, zum Beispiel die Schnakenlarve, im Schlamm oder Sand, gewissermaßen im Keller, der Bodenzone. Viele von ihnen fressen Schlamm und verdauen die darin enthaltenen Reste von Organismen, den *Detritus*.

04 Tiere der Bodenzone:
A Kleinlibellenlarve, ein Kletterer,
B Schnakenlarve, ein Wühler

ENERGIEFLUSS UND STOFFKREISLÄUFE
STEHENDE GEWÄSSER

05 Spezialisierte Mundwerkzeuge:
A Köcherfliegenlarve, Zerkleinerer,
B Larve des Gelbrandkäfers, Beutegreifer,
C Stechmückenlarve, Filtrierer

ERNÄHRUNG · Teichtiere sind Nahrungsspezialisten. Man kann sie deshalb nach der Art ihrer Nahrungsbeschaffung ordnen:
Zerkleinerer fressen mit ihren kräftigen, scharfen Mundwerkzeugen Falllaub und andere harte Pflanzenreste und manchmal auch tote Tiere.
Beutegreifer ernähren sich von lebenden Tieren. Sie haben ähnlich geformte Mundwerkzeuge wie Zerkleinerer. Skorpionswanzen beispielsweise halten ihre Beute mit den Vorderbeinen fest, Schwimmkäferlarven mit Kiefernzangen. Beide saugen ihre Beute dann aus.
Weidegänger weiden den Aufwuchs von Steinen und Zweigen ab. Schnecken und viele Eintagsfliegenlarven gehören in diese Gruppe.
Filtrierer, zum Beispiel die Stechmückenlarven, leben von winzigen Nahrungsteilchen, die frei im Wasser schweben.
Sedimentfresser ernähren sich von feinen Schwebeteilchen, die sich am Boden abgesetzt haben.

SAUERSTOFFAUFNAHME · Wassertiere nehmen den Sauerstoff, den sie zum Atmen benötigen, auf unterschiedliche Weise auf. Bei einigen ist die gesamte Haut zur Sauerstoffaufnahme geeignet. Sie ist sehr dünn und durchlässig. An sauerstoffarmen Orten lebende Arten haben roten Blutfarbstoff in ihrer Körperflüssigkeit, der Sauerstoff besonders gut binden kann. Sie sind daher rot gefärbt wie der Schlammröhrenwurm und manche Zuckmückenlarven.
Andere Tiere nehmen Sauerstoff mit speziellen Teilen des Körpers, den **Kiemen,** auf. Diese sind vorgestülpt, gefächert oder gefiedert. Nur hier ist die Körperoberfläche besonders zart und durchlässig. Kiemenbewegungen fächeln sauerstoffreiches Wasser herbei. Fische und Molchlarven haben Kiemen, in denen feine Blutadern verlaufen, die **Blutkiemen.** Insekten wie die Larven von Eintagsfliegen oder Köcherfliegen haben **Tracheenkiemen,** in denen feine Luftröhren ihres Tracheensystems verlaufen.

06 Sauerstoffaufnahme:
A Eintagsfliegenlarve, Tracheenkiemen,
B Molchlarve, Blutkiemen,
C Schwimmkäfer, Luftatmer

Bei manchen Insekten enden die Tracheen offen an der Körperoberfläche wie bei Landinsekten. Sie müssen auftauchen und Luftsauerstoff aufnehmen. Bei Schwimmkäfern münden die Atemöffnungen unter den Flügeln. Dort speichern die Käfer Luft. Sie tauchen mit der Hinterleibsspitze auf, heben die Flügel etwas an und erneuern die Atemluft. Wasserkäfer und Wasserwanzen tragen die Luft in einer glänzenden Schicht zwischen feinen Borsten auf der Bauchseite, wo bei ihnen die Atemöffnungen liegen. Weitere Wasserinsekten haben ein Atemrohr am Körperende. Dazu gehören Skorpionswanzen sowie die Larven von Schwimmkäfern, manchen Mücken und Fliegen. Diese Tiere halten also ebenso wie Menschen die Luft beim Tauchen an.

LEBEN IN WASSER UND LUFT · Viele Wasserbewohner verbringen ihr Leben nur teilweise im Wasser. Als Larven leben Wasserinsekten stets im Wasser. Bei Libellen und vielen anderen Insekten schlüpft aus der Larve ein geflügeltes Tier, das sich in der Luft paart und zur Eiablage auch andere, vielleicht noch nicht besiedelte Gewässer aufsucht. Manche Insekten verpuppen sich vor dem Schlüpfen des erwachsenen Tiers. Die Puppe atmet dann durch ein Atemrohr, wie bei den Stechmücken, oder verpuppt sich an Land, wie es die Schwimmkäfer machen.

Die körperlichen Veränderungen vom Larvenstadium zum erwachsenen Tier, die bei Insekten, aber auch bei Amphibien stattfinden, ermöglichen den Wechsel des Lebensraums. Erwachsene Amphibien leben an Land und suchen erst im nächsten Frühjahr wieder ein Gewässer auf. Schwimmkäfer und Wasserwanzen leben sowohl als Larven als auch als ausgewachsene Tiere im Wasser. Sie können es dann aber verlassen und fliegend das Gewässer wechseln. Der Wechsel zwischen Wasser und Luft ermöglicht es, neue oder isolierte Gewässer zu besiedeln und fremde Paarungspartner zu finden.

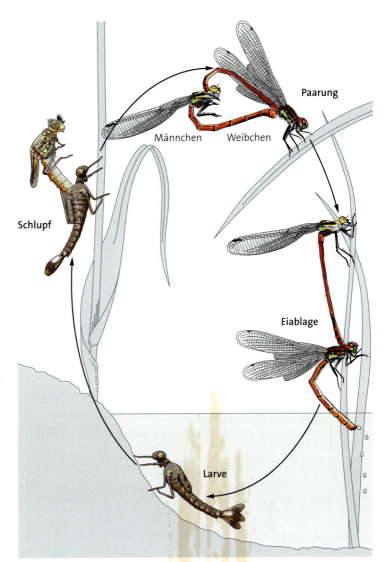

07 Entwicklungszyklus einer Libelle

1) Ordne die auf den Seiten 96 bis 99 und Seite 103 dargestellten Tiere in einer Tabelle nach den Gewässerzonen, in denen sie zu finden sind!

2) Wähle für jeden Ernährungstyp eine Farbe und ordne den Tiernamen in der Tabelle durch Unterstreichen mit der passenden Farbe ihren Ernährungstyp zu!

3) Nenne eine Angepasstheit, die es ermöglicht, in sauerstoffarmen Gewässern zu leben, und gib eine Tierart als Beispiel an!

MATERIAL

Material A ▸ Wasservögel auf und am Teich

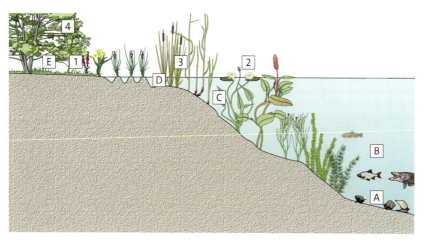

Verschiedene Wasservogelarten benötigen nicht nur unterschiedliche Nahrung, sie nisten auch an ganz bestimmten Orten: Haubentaucher und Schwäne bauen schwimmende Nester auf Seerosenblättern oder Treibholz. Die Rallenarten machen es ähnlich, nisten aber ufernäher. Graureiher und Nilgänse bauen Nester in Bäumen. Die übrigen der genannten Wasservogelarten nisten am Ufer, im feuchten Gras oder zwischen niedrigen Büschen.

A1 Gib an, welche Wasservogelarten an den mit A bis E bezeichneten Orten nach Nahrung suchen. Nimm Seite 96 zu Hilfe!

A2 Begründe, weshalb du erwartest, dass die von dir genannten Vogelarten an diesen Stellen nach Nahrung suchen!

A3 Nenne die Wasservogelarten, die an den mit 1 bis 4 bezeichneten Orten nisten, und begründe deine Zuordnung!

Material B ▸ Konflikt mit Gänsen

An größeren Parkteichen, wo auch Menschen gern ihre Freizeit verbringen, gibt es oft sehr viele Gänse. Nilgänse leben paarweise und halten Abstand. Kanadagänse und Graugänse treten jedoch in großen Trupps auf. Wenn kurz geschorene Rasenflächen ans Ufer anschließen, können sie zu Fuß an Land gehen, sich auf dem kurz geschorenen Rasen bequem fortbewegen und dort Gras abweiden. Der niedrige Pflanzenwuchs bietet den Gänsen Übersicht, sodass sie zum Beispiel Hunde oder andere Gefahren rechtzeitig bemerken.

Die großen Gänsegruppen verschmutzen Rasenflächen und Wege mit ihrem Kot. Das stört viele Parkbesucher. Sie fordern, die Gänse zu vertreiben oder ihre Anzahl erheblich zu verringern.

B1 Nimm Stellung zu dem Vorschlag, den Park ab und zu zu sperren und die Gänse von Jägern abschießen zu lassen, um die Verkotung zu verringern!

B2 Mache Vorschläge zur Parkgestaltung, die den Konflikt zwischen Gänsen und Menschen entschärfen und beiden gerecht werden!

Material C — Nahrungsketten, Nahrungsnetze

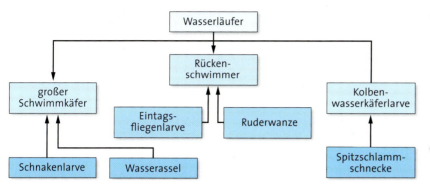

C1 Ermittle die Nahrung der Skorpionswanze, der Zuckmückenlarve und der Kleinlibellenlarve und stelle die Nahrungsbeziehungen als Pfeildiagramm dar! Ihre Nahrungsansprüche kannst du auf den Seiten 96 bis 99 und 103 finden.

C2 Ermittle die Nahrung von Stechmückenlarve, Rückenschwimmer, Glasmückenlarve und Wasserfloh und ergänze das in Aufgabe C1 angefertigte Pfeildiagramm zu einem Nahrungsnetz!

C3 Überprüfe dein Nahrungsnetz dahingehend, welche Nahrungsbeziehungen keine Bedeutung haben, weil die Arten sich nicht begegnen!

C4 Ermittle in dem dargestellten Nahrungsnetz, auf welche Arten besonders viele oder besonders wenige Pfeile weisen! Beurteile, welche Bedeutung das für die Tierart und das Ökosystem hat, in dem sie lebt!

C5 Gib an, wie das Nahrungsnetz dort zu ergänzen ist, wo kein Pfeil auf eine Tierart weist! Begründe, weshalb das Nahrungsnetz ohne diese Ergänzungen unvollständig ist!

Material D — Jahreszeitliche Veränderung der Artenzusammensetzung im Teich

Tiergruppe	Januar	März	Mai	Juli	September	November
Schlammschnecken	12	9	15	13	10	8
Strudelwürmer	14	16	13	15	11	15
Stechmückenlarven	0	0	35	112	130	0
Kleinlibellenlarven	5	7	6	1	3	9
Großlibellenlarven	6	5	12	10	9	5
Skorpionswanzen	3	5	5	8	6	4
Rückenschwimmer	2	3	9	14	12	5
Ruderwanzen	5	7	14	17	21	9
Schneckenegel	0	3	2	4	1	2
Schwimmkäfer	3	2	3	1	4	4
Köcherfliegenlarven	7	8	4	0	2	9
Wasserläufer	0	1	4	3	4	0

Die Ergebnisse regelmäßiger Untersuchungen des Schulteichs wurden notiert. Damit man die Fangergebnisse vergleichen kann, machte man jedes Mal zehn Kescherzüge und zählte alle gefangenen Tiere. Die Ergebnisse siehst du oben.

D1 Stelle in einem geeigneten Diagramm die Fangzahlen der Strudelwürmer, der Kleinlibellenlarven und der Rückenschwimmer dar!

D2 Vergleiche die Fangergebnisse und begründe die Unterschiede!

D3 Beurteile, welche Arten ganzjährig gleich häufig sind und nur zufällig verschieden häufig gefangen werden!

D4 Ermittle anhand der Fangdaten, welche Arten sich einmal im Jahr fortpflanzen und welche davon als erwachsene Tiere das Wasser verlassen! Begründe deine Entscheidungen aufgrund der Fanghäufigkeiten zu verschiedenen Jahreszeiten!

ENERGIEFLUSS UND STOFFKREISLÄUFE
STEHENDE GEWÄSSER

METHODE

Tierbestand des Teiches erfassen

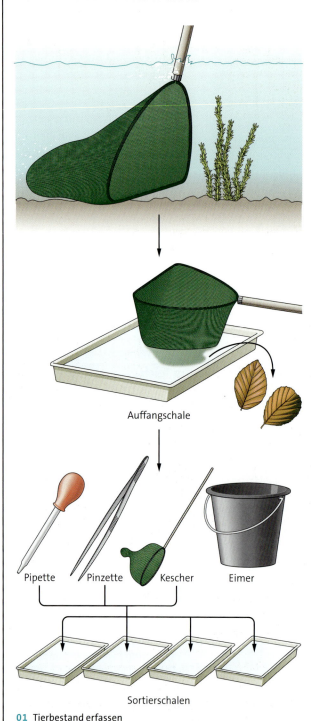

01 Tierbestand erfassen

Um den Bestand aller in einem Gewässer lebenden Tierarten zu erfassen, fängt man Tiere aus allen Zonen des Teiches, sortiert, zählt und bestimmt sie.

Material:
Kescher, Auffangschale, Pipette, Minikescher, Federstahlpinzette, Sortierschalen.
Der Kescher muss feine Maschen haben, damit man auch kleine Tiere fangen kann. Auffangschalen sollten flach, groß und hell sein, damit man die Tiere gut erkennt. Als Sortierschalen eignen sich kleine, flache Verpackungen von Lebensmitteln wie Frischkäse. Mit Federstahlpinzetten kann man empfindliche Tiere schonend greifen. Um Tiere aufzusaugen, verwendet man zum Beispiel einen dicken Trinkhalm mit dem Gummisauger einer Pipette. Der Minikescher besteht aus einem zu Stiel und Bügel gebogenen Draht und einem darin eingeklebten Gazebeutel, zum Beispiel von einem Teesäckchen aus Kunstfaser.

Durchführung:
KESCHERN · Man streift den Kescher mehrmals langsam knapp über den Grund, am Ufer entlang und zwischen Wasserpflanzen hindurch. Mit der Kescheröffnung über dem Wasser schwenkt man störenden Schlamm aus dem Netz. Dann stülpt man den Netzbeutel über der Auffangschale um und spült dort den Inhalt ab.

FANG SORTIEREN · Die Tiere in der Schale fängt man mit Pipette, Minikescher oder Pinzette. Man gibt gleich aussehende Tiere zusammen in eine Sortierschale. Falsche Zuordnungen fallen dann leicht auf.
Die sortierten Tiere werden anschließend gezählt und bestimmt. Vertreter der häufigsten Tiergruppen sind auf Seite 103 abgebildet. Zum genaueren Bestimmen sollte man ein spezielles Bestimmungsbuch benutzen.

Auswertung:
Die Zusammensetzung der Tierarten gibt Aufschluss über Gewässertyp und Zustand des Teiches. Einzelne Tiere kann man kurze Zeit im Aquarium halten und ihre Fortbewegung, Atmung und Ernährungsweise beobachten.

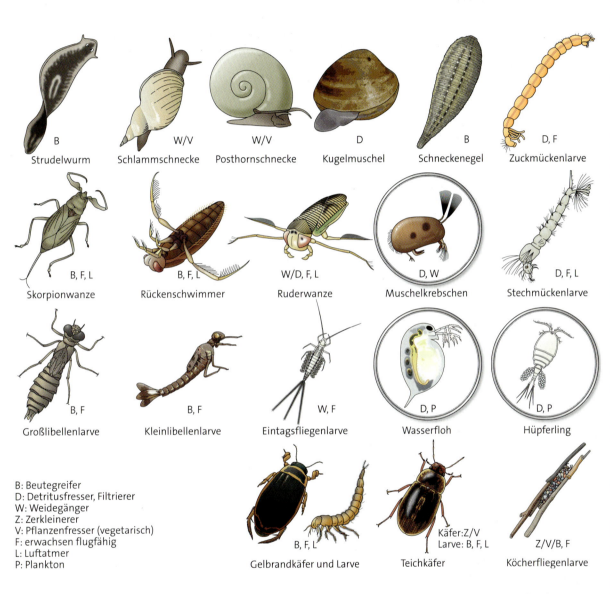

B: Beutegreifer
D: Detritusfresser, Filtrierer
W: Weidegänger
Z: Zerkleinerer
V: Pflanzenfresser (vegetarisch)
F: erwachsen flugfähig
L: Luftatmer
P: Plankton

1 Einige der oben dargestellten Arten ähneln einander stärker als andere. Fasse ähnliche Arten zu Gruppen zusammen!

2 Ordne die beiden nebenstehend abgebildeten Tiere je einer in der Übersicht dargestellten Tierart zu, der es ähnelt! Begründe, nach welchen Merkmalen du entschieden hast!

ENERGIEFLUSS UND STOFFKREISLÄUFE
FLIESSGEWÄSSER

01 Ruhr bei Arnsberg-Neheim

Von der Quelle zur Mündung

02 Sickerquelle, Ursprung des Bittermarkbachs in Dortmund

> *Vielerorts fließt in der Nähe ein Bach oder ein Fluss. Eine ganze Region in der Mitte Nordrhein-Westfalens ist nach einem Fluss, der Ruhr, benannt. Sie hat viele Gesichter und ist unverwechselbar. Welche Einflüsse bestimmen die Eigenarten der Bäche und Flüsse? Haben sie auch Gemeinsamkeiten?*

DIE RUHR · Die Ruhr entspringt im Sauerland bei Winterberg. Ihre Quelle spendet etwa sechs Liter Wasser pro Sekunde. Auf ihrem 219 Kilometer langen Weg nimmt die Ruhr das Wasser vieler Bäche und Nebenflüsse auf und sammelt zufließendes Regenwasser. In Duisburg ist sie ein ansehnlicher Fluss geworden, der dort durchschnittlich 80 000 Liter Wasser pro Sekunde in den viel größeren Rhein einspeist.

QUELLREGION · Grundwasser, das als Regen in den Boden gesickert ist und sich in der Tiefe gesammelt hat, tritt an der Quelle zutage. Es speist kleine Quellbäche mit Wasser, in dem Mineralstoffe aus dem Gestein des Bodens gelöst sind. Quellwasser enthält aber kaum Sauerstoff. In der dunklen Tiefe des Bodens leben keine Pflanzen, die ihn produzieren könnten. Außerdem kommt es dort auch nicht mit Sauerstoff aus der Luft in Kontakt.
Manchmal strömt das Grundwasser aus einer Öffnung im Boden. In anderen Fällen sickert es in die obere Bodenschicht, die schlammig wird. Es sammelt sich dann in kleinen Quellbächen oder Quelltümpeln, die durch das nachsickernde Wasser überlaufen.

ZONIERUNG EINES FLUSSES · Das Bild eines Flusses ändert sich kontinuierlich von der Quelle zur Mündung. Damit man sich besser orientieren kann, teilt man seinen Lauf in Zonen ein, die bei fast allen Flüssen an typischen Merkmalen zu erkennen sind.
Die erste Zone eines Flusses, die auf die Quellregion folgt, ist der **Oberlauf**. Er liegt im hohen Bergland, wo die großen Flüsse entspringen. Sie sind hier noch schmal wie Bäche und haben ein starkes Gefälle. Schnell strömendes

Wasser reißt Sand und kleine Steine mit und lässt nur große Felsbrocken zurück. Das Bergland, in dem die Ruhr entspringt, ist kein Hochgebirge. Trotzdem wird ihr erster Abschnitt als Oberlauf bezeichnet.

Auf dem Weg zur Mündung schließt sich der **Mittellauf** an. Er erstreckt sich im niedrigeren Berg- und Hügelland. Das Wasser fließt ruhiger, strömt aber immer noch deutlich. Der Fluss hat inzwischen schon Wasser aus Bächen und Nebenflüssen aufgenommen und ist breiter geworden.

Die letzte Zone eines Flusses vor der Mündung ist der **Unterlauf**. In diesem Abschnitt fließt er durchs Flachland. Aufgrund des geringen Gefälles ist seine Strömung träge. Er hat auf seinem Lauf viel Wasser gesammelt und ist sehr breit. Bäche im Hügelland und Flachland sind zwar schmaler als Flüsse. Sie ähneln aber deren Mittellauf beziehungsweise Unterlauf, denn sie haben ein geringes Gefälle und damit auch ähnliche Strömungsverhältnisse.

Die Ruhr mündet in den Rhein und dieser dann ins Meer. Dort bildet sich eine besondere **Mündungsregion** aus, in der sich der Fluss verzweigt und verbreitert. Sein Wasser mischt sich mit salzigem Meerwasser zu *Brackwasser*. Ebbe und Flut werden spürbar und verursachen wechselnde Wasserstände und Salzgehalte.

FLUSSVERLAUFSSCHEMA · Flüsse verändern sich auf ihrem Weg in ähnlicher Weise. Hauptursache ist das Gefälle. Das beeinflusst die Strömung, die ihrerseits bewirkt, dass im Oberlauf nur große Steine liegen bleiben, dann immer kleinere und sich schließlich sogar Schlamm absetzen kann. Durch Turbulenzen im Wasser, bedingt durch Strömung und Hindernisse, kann sich Sauerstoff aus der Luft im Wasser lösen. Bäume am Ufer beschatten den schmalen Oberlauf völlig, den breiter werdenden Fluss nur teilweise, was das Pflanzenwachstum im Fluss beeinflusst. Wasserorganismen zehren gelösten Sauerstoff, Pflanzen produzieren ihn tagsüber. Das führt zu tageszeitlichen Schwankungen der Sauerstoffkonzentration.

Die Wassertemperatur ist in Quellnähe fast konstant, in der Ruhr etwa zehn Grad Celsius. Flussabwärts wirkt sich der Einfluss der Lufttemperatur zunehmend aus. Je größer der Fluss wird, desto träger ändert sich die Temperatur der Wassermasse. Alle diese Faktoren bilden ein Gefüge. Das Prinzip seiner Veränderung im Flussverlauf wird in der Gewässerkunde *river continuum concept* genannt.

1 Berechne für alle Abschnitte der Ruhr das Gefälle in Metern pro Kilometer Flussstrecke. Stelle das Ergebnis grafisch dar!

03 Flusslauf der Ruhr, violette Kreise: Flussabschnitt mit Flusskilometern (oben) und Metern über Normalnull (unten)

ENERGIEFLUSS UND STOFFKREISLÄUFE
FLIESSGEWÄSSER

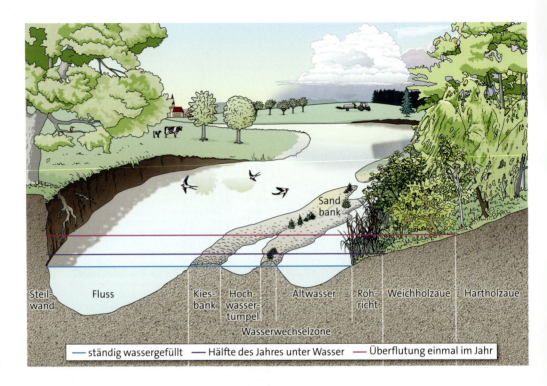

04 Querschnitt durch eine Flussaue

AUEN · Flüsse haben im natürlichen Zustand keine feste Uferlinie. Ihr Wasserstand ändert sich mit der Niederschlagsmenge in ihrem *Wassereinzugsgebiet*. Die Uferfläche, die ab und zu durch Hochwasser überflutet werden kann, nennt man **Aue**. Je höher das Gelände über der Flusssohle liegt, desto seltener wird es überflutet. Das wirkt sich auf die Vegetation aus. Dort, wo der Boden die Hälfte des Jahres überflutet ist, wachsen Schilf, Pestwurz oder Drüsiges Springkraut. Dort, wo seltener Überflutungen stattfinden, stehen Schwarzerlen und Weiden, die die *Weichholzaue* bilden. Wo höchstens einmal im Jahr für kurze Zeit das Hochwasser steht, findet man die *Hartholzaue* mit Stieleichen, Ahorn und Eschen.

In Senken zurückbleibendes Wasser und ehemalige Flussschleifen, *Altwässer* genannt, bilden Stillgewässer. In der Aue entsteht im Übergang vom Wasser zum Land eine Vielzahl von Lebensräumen mit unterschiedlichen Angeboten aber auch Anforderungen an ihre Bewohner: Amphibienlarven entwickeln sich in Hochwassertümpeln und Uferpflanzen müssen Überflutungen ertragen können. Auen und die Fließgewässer darin gehören daher in Mitteleuropa zu den artenreichsten Biotopen.

STRUKTURGÜTE · Für Pflanzen und Tiere im Bach oder Fluss sind abwechslungsreiche Strukturen wichtig. Dazu gehören das Bodenmaterial, wechselnde Strömungen sowie natürliche Ufer und Auen. Die Qualität dieser Merkmale kann mit Noten zwischen eins und fünf bewertet werden. Wenn man aus allen Einzelnoten, die an mehreren Stellen erteilt wurden, den Durchschnittswert bildet, erhält man die **Strukturgüte** eines Bachabschnitts. Die Strukturgüte ist ein Maß, mit dem die Naturnähe eines Bachlaufs und seiner Umgebung bewertet wird. Der betrachtete Bachlauf sollte dabei 100 Meter lang sein. Aber selbst bei einer Strecke von nur zehn Metern erhält man schon brauchbare Werte.

2) Nenne Lebensräume einer Aue!

3) Beschreibe die Struktur eines natürlichen Fließgewässers!

MATERIAL

Material A ▸ Pflanzen der Flussaue

Schwimmendes Laichkraut — Wasserstern — Quellmoos
Schwarzerle — Silberweide — Bachbunge — Berle

A1 Ordne die Pflanzen den Auenzonen zu in denen sie vorkommen. Benutze dazu auch Abbildung 04!

A2 Gib an, welche Wasserstände an den Wuchsorten der dargestellten Pflanzen auftreten!

A3 Stelle Vermutungen an, wie diese Pflanzen die Bedingungen für andere Lebewesen verändern!

Material B ▸ Das Flussverlaufsschema

Messstellen		1	2	3	4
Strömung		mäßig schnell	schnell, turbulent	gering	gering
Bodensubstrat		kleine Steine, Sand, Altholz	große und kleine Steine, Altholz	Waldboden, Steine	Schlamm, Detritus, Altholz
Durchschnittstemperatur im Sommer (Grad Celsius)		18	14	11	21
Sauerstoffsättigung (Prozent)	tags	110	105	75	100
	nachts	95	100	75	80

B1 Ordne die Datensätze in den Spalten 1 bis 4 in der Reihenfolge von der Quelle zur Mündung!

B2 Erläutere, welche Einflüsse das Gefälle auf andere Eigenschaften eines Flusses ausübt!

B3 Stelle Vermutungen an, woran es liegen kann, wenn einzelne Größen anders ausfallen als nach dem Flussverlaufsschema erwartet und welche Schlüsse das auf den Zustand des Flusses zulässt!

ENERGIEFLUSS UND STOFFKREISLÄUFE
FLIESSGEWÄSSER

01 Forelle schwimmt gegen die Strömung

Tiere im Fließgewässer

Tiere in Fließgewässern laufen an Stellen mit starker Wasserströmung Gefahr, weggetrieben zu werden. Weshalb können Forellen und manche andere Bachtiere trotzdem an Orten mit gefährlicher Strömung leben?

KIEMENATMUNG · Fische nehmen im Wasser gelösten Sauerstoff über Blutkiemen auf. Je nach Leistungsfähigkeit ihrer Kiemen gibt es Fischarten, die in stets sauerstoffreichem Wasser leben müssen. Andere besiedeln Regionen, die zumindest zeitweise sauerstoffärmer sind.

Die Kiemen befinden sich auf beiden Körperseiten direkt hinter dem Kopf. Hier öffnet sich der Schlund spaltförmig nach außen. Der Fisch schluckt Wasser und presst es durch die Kiemenspalten heraus. In diesen Spalten strömt es durch einen Fächer aus flachen Blättchen. In diesen Kiemenblättchen verlaufen zahlreiche feine Blutkapillaren. Die Kiemenblättchen sind von einer dünnen, zarten Schleimhaut überzogen. Durch sie kann der gelöste Sauerstoff leicht aus dem Wasser ins Blut der Kapillaren diffundieren. Nach außen sind die Kiemen von einem beweglichen knöchernen Kiemendeckel geschützt.

FISCHREGIONEN · In seinem Längsverlauf weist ein Fließgewässer charakteristische Umweltbedingungen auf. Verantwortlich dafür ist in erster Linie die Wasserströmung, die auch den Sauerstoffgehalt des Wassers beeinflusst. Die Umweltbedingungen haben Auswirkungen darauf, welche Fischarten im jeweiligen Flussabschnitt vorkommen. Von Fischern gibt es vielfältige Informationen darüber: Einige Fischarten kommen fast nur in bestimmten Flussregionen vor. Deshalb wählt man sie als **Leitarten** für diese Flussabschnitte. In Nachbarregionen sollten diese Leitarten kaum zu finden sein. Wenn man eine solche Fischart häufig fängt, kann man davon ausgehen, dass der Flussabschnitt der entsprechenden Region zuzuordnen ist. Fische eignen sich auch als Leitarten, weil sie leichter zu bestimmen sind als wirbellose Wassertiere.

Es gibt noch weitere Fischarten in Flüssen, von denen einige oft gemeinsam mit der Leitart gefangen werden, die jedoch auch in benachbarten Flussregionen vorkommen. Man bezeichnet sie als **Begleitarten.** Ihr Nachweis ist informativ, jedoch nicht so aussagekräftig wie der der Leitart.

LEITFISCHARTEN · Im oberen Oberlauf von Bächen lebt die *Bachforelle*, ein 20 bis 60 Zentimeter langer Fisch mit torpedoförmigem Körper. Sie braucht kühles, sauerstoffreiches Wasser und einen steinigen, strukturierten Boden. An geschützten Orten lauert sie auf Wasserinsekten. Zur Eiablage im Winter zieht sie bachaufwärts zu kiesigen, gut durchströmten Flachwasserbereichen.

Unterhalb der Forellenregion, aber noch im Oberlauf, findet man *Äschen*. Diese bis 50 Zentimeter langen Fische mit seitlich abgeflachtem Körper leben ebenfalls in kühlen, sauerstoffreichen Gewässern mit Kies- oder Sandgrund. Sie halten sich vor allem in der Gewässermitte oder am Rand tieferer Becken auf. Äschen leben in Schwärmen und fressen wirbellose Wassertiere und kleine Fische. Sie laichen im Frühjahr und bedecken ihre Eier mit Kies.

Barben leben weiter flussabwärts, im oberen Mittellauf. Sie werden bis zu einem Meter lang. An ihrem Maul befinden sich Barteln zum Tasten. Barben leben am Grund größerer Flüsse mit mäßiger Strömung. Sie sind dämmerungsaktiv und fressen wirbellose Tiere, Algen und kleine Fische. Zur Laichzeit im späten Frühling ziehen sie in Schwärmen flussaufwärts.

Brachsen halten sich im unteren Mittellauf auf. Es sind 30 bis 70 Zentimeter lange, seitlich abgeflachte, karpfenartige Fische. Sie leben in langsam fließenden, aber auch in stehenden Gewässern. Sie sind typische Grundfische, die mit ihrem vorstülpbaren Maul im Bodenschlamm nach Kleinlebewesen suchen. Brachsen laichen im Frühjahr in Wasserpflanzenbeständen an strömungsarmen Ufern und Seitenarmen, die sie in Schwärmen flussabwärts aufsuchen.

Kaulbarsche sind 15 bis 25 Zentimeter lang und haben einen gedrungenen Körper. Man findet sie in Flussmündungen, auch dort, wo bereits Meerwasser eindringt, aber auch in Seen. Sie leben auf sandigem oder schlammigem Grund und ernähren sich von wirbellosen Tieren. Sie laichen im Frühjahr auf Steinen, Kies oder Sand.

02 Leitfischarten: **A** Forelle, **B** Äsche, **C** Barbe, **D** Brachse, **E** Kaulbarsch

ENERGIEFLUSS UND STOFFKREISLÄUFE
FLIESSGEWÄSSER

03 Bachtiere: **A** Strudelwurm, **B** Flohkrebs, **C** Eintagsfliegenlarve, **D** Köcherfliegenlarve, **E** Steinfliegenlarve, **F** Kriebelmückenlarve

WIRBELLOSE BACHTIERE · In Fließgewässern lebt eine große Artenfülle wirbelloser Tiere. Man kann sie anhand typischer Körpermerkmale unterscheiden.

Strudelwürmer haben einen flachen Körper mit einer Kriechsohle. Bachflohkrebse besitzen zahlreiche Beine und zwei Fühlerpaare. Sie bewegen sich am Boden oft in Seitenlage und bieten so der Strömung weniger Widerstand. Die meisten Arten wirbelloser Wassertiere sind Insekten. Sie haben drei Beinpaare, ein Fühlerpaar und einen gegliederten Körper. Viele von ihnen leben nur als Larven im Wasser.

Eintagsfliegenlarven erkennt man an den meistens drei langen Schwanzfäden. Sie haben ihre Atmungsorgane, die Tracheenkiemen, an den Körperseiten. Diese fehlen den sehr ähnlich aussehenden Steinfliegenlarven, die zudem nur zwei Schwanzfäden haben.

Köcherfliegenlarven haben am Körperende zwei kräftige Haken, mit denen sie sich in ihrem Köcher oder auch am Boden festhaken. Sie bauen sich meistens ein Wohngehäuse aus Steinen oder Pflanzenteilen. Das schützt ihren weichen Hinterleib und beschwert sie. Larven mancher Arten bauen jedoch keine Gehäuse, sondern spinnen Netze, in denen sie Halt finden und Beute fangen.

Mückenlarven sind beinlos. Dass auch sie Insekten sind, erkennt man an ihrem gegliederten Körper und dem davon deutlich abgesetzten Kopf. Die Larven der Zuckmücken sind wurmförmig mit zwei Warzen zum Nachschieben am Körperende. Sie leben im Bodenschlamm oder in selbst gesponnenen Gehäusen, die sie am Untergrund befestigen. Ihre Nahrung ist *Detritus*. Arten mit weißlich-beigefarbenem Körper leben in sauberen Bächen, rote Arten an Stellen, wo der gelöste Sauerstoff fast aufgezehrt ist. Kriebelmückenlarven sichern sich mit einer Haftscheibe am Körperende, recken ihren Körper in die Strömung und filtern mit ihren federförmigen Mundwerkzeugen Nahrung aus dem Wasser.

STRÖMUNG · Im Oberlauf von Fließgewässern kommen nur Tiere vor, die der Strömung standhalten können. Das gelingt ihnen mithilfe ganz verschiedener Anpassungen: Viele Arten haben einen stromlinienförmigen Körper wie Fische. Manche Eintagsfliegenlarven haben einen abgeflachten Körper. Sie können sich eng an den Boden anschmiegen. Mit langen Schwanzanhängen spüren sie die Strömung und drehen sich ihr wie eine Wetterfahne entgegen. Manche Mückenlarven und Würmer wühlen sich im Boden ein. Köcherfliegenlarven beschweren sich mit Steinchen an ihrem Wohngehäuse und Strudelwürmer und Kriebelmückenlarven saugen sich am Untergrund fest.

1 ⌋ Erläutere, weshalb die verschiedenen Leitfischarten in ihren jeweiligen Flusszonen vorkommen!

2 ⌋ Nenne anhand von Beispielen Angepasstheiten an das Leben in starker Strömung!

MATERIAL

Material A ▸ Fischbesiedlung der Ruhr

Fischart	A	B	C	D	E	F	G	H	I	J	K	L
Aal			1		6	13	24		1			20
Äsche		16	20					9		25		
Bachforelle		5	7	131				58		8	143	
Barbe	18				9				2			73
Barsch						70	152		23			9
Brachse	5				5	81	140		128			10
Döbel	8				4	55	49		15			119
Groppe			10	4	20			22		22	22	
Gründling					3	8	8		1			
Kaulbarsch					1	9	26		3			
Rotauge	4					322	412	1	64	1		24
Schleie						1						

Probestellen an der Ruhr, 2001 bis 2007

Die Tabelle gibt die Anzahl gefangener Fische an verschiedenen Stellen der Ruhr an.

A1 Ermittle anhand der Leitfischarten, in welchen Fischregionen die Probestellen A bis L lagen!

A2 Ordne die Probestellen nach dem Verlauf des Flusses und begründe deine Anordnung!

A3 Gib begründet an, welche Fischzone fehlt und weshalb das bei der Ruhr zu erwarten war!

A4 Ermittle, welche der Begleitarten bestimmte Flussregionen bevorzugen und welche nahezu in allen Regionen des Flusses vorkommen!

Material B ▸ Angepasstheit an die Strömung

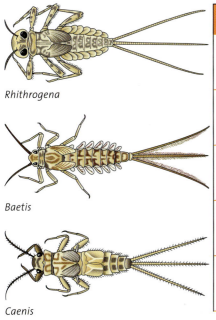

Rhithrogena

Baetis

Caenis

Fangort	Strömung (cm/s)	Art	Anzahl
A	0	Rhithrogena	0
		Baetis	15
		Caenis	62
B	1–10	Rhithrogena	0
		Baetis	75
		Caenis	85
C	11–30	Rhithrogena	18
		Baetis	102
		Caenis	20
D	31–50	Rhithrogena	56
		Baetis	52
		Caenis	12
E	51–100	Rhithrogena	65
		Baetis	50
		Caenis	2

An fünf Abschnitten eines Fließgewässers mit unterschiedlicher Strömung wurde gleich intensiv gekeschert. Die Anzahl der gefangenen Eintagsfliegenlarven wurde notiert.

B1 Stelle die Fangergebnisse der Eintagsfliegenlarven in einem geeigneten Diagramm dar!

B2 Ermittle, in welchen Strömungen jede der drei Eintagsfliegenlarven bevorzugt vorkommt!

B3 Begründe die Passung von Körperform und Strömungsbedingung bei den drei Gruppen von Eintagsfliegenlarven!

B4 Mache einen Vorschlag, welche Funktion die beiden Rückenplatten von *Caenis* haben, die die Tracheenkiemen bedecken!

B5 Entwickle eine Hypothese, weshalb einige der Larven auch an Orten mit anderen Strömungsgeschwindigkeiten gefangen wurden als von ihrem Typ bevorzugt!

ENERGIEFLUSS UND STOFFKREISLÄUFE
FLIESSGEWÄSSER

01 Ein Bach bekommt sein altes Bett: Emscher in Dortmund

Veränderung eines Fließgewässers

An vielen Bächen und Flüssen wird gebaut. Manche früher stinkenden Abwasserrinnen sind zu klaren, plätschernden Bächen geworden. Weshalb waren viele Fließgewässer in einem sehr unnatürlichen Zustand und weshalb will man das jetzt überall ändern?

JAHRHUNDERTPROJEKT FLUSSUMBAU · Fließgewässer werden auf vielfältige Weise genutzt. Die Entstehung vieler Industrieregionen hing von Wasserkraft ab. Ohne Warentransport auf dem Wasser und ohne die Entsorgung von Abwasser hätten sich diese Regionen nicht entwickeln können. Das war nur durch Eingriffe in die Gewässer möglich, die vielen Pflanzen und Tieren ihre Lebensgrundlage nahmen. An solchen Fließgewässern fühlten sich auch die Menschen nicht mehr wohl. Trotzdem ist es in vielen Fällen möglich, die Nutzung eines Gewässers mit einem naturnahen Zustand in Einklang zu bringen. Eine in der gesamten Europäischen Union in Kraft gesetzte **Wasserrahmenrichtlinie** fordert daher, alle Flüsse und Bäche, bei denen das technisch möglich ist, bis spätestens zum Jahr 2027 in einen ökologisch guten Zustand zu bringen. In der Zwischenzeit soll über Planungen und Fortschritte berichtet werden.

Ein Beispiel eines solchen Projekts zur Umsetzung der *Wasserrahmenrichtlinie* ist der Umbau der Emscher und ihrer Nebenbäche, die das Ruhrgebiet durchfließen. Ein Jahrhundert lang nahmen sie die Abwässer der gesamten Region auf und transportierten sie ab. Damals war das ein Fortschritt für Millionen von Menschen, der das Leben im Ballungsraum erst möglich machte. Nun sollen die Abwässer dezentral nahe beim Verursacher geklärt oder über große unterirdische Rohre getrennt vom Bachwasser abgeleitet werden. Uferbefestigungen werden entfernt und die ehemaligen Abwasserkloaken werden wieder lebenswert für Pflanzen, Tiere und Menschen.

02 Gewässerbelastung: **A** Abwassereinleitung, **B** Schifffahrt, **C** Bebauung der Aue

GEWÄSSERNUTZUNG · Über Fließgewässer wurden schon seit Langem Abwässer abgeleitet. Solange sie aus den Haushalten weniger Menschen stammten, konnten Wasserorganismen sie im weiteren Flussverlauf wieder abbauen. Kritisch wurde es, als immer größere Mengen oder gar giftige Industrieabwässer eingeleitet wurden.

Flüsse dienten auch schon seit langer Zeit der Schifffahrt, zunächst ohne Schäden für die Wasserlebewelt. Damit immer größere Schiffe fahren konnten, wurde das Flussbett vertieft. Wo das Gefälle zu groß war, baute man Staudämme und Schleusen. Der Fluss wurde zu einer Treppe für Schiffe umgebaut.

Zur Wasserkraftnutzung werden Staudämme errichtet. Dadurch wird zwar regenerative Energie ohne Verbrauch von Rohstoffen und ohne Kohlenstoffdioxidausstoß bereitgestellt, aber die Fische können im Fluss nicht mehr wandern. Die Flussaue wird immer mehr bebaut. Es entstehen Industrieanlagen und Lagerhallen, aber auch Wohnhäuser der immer größer werdenden Städte. Zum Schutz müssen die Flüsse durch Deiche begrenzt werden. Weil der Fluss sich nicht mehr ausdehnen kann, kommt es bei starken Regenfällen flussabwärts zu Überflutungen.

NATURNAHE GESTALTUNG · Trotzdem lässt sich ein Fluss naturnah gestalten: Abwässer können dezentral beim Verursacher geklärt werden. Ufer können abgeflacht werden, auch wenn die Fahrrinne schiffbar ist. Staudämme können durch Fischtreppen oder Fischaufzüge für Fische überwindbar werden und überall, wo es möglich ist, können Deiche entfernt und Auen geöffnet werden.

Das Leben an solchen Fließgewässern wird für Menschen wieder sicherer und reizvoller und die Lebewesen der Flüsse und Bäche erhalten neue Lebensmöglichkeiten.

1) Nenne drei Möglichkeiten, die Nutzung eines Flusses mit einer umweltfreundlichen Gestaltung zu kombinieren!

03 Naturnahe Gewässergestaltung: **A** Flachwasserbereiche, **B** naturnahe Uferränder, **C** Fischtreppe

ENERGIEFLUSS UND STOFFKREISLÄUFE
FLIESSGEWÄSSER

04 Eisvogel

WIEDERBESIEDLUNG · Die geschlechtsreifen Tiere der Wasserinsekten können fliegen. Sie legen ihre Eier bald in die neuen Lebensräume. Eisvögel, Gebirgsstelzen und Wasseramseln, die typischen Bachvögel, fliegen ebenfalls zu den neu gestalteten Gewässern. Der Eisvogel kann dort kleine Fische erbeuten. Auf Steinen an flachen Stellen sitzend jagen Gebirgsstelzen und Wasseramseln nach Bachflohkrebsen und Insektenlarven. Im Frühjahr ziehen sie sich jedoch aus vielen neu gestalteten Gewässern wieder zurück, weil die Ufer oft aus Sorge vor Erosion schräg und glatt gestaltet wurden. Dort finden die Vögel keine Brutplätze: Eisvögel brauchen lehmige Steilwände, in die sie Bruthöhlen graben. Wasseramseln und Gebirgsstelzen bauen in Hohlräumen zwischen Steinen am Ufer ihre Nester.

Fische können naturnah gestaltete Flussabschnitte oft nicht besiedeln, weil Staudämme den Weg zum Laichort versperren. Davon sind zum Beispiel Forellen betroffen, die zur Eiablage in den Oberlauf wandern. Brachsen wandern zum Laichen zu pflanzenreichen Ufern im Unterlauf. Aale schwimmen zur Fortpflanzung flussabwärts ins Meer. Den umgekehrten Weg nehmen Lachse. Staudämme und Wehre lassen diese Wanderungen nicht zu. Deshalb gab es in vielen Flüssen diese Fischarten nicht mehr. In Nordrhein-Westfalen werden daher im Rahmen des Wanderfischprogramms Fischtreppen oder Fischaufzüge angelegt, um Staudämme passierbar zu machen. Arten, die im Oberlauf laichen, wurden in Fischzuchtanstalten vermehrt und als Laich oder Jungfische dort ausgesetzt. In Flüssen wie der Sieg, Wupper, Rur, Lippe und Ems war dieses Programm schon erfolgreich.

Eine besondere Unterart der Groppe, die nur im Flusssystem der Emscher vorkam, konnte dort in den stark verschmutzen Bächen nicht überleben. Es gelang ihr nur in einem der Emscherbäche, der Boye. Dort wurden Groppen gefangen, nachgezüchtet und in naturnah gestalteten Bächen des Emschersystems ausgesetzt. Auch dieses Projekt verlief erfolgreich. Schließlich können im Ballastwasser von Schiffen und durch Kanalverbindungen auch neue Arten aus entfernten Gebieten, sogenannte *Neozoen*, in Flüsse einwandern. So gelangten mehrere Grundelarten aus dem Gebiet des Schwarzen Meeres bis in den Rhein.

2) Nenne Maßnahmen des Wanderfischprogramms und erläutere ihre Wirkungsweise!

05 Wiederkehrende und neue Fischarten: **A** Lachs, **B** Groppe, **C** Grundel

MATERIAL

Material A ▸ Ein Fluss soll neu gestaltet werden

Ein ehemaliger Abwasserfluss führt wieder sauberes Wasser. Nun sollen auch sein Flussbett und sein Ufer neu gestaltet werden. Unter den Bürgern gibt es unterschiedliche Interessengruppen, die ihre Gestaltungswünsche berücksichtigt sehen möchten.

A1 Gib an, wie die Naturschützer den Fluss gestalten wollen, und nenne ihre Argumente!

A2 Gib an, wie die Wirtschaftsförderer den Fluss gestalten wollen, und nenne ihre Argumente!

A3 Führe eine Gewichtung aller Argumente mithilfe einer Zielscheibe wie auf Seite 87 durch! Vergleiche deine Gewichtung mit deinen Mitschülern!

A4 Entwickelt Kompromisse zwischen einzelnen Positionen der beiden Interessengruppen!

Die örtlichen Naturschutzvereine möchten, dass der neu gestaltete Fluss zum Lebensraum für viele Tier- und Pflanzenarten wird. Auch seltene, bedrohte Arten sollten sich hier ungestört ansiedeln und entwickeln können. Die Naturschützer legen dabei ein besonderes Augenmerk auf die Gestaltung des Flussbetts und der Ufer. Auch ist es ihnen wichtig, dass der Fluss durch breite, störungsfreie Schutzzonen gesäumt wird.

Die örtliche Wirtschaftsförderung hofft, die Stadt durch die Neugestaltung des Flusslaufs attraktiver zu machen.
Wohnungen mit Flussblick ließen sich gut vermarkten und der Freizeitwert der Stadt würde durch Radwanderwege am Flussufer erheblich steigen. Ein Angebot für Wassersportler sollte das Freizeitangebot abrunden.

ENERGIEFLUSS UND STOFFKREISLÄUFE
FLIESSGEWÄSSER

IM BLICKPUNKT TECHNIK

Kläranlagen

01 Kläranlage

Die Abwässer der Haushalte und Gewerbebetriebe fließen nicht direkt in die Gewässer, die das gebrauchte Wasser abtransportieren. Sie werden zunächst in Kläranlagen gereinigt. Die Klärung ähnelt der natürlichen Reinigung von Fließgewässern. Auch ohne den Einfluss von Menschen werden Gewässer verschmutzt. Sie reinigen sich aber auf natürlichem Wege selbst.

SELBSTREINIGUNG · Bei den natürlicherweise anfallenden Abfallstoffen handelt es sich um abgestorbene Teile von Pflanzen, vor allem große Mengen von Falllaub im Herbst. Hinzu kommen tote Tiere und Fäkalien. All dies wird durch verschiedene Mitglieder des Ökosystems Fließgewässer abgebaut und dem Wasser entzogen. Diesen Vorgang nennt man **Selbstreinigung**. Er läuft folgendermaßen ab:

Größere Abfallstoffe werden von Zerkleinerern zerteilt. Sie bauen einen Teil der darin enthaltenen energiereichen Stoffe zu einfachen Stoffen ab und nutzen die Energie zum Leben. Bei ihrer Fraßtätigkeit zerlegen sie die Reste in viele kleine Teile und zerstören harte Oberflächen. Die Detritusfresser können die kleinen Bruchstücke aufnehmen und ihrerseits weiter abbauen. Schließlich sind die Reste für Bakterien zugänglich, die alle Stoffe abbauen und Kohlenstoffdioxid und Mineralstoffe ausscheiden. Wasser- und Uferpflanzen nehmen diese Mineralstoffe auf und bilden daraus Körpersubstanz. Die Stoffe werden also wieder in den Körper von Wasserorganismen aufgenommen. Sie sind nicht verschwunden, das Wasser ist aber wieder gereinigt.

Alle diese Prozesse der Selbstreinigung finden nicht am selben Ort statt, sie schließen im Flusslauf aneinander an.

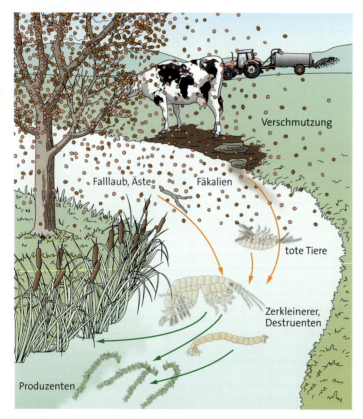

02 Selbstreinigung eines Fließgewässers

TECHNISCHE KLÄRUNG · Wenn Abwasser stärker belastet ist oder von Natur aus nicht vorkommende Belastungen enthält, klärt man es technisch in einer **Kläranlage**. Dort durchläuft das Abwasser mehrere Reinigungsschritte.

In der **mechanischen Reinigung** werden die groben Bestandteile abgetrennt. Das sind Äste und Müll sowie mitgeschwemmte Steine und Sand. Dieses Material könnte die Anlage verstopfen. Um sperrige Gegenstände aus dem Wasser zu entfernen, verwendet man Gitterstäbe. Sand und Steine lässt man in Absetzbecken zu Boden sinken, wo sie abgelassen werden.

Der sich anschließende **biologische Reinigungsschritt** funktioniert wie die Selbstreinigung. Detritusfresser und Bakterien bauen alle Reste von Organismen ab, bis nur noch einfache Stoffe übrig sind. Dazu wird Luft in die Anlage eingeblasen und so den Organismen Sauerstoff zugeführt. Außerdem bietet man ihnen eine möglichst große Oberfläche, auf der sie sich ansiedeln und mit dem Abwasser in Kontakt kommen können.

Die abgesetzten Reste werden in **Faultürme** überführt. In diesen Behältern bauen Bakterien die Masse ohne Sauerstoffzufuhr zu brennbarem Gas und Mineralstoffen ab. Die Mineralstoffe können als sogenannter **Klärschlamm** in der Landwirtschaft zum Düngen verwendet werden. Durch Verbrennung des **Biogases** kann die Kläranlage einen Teil ihres Energiebedarfs decken.

Manche Kläranlagen haben noch eine **chemische Reinigungsstufe**. Dort können die Düngerstoffe Nitrat und Phosphat ausgefällt werden. Bestimmte Schadstoffe können ebenfalls durch chemische Reaktionen entfernt werden, wenn man weiß, dass sie im Abwasser vorkommen. Das geklärte Abwasser gelangt wieder in einen Bach oder Fluss.

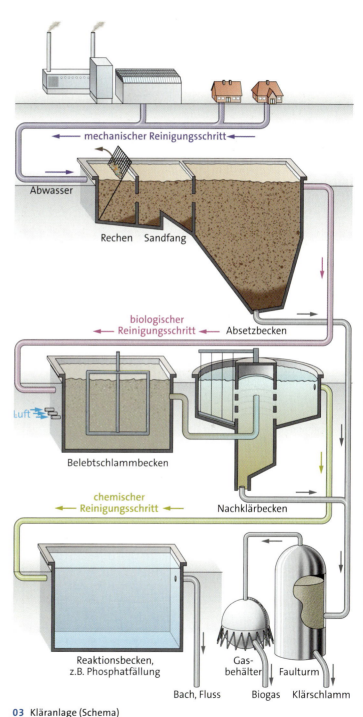

03 Kläranlage (Schema)

ENERGIEFLUSS UND STOFFKREISLÄUFE
FLIESSGEWÄSSER

METHODE

Biologische Gewässergüte bestimmen

GEWÄSSERBELASTUNG · Früher belasteten vor allem Abfälle aus Küchen und Toiletten sowie Viehdung die Fließgewässer. Dadurch vermehrten sich Zersetzer und verbrauchten den im Wasser gelösten Sauerstoff. Man beurteilte die biologische Gewässergüte daher anhand des Vorkommens von Tierarten, die darauf mehr oder weniger empfindlich reagieren. In den letzten Jahrzehnten wurden Fließgewässer aber zusätzlich noch durch Reinigungsmittel, Pestizide, Arzneirückstände und durch Eingriffe in den Gewässerlauf beeinträchtigt. Auch diese vernichteten den Lebensraum vieler Tierarten.

Zur Umsetzung der Vorgaben der Europäischen Union sollen alle fließenden Oberflächengewässer schrittweise in einen guten Zustand gebracht werden. Was ein guter Zustand ist, wurde von Experten anhand von Beispielgewässern festgelegt.

Dadurch entstanden Bewertungskriterien: Wie groß ist die Artenvielfalt und wie häufig sind bestimmte Gruppen von Tieren? Nur wenige Arten, deren Häufigkeit für die Bewertung wichtig ist, muss man genau kennen. Daher ist das Verfahren auch für ungeübte Anwender praktikabel. Allerdings sollte man sich mit der Anleitung vertraut machen und sie exakt befolgen.

Güteklasse	1 sehr gut	2	3	4	5 schlecht
Gib zwei Wertungspunkte in der Spalte der Güteklasse, in die die Artenzahl des Fangs einzuordnen ist.					
Nr. 1 Artenzahl: • alle Arten	> 20	19–15	14–10	(9–5)	< 5
2 • Köcherfliegenarten	> 6	5–4	(3–2)	1	0
Addiere die Häufigkeitsklassen der Eintags-, Stein- und Köcherfliegenarten (ESK-Arten) und teile das Ergebnis durch die Summe der Häufigkeitsklassen aller Arten.					
3 Anteil ESK-Arten	> 46 %	(45–36 %)	35–26 %	25–16 %	< 15 %
Wenn die in Zeile 4, 5 und 6 genannten Tiere vorkamen, werden dort, wo ein Kreuz steht, zwei Punkte notiert, bei einem eingeklammerten Kreuz ein Punkt.					
4 Steinfliegenlarven	+	(+)			
5 Eintagsfliegenlarven: • flache	+	(+)			
6 • grabende	+	+			
In Zeilen 7 bis 10 zwei Punkte in die Zelle, deren Angabe mit der festgestellten Häufigkeitsklasse des Tieres übereinstimmt. Ein Punkt bei eingeklammertem Wert.					
7 Wassergeistchen		HK 3	HK (4)	HK ≥ 5	
8 rote Zuckmückenlarve		HK 2	HK 3(4)	HK 4	HK > 4
9 Egel			HK (3)(4)	HK ≥ 4	
10 Schlammröhrenwurm			HK 3(4)	HK (4)	HK > 4
Summe der Punkte		2	7	4	
Die biologische Gewässergüte entspricht der Tabellenspalte, in der sich die höchste Summe an Wertungspunkten ergab. Das Ergebnis des Beispielfangs ist angegeben.					

01 Protokollbogen eines Flachlandbaches

02 Bachtiere für die Bewertung

Häufigkeits-klasse HK	Beschreibung der Häufigkeit
1	Einzelfund
3	einige Tiere
5	häufig
7	massenhaft
Die Häufigkeiten der Klassen 2, 4 und 6 liegen zwischen den angegebenen.	

03 Häufigkeitstabelle

Unterscheidbare Arten	Häufigkeitseindruck	HK
Bachflohkrebs	sehr häufig	6
Köcherfliegenlarven:		
• Köcher mit Längszweigen	einige Tiere	3
• Köcher flach, mit Blattstücken	wenige Tiere	2
• Wassergeistchen, köcherlos	mäßig häufig	4
Eintagsfliegenlarve, runder Querschnitt	häufig	5
Egel, dunkel, langgestreckt	einige Tiere	3
Schnecken:		
• flaches, dunkles Gehäuse	häufig	5
• spitzes, hellbraunes Gehäuse	mäßig häufig	4
Schlammröhrenwurm	mäßig häufig	4

04 Beispielfang

DURCHFÜHRUNG · *Grundlage der Bewertung ist eine Stichprobe wirbelloser Bachtiere. Mit einem Kescher, dessen Rand fest auf den Bachboden gedrückt wird, fängt man sie, indem man den Boden oder Zweige vor dem Kescher durchwühlt. Die dort sitzenden Tiere lassen sich mit der Strömung in den Kescher treiben. Sein Inhalt wird in eine flache Schale gespült und sortiert. So stellt man fest, welche verschiedenen Tiere man gefangen hat. Es reicht, sie einer Verwandtschaftsgruppe zuzuordnen, zum Beispiel Schnecken, Egeln oder Käfern. Wenn mehrere Arten derselben Gruppe festgestellt wurden, muss man Merkmale angeben, um sie unterscheiden zu können: Form, Farbe oder was sonst typisch ist. Man erstellt eine Liste dieser Arten und zählt, wie viele Arten man insgesamt gefangen hat und wie viele Köcherfliegenarten es waren. Nun werden in den ersten beiden Tabellenzeilen die Zellen markiert, in denen die festgestellten Zahlen angegeben sind.*

Im nächsten Schritt schätzt man die Häufigkeit jeder Art der Probe mithilfe der Häufigkeitstabelle und notiert die ermittelte Häufigkeitsklasse in der Artenliste. Die Summe aller Häufigkeitsklassen wird als Gesamthäufigkeit vermerkt. Zusätzlich bildet man die Summe der Häufigkeitsklassen aller Arten von Eintags-, Stein- und Köcherfliegenlarven. Teilt man diese Summe durch die Gesamthäufigkeit, so erhält man den Anteil der ESK-Arten. In Tabellenzeile 3 wird nun die Zelle markiert, in deren Wertbereich der ermittelte Wert fällt. Bei einigen Tiergruppen kommt es besonders darauf an, ob sie überhaupt gefangen wurden. Kommen zum Beispiel Steinfliegenlarven vor, markiert man in Tabellenzeile 4 die ersten beiden Zellen. Schließlich werden in den Tabellenzeilen 7 bis 10 die Zellen mit den Häufigkeitsklassen markiert, die mit der festgestellten übereinstimmen. Waren also Egel mäßig häufig, was der Häufigkeitsklasse 4 entspricht, so markiert man die Zellen 3 und 4 in Zeile 9.

Die markierten Zellen dienen der Bewertung: Allgemein trägt man in jede markierte Zelle zwei Wertungspunkte ein. Dort, wo Angaben in einer Zelle eingeklammert sind, jedoch nur einen. Es kann auch passieren, dass in den Zeilen 4 bis 10 auch in keiner oder in zwei Zellen Wertungspunkte stehen.

Zuletzt addiert man die Wertungspunkte jeder Tabellenspalte. Die Spalte mit der höchsten Punktsumme weist die in der Spaltenbeschriftung vermerkte Gewässergüte aus.

1) *Bewerte die biologische Gewässergüte des Beispielfangs!*

ENERGIEFLUSS UND STOFFKREISLÄUFE
MENSCH UND BIOSPHÄRE

01 Erde und Sonne im Weltraum

Beeinflussung der Biosphäre

Beschienen von den Strahlen der Sonne und umhüllt von einer Atmosphäre erscheint die Erde als ein geschützter Raum im Weltall. Auf ihr spielt sich alles bekannte Leben ab. Wie funktioniert dieser Lebensraum als Ganzes?

Alles Leben auf der Erde ist also von Einflüssen aus dem Kosmos abhängig und kann nur unter den Bedingungen existieren, die die Erde bietet. Daher bezeichnet man die gesamte Erdoberfläche als Biosphäre, als „Kugelhülle" des Lebens.

griechisch bios = Leben

griechisch sphaira = Hülle, Ball

BIOSPHÄRE · Alle Lebewesen auf der Erde, gleich wo sie leben, sind abhängig von der Sonne. Ihre Strahlung erwärmt die Erdoberfläche. Nur bei den so erreichten Temperaturen kann Stoffwechsel ablaufen. Einen bestimmten Teil der Sonnenstrahlung können Pflanzen und manche Bakterien nutzen. Sie bilden durch Fotosynthese energiereiche Stoffe. Diese sind die Nahrung aller Lebewesen auf der Erde.
Aber nicht alle Strahlung der Sonne ist für das Leben nützlich. Ein Teil ihrer Strahlung wirkt lebensschädigend, aber die Atmosphäre und das Magnetfeld der Erde schützen die Lebewesen auf der Erde vor dieser Gefahr.

SYSTEM VON ÖKOSYSTEMEN · Die Biosphäre wird von Ökosystemen gebildet: Wälder, Grasflächen, Seen und Flüsse, Ozeane, Wüsten und Tundren.
Aus dem Weltraum gesehen wirken sie wie Teile eines Puzzles und wie beim Puzzle hängen die Teile der Biosphäre zusammen: Wasser von Flüssen fließt ins Meer, verdunstet, regnet vielleicht über einem Wald ab, wird dort gespeichert und speist wieder Quellen von Flüssen. Winde verfrachten Wüstensand manchmal bis auf andere Kontinente. Und Zugvögel leben in mehreren Ökosystemen. Sie brüten zum Beispiel in Mitteleuropa, verbringen den Winter aber in Afrika.

FAKTOR MENSCH · Ein Baum, der heranwächst, wirft immer mehr Schatten. Lichtbedürftige Pflanzen am Boden sterben in seiner Umgebung ab. Biber können am Ufer Bäume fällen und die Äste und Stämme zu Staudämmen aufschichten. Sie erzeugen so Stauweiher und überfluten weite Flächen. Alle Arten von Lebewesen beeinflussen ihre Umwelt, auch der Mensch. Menschliche Einflüsse wirken sich nicht nur lokal, sondern oft in ganzen Regionen oder global aus. Schon vor Jahrtausenden holzten Menschen Wälder ab, um Landwirtschaftsflächen oder Bauholz zu bekommen. Manche dieser Flächen wurden dadurch zu Trockengebieten. Später wurden auch Sümpfe und Moore trockengelegt, um die Flächen zu nutzen. Das lokale Klima änderte sich und Arten starben aus.

Menschen bekämpfen Pflanzen und Tiere, die ihren Ernteertrag schmälern. Sie entwickeln Pestizide und versprühen sie auf ihren Feldern und Plantagen. Diese Stoffe gelangen mit dem Niederschlag ins Grundwasser und von dort über Flüsse bis in die Weltmeere. Von Tieren, die sie aufnehmen, werden sie über Nahrungsketten weiterverbreitet. So konnte DDT, das erste in großem Maßstab eingesetzte Pestizid, sogar in der Antarktis im Körperfett von Pinguinen nachgewiesen werden.

TREIBHAUSEFFEKT · In Glasgewächshäusern, die auch Treibhäuser genannt werden, ist dieser Effekt beabsichtigt: Lichtstrahlen der Sonne scheinen durchs Glasdach auf die Pflanzen und den Boden. Die Strahlen werden absorbiert und erwärmen das getroffene Material. Wärme strahlt zurück. Die Wärmestrahlen durchdringen das Glas aber schlechter als das Licht. Großenteils werden sie reflektiert und erwärmen das Innere des Treibhauses weiter. So wachsen hier schon früh im Jahr Pflanzen, während es draußen noch kalt ist.

In der Erdatmosphäre wirken die Gase Kohlenstoffdioxid, Methan und Wasserdampf wie das Glas des Treibhauses: Sie lassen Sonnenlicht aus dem Weltraum zur Erdoberfläche, spiegeln aber einen großen Teil der abgestrahlten Wärme wieder zur Erde zurück. Treibhausgase sind von Natur aus in der Atmosphäre und bewirken, dass die Erde lebensfreundlich warm ist. Werden aber durch Verbrennung oder den Abbau von im Boden gespeichertem Methan zu viele dieser Gase freigesetzt, erwärmt sich die Erdoberfläche stärker als bisher.

1) Beschreibe an zwei Beispielen, wie Lebewesen ihre Umwelt verändern!

2) Vergleiche den globalen Treibhauseffekt mit der Wirkungsweise eines Glashauses!

Pestizid: Sammelbezeichnung für Gifte, die gegen Tiere, Pflanzen, Pilze oder Bakterien wirken.

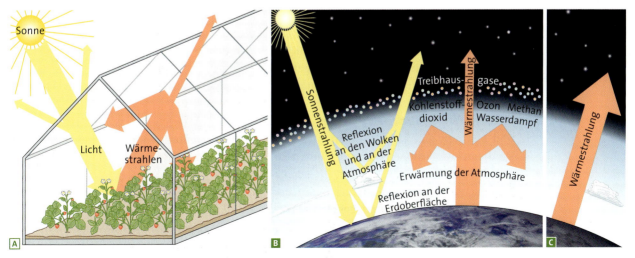

02 Treibhauseffekt: **A** im Glashaus, **B** global, **C** ohne Treibhausgase

ENERGIEFLUSS UND STOFFKREISLÄUFE
MENSCH UND BIOSPHÄRE

03 Folgen des Klimawandels: **A** Sturmschäden, **B** schmelzendes Eis, **C** Ausbreitung von Krankheitsüberträgern

GEOGRAFISCHE FOLGEN · Die Erwärmung des polaren Meerwassers lässt das Packeis schmelzen. Meerwasser reflektiert weniger Strahlung als Eis. Dadurch wird die Erwärmung beschleunigt. Wenn warmes Oberflächenwasser aus dem Süden, wie zum Beispiel der Golfstrom, im Polarmeer nicht genügend abkühlt, kann es nicht mehr zum Meeresgrund sinken und dann nicht mehr zurückströmen. Der Golfstrom, der aktuell in Europa ein warmes Klima verursacht, käme so zum Stillstand, was trotz Klimaerwärmung eine empfindliche Abkühlung in Europa zur Folge hätte.

Außerdem ist warmes Oberflächenwasser die Ursache, dass sich über tropischen Meeren Wirbelstürme bilden. Eine Erwärmung der Weltmeere führt daher zu häufigeren und heftigeren Orkanen. Überall, außer in der Antarktis, schmelzen zudem Inlandgletscher und lassen den Meeresspiegel steigen. Die Folgen für flache Inseln und Uferregionen sind fatal.

FOLGEN FÜR LEBEWESEN · Bei den Tieren und Pflanzen gibt es „Gewinner" und auch „Verlierer" der Klimaerwärmung. Zu den Benachteiligten gehört der Eisbär. Sein Lebensraum schmilzt ihm buchstäblich unter den Pfoten weg. Wanderungen über das Packeis werden unmöglich. Oft ist der Nachteil nicht so offensichtlich. Manche Zugvogelarten werden seltener, obwohl sich das Klima in ihren tropischen Winterquartieren kaum spürbar erwärmt: Sie verlassen diese zur selben Zeit wie früher. Im Brutgebiet in Mitteleuropa schlägt das Laub der Bäume jedoch immer früher im Jahr aus und die davon lebenden Raupen entwickeln sich früher. Das geschieht inzwischen schon eine Woche eher als noch vor 25 Jahren. Wenn die Vögel zurückkommen, sind die Raupen, das Futter ihrer Kücken, schon verpuppt, ehe der Vogelnachwuchs ausgewachsen ist.

Die Gewinner des Wandels sind Arten wärmerer Gegenden, die ihren Lebensraum nun weiter nördlich ausdehnen können. Einige solcher Arten bereichern unsere Lebewelt. So werden in Nordrhein-Westfalen früher seltene Libellenarten häufiger, deren Verbreitungsschwerpunkt im Mittelmeergebiet liegt. Andere Arten wie Fiebermücken, die Krankheitserreger übertragen, sind aus der Sicht des Menschen als schädlich einzustufen.

3) Gib an, welche Eigenschaften die Biosphäre zu einem Schutzraum des Lebens im Weltraum machen!

4) Nenne drei globale Auswirkungen der Klimaveränderung!

5) Beschreibe die Auswirkung der Klimaveränderung auf Lebewesen an einem Beispiel deiner Wahl!

MATERIAL

Material A ▸ Klimaveränderung stört eine Nahrungskette

Füttern brütender Kohlmeisen	
Tage nach der Eiablage	Anzahl der Nestbesuche mit Futter pro Tag
0	30
5	30
10	30
15	60
20	150
25	440
30	0

Tage nach Blattaustrieb	Gerbstoffgehalt der Blätter in Prozent	Proteingehalt der Blätter in Prozent
0	0,4	39
5	0,5	37
10	1,2	26
15	2,3	15
20	4,0	14

Kohlmeisen, Raupen des Frostspanners und Blätter von Laubbäumen bilden eine aufeinander abgestimmte Nahrungskette: Die Meisen benötigen zur Jungenaufzucht große Mengen an Raupen. Das Meisenweibchen braucht zuvor hochwertige Nahrung zur Bildung von Eiern: Insekten und Spinnen, die erst ihre Winterquartiere verlassen müssen.

Spannerraupen können nur junge Blätter fressen. Nur sie sind nahrhaft genug und enthalten wenig bittere Gerbstoffe, die sie ungenießbar machen. Da die Raupen höchstens drei Tage ohne Futter überleben können, sollte das Laub etwa gleichzeitig mit ihrem Schlüpfen ausschlagen. Sie fressen acht Tage lang Blätter von Bäumen, in Wäldern vor allem Eichen- und Buchenlaub. Im Laufe einer weiteren Woche verpuppen sie sich.

Im Hoge-Veluwe-Nationalpark in den Niederlanden untersuchten Biologen über einige Jahrzehnte den Verlauf von Kohlmeisenbruten und ihre Voraussetzungen. Sie hofften, dadurch festzustellen, ob die Klimaerwärmung diese präzise abgestimmte Nahrungskette beeinträchtigt.

Die Meisen in der Hoge Veluwe beginnen erst zu brüten, wenn alle Eier gelegt sind. In England bebrüten Kohlmeisen nun auch unvollständige Gelege.

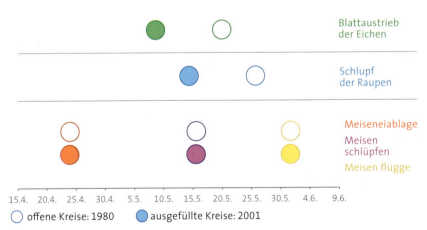

offene Kreise: 1980   ausgefüllte Kreise: 2001

A1 Stelle die Daten der Tabellen grafisch dar! Wähle dazu einen geeigneten Diagrammtyp!

A2 Erläutere, wie die Entwicklung der Frostspannerraupen von der Eichenblattentwicklung abhängt!

A3 Erläutere, wie die Meisen von der Entwicklung der Frostspannerraupen abhängen!

A4 Ermittle anhand der Beobachtungen in der Hoge Veluwe, welchen Einfluss die Klimaveränderung auf Kohlmeisen hat!

A5 Beurteile das Brutverhalten von Kohlmeisen in den Niederlanden und in England im Vergleich!

ENERGIEFLUSS UND STOFFKREISLÄUFE
MENSCH UND BIOSPHÄRE

01 Ofen mit Holzfeuerung

Nachhaltiges Handeln

> Umweltbewusste Menschen heizen ihre Wohnungen in zunehmendem Maße mit Holz. Nützt es wirklich der Umwelt, Holz als Brennstoff zu verwenden?

NACHHALTIGKEIT · Im Mittelalter rodete man in Zentraleuropa Wälder, um Nahrung für die wachsende Bevölkerung anzubauen sowie um Brenn- und Baustoffe zu gewinnen. Zu Beginn der Neuzeit waren nur dort noch Waldreste übrig, wo keine Landwirtschaft möglich war. Man erkannte: Wenn es auch künftig Holz zum Bauen und Jagdreviere für den Adel geben sollte, durfte nur so viel Holz geschlagen werden, wie gleichzeitig nachwuchs. H. C. v. CARLOWITZ prägte im Jahr 1713 für diese Wirtschaftsweise den Begriff **Nachhaltigkeit**. So werden in unserer Region seither Wälder bewirtschaftet. Heute wird der Begriff ganz allgemein für ein Handeln gebraucht, das keine Ressourcen verwendet, die nicht wieder neu entstehen.

Bei der Holzfeuerung wird Energie genutzt, die im Holz eines Baumes gespeichert ist. Wenn man nicht mehr Holz verbrennt als gleichzeitig nachwächst, ist die Wärmegewinnung und auch die Freisetzung klimaschädlicher Gase nachhaltig: Beim Verbrennen von Holz entsteht so viel Kohlenstoffdioxid, wie der Baum zuvor bei der Fotosynthese aufgenommen hat. In die Gesamtbilanz der Nachhaltigkeit gehen aber noch andere Faktoren ein. Zum Beispiel müssten Feinstaub sowie Schwefel- und Stickstoffoxide aus dem Rauchgas entfernt werden. Auch würde Holz für die Bau- und Möbelindustrie fehlen, wenn es ausschließlich verheizt würde. Daher sollten nur zu Pellets gepresste Sägespäne oder Holzreste zur Wärmeerzeugung verwendet werden. Hinzu kommt, dass nur einige Menschen diese Art der Wärmegewinnung nutzen können. Daher ist das Heizen mit Holz nur ein Mosaikstein in einem Gesamtkonzept zur nachhaltigen Energiegewinnung.

02 Hans Carl von CARLOWITZ (1645–1714), sächsischer Bergrat, zuständig für die Holzversorgung des kursächsischen Berg- und Hüttenwesens

RESSOURCENSCHONUNG · Über Jahrtausende hielten Menschen die Ressourcen ihrer Umwelt für unerschöpflich. Deshalb nahm man sich, was man brauchte, ohne sich Gedanken darüber zu machen. Später wurden Rohstoffe, die schwer zugänglich waren, mithilfe immer leistungsfähigerer Techniken gewonnen. Nun rückt aber die Grenze der Verfügbarkeit vieler Stoffe näher und wird zusätzlich durch die rasante Bevölkerungsentwicklung befördert. Gleichzeitig heizt das auf Wachstum ausgerichtete Weltwirtschaftssystem den Verbrauch von Rohstoffen unvermindert an.

03 Phosphatabbau

Am Beispiel von Phosphorverbindungen wird deutlich, welche Folgen der ungezügelte Verbrauch wichtiger Rohstoffe haben kann: Lebewesen brauchen das Element Phosphor zum Bau der DNA und für den Energiestoffwechsel. Phosphor ist nicht durch andere Stoffe ersetzbar. Nach verschiedenen Schätzungen reichen die in Gesteinen lagernden Phosphatvorräte noch 50 bis maximal 100 Jahre.
Die heutige intensive Landwirtschaft mit Tierzucht, Getreide- und Rapsanbau ist auf eine Zufuhr von Phosphat als Dünger angewiesen. Bei weiterhin hohem Phosphatverbrauch wird in überschaubarer Zeit das Pflanzenwachstum erheblich eingeschränkt sein. Die damit verbundenen existenziellen Konsequenzen können nur vermieden werden, wenn es in Zukunft gelingt, Phosphorverbindungen aus Abwasser und Klärschlamm zurückzugewinnen. Nur eine solche **Kreislaufwirtschaft** ist nachhaltig.

REGENWASSER · Auch der Weg des Wassers in der Biosphäre ist ein geschlossener Kreislauf: Der Regen sickert ins Grundwasser, Wasser sprudelt aus Quellen, fließt durch Bäche und Flüsse ins Meer, verdunstet, bildet Wolken und regnet wieder ab. Durch die Versiegelung vieler Flächen wie Hausdächer, Straßen und Plätze gelangt ein Teil des Regenwassers in die Kanalisation und von dort über ein Klärwerk

04 Regenwasserversickerung auf einem Schulhof

direkt in einen Fluss. Das hat zur Folge, dass das Grundwasser sinkt und Bäche austrocknen. Der Kreislauf des Wassers ist verändert. Aber auch hier gibt es Handlungsmöglichkeiten: Man kann das Wasser von Dächern in einer Regentonne sammeln und zum Beispiel zum Gießen verwenden. Versiegelte Flächen kann man zumindest teilweise entsiegeln oder das Regenwasser im angrenzenden Rasen in einer wechselfeuchten Mulde versicken lassen. Dadurch können sogar Abwassergebühren gespart werden, da weniger Niederschlagswasser in die Kanalisation gelangt.

1 Erkläre, weshalb letztlich nur eine Kreislaufwirtschaft nachhaltig ist!

ENERGIEFLUSS UND STOFFKREISLÄUFE
MENSCH UND BIOSPHÄRE

KUNSTSTOFFMÜLL · Der Müll vieler Kunststoffprodukte belastet die Umwelt. Kunststoff wird in einem technischen Verfahren aus Erdöl hergestellt. Da dieses Material in der Natur nur sehr langsam abgebaut wird, reichert es sich an. Der Unfall eines Containerschiffes im Nordpazifik im Jahr 1992 zeigte, dass Verschmutzungen durch Kunststoff nicht örtlich begrenzt bleiben. Drei Container der Ladung gingen über Bord und öffneten sich. Sie waren gefüllt mit Badespielzeug. Einige Monate später strandeten Spielzeugtiere an den Küsten von Alaska, Indonesien und Chile. Meeresforscher sammelten Fundmeldungen, um Kenntnisse über die Verdriftung von Müll in den Weltmeeren zu bekommen. Der Spielzeughersteller setzte einen Finderlohn auf das Strandgut aus, das anhand von Prägestempeln identifiziert werden konnte. So wurden weitere Funde gemeldet, schließlich noch im Jahr 2003 in der Nordsee an der englischen Ostküste.

Die mit den Badeenten bewiesene Verteilung von Kunststoffmüll in den Weltmeeren ist ein großes Problem: Defekte Fischernetze, Verpackungsmaterial oder Einweg-Getränkeflaschen werden, ähnlich wie die Spielzeugenten, weltweit verbreitet. Seevögel verfangen sich in Kunststoffleinen oder Getränkeverpackungen. Robben schnappen nach leeren Flaschen, die dann unverdaut in ihrem Magen bleiben. Noch gefährlicher sind aber Kunststoffreste, die jahrelang im Meer schwimmen und dabei in immer kleinere Stücke zerbrechen. Erdölreste und Pestizide aus der Landwirtschaft lagern sich an. Sind diese Teile winzig klein, werden sie von Planktonfressern aufgenommen. Durch Nahrungsketten gelangen diese gesundheitsschädlichen Stoffe in Speisefischen auch auf unsere Teller.

Da viele Kunststoffprodukte alltägliche Konsumgüter sind, bieten sich für den Verbraucher Möglichkeiten, Kunststoffmüll zu vermeiden: Es gibt Alternativen aus anderem Material, man kann Produkte länger nutzen, bevor man sie wegwirft, und man sollte den Abfall sachgerecht entsorgen und nicht gedankenlos wegwerfen.

NACHHALTIGES HANDELN · Der Planet Erde und seine Biosphäre sind endlich. Das bedeutet, dass lebenswichtige Ressourcen in Zukunft nicht mehr vorhanden sein werden, wenn die Menschen nicht schonend damit umgehen. Deshalb müssen sie lernen, so zu wirtschaften, dass alle Stoffe, die sie verbrauchen, regeneriert werden. Der gesamte Abfall muss wiederverwertet werden, sodass eine Kreislaufwirtschaft entsteht. Nur so ist es möglich, nicht auf Kosten anderer Menschen zu konsumieren, vor allem nicht auf Kosten nachfolgender Generationen. Die Einsicht in Zusammenhänge ermöglicht ein Umdenken, das zu nachhaltigem Handeln führt. Dazu gehören die Aneignung von Kenntnissen und das Engagement des Einzelnen. Aber auch Politik und Gesellschaft müssen Rahmenbedingungen schaffen, die der Menschheit das Überleben sichern.

2 Schlage drei Möglichkeiten vor, wie du Kunststoffmüll vermeiden kannst!

3 Gib an, wie Kunststoffmüll aus deiner Heimat ins Meer gelangen kann!

05 Verdriftung von Badeenten in Pazifik und Atlantik

ÜBERPRÜFE DEIN GRUNDWISSEN ▸ LEBEWESEN BESTEHEN AUS ZELLEN

A ▸ Der Rasen vor der Haustür

Kann ich ...

1. jeweils vier Pflanzen- und Tierarten nennen, die im Lebensraum Rasen vorkommen? *(Seite 12 bis 19)*
2. jeweils vier biotische und abiotische Faktoren nennen, die auf Pflanzen im Rasen einwirken? *(Seite 12 bis 19)*
3. die Angepasstheit von Gräsern und anderen Pflanzen im Rasen an ihren Lebensraum an je einem Beispiel erläutern? *(Seite 12 bis 15)*
4. an Beispielen die Begriffe Produzent und Konsument erläutern? *(Seite 17)*
5. Nahrungsketten und ein Nahrungsnetz im Rasen beschreiben? *(Seite 18)*
6. die Energieweitergabe bei Konsumenten erläutern? *(Seite 19)*
7. die Abhängigkeit der Räuber von ihrer Beute am Beispiel des Stars und der Feldmaus erläutern? *(Seite 20 bis 23)*
8. an den Beispielen Rasen und Wiese die Begriffe Biotop, Biozönose und Ökosystem erläutern? *(Seite 24 und 25)*
9. die Funktion der Destruenten beschreiben und mit Produzenten und Konsumenten vergleichen? *(Seite 32 und 33)*
10. die Zusammenhänge von Lebewesen, Population, Ökosystem und Biosphäre beim Stoffaustausch beschreiben? *(Seite 32 und 33)*

B ▸ Lebewesen wandeln Energie um

Kann ich ...

1. Pflanzen- und Tierzellen beschreiben sowie gemeinsame und unterschiedliche Baumerkmale und Funktionen nennen? *(Seite 34 bis 37)*
2. die Stoffumwandlungen bei Fotosynthese und Zellatmung beschreiben? *(Seite 38, 42 und 43)*
3. die Umwandlung von Lichtenergie in chemisch gebundene Energie und weitere Energieumwandlungen in Lebewesen erläutern? *(Seite 43 und 44)*
4. erläutern, wie Pflanzen, Tiere und Menschen durch die Vorgänge der Fotosynthese und Zellatmung miteinander verbunden sind? *(Seite 44, 46 und 47)*

C ▸ Ökosystem Wald

Kann ich ...

1. Aufbau und Grenzen eines mitteleuropäischen Waldes beschreiben? *(Seite 50 und 51)*
2. das Waldbinnenklima erklären? *(Seite 51)*

ÜBERPRÜFE DEIN GRUNDWISSEN ▸ ENERGIEFLUSS UND STOFFKREISLÄUFE

3 ⌡ erläutern, dass Moose und Farne Sporenpflanzen sind? *(Seite 55)*

4 ⌡ je zwei Moos- und Farnarten des Waldes nennen? *(Seite 55 und 56)*

5 ⌡ natürliche und durch Nutzung bedingte Waldunterschiede nennen? *(Seite 58 bis 60)*

6 ⌡ am Beispiel von Laub- und Nadelbäumen den Unterschied von Nackt- und Bedecktsamern erklären? *(Seite 62 und 63)*

7 ⌡ die Begriffe Produzent, Konsument und Destruent erläutern? *(Seite 64 bis 66)*

8 ⌡ die Energieweitergabe bei Konsumenten erläutern? *(Seite 64 und 65)*

9 ⌡ Nahrungsketten und ein Nahrungsnetz im Wald beschreiben? *(Seite 66)*

10 ⌡ beschreiben, wie verschiedene Spinnen an ihren Lebensraum angepasst sind? *(Seite 68 bis 70)*

11 ⌡ den Bau und die Fortpflanzung eines Hutpilzes beschreiben? *(Seite 72 und 73)*

12 ⌡ die verschiedenen Lebensweisen von Pilzen erläutern? *(Seite 73 und 74)*

13 ⌡ die langfristige Veränderung von Ökosystemen am Beispiel des Bodens und des Waldes beschreiben? *(Seite 76 bis 78)*

14 ⌡ am Beispiel des Waldes den Kohlenstoffkreislauf beschreiben? *(Seite 85)*

15 ⌡ mithilfe der Waldfunktionen Eingriffe des Menschen im Hinblick auf seine Verantwortung für die Mitmenschen und die Umwelt bewerten? *(Seite 82 bis 84)*

16 ⌡ Eingriffe des Menschen in Ökosysteme bewerten und dabei zwischen ökologischen und ökonomischen Aspekten unterscheiden sowie Wege zur Lösung von Konflikten aufzeigen? *(Seite 86 und 87)*

D ▸ Gewässerökosysteme

Kann ich ...

1 ⌡ verschiedene Typen stehender Gewässer beschreiben? *(Seite 88 bis 90)*

2 ⌡ beschreiben und erklären, wie sich der Bewuchs eines Sees vom Ufer zur Mitte hin verändert? *(Seite 90)*

3 ⌡ die Zonen eines Flusses beschreiben? *(Seite 104 und 105)*

4 ⌡ am Pflanzenwachstum im Fluss und an den Auen erklären, dass ein Fluss mit der umliegenden Landschaft in Wechselwirkung steht? *(Seite 105 und 106)*

5 ⌡ je drei pflanzliche und tierische Einzeller in Gewässern nennen? *(Seite 93 und 94)*

6 ⌡ die Angepasstheit verschiedener Wassertiere an ihre Lebensbereiche, ihren Ernährungstypus und ihre Art der Sauerstoffaufnahme erläutern? *(Seite 96 bis 99)*

7 ⌡ je vier Fischarten und wirbellose Bachtierarten nennen? *(Seite 109 und 110)*

8 ⌡ am Beispiel der Angepasstheit von Forelle und Brachse erläutern, was eine Leitfischart ist? *(Seite 108 und 109)*

9 ⌡ am Beispiel von Kleinstlebewesen die Begriffe Produzent, Konsument und Destruent erläutern? *(Seite 92 bis 94)*

10 ⌡ erläutern, dass einige Bachtierarten systematisch von einem Ökosystem in ein anderes wechseln? *(Seite 99)*

11 ⌐ am Beispiel von Fließgewässern und einer Kläranlage Eingriffe des Menschen im Hinblick auf seine Verantwortung für die Mitmenschen und die Umwelt bewerten? *(Seite 112 bis 114 und 116)*

12 ⌐ am Beispiel einer Flussrenaturierung Eingriffe des Menschen in Ökosysteme so darstellen, dass zwischen ökologischen und ökonomischen Aspekten unterschieden wird und Wege zur Lösung von Konflikten möglich sind? *(Seite 112 bis 114)*

E ▶ Mensch und Biosphäre

Kann ich ...

1 ⌐ natürliche und durch menschliches Handeln herbeigeführte Veränderungen der Biosphäre benennen und beschreiben? *(Seite 120 bis 122)*

2 ⌐ den Begriff Nachhaltigkeit erklären? *(Seite 124)*

3 ⌐ Zusammenhänge von Lebewesen, Populationen, Ökosystemen und der Biosphäre mithilfe von Überlegungen zum nachhaltigen Handeln beschreiben? *(Seite 124 bis 126)*

4 ⌐ den Treibhauseffekt und seine bekannten Ursachen beschreiben sowie seine Folgen für die Biosphäre nennen? *(Seite 121)*

F ▶ Untersuchung von Ökosystemen

Kann ich ...

1 ⌐ erklären, wie man Tier- und Pflanzenarten in einem Lebensraum erfasst? *(Seite 30, 92, 102 und 119)*

2 ⌐ mindestens fünf Geräte oder Materialien nennen, die bei der Untersuchung eines Ökosystems häufig benutzt werden? *(Seite 28, 29, 92, 102 und 119)*

3 ⌐ an einem Beispiel erläutern, dass einer Untersuchung im Ökosystem eine Frage zugrunde liegt? *(Seite 31 und 102)*

4 ⌐ an einem Beispiel erläutern, dass eine gewählte Untersuchungsmethode zu der gestellten Untersuchungsfrage passt? *(Seite 31 und 102)*

5 ⌐ beschreiben, wie man mit einer Bildkartei oder einem Bestimmungsschlüssel die Tier- oder Pflanzenarten eines Ökosystems herausfindet? *(Seite 81, 94, 103 und 118)*

6 ⌐ wie man gewonnene Daten auswertet? *(Seite 30, 102, 103, 118 und 119)*

Kann ich aus dem Kapitel „Energiefluss und Stoffkreisläufe" Beispiele nennen für das Basiskonzept:
- Struktur und Funktion?
- Stoff- und Energieumwandlung?
- Variabilität und Angepasstheit?
- System?
- Entwicklung?

Kommunikation und Regulation

1   Signale senden, empfangen und verarbeiten …………………… **132**

2   Krankheitserreger erkennen und abwehren …………………… **152**

3   Hormone – Signalstoffe im Körper …………………… **176**

In diesem Kapitel beschäftigst du dich mit

- dem Zusammenhang zwischen Reiz und Reaktion. Dabei lernst du, wie Sinneszellen und Nervenzellen arbeiten und wie Reize im Gehirn wahrgenommen werden.

- dem Bau von Nervenzellen, des Gehirns und des weiteren Nervensystems.

- verschiedenen Lernformen, der Struktur des Gedächtnisses und wie man gehirngerecht lernt.

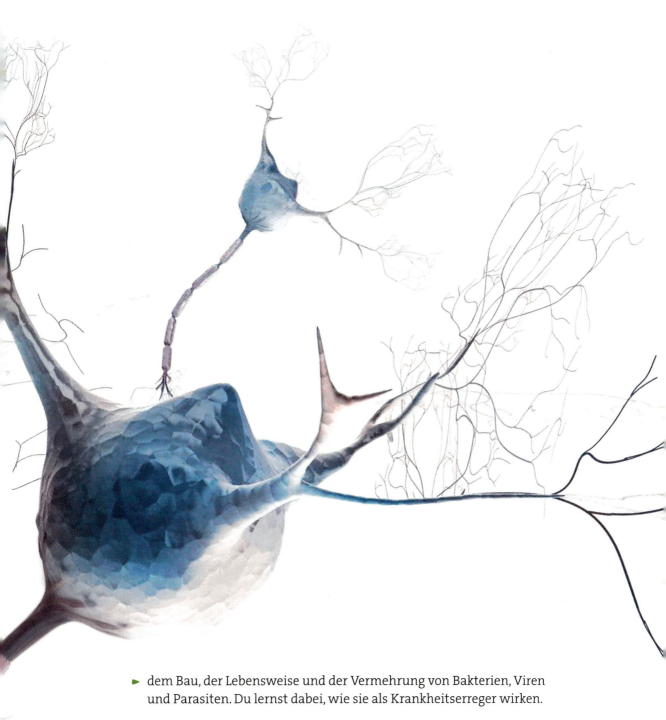

- dem Bau, der Lebensweise und der Vermehrung von Bakterien, Viren und Parasiten. Du lernst dabei, wie sie als Krankheitserreger wirken.

- der Art und Weise, wie der Körper und sein Immunsystem auf eingedrungene Krankheitserreger reagieren.

- Blutgruppenmerkmalen und dem Auftreten allergischer Reaktionen.

- der Regulation des Blutzuckerspiegels und der Diabetes-Erkrankung.

- der biologischen Funktion von Stress sowie den Folgen von Stress für den Körper.

KOMMUNIKATION UND REGULATION
SIGNALE SENDEN, EMPFANGEN UND VERARBEITEN

01 An der Ampel

Reize und Sinnesorgane

An vielen Fußgängerampeln drückt man auf einen Taster und fordert damit das Grünsignal an. Sehbehinderte Menschen erkennen an Tönen oder der Vibration des Tasters die Grünphase. Auge, Ohr und die Haut der Hand benötigen offensichtlich unterschiedliche Signale. Weshalb ist das so?

REIZE · Licht trifft zunächst auf die Hornhaut des Auges und wird anschließend zur Netzhaut geleitet. Hier gelangt es zu Sinneszellen. Diese erzeugen als Folge des Lichtreizes elektrische Impulse.

Schall gelangt bis an das Trommelfell und versetzt es in Schwingungen. Durch Vermittlung der Gehörknöchelchen schwingt auch die Flüssigkeit im Innenohr. Hörsinneszellen werden erregt und erzeugen elektrische Impulse.

Vibrationssinneszellen liegen in der Unterhaut. Sie sind von einer zwiebelschalenartigen Kapsel umgeben. Übt man auf diese Druck aus, erzeugt die Sinneszelle zwei elektrische Impulse, einen zu Beginn der Druckphase, einen am Ende. Bei einer Vibration gibt es viele kurze Druckphasen, die zahlreiche elektrische Impulse zur Folge haben. Man kann sie mit einem Messinstrument sichtbar machen.

Alle Sinneszellen erzeugen also elektrische Impulse, die durch Nerven zum Gehirn geleitet und dort verarbeitet werden. Nach der Verarbeitung erfolgt oft eine sichtbare Reaktion, zum Beispiel das Losgehen an der Ampel.

Verallgemeinernd sagt man: Ein **Reiz** ist eine Umweltveränderung für ein Lebewesen, aufgrund derer Sinneszellen elektrische Impulse erzeugen, sodass das Lebewesen reagiert.

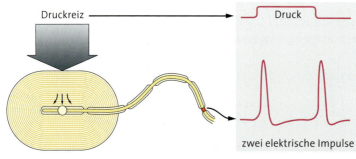

02 Reizung und Reaktion einer Vibrationssinneszelle

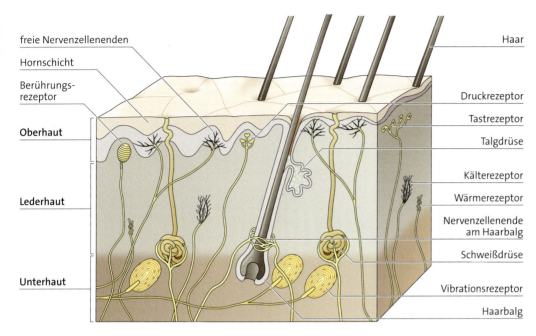

03 Sinneszellen in der Haut

ADÄQUATE REIZE · Sinneszellen sind auf bestimmte Reize spezialisiert. Sehsinneszellen zum Beispiel erzeugen elektrische Impulse bei einfallendem sichtbaren Licht. Als weitere Spezialisierung sind verschiedene Sehsinneszellen für unterschiedliche Bereiche des sichtbaren Lichts empfindlich. Ihre einzelnen Informationen verarbeitet das Gehirn zu verschiedenen Seheindrücken wie hell oder dunkel und verschiedene Farben. Bei vielen Vögeln sind Sehsinneszellen vorhanden, die auch auf ultraviolettes Licht reagieren. Solche Sinneszellen gibt es bei Menschen nicht.

Die Spezialisierung verschiedener Sinneszellen der menschlichen Haut auf Druck, Vibration, Berührung oder bestimmte Temperaturbereiche zeigt sich zum Beispiel daran, dass Drucksinneszellen nicht auf Temperaturänderungen oder Temperaturen reagieren und Kältesinneszellen nicht auf Druck.

Auch die Sinneszellen im Innenohr regieren spezifisch, wenn ihre feinen Härchen durch die Flüssigkeitsbewegung im schneckenförmig gewundenen Innenohr verbogen werden.

Den für eine Sinneszelle passenden Reiz nennt man **adäquater Reiz**. Andere Reize ergeben keine elektrischen Impulse.

SINNESORGANE · Auge, Haut und Ohr sind so gebaut, dass die *adäquaten Reize* auf die Sinneszellen treffen. Sie sind **Sinnesorgane**.

Im Auge werden Lichtreize auf die Netzhaut geleitet. Viele eintreffende Lichtstrahlen erzeugen ein Netzhautbild. Viele Sinneszellen reagieren gleichzeitig.

In der Haut sind die Sinneszellen optimal für die adäquaten Reize angeordnet: Tastsinneszellen sind direkt unter der Hautoberfläche, Vibrationssinneszellen liegen tiefer.

Im Ohr wird der Schallreiz erst nach Umwandlung adäquat. Zunächst werden Schallreize über das Trommelfell und die Gehörknöchelchen zum Innenohr geleitet. Dort werden sie in Flüssigkeitsschwingungen umgewandelt, die je nach Tonhöhe und Tonstärke verschieden sind. So werden die Härchen unterschiedlicher Sinneszellen verbogen, die dann reagieren. Das Gehirn wertet alle Informationen aus.

1 ❭ Fasse die Vorgänge beim Wahrnehmen von Vibrationen zusammen! Benutze dabei die Begriffe Reiz und Sinnesorgan!

2 ❭ Erläutere, weshalb Licht kein adäquater Reiz für eine Sinneszelle der Haut ist!

lateinisch adaequare = gleichmachen

KOMMUNIKATION UND REGULATION
SIGNALE SENDEN, EMPFANGEN UND VERARBEITEN

01 Reaktionstest

Sinnes- und Nervenzellen

Bei bipolaren Nervenzellen liegt der Zellkörper in der Mitte.

> Um das Lineal zu fangen, muss der Junge das Fallen sehen und mit den Fingern seiner Hand reagieren. Er hat dazu in seinem Körper Sinneszellen und Nervenzellen. Wie sehen sie aus und wie findet man sie?

IM AUGE · Die mikroskopische Untersuchung der Netzhaut zeigt, dass sie aus Sinneszellen, Nervenzellen und Pigmentzellen besteht. In das Auge einfallendes Licht durchdringt zunächst die Nervenzellen und gelangt dann zu den Sinneszellen. Erst diese erzeugen bei Lichteinfall elektrische Impulse. Meistens geben mehrere Sinneszellen Impulse an bipolare Nervenzellen weiter, die dann Impulse an die Sehnervenzellen übertragen. Diese leiten schließlich Impulse zum Gehirn. Die Pigmentzellen reflektieren und absorbieren Licht.

IM GEHIRN · Um die große Anzahl an Nervenzellen in einem bestimmten Bereich des Gehirns sichtbar zu machen, behandelt man mikroskopische Präparate vom Gehirn mit besonderen Farbstoffen. Einige Farbstoffe erzeu-

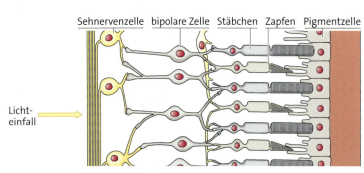

02 Bau der Netzhaut (Schema)

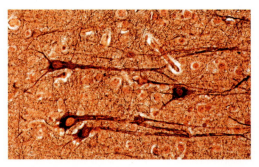

03 Nervenzellen im Gehirn

gen bei jeder Nervenzelle einen intensiv angefärbten Bereich und einige verblassende Fortsätze. Der intensiv gefärbte Bereich der Nervenzelle heißt **Zellkörper.** In ihm befindet sich der Zellkern der Nervenzelle. Mit anderen Färbemethoden sieht man einzelne Nervenzellen komplett, während umliegende Nervenzellen nicht gefärbt sind.

Durch die Kombination dieser und weiterer Methoden hat man herausgefunden, mit welchen Nervenzellen im Gehirn die Sehnervenzellen in Kontakt stehen. Auch weitere Kontakte und Übertragungen von elektrischen Impulsen wurden untersucht. Dadurch weiß man mittlerweile einigermaßen genau, wie die Informationen aus den Sehsinneszellen im Gehirn so verarbeitet werden, dass schließlich eine Bewegung der Finger resultiert.

VOM GEHIRN ZU DEN MUSKELN · Nervenzellen, die Informationen vom Gehirn zu den Muskeln übertragen, haben neben vielen kurzen Fortsätzen, den **Dendriten**, an ihrem Zellkörper ein langes **Axon**, das zu einer relativ weit entfernten Nervenzelle führt. Häufig verzweigt es sich am Ende. Jedes Zweigende besteht aus einem leicht verdickten Bereich, dem **Endknöpfchen**. Es liegt ganz nah an einem Dendriten oder dem Zellkörper einer weiteren Nervenzelle oder auch an einer Muskelzelle. Solche Kontaktstellen nennt man **Synapsen**. Hier werden die Informationen von einer Nervenzelle auf die nächste Zelle übertragen. Die Dendriten einer Nervenzelle stehen häufig mit *Endknöpfchen* verschiedener Nervenzellen in Kontakt. So kann die Nervenzelle verschiedene Informationen verarbeiten.

Die *Axone* sind von **Hüllzellen** umgeben. Die Zwischenräume zwischen den *Hüllzellen* bezeichnet man als Schnürringe. Die Hüllzellen isolieren das Axon elektrisch. Dadurch leitet es die elektrischen Impulse besonders schnell. Es wurden Geschwindigkeiten von bis zu 120 Metern pro Sekunde gemessen.

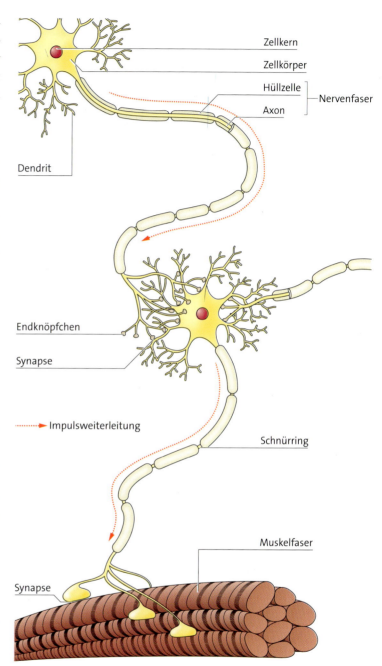

04 Nervenzellen

1) Beschreibe mithilfe der Abbildungen 02 bis 04, welchen Weg elektrische Impulse bei Durchführung des Reaktionstests im Körper des Jungen nehmen!

2) Erläutere für die Nervenzellen aus den Abbildungen 02 bis 04 den Zusammenhang von Bau und Funktion!

KOMMUNIKATION UND REGULATION
SIGNALE SENDEN, EMPFANGEN UND VERARBEITEN

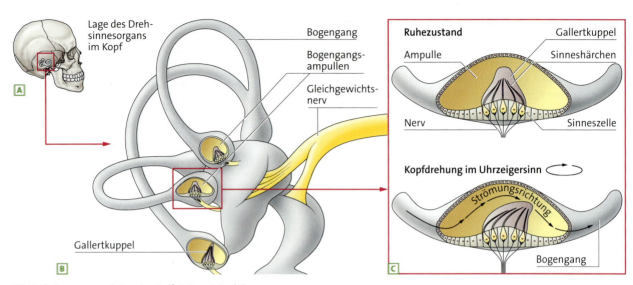

05 Drehsinnesorgan: **A** Lage im Kopf, **B** Bau, **C** Funktion

SINNESZELLEN IM INNENOHR · Im Innenohr befinden sich die Sinnesorgane zum Hörsinn, zum Drehsinn und zum Lagesinn, der Änderungen der Körperhaltung misst. Das **Drehsinnesorgan** besteht aus drei mit Flüssigkeit gefüllten gebogenen Röhren, den **Bogengängen**. Ein Bogen liegt waagerecht, die beiden anderen stehen senkrecht dazu und im rechten Winkel zueinander. Im waagerechten Bogengang wird die Flüssigkeit genau dann besonders stark bewegt, wenn sich der Kopf oder die ganze Person um die Körperlängsachse dreht. In den beiden anderen Bogengängen geschieht dies, wenn man heftig nickt oder den Kopf schnell nach links oder rechts auf die Schultern legt. Die Sinneszellen befinden sich in Aufweitungen der Bogengänge, den **Ampullen**.

Sie besitzen Sinneshärchen, die in einer kuppelförmigen Gallerte stecken. Wenn sich die Flüssigkeit im Bogengang bewegt, werden alle Härchen gemeinsam verbogen: Die Sinneszellen senden elektrische Impulse an das Gehirn.

ERKLÄRUNG IM MODELL · Man dreht eine Glaswanne im Uhrzeigersinn. Das Wasser in der Wanne dreht sich nicht sofort mit. Es bewegt sich also gegen den Uhrzeigersinn an der Glaswand und an den Wollfäden vorbei. Diese werden verbogen. Beim Weiterdrehen holt die Flüssigkeit die Bewegung der Wanne ein: Die Fäden sind wieder gerade. Entsprechend bewegen sich die Sinneshärchen in der Ampulle: Zu Beginn einer Kopfdrehung werden sie umgebogen, die Sinneszellen senden Impulse. Später sind die Härchen gerade. Es gibt keine Impulse. Wenn die Drehung aufhört, strömt die Flüssigkeit noch etwas nach. Auch jetzt werden Impulse erzeugt. Der Drehsinn zeigt also nur Beginn und Ende der Drehung an, nicht deren Verlauf.

06 Modellversuch zur Drehsinneszelle

3 Beschreibe mithilfe von Abbildung 05 Bau und Funktion des Drehsinnesorgans!

MATERIAL

Material A ▸ Black-Box-Methode beim Reaktionstest

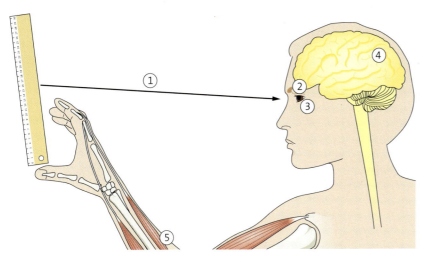

Beim Reaktionstest sieht man, dass ein Mensch auf einen Reiz reagiert. Was in ihm vorgeht, bleibt verborgen, wie in einem schwarzen Kasten, einer Black Box. Wenn man aber herausbekommt, wie die Black Box reagiert, wenn man einen Reiz ausübt, dann kann man begründet vermuten, was in ihr enthalten ist und wie dieser Inhalt funktioniert.

A1 Übertrage die nebenstehende Abbildung in dein Heft und beschrifte die nummerierten Stellen!

A2 Erstelle anhand des Reaktionstests begründete Vermutungen zum Verlauf von Nervenzellen! Trage den vermuteten Verlauf in deine Skizze ein!

A3 Erläutere die Funktion von Nervenzellen mit dem Wissen, dass die Reaktionszeit im Test etwa 0,15 Sekunden beträgt!

VERSUCH B ▸ Nervenzellen im Rückenmark eines Schweins

Rückenmark

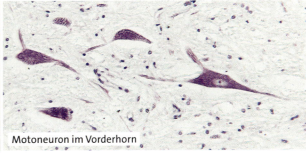
Motoneuron im Vorderhorn

Material
Mikroskop, zwei Objektträger und zwei Deckgläser, Pinzette, Skalpell, Einmalhandschuhe, Rückenmark vom Schwein, Methylenblaulösung (Löffler'sches Reagenz)

Durchführung
Leicht angefrorenes Rückenmark wird quer geschnitten. Auf der Schnittfläche zeigt sich eine schwach orange-rötliche schmetterlingsförmige Struktur. Aus einem der im Bild nach unten ragenden Bereiche, einem Vorderhorn, nimmt man mit dem Skalpell eine höchstens stecknadelkopfgroße Probe. Diese wird auf einen Objektträger gegeben. Der zweite Objektträger wird über Kreuz vorsichtig auf den ersten gelegt. Beide Objektträger werden zwischen den Fingern kräftig zusammengedrückt, ohne sie gegeneinander zu verschieben. Dann werden sie vorsichtig voneinander getrennt.

Methylenblaulösung wird auf beide Flecken aufgetropft. Nach fünf Minuten wird die Farbe mit einem weichen Wasserstrahl kalt abgespült. Sofort danach werden Deckgläser aufgelegt.

B1 Mikroskopiere mit steigender Vergrößerung und suche eine Zelle wie in der Abbildung! Skizziere!

B2 Erläutere, weshalb man kein Axon am Motoneuron sieht!

KOMMUNIKATION UND REGULATION
SIGNALE SENDEN, EMPFANGEN UND VERARBEITEN

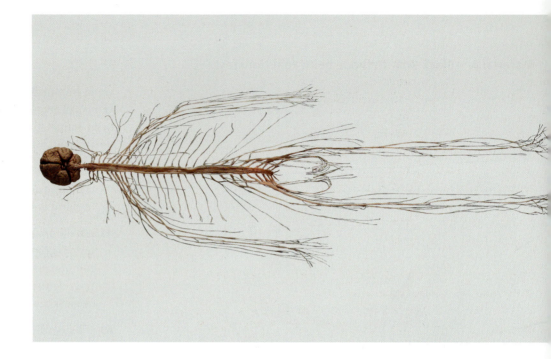

01 Gehirn und Hauptnerven

Gehirn und weiteres Nervensystem

Das Gehirn ist über Nerven mit allen Teilen des Körpers verbunden. Gibt es im Gehirn verschiedene Bereiche für die Kommunikation mit den Körperteilen?

NERVEN · Nerven bestehen aus Bündeln von Axonen vieler Nervenzellen, den Nervenfaserbündeln. Weil die Zellkörper der meisten Nervenzellen im Gehirn oder Rückenmark liegen, beginnen viele Nerven dort als dicke Axonbündel. Jedes Axon ist dabei von Hüllzellen umgeben. Auf dem Weg zu einem Körperteil, zum Beispiel der Hand, trennen sich die Bündel und werden dadurch zu dünneren Nerven.

GEHIRN · Das menschliche Gehirn hat ungefähr ein Volumen von 1300 Kubikzentimetern. Es enthält über 80 Milliarden Nervenzellen. An jeder Nervenzelle gibt es viele Synapsen, die den Kontakt zu weiteren Nervenzellen halten. Die Funktionen des

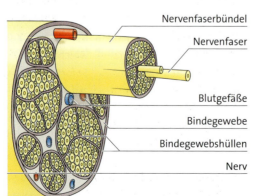

02 Nervensystem   03 Bau eines Nerven

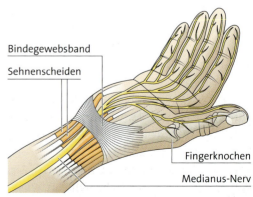

04 Nervenverzweigung in der Hand

Gehirns sind daher nicht einfach zu erforschen. Im 19. Jahrhundert ist es gelungen, Gehirnbereiche genau zu beschreiben und gegeneinander abzugrenzen.
Zusätzlich hat man beobachtet, welche geistigen Fähigkeiten und Körperfunktionen ausfallen, wenn bestimmte Gehirnbereiche verletzt oder zerstört sind. Heute kann man sogar das gesunde Gehirn bei seiner Arbeit beobachten. Dadurch kennt man die Funktionen verschiedener Gehirnbereiche.

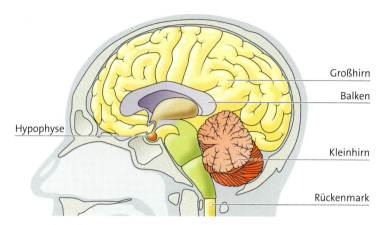

05 Bau des Gehirns

GEHIRNBEREICHE · Das **Großhirn** nimmt 80 Prozent des Gehirnvolumens ein. Sein äußerer Bereich ist die stark gefurchte **Großhirnrinde**. Sie besteht aus zwei Hälften, die durch den **Balken** verbunden sind. Unter der *Großhirnrinde* befindet sich eine Nervenzellschicht, die Teile jeder Großhirnrindenhälfte miteinander verbindet.
Wichtige Funktionen des Großhirns sind Sinneswahrnehmung, Gedächtnis, Lernen, Denken und das Auslösen von Körperbewegungen.
Im **Zwischenhirn** entstehen Gefühle wie Freude, Angst, Wut und Enttäuschung. Ein Teil des Zwischenhirns verbindet das Großhirn und den Rest des Gehirns. Ein weiterer Teil steuert viele Körpervorgänge, darunter die Hormonbildung. Hierzu gehört die Hirnanhangsdrüse, die **Hypophyse**, die selbst Hormone abgibt.
Das **Kleinhirn** koordiniert Bewegungen und das Gleichgewicht.
Mittelhirn und **Nachhirn** verarbeiten sämtliche Informationen und leiten sie weiter. Automatisch ablaufende Vorgänge wie Herzschlag, Atmung und Stoffwechsel werden gesteuert.

NERVENSYSTEM · Gehirn und **Rückenmark** bezeichnet man als **Zentralnervensystem**. Es empfängt Informationen von Augen, Ohren, Haut, Gelenken und Skelettmuskeln. Hormone aus dem Körper und Informationen aus den Körperorganen gelangen ebenfalls zum Zentralnervensystem, werden aber nicht bewusst

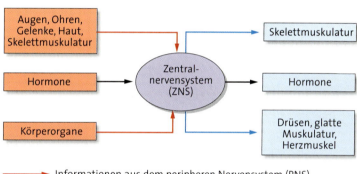

06 Zentralnervensystem und peripheres Nervensystem

wahrgenommen. Ebenso unbewusst geschieht die Steuerung von Drüsen, glatter Muskulatur und Herzmuskel sowie die Steuerung durch Hormone. Aus dem Rückenmark zweigen besondere Nerven ab, die an der unbewussten Steuerung der Organe beteiligt sind. Man fasst sie als **Sympathikusnerven** und **Parasympathikusnerven** zusammen. Informationen der Sympathikusnerven wirken leistungssteigernd, die der Parasympathikusnerven beruhigend. Bewusst gesteuert wird besonders die Skelettmuskulatur. Die Nerven außerhalb des Zentralnervensystems bilden das **periphere Nervensystem**.

1 Beschreibe mithilfe der Abbildungen 02 bis 06 Bau und Funktion des Nervensystems! Beginne mit Abbildung 06!

KOMMUNIKATION UND REGULATION
SIGNALE SENDEN, EMPFANGEN UND VERARBEITEN

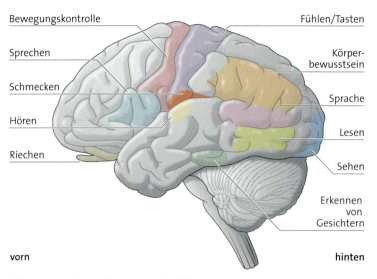

07 Gehirnbereiche mit besonderen Funktionen

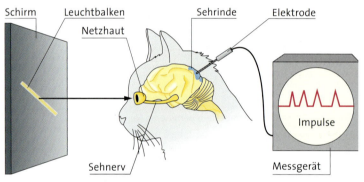

08 Elektrische Messung an Nervenzellen in der Großhirnrinde

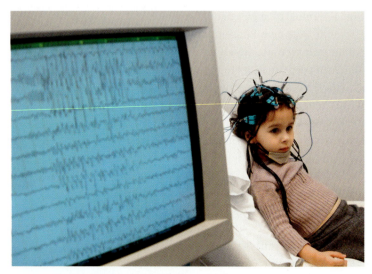

09 Messung für ein Elektroenzephalogramm (EEG)

GROSSHIRNRINDE · Nicht nur das Gehirn als Ganzes, sondern auch die Großhirnrinde lässt sich in bestimmte Bereiche einteilen. Verschiedene Nervenzellen können recht genau bestimmten Funktionen zugeordnet werden, obwohl sie nicht alle durch deutliche Merkmale voneinander getrennt sind. So kommen die Informationen aus den Augen immer zuerst im hinteren Bereich der Großhirnrinde an, diejenigen aus den Ohren in einem seitlichen Bereich. Es gibt Bereiche der Großhirnrinde, deren Nervenzellen Informationen über Berührungen von allen Körperteilen erhalten. Aus anderen Bereichen schicken Nervenzellen Impulse an die Skelettmuskeln zur Kontrolle der Bewegungen. Weitere Bereiche sind auf das Sprechen und das Verstehen von Sprache spezialisiert.

METHODEN DER GEHIRNFORSCHUNG · Weil Nervenzellen elektrische Spannungen erzeugen, kann man mit einem Messgerät feststellen, ob in einer Nervenzelle eine Information ankommt. So haben Untersuchungen an Versuchstieren gezeigt, welche Nervenzellen der Großhirnrinde mit Spannungsänderung reagieren, wenn Sehsinneszellen gereizt werden. Man steckt zur Messung eine Elektrode durch den Schädel der Tiere in den zu untersuchenden Gehirnbereich. Ist die Operation überstanden, empfinden sie keine Schmerzen, weil im Gehirn keine Schmerzsinneszellen sind.
Elektrische Spannungsänderungen kann man auch mit Elektroden messen, die außen am Kopf angebracht sind. Sie geben nicht genau an, welche Nervenzelle gerade arbeitet, lassen aber Schlüsse über das Funktionieren bestimmter Gehirnbereiche zu. Die Ergebnisse bezeichnet man als Elektroenzephalogramm. Es zeigt bestimmte Gehirnaktivitäten an. Zu diesen zählen Störungen im Gehirnstoffwechsel bei einer Krankheit und Traumphasen im Schlaf.

2 ⌡ Erläutere, wie man feststellt, dass Informationen von Sehsinneszellen nicht vorn, sondern hinten im Gehirn ankommen!

MATERIAL

Material A ▸ Weg und Ziel der Sinnesmeldungen zum und im Gehirn

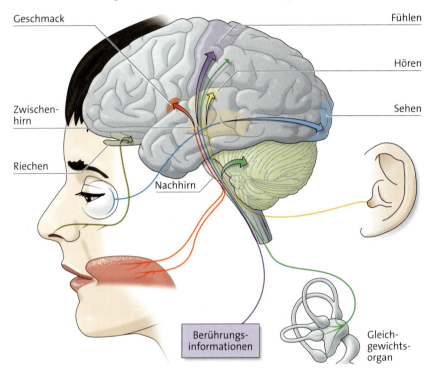

Im nebenstehenden Schema zeigen die dünnen Linien die Verbindung der Sinneszellen über Axone mit bestimmten Gehirnregionen an. Die dicker werdenden Pfeile deuten an, dass im Zielgebiet im Gehirn eine größere Anzahl Nervenzellen an der Weiterverarbeitung der Information beteiligt ist.

A1 Beschreibe die im Schema dargestellten Erkenntnisse!

A2 Erläutere, wie man herausfindet, dass das Gehirn in bestimmte Funktionsbereiche aufgeteilt ist!

A3 Erläutere in einem Kurzvortrag, wie Gehirnbereiche zusammenwirken müssen, wenn man beim Anblick und Geruch eines Essens „lecker" sagt!

Material B ▸ Erforschung der Funktion von Gehirnbereichen

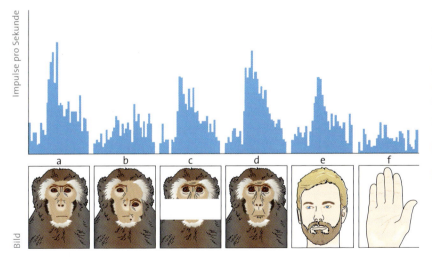

Dem Affen wurden für jeweils wenige Sekunden nacheinander die sechs Bilder gezeigt. Dabei wurde gemessen, wie viele elektrische Impulse die Nervenzelle je Sekunde erzeugt. Die Messergebnisse wurden in einem Säulendiagramm dargestellt.

B1 Beschreibe die Ergebnisse!

B2 Erläutere, welche Funktion die untersuchte Nervenzelle im Gehirn des Affen hat!

Makaken sind Affen, die mit Menschenaffen näher verwandt sind. Mit implantierten Elektroden hat man bei einem dieser Tiere getestet, wie bestimmte Nervenzellen reagieren, wenn ihm Gesichter oder eine Hand gezeigt werden. Die Messergebnisse stammen alle von einer einzigen Nervenzelle. Sie liegt in einem Bereich der Großhirnrinde in der Nähe der Schläfen.

KOMMUNIKATION UND REGULATION
SIGNALE SENDEN, EMPFANGEN UND VERARBEITEN

01 Engel und Teufel

Vom Reiz zur Wahrnehmung

> *In den Zwischenräumen zwischen Engeln sieht man Teufel, in den Zwischenräumen zwischen Teufeln Engel. Allerdings sieht man entweder Teufel oder Engel. Weshalb kann man nicht beide gleichzeitig sehen?*

lateinisch trans = über
lateinisch ducere = führen

AUGE ALS KAMERA · Wird ein Gegenstand beleuchtet, gelangen die reflektierten Lichtstrahlen ins Auge, während man ihn ansieht. Hornhaut, Linse und Glaskörper fokussieren die Strahlen auf die Netzhaut. Dort entsteht ein Bild wie bei einer Kamera auf dem Sensorchip. Gesehen hat man dann noch nichts. Die Sehzellen haben lediglich Reize erhalten.

VERARBEITUNG DES NETZHAUTBILDES · Bis zum Erkennen eines Gegenstandes werden einige Verarbeitungsschritte durchgeführt. Zunächst werden die im Licht enthaltenen Informationen in den Sehsinneszellen in elektrische Impulse verwandelt. Dieser Vorgang heißt **Transduktion**. Weil aber an der Stelle, an der der Sehnerv aus dem Auge tritt, keine Sinneszellen sind, kann von dem Bild auf der Netzhaut an dieser Stelle keine Transduktion stattfinden. Diesen Teil des Bildes kann man nicht sehen. Die Netzhaut hat einen Blinden Fleck. Trotzdem hat man nicht den Eindruck, dass in jedem Gegenstand ein Loch wäre.

Unser Gehirn ist daran angepasst, entsprechende Fehlstellen in Bildern zu ignorieren: Wenn man sein linkes Auge zuhält und mit dem rechten den Punkt in Abbildung 03 fixiert, verschwindet bei einem bestimmten Abstand von der Buchseite die Lücke in der Linie. Ihr Bild liegt auf dem Blinden Fleck der Netzhaut. Die Linie erscheint durchgezogen. Das Gehirn kann also Informationen ignorieren.

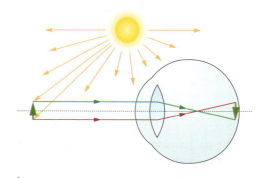

02 Bild auf der Netzhaut

03 Versuch zum Blinden Fleck

SEHRINDE · Es ist sehr erstaunlich, dass der Bereich des Blinden Flecks bei der Wahrnehmung keine Rolle spielt, weil die Nervenzellen in der Großhirnrinde genau entsprechend den Zellen in der Netzhaut angeordnet sind: Benachbarte Sehsinneszellen leiten ihre Signale an benachbarte Nervenzellen in der **Sehrinde,** dem speziell für das Sehen zuständigen Bereich. Also muss im Gehirn festgelegt sein, dass die Informationen von Sehsinneszellen, die um den Blinden Fleck herum liegen, miteinander verbunden werden.

Noch erstaunlicher ist es, dass die Nervenzellen, die aus der Netzhaut in das Zwischenhirn führen, keine vollständige Bildinformation ins Gehirn transportieren. Einige Zellen geben Informationen über die Farbe, andere über die Form von Gegenständen, viele über Bewegung weiter. Vom Zwischenhirn gelangen genau diese Informationen in die Zellen der Sehrinde, wo sie weiterverarbeitet werden.

In der Sehrinde kommt das Bild 01 in solche Teilinformationen zerlegt an. Das Gehirn muss ein zusammenhängendes Bild daraus machen. Abbildung 01 ist allerdings so gezeichnet, dass dies nicht für das gesamte Bild gelingt.

OBJEKTERKENNTNIS · Über das Entstehen eines Gesamteindrucks im Gehirn weiß man: Es gibt Bereiche der Großhirnrinde, die für die Erkennung von Farbe und Form eines Gegenstandes, die **Objekterkenntnis,** zuständig sind. Andere Bereiche haben mit der Lageerkennung zu tun. Auf diese Weise werden einige Teile der Abbildung 01 im Gehirn zusammengesetzt. Einige Nervenzellen erzeugen die Information Hintergrund, andere die Form Engel im Vordergrund. Wie die Nervenzellen zum Erkennen eines Gesamtbildes zusammenarbeiten, ist nicht vollständig bekannt. Man weiß, dass das Vorwissen beim Erkennen eine große Rolle spielt. Man erkennt also nur Engel oder Teufel, wenn man schon eine Vorstellung davon hat. Unmögliche Figuren können überhaupt nicht als Gesamtbild sinnvoll erkannt werden.

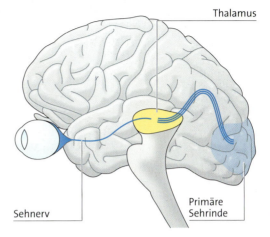

04 Vom Auge ins Gehirn

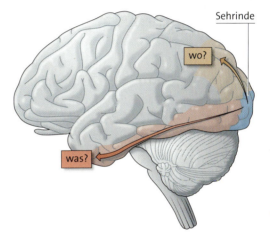

05 Verarbeitung der Sehinformation

06 Unmögliche Figur

1 Erläutere die Verarbeitungsschritte beim Sehvorgang von der Hornhaut des Auges an bis zur Bildentstehung im Gehirn! Zeichne dazu ein Flussdiagramm!

KOMMUNIKATION UND REGULATION
SIGNALE SENDEN, EMPFANGEN UND VERARBEITEN

01 Kitzeln

Reiz und Reaktion

> *Viele Menschen sind kitzlig. Sie lachen beim Kitzeln heftig und ausgiebig. Was bedeutet diese Reaktion und wie entsteht sie?*

REAKTIONEN · Reize lösen Reaktionen aus. Beim Kitzeln leiten Nerven einen Impuls an das Fühlzentrum im Gehirn. Untersuchungen im Kernspintomografen zeigen außerdem, dass das Gehirn zunächst in einen Zustand wachsamer Aufmerksamkeit versetzt wird. Sofort reagiert der Mensch mit Abwehrbewegungen. Wenn sich allerdings herausstellt, dass die Berührung als Scherz eines Mitmenschen gemeint ist, entsteht ein Gefühl der Erleichterung, das zum Lachen führt. Dieses Lachen ist also eine Reaktion auf die Kombination der Berührungsreize und der Reize, die zeigen, dass der Mitmensch keine Gefahr darstellt. Auch einige Menschenaffen kitzeln einander. Man vermutet, dass das Kitzeln den Jungtieren verständlich macht, dass sie nun selbst für sich sorgen sollen. Ob das Kitzligsein beim Menschen ähnliche Wurzeln hat, kann nur vermutet werden.

Kernspintomografie = Untersuchungsverfahren, das Bilder vom Gehirn erzeugt

REAKTIONSKONTROLLE · Lachen kann ein Mensch nur, wenn er entspannt ist. Ist ein Kitzelopfer gestresst, funktioniert dies nicht. Auch kann man sich nicht selber kitzeln, das Bewegungsareal teilt dem Fühlzentrum mit, dass es sich um eigene Berührungen handelt. Folglich wird im Gehirn kein Alarm geschlagen. Schauspieler können ihre Mimik besonders gut kontrollieren und Gefühle vorspielen.

02 Gespielte Gefühle

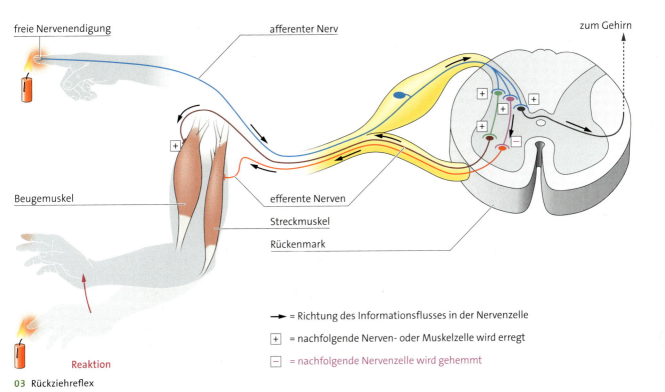

→ = Richtung des Informationsflusses in der Nervenzelle
+ = nachfolgende Nerven- oder Muskelzelle wird erregt
− = nachfolgende Nervenzelle wird gehemmt

03 Rückziehreflex

REFLEXE · Es gibt aber Reaktionen wie die **Reflexe,** die sich nicht unterdrücken lassen. Beim Rückziehreflex melden zum Beispiel freie Nervenendigungen einen Impuls zum Zentralnervensystem. Schon im Rückenmark wird dieser an Nervenzellen weitergegeben, die den Beugemuskel des Armes aktivieren. Im Rückenmark wird außerdem durch eine Hemmung verhindert, dass eine weitere Nervenzelle den Streckmuskel aktiviert. Diese Nervenverschaltung ist fest vorgegeben. Daher erfolgt die Reaktion unmittelbar auf den Reiz. Erst später wird das Gehirn informiert. Es kann dann nicht mehr eingreifen. An diesem Beispiel wird ein Prinzip deutlich, nach dem unser Nervensystem arbeitet. Die Sinneszellen liefern über *afferente Nerven* Informationen an das Zentralnervensystem. Dieses steuert über *efferente Nerven* die Skelettmuskulatur.

TRAINING · Nicht alle schnellen Reaktionen sind Reflexe, auch wenn sie im Volksmund so heißen. Sportler erreichen durch Übung, dass sie in bestimmten Spielsituationen reflexhaft schnell reagieren. Übung sorgt für wiederholte Verwendung derselben Informationswege im Gehirn. Dies führt zu besserer Impulsweiterleitung auf dem wiederholten Weg. Dadurch wird die Reaktion schneller.

1) Erläutere, weshalb Kitzeln nicht immer zum Lachen beim Gekitzelten führt!

2) Beschreibe die Informationsweiterleitung beim Rückziehreflex!

lateinisch affere = hintragen, zuführen

lateinisch effere = hinaustragen, hinausführen

04 Trainiertes Reagieren

KOMMUNIKATION UND REGULATION
SIGNALE SENDEN, EMPFANGEN UND VERARBEITEN

ERBKOORDINATION · Nicht nur Reflexe laufen nach einem festgelegten Schema ab. Bei Graugänsen wird eine komplexere Handlung als der Rückziehreflex zu Ende geführt, auch wenn zwischendurch der Reiz entfernt wird. Die Tiere rollen Eier, die außerhalb des Nestes liegen, wieder ins Nest zurück. Dazu strecken sie den Kopf vor, fassen mit dem Schnabel hinter das Ei und rollen es mit balancierenden Bewegungen bis unter ihren Körper. Nimmt man der Gans das Ei beim Einrollen weg, bewegt sie Hals und Kopf genau wie bei der Einrollbewegung weiter bis unter ihren Körper.

Man vermutet, dass hier ein Bewegungsprogramm im Gehirn vorliegt, das erblich bedingt ist, eine **Erbkoordination.** Dieses Programm wird abgerufen, sobald die Einrollbewegung beginnt. Die Gans reagiert zwar auf Reize, die von dem rollenden Ei ausgehen, mit balancierenden Bewegungen, sodass das Ei schließlich im Nest landet. Sie kann aber die Krümmungsbewegung des Halses nicht stoppen, auch wenn der Reiz, das Ei, nicht mehr vorhanden ist.

BEDINGTE REAKTION · Manche unwillkürlichen Reaktionen lassen sich nach einem kurzen Lernprozess durch Reize auslösen, die mit dem Reiz-Reaktions-Zusammenhang nichts zu tun haben. In einem Experiment stellte der russische Verhaltensforscher Iwan PAWLOW fest, dass hungrige Hunde schon beim Anblick ihres Futters vermehrt Speichel bilden. In einem Folgeexperiment wurde jedes Mal, wenn der Hund Futter erhielt, eine Glocke geläutet. Die jeweils gebildete Menge Speichel wurde gemessen. Nach einigen Wiederholungen wurde bei einer Mahlzeit lediglich die Glocke geläutet und kein Futter gereicht. Dennoch bildete der Hund so viel Speichel wie vor einer normalen Mahlzeit. Anstatt des Reizes „Futter" löste nun auch der Reiz „Glockenläuten" die Reaktion „Speichelfluss" aus. Dies geschah unter der Bedingung, dass der Hund vorher eine Zeit lang beide Reize gleichzeitig geboten bekam. Deshalb spricht man von der **bedingten Reaktion.**

Auch Menschen lernen *bedingte Reaktionen*. Ein Luftstoß bewirkt zum Beispiel, dass ein Mensch sein Augenlid unwillkürlich schließt. Klingeln, das gleichzeitig mit dem Luftstoß erfolgt, führt nach mehreren Wiederholungen dazu, dass schließlich die Bedingte Reaktion „Lidschluss" beim Klingeln ohne Luftstoß erfolgt.

Iwan Petrowitsch PAWLOW (1849–1936), Mediziner, für seine Arbeiten zu den Verdauungsdrüsen erhielt er 1904 den Nobelpreis für Medizin.

05 Erbkoordination bei der Graugans

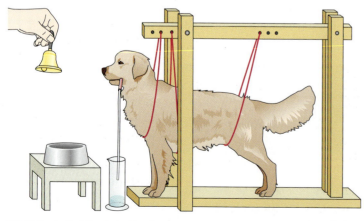

06 Bedingte Reaktion beim Hund

3 Fasse zusammen, wie bei den fünf in diesem Kapitel dargestellten Beispielen Reiz und Reaktion zusammenhängen!

MATERIAL

Material A ▸ Rückziehreflex

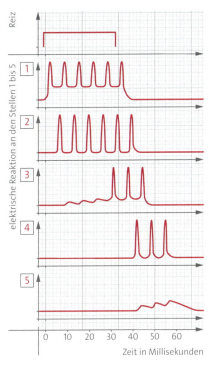

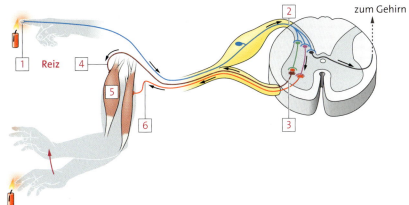

Mit Elektroden an den Messpunkten 1 bis 5 wurden die elektrischen Impulse gemessen, die die Zellen ausbilden und weiterleiten.

A1 Beschreibe die Messergebnisse!

A2 Schätze mithilfe der Ergebnisse an den Messpunkten 3 und 4 die Impulsleitungsgeschwindigkeit!

A3 Erstelle eine Hypothese zum Ergebnis einer Messung am Messpunkt 6!

A4 Erläutere den biologischen Sinn der Art der Impulsweiterleitung zwischen Messpunkt 2 und 3! Beachte das Messergebnis bei 4!

Material B ▸ Reiz und Reaktion bei einer dressierten Ratte

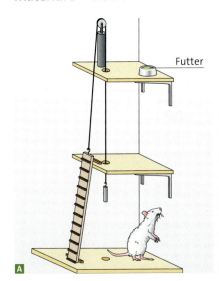

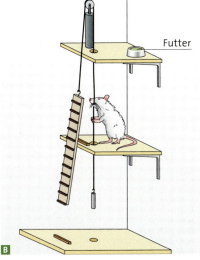

Eine weiße Ratte bekommt Futter auf das obere Regalbrett gestellt (A). Sie kann nicht so hoch springen, dass sie dieses Brett erreichen könnte. Wie man in B sieht, erreicht sie es dennoch mithilfe der Leiter. Diese Reaktion wurde durch Dressur erreicht: Einzelne richtige Verhaltensweisen wurden mit Futter belohnt.

B1 Beschreibe, wie die Ratte zum Futter kommt!

B2 Erläutere den Zusammenhang von Reiz und Reaktion an diesem Beispiel!

B3 Erläutere einen Arbeitsplan, mit dem du eine noch nicht dressierte Ratte dazu bringen kannst, die gezeigte Reaktion zu lernen!

B4 Vergleiche die Reaktion der Ratte mit der bedingten Reaktion, die ein Hund bei der Fütterung zeigt!

KOMMUNIKATION UND REGULATION
SIGNALE SENDEN, EMPFANGEN UND VERARBEITEN

01 Jonglieren

Lernen und Gedächtnis

Wer schon einmal versucht hat zu jonglieren, weiß: Können macht Freude, Lernen ist mühsam! Warum aber gilt dieser Satz für jedes Lernen und warum lernen Menschen oft auch gerne?

ANGEBORENES VERHALTEN · Einige Verhaltensweisen muss man nicht lernen. Hierzu gehören Reflexe wie der Saugreflex eines Babys oder der Lidschlussreflex. Man bezeichnet sie daher als angeboren. Die Situationen, in denen dieses Verhalten auftritt, sind immer gleich. Daher ist es plausibel, dass im Verlauf der Evolution solche angeborenen Verhaltensweisen entstanden sind.

Für die Reaktion auf neue oder veränderliche Situationen muss auch das Verhalten veränderbar sein. Das bedeutet: Fahrradfahren, Jonglieren, Geigespielen sowie Fakten muss man lernen, falls dies jeweils gewünscht oder nötig ist. Entsprechendes gilt für das Erlernen verschiedener Sprachen.

SPIELEND LERNEN · Viele Menschen spielen gern, auch komplizierte Rollenspiele oder Computerspiele mit vielen Spielstufen. Dass sie dabei lernen, ist offensichtlich. Forscher haben sich daher gefragt, welche Besonderheiten solche Spiele haben, sodass die Spieler lang andauernde Konzentration aufbringen

02 Spiele:
A Utensilien für Rollenspieler,
B Computerspiele

und den Willen haben, Neues zu lernen. Als ein wichtiger Faktor wurde erkannt, dass die Spieler emotional beteiligt sind. Sie identifizieren sich mit den Spielfiguren. Dabei nehmen sie in Kauf, dass sie sich für das Erlernen der Rolle Schritt für Schritt Wissen aneignen müssen. Aber dies macht manchmal den besonderen Reiz aus.

Außerdem bekommt ein Spieler häufig direkte Rückmeldung, ob er das Richtige getan hat. Die Lernforschung bestätigt, dass eine emotional positive Lernatmosphäre, häufige Rückmeldungen sowie schrittweises Vorgehen bei jedem Lernen förderlich sind.

GEDÄCHTNISMODELL · Mithilfe von Experimenten hat man herausgefunden, wie Informationen im Gehirn gespeichert werden. Weil viele Gehirnteile beteiligt sind, hat man ein abstraktes Modell entwickelt. Es beschreibt drei Speicherstufen, die nacheinander durchlaufen werden.

Alles, was man in Abbildung 01 sehen kann, und weitere Sinneseindrücke behält ein Beobachter für sehr kurze Zeit im Gedächtnis. Im Modell spricht man vom **sensorischen Speicher**. Für Seh-, Hör- und Fühleindrücke erfolgt die Speicherung unabhängig voneinander.

Nur wenn man darauf achtet, dass die Person mit dem roten Oberteil Jonglierbälle benutzt, wird diese Information nicht aus dem Gedächtnis gelöscht. Im Gedächtnismodell bezeichnet man diese Phase als **Arbeitsgedächtnis,** weil man sich beim Konzentrieren auf die Jonglierbälle an schon Bekanntes erinnert und diese Erinnerung mit dem Neuen verarbeitet. Man könnte zum Beispiel an eigene Jonglierbälle denken. Das Arbeitsgedächtnis bearbeitet nur wenige Informationen gleichzeitig. Daher lernen wir nur in kleinen Schritten. Informationen bleiben bis zu 20 Minuten im *Arbeitsgedächtnis* verfügbar. Danach werden sie durch neue Informationen ersetzt.

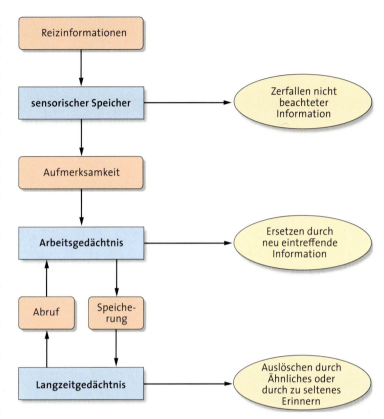

03 Mehrspeichermodell des Gedächtnisses

Wenn man während dieser Zeit genügend Verknüpfungen zu vorhandenen Gedächtnisinhalten aufbaut, kann Neues im **Langzeitgedächtnis** gespeichert werden. Dort bleibt es lange erhalten, manchmal ein Leben lang.

Langfristig Gespeichertes wird verändert, wenn man sich daran erinnert. Im Arbeitsgedächtnis wird es mit aktuellen Eindrücken in Beziehung gebracht und verändert neu gespeichert: Wenn ein zweiter Beobachter mit Überzeugung berichtet, die Person im blauen T-Shirt habe mit Bällen jongliert, kann es sein, dass man dieses Bild übernimmt. Man merkt sich diese falsche Information. Daher sollten beispielsweise Zeugen eines Unfalls nicht vor ihrer Befragung mit anderen Zeugen sprechen.

1 Erläutere an einem Beispiel das Mehrspeichermodell aus Abbildung 03!

KOMMUNIKATION UND REGULATION
SIGNALE SENDEN, EMPFANGEN UND VERARBEITEN

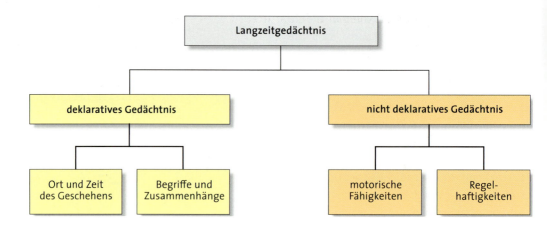

04 Gedächtnisformen

lateinisch declarare = erklären

GEDÄCHTNISFORMEN · Die Erforschung des Langzeitgedächtnisses hat gezeigt, dass man einige Gedächtnisinhalte ohne bewusstes Erinnern abruft, wie die Bewegungen beim Schreiben. Auch viele Regeln der Grammatik der Muttersprache beachtet man, ohne dass man sie erklären kann. Sachwissen aus den Unterrichtsfächern und Ort und Zeit verschiedener Ereignisse kann man dagegen bewusst und genau wiedergeben und erklären.

Man unterscheidet daher beim Langzeitgedächtnis **Gedächtnisformen,** die man in zwei Bereiche einteilt. Das **deklarative Gedächtnis** speichert Ort und Zeit von Geschehnissen sowie Begriffe und Zusammenhänge zwischen diesen. Das **nicht deklarative Gedächtnis** speichert motorische Fertigkeiten und Regelhaftigkeiten, die man unbewusst beachtet.
Durch Untersuchungen an Menschen mit Gehirndefekten kam heraus, dass diese und auch andere Gedächtnisformen unabhängig voneinander sind. Man kann also zum Beispiel Schreiben und grammatische Regeln unabhängig voneinander lernen.

Wie das Erlernen von Handlungsabläufen vor sich geht, weiß jeder: Üben, Üben, Üben! Auch Vokabeln und Regeln lernt man durch häufige Wiederholung und Verwendung. Die Lernforschung hat aber auch festgestellt, wie man Fachwissen gut lernt.

GEHIRNGERECHTES LERNEN · Durch Lernexperimente hat man die nachfolgenden Lernempfehlungen entwickelt.
- Denke über das nach, was du neu lernst und setze das Neue mit früher gespeichertem Wissen vielfältig in Beziehung! So werden mehrere Inhalte des Langzeitgedächtnisses mit dem neuen Lernstoff verknüpft. Reines Auswendiglernen bringt dagegen wenig.
- Wiederhole den Lernstoff! Dies festigt das Wissen.
- Lerne Neues in kleinen Portionen! Das Gehirn lernt nur in kleinen Schritten.
- Verbinde unzusammenhängende Wörter zu einer Geschichte! So behältst du sie besser.
- Stelle einen persönlichen Bezug zum Gelernten her! Erzeuge dabei möglichst eine bildliche Vorstellung! Fasse das Gelernte in eigene Worte! So entstehen positive Emotionen und man erinnert sich besser.
- Lerne nicht direkt nacheinander zwei Dinge, die einander zu ähnlich sind, etwa spanische und französische Vokabeln! Unsicheres Wissen wird sonst vollständig gelöscht.
- Lerne vor dem Zubettgehen! Das Gehirn festigt das Gelernte während des Schlafens.
- Teste Dein Wissen! Tests geben Rückmeldung, ob man etwas kann oder noch nicht beherrscht.

2 Erläutere Punkt für Punkt, wie du die obigen Empfehlungen lernen solltest!

MATERIAL

Material A ▸ Nicht deklaratives und deklaratives Gedächtnis

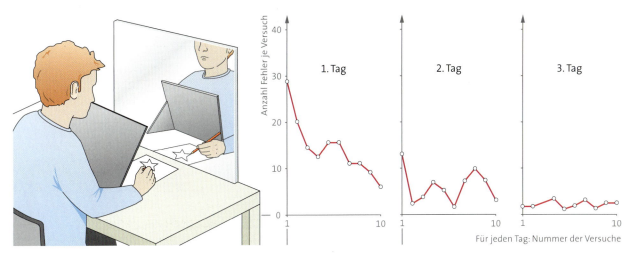

H. M. hat schwere Epilepsie, eine Erkrankung des Gehirns, bei der es zu Krampfanfällen kommt. Mit 27 Jahren wurden ihm als Behandlung größere Teile aus dem inneren Bereich des Großhirns operativ entfernt.

Nach der Operation ist sein Krankheitsbild deutlich verbessert. Außerdem verfügt er weiterhin über normale Intelligenz, intakte Sprache und ein intaktes Arbeitsgedächtnis mit normaler Gedächtnisspanne. Neue Ereignisse oder Fakten kann er allerdings nicht behalten. H. M. erinnert sich nach wenigen Minuten der Ablenkung nicht mehr an ein Gespräch.

In einem Experiment sollte er lernen, beim Blick durch einen Spiegel einen Stern nachzuzeichnen. Er sollte dabei innerhalb der Doppellinie bleiben, mit der der Stern gezeichnet war. Pro Tag wurden zehn Versuche durchgeführt.

A1 Beschreibe die Messergebnisse!

A2 Zeichne selbst eine Figur im Spiegelbild nach und begründe, dass H. M. diese Fähigkeit gelernt hat!

A3 Erläutere, dass H. M. sich nicht mehr an Vergangenes erinnern kann, aber seine Bewegungsübung Erfolg hatte!

Material B ▸ Mehrspeichermodell des Gedächtnisses

In einem Versuch wurden mehreren Personen 20, 30 und 40 vom Sinn her unzusammenhängende Wörter vorgelesen. Sie sollten danach alle Wörter nennen, an die sie sich erinnern konnten. Nach Abschluss des Versuchs berichteten die Versuchspersonen, dass sie versucht hätten, jedes Wort still zu wiederholen, um es sich besser zu merken. Das sei ihnen aber nur für die ersten Wörter gelungen. Danach seien sie durcheinandergekommen.

B1 Beschreibe die Versuchsergebnisse!

B2 Begründe, dass die ersten drei Wörter jeder Wortliste von einigen Personen im Langzeitgedächtnis gespeichert wurden!

B3 Erkläre das Ergebnis für die letzten Wörter einer Liste!

KOMMUNIKATION UND REGULATION
KRANKHEITSERREGER ERKENNEN UND ABWEHREN

01 Kinder füllen Trinkwasser ab

Bakterien als Krankheitserreger

In Ländern mit unzureichenden hygienischen Bedingungen und schlechter Wasserversorgung leiden Menschen oftmals an einer lebensbedrohlichen Durchfallerkrankung, der Cholera. Was ist die Ursache dieser Krankheit?

KRANK MACHENDE BAKTERIEN · Wenn man verschmutztes Wasser trinkt, kann es zu schweren Durchfallerkrankungen kommen. Dabei verliert der Körper so viel Wasser und Mineralstoffe, dass Lebensgefahr besteht. Verantwortlich dafür sind oft Cholerabakterien, die in dem verunreinigten Trinkwasser enthalten sein können und die sich im Dünndarm vermehren.
Das Eindringen von Bakterien in den Körper bezeichnet man als Ansteckung oder **Infektion**. Außer Wasser können auch Lebensmittel mit Bakterien verunreinigt sein. Andere Bakterien, wie die Erreger von Scharlach oder Lungenentzündung, werden durch den Kontakt mit infizierten Menschen übertragen. Zum Beispiel kann die Übertragung durch die beim Niesen herausgeschleuderten Flüssigkeitströpfchen erfolgen. Diesen Übertragungsweg nennt man *Tröpfcheninfektion*.
Krankheitserscheinungen wie Durchfall, Erbrechen, Fieber, Kopf- oder Gliederschmerzen heißen **Symptome**. Eine wichtige Ursache für Symptome bei bakteriellen Erkrankungen sind giftige Stoffe, die von den Bakterien ausgeschieden werden. Symptome treten erst auf, wenn sich die Erreger im Körper stark vermehrt haben.

Die Zeit, die zwischen dem Eindringen der Erreger und dem Auftreten der ersten Symptome vergeht, heißt **Inkubationszeit**. Je nach Erreger liegt diese Zeit zwischen mehreren Stunden und einigen Tagen. Erkranken viele Menschen in einem Gebiet an der gleichen Infektionskrankheit, spricht man von einer **Epidemie**.

lateinisch inficere = anstecken, vergiften, hineintun

BEDEUTUNG VON BAKTERIEN · Fast überall auf der Erde findet man Bakterien: Sie kommen im Boden, im Wasser und sogar in der Luft vor. Sie leben in der Tiefsee, in heißen Quellen oder im Gletschereis. Einige betreiben Fotosynthese. Viele zersetzen energiereiche Stoffe bis hin zu Mineralstoffen, Kohlenstoffdioxid und Wasser.

Eine Vielzahl von Bakterien besiedelt Pflanzen, Tiere und Menschen. Allein im Darm des Menschen befinden sich über 1000 verschiedene Bakterienarten. Einige davon sind für die Verdauung, den Wasserentzug im Dickdarm oder die Produktion von verschiedenen Vitaminen unerlässlich. Auf der Haut des Menschen schützen Bakterien den Körper vor Krankheitserregern. In der Lebensmittelherstellung benutzt man Bakterien zur Erzeugung von Joghurt, Käse, Salami oder Sauerkraut. Von den vermutlich mehreren Millionen Bakterienarten auf der Erde sind nur wenige Hundert für den Menschen bedrohlich.

BEKÄMPFUNG VON BAKTERIEN · Bis zum Ende des 19. Jahrhunderts konnte man Bakterien, die zum Beispiel Tuberkulose, Typhus, Cholera, Keuchhusten oder Wundstarrkrampf auslösen, nicht wirksam bekämpfen.
Nachdem Robert KOCH in Deutschland und Louis PASTEUR in Frankreich entdeckt hatten, wie diese Krankheiten verursacht und übertragen werden, konnte die Verbreitung vieler dieser Krankheiten vor allem durch verbesserte Hygiene eingeschränkt werden.

Seit dem 20. Jahrhundert stehen darüber hinaus Arzneimittel zur Verfügung, die Bakterien töten oder in ihrer Vermehrung behindern können. Seitdem es diese Antibiotika wie das **Penicillin**, gibt, haben viele bakterielle Infektionen ihren Schrecken verloren.

Robert KOCH (1843–1910), deutscher Bakterienforscher

Louis PASTEUR (1822–1895), französischer Bakterienforscher

1) Beschreibe die Bedeutung verschiedener Bakterienarten!

IM BLICKPUNKT GESCHICHTE

Alexander FLEMING entdeckt das Penicillin

02 FLEMING in seinem Labor

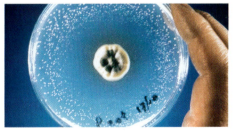

03 Schale mit Bakterien und Schimmelpilzen

*Dem schottischen Bakterienforscher Alexander FLEMING (1881–1955) fiel beim Aufräumen seines Labors eine Glasschale in die Hände, in der er Bakterien auf einem Nährboden gezüchtet hatte. Er wollte die Schale schon entsorgen, da sich Schimmelpilze darin angesiedelt hatten. Dabei bemerkte er, dass in der Nähe der Schimmelpilze keine Bakterien gewachsen waren. Sollte der Schimmelpilz etwa die Vermehrung der Bakterien gehemmt haben? FLEMING führte Versuche zur Bestätigung seiner Vermutung durch und konnte zeigen, dass die Schimmelpilzart Penicillium einen Stoff erzeugt, der die Vermehrung vieler Bakterien hemmt. Diesen Stoff nannte er Penicillin. Für die Entdeckung des Penicillins, des ersten **Antibiotikums**, erhielt FLEMING 1945 den Nobelpreis für Medizin.*

KOMMUNIKATION UND REGULATION
KRANKHEITSERREGER ERKENNEN UND ABWEHREN

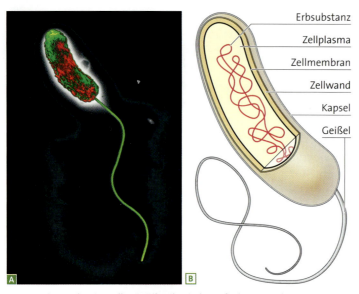

04 Bau einer Bakterienzelle: **A** mikroskopische Aufnahme, **B** Schema

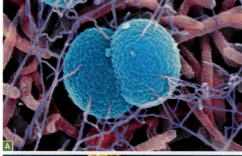

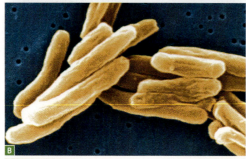

05 Bakterienformen (koloriert):
A Kokken (hier: Erreger der Hirnhautentzündung),
B Stäbchen (hier: Erreger der Tuberkulose),
C Spirochäten (hier: Erreger der Syphilis)

BAU EINES BAKTERIUMS · Bakterien sind winzige, einzellige Lebewesen, die nur wenige Tausendstel Millimeter groß sind. Pflanzenzellen sind ungefähr 50-mal größer. Die Bakterienzelle ist von einer *Bakterienzellwand* umgeben, die ganz anders aufgebaut ist, als die Zellwand einer Pflanzenzelle. Die Zellwände mancher Bakterienarten tragen außen eine schützende schleimhaltige *Kapsel*.

Bakterienzellen besitzen im Unterschied zu pflanzlichen und tierischen Zellen keinen Zellkern. Das Erbmaterial liegt frei im *Zellplasma*. Mitochondrien und Chloroplasten fehlen ebenfalls. Viele Bakterien haben eine oder mehrere dünne *Geißeln*, mit denen sie sich fortbewegen können.

Bakterienarten kommen in vielfältigen Formen vor. So sind *Kokken* kugelig, *Stäbchen* lang und gestreckt und *Spirochäten* korkenzieherförmig.

VERMEHRUNG · Alle Bakterien vermehren sich durch Zellteilung. Bei günstigen Bedingungen können sich einige Arten alle 20 Minuten teilen und sich so sehr schnell vermehren. Günstige Bedingungen sind vor allem angemessene Wärme, Feuchtigkeit und ein gutes Nahrungsangebot. Im Darm und im Blut des Menschen finden viele Bakterien ideale Bedingungen vor. Man kann Bakterien im Labor in Nährlösungen oder auf Nährböden züchten. Gibt man wenige Bakterien auf einen Nährboden und stellt ihn über Nacht in einen Wärmeschrank, entsteht aus jedem Bakterium durch fortlaufende Teilung eine **Bakterienkolonie.** Diese kann man am nächsten Morgen mit bloßem Auge erkennen.

Werden die Lebensbedingungen ungünstiger, bilden viele Bakterienarten widerstandsfähige Überdauerungsformen. Sie sind in der Lage, Trockenheit, Hitze oder Kälte langfristig zu überstehen. Überdauerungsformen werden in der Luft über weite Strecken transportiert.

2 Vergleiche eine Bakterienzelle mit einer Pflanzenzelle!

MATERIAL

Material A ▸ Vermehrung von Bakterien

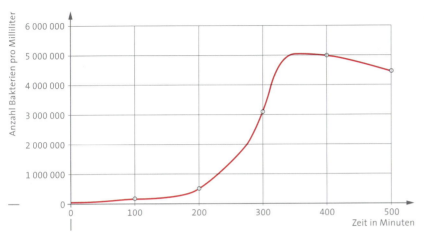

Das Diagramm zeigt das Bakterienwachstum in einer Nährlösung im Laufe der Zeit. Die Lösung enthält eine begrenzte Menge an Nährstoffen.

A1 Beschreibe das in dem Liniendiagramm dargestellte Ergebnis!

A2 Ermittle die Anzahl der Bakterien, die nach drei Stunden aus einem Bakterium entstanden sind, wenn alle 20 Minuten eine Teilung stattfindet!

A3 Stelle Vermutungen an, weshalb die Kurve nach etwa sieben Stunden nicht mehr steigt, sondern leicht abfällt!

A4 Erkläre, weshalb Krankheitssymptome bei einer bakteriellen Infektion erst nach einer bestimmten Inkubationszeit auftreten!

Material B ▸ Infektionen und Vorbeugung

Pest
Im Mittelalter erlagen dieser Krankheit in Europa viele Millionen Menschen. Die Pest ist heute nahezu ausgerottet. Eine Form, die Beulenpest, äußert sich mit Kopf- und Gliederschmerzen sowie beulenartigen Schwellungen am Körper. Unbehandelt endet die Beulenpest nach wenigen Tagen häufig tödlich. Die Beulenpest wird durch den Stich eines Rattenflohs übertragen. Man nennt den Rattenfloh deshalb *Überträger*.

Tripper (Gonorrhoe)
Der Tripper ist eine der häufigsten durch Geschlechtsverkehr übertragbaren Krankheiten. Die Inkubationszeit beträgt zwei bis drei Tage. Bei infizierten Männern treten schmerzhafte Entzündungen der Harnröhre auf, bei Frauen eitrige Ausflüsse aus der Scheide. Die Krankheit kann von infizierten Schwangeren bei der Geburt auf das Kind übertragen werden.

Scharlach
Diese Infektionskrankheit von Gaumen und Rachen tritt häufig bei Kindern auf. Symptome sind Halsschmerzen, eine scharlachrote Zunge, Schluckbeschwerden und Fieber. Hustet oder niest ein Scharlachpatient, gelangen feinste Flüssigkeitströpfchen mit Bakterien in die Umgebung.

B1 Vergleiche die Übertragungswege der genannten, durch Bakterien verursachten Krankheiten!

B2 Beschreibe Maßnahmen, mit denen man sich vor der Infektion mit den genannten Krankheiten schützen kann!

B3 Stelle Vermutungen an, weshalb im Mittelalter so viele Menschen an der Pest erkrankten!

Nach Naturkatastrophen, zum Beispiel nach einem Erdbeben, treten häufig in großen Gebieten Choleraepidemien auf. Scharlachepidemien dagegen bleiben meistens örtlich begrenzt.

B4 Stelle Vermutungen an, weshalb nach Naturkatastrophen, wie zum Beispiel Erdbeben, oft weiträumig Choleraepidemien auftreten, wohingegen Scharlachepidemien meistens örtlich begrenzt bleiben!

KOMMUNIKATION UND REGULATION
KRANKHEITSERREGER ERKENNEN UND ABWEHREN

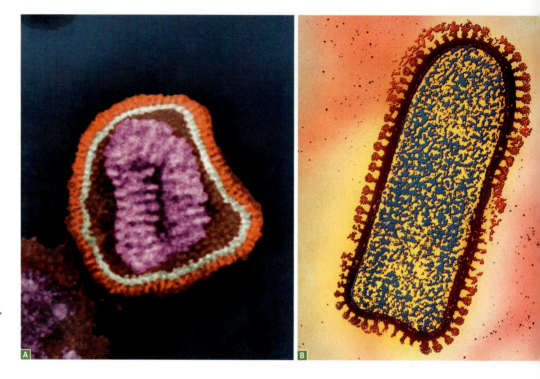

01 Viren im Elektronenmikroskop, koloriert:
A Grippevirus,
B Tollwutvirus

Viren als Krankheitserreger

Früher glaubte man, dass viele Krankheiten, für die man keinen Erreger nachweisen konnte, durch Giftstoffe verursacht werden. Nach dem lateinischen Wort für Gift, Virus, sprach man daher von Viruserkrankungen. Erst mithilfe des Elektronenmikroskops konnte man Viren sichtbar machen. Was sind Viren?

BAU DER VIREN · Um das Jahr 1900 fand man heraus, dass Viren noch kleiner sein müssen als Bakterien: Ließ man eine Flüssigkeit mit Viren durch einen für Bakterien undurchlässigen Filter laufen, wurden die Viren nicht zurückgehalten. Durch Untersuchungen mit dem Elektronenmikroskop ist bekannt, dass Viren einen Durchmesser von etwa einem Zehntausendstel Millimeter haben. Solche kleinen Objekte lassen sich mit Elektronenstrahlen noch abbilden.
Viren bestehen lediglich aus einer **Proteinhülle** und **Erbsubstanz**. Die Proteinhülle umgibt die Erbsubstanz wie eine Kapsel und trägt zahlreiche kleine Fortsätze. Es gibt eine Vielzahl sehr unterschiedlicher Viren, die sich in der Größe, der Gestalt, dem Bau der Proteinhülle sowie der Art und Menge der Erbsubstanz unterscheiden.

VERMEHRUNG · Viren besitzen keinen eigenen Stoffwechsel, wachsen nicht und können sich nicht selbst bewegen und vermehren. Viren sind daher keine Lebewesen. Zur Vermehrung sind sie auf lebende Zellen angewiesen, auf die **Wirtszellen.** Kommt ein Virus in Kontakt mit einer Wirtszelle, bleibt es mit seinen Fortsätzen an der Zellmembran haften.

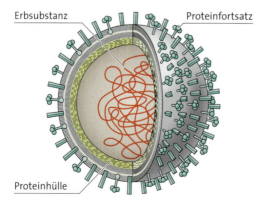

02 Bau eines Grippevirus (Schema)

Dabei helfen Strukturen auf der Zellmembran, sogenannte *Andockstellen,* die genau zu den Virusfortsätzen passen. Danach wird das Virus in aller Regel von der Membran umschlossen und in einem Membranbläschen in die Zelle aufgenommen. Dort bricht die Proteinhülle auf und die Erbsubstanz gelangt zunächst in die Wirtszelle und schließlich in den Zellkern. Die Erbsubstanz des Virus verbindet sich mit der Erbsubstanz im Zellkern und veranlasst die Zelle, Virusbausteine herzustellen. Dabei werden zelleigene Stoffe abgebaut, sodass der Zellinhalt bald verbraucht ist. Die Bausteine fügen sich zu zahlreichen neuen Viren zusammen. Dann platzt die Wirtszelle und setzt damit eine große Anzahl von Viren frei, die weitere Zellen befallen können.

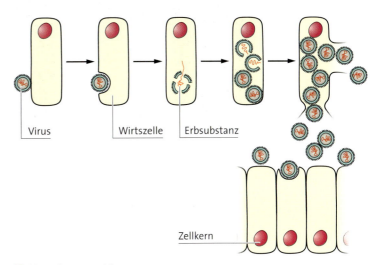

03 Vermehrung von Viren

VIRUSERKRANKUNGEN · Die verschiedenen Viren können viele Krankheiten verursachen. Beim Menschen sind das zum Beispiel Grippe, Herpes, Mumps, Masern, Pocken, Windpocken, Röteln, Kinderlähmung und Tollwut. Die Unterschiede der Erkrankungen sind darauf zurückzuführen, dass jeweils unterschiedliche Zellen des Körpers befallen werden. Bei der Grippe sind vor allem die Schleimhautzellen der Atemwege betroffen. Nach einer Infektion treten zunächst Symptome wie Niesen und Husten auf. Dadurch werden Viren in feinsten Flüssigkeitströpfchen in die Luft geschleudert und können andere Personen beim Einatmen infizieren. Nach einer solchen *Tröpfcheninfektion* treten die Symptome ein bis drei Tage später auf.

Tollwut wird direkt übertragen, zum Beispiel durch den Biss eines infizierten Tieres. Diese Übertragungsweise heißt *Kontaktinfektion.* Die Inkubationszeit beträgt in diesem Fall ein bis sechs Monate. Das Tollwutvirus schädigt Nervenzellen. Eine Tollwutinfektion endet ohne Behandlung fast immer tödlich.

1 Beschreibe Bau und Vermehrung eines Grippevirus!

STECKBRIEF

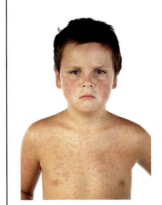

Masern
Übertragung: Tröpfcheninfektion
Inkubationszeit: 8–14 Tage
Symptome: Schnupfen, Husten und Fieber; nach 4 Tagen rote Flecken am Körper, der Masernausschlag; Rückgang des Fiebers am 7.–8. Tag. Seltene Folge kann eine Hirnhautentzündung sein.
Vorbeugung: Schutzimpfung
Behandlung: Fieber senken

STECKBRIEF

Mumps
Übertragung: Tröpfchen- oder Kontaktinfektion
Inkubationszeit: 12–25 Tage
Symptome: Fieber, Kopfschmerzen, Erbrechen; Schwellung der Ohrspeicheldrüsen, „Hamsterbacken". Seltene Folge bei Jungen kann eine Hodenentzündung sein.
Vorbeugung: Schutzimpfung
Behandlung: Fieber senken

KOMMUNIKATION UND REGULATION
KRANKHEITSERREGER ERKENNEN UND ABWEHREN

01 *Anopheles*-Mückenweibchen

Weitere Krankheitserreger

Ein Mückenstich ist lästig, macht uns aber normalerweise nicht krank. In vielen tropischen Ländern jedoch können Mücken Krankheitserreger übertragen, die schwere Krankheiten verursachen. Welche Krankheitserreger sind das?

MÜCKEN ALS ÜBERTRÄGER · Vor allem in der Dämmerung und des Nachts sind Mückenweibchen aktiv. Sie suchen Säugetiere auf, stechen mit ihrem langen, spitzen Stechrüssel zu und saugen Blut. Ein Mückenstich ist zwar unangenehm, aber ziemlich ungefährlich. In den Tropen jedoch ist das anders: Hier tragen die Mücken der Gattung *Anopheles* häufig Krankheitserreger in sich. Es sind bestimmte **Einzeller**, die *Sporentierchen*.

Bei einem Mückenstich fließt zunächst etwas Speichelflüssigkeit in die Wunde. Sie verhindert, dass das Blut beim Einsaugen gerinnt. Zusammen mit dem Speichel gelangen die Sporentierchen ins Blut. Mit dem Blutkreislauf erreichen sie rasch die Leber. Hier vermehren sie sich durch Teilung so stark, dass in einer Woche in jeder befallenen Leberzelle bis zu 30 000 neue Sporentierchen entstehen. Diese dringen in rote Blutzellen ein und vermehren sich erneut. Alle betroffenen Blutzellen platzen meistens gleichzeitig. So gelangen sehr viele Sporentierchen und mit ihnen Giftstoffe schlagartig ins Blut. Dies löst heftiges Fieber aus. Man nennt die *Anopheles*-Mücke daher auch *Fiebermücke*.

Danach befallen die Krankheitserreger weitere rote Blutzellen und vermehren sich. Bei den meisten Sporentierchenarten dauert ein Vermehrungsvorgang zwei oder drei Tage. In diesen Fällen treten die Fieberanfälle schubweise im Zwei- oder Dreitagesrhythmus auf. Die von den Sporentierchen hervorgerufene Krankheit nennt man daher auch *Wechselfieber*. Sie ist seit über 2 000 Jahren als **Malaria** bekannt.

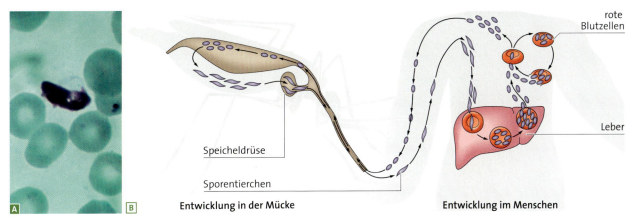

02 Malariaerreger: **A** lichtmikroskopisches Bild, **B** Entwicklung (Schema)

Nach mehreren Fieberanfällen ist das Blut mit Sporentierchen überschwemmt. Saugt nun eine Fiebermücke bei einem infizierten Menschen Blut, nimmt sie Sporentierchen auf. Im Darm der Mücke entstehen aus ihnen zunächst Geschlechtszellen. Nach der Befruchtung entwickeln sich aus den Zygoten erneut viele neue Sporentierchen. Sie wandern in die Speicheldrüse und werden von dort beim nächsten Stich in das Blut eines Menschen übertragen.

Der Malariaerreger benötigt für seine Entwicklung und Verbreitung zwei verschiedene Wirte, zwischen denen er wechselt. Dies nennt man **Wirtswechsel**. Da sich das Sporentierchen im Menschen ungeschlechtlich und in der Mücke erst nach einer Befruchtung fortpflanzt, spricht man von einem **Generationswechsel**. Etwa 300 Millionen Menschen leiden unter Malaria, von denen jährlich fast zwei Millionen sterben. Bei Reisen in Malariagebiete sollte man sich daher schützen. Derzeit verfügbare Medikamente sind jedoch nicht sicher. Somit sollte die Übertragung des Malariaerregers verhindert werden, zum Beispiel durch Mückennetze.

RINDERBANDWURM · Im Darm von Wirbeltieren können sich Krankheitserreger befinden, die aus einem runden Kopf mit Saugnäpfen und vielen flachen Gliedern bestehen, die zu einem langen Band zusammengereiht sind. Man nennt sie daher **Bandwürmer**. Auch sie benötigen für ihre Entwicklung einen Wirtswechsel. Beim **Rinderbandwurm** sind Rind und Mensch die Wirte. Menschen infizieren sich durch den Verzehr von rohem Rindfleisch, das abgekapselte Entwicklungsstadien des Rinderbandwurms enthält, die **Finnen**. Die aufgenommenen Finnen entwickeln sich im Dünndarm zu Bandwürmern. Diese sind durch eine Reihe von Spezialisierungen an die Lebensweise im Darm angepasst: Mit den Saugnäpfen am Kopf halten sich Bandwürmer fest. Sie wachsen, indem sie unterhalb des Kopfes ständig neue Körperglieder bilden. So können Rinderbandwürmer aus bis zu 2 000 Gliedern bestehen und zehn Meter lang werden. Sie nehmen gelöste Nährstoffe über ihre Körperoberfläche auf und benötigen daher weder Mund, noch Darm, noch After. Befallene Menschen leiden unter Übelkeit, Durchfall und Hungergefühl. Da ein Bandwurm innerhalb des Wirtes lebt und ihm Nährstoffe entzieht, bezeichnet man ihn als **Innenparasit**.

Bandwürmer sind Zwitter und befruchten sich selbst. Ihre hintersten Körperglieder enthalten bis zu 80 000 Eier pro Glied. Diese Glieder lösen sich ab und werden mit dem Kot ausgeschieden. Nehmen Rinder die befruchteten Eier mit der Nahrung auf, schlüpfen daraus Larven, die über das Blut in die Skelettmuskulatur gelangen und dort neue Finnen bilden.

03 Rinderbandwurm:
A Kopf,
B Bandwurm

KOMMUNIKATION UND REGULATION
KRANKHEITSERREGER ERKENNEN UND ABWEHREN

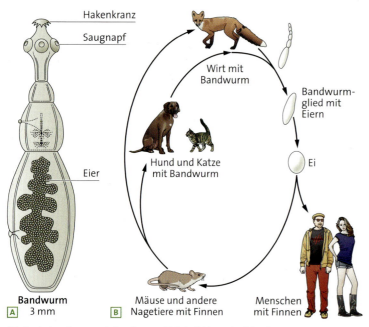

04 Fuchsbandwurm: **A** Bandwurm, **B** Entwicklungskreislauf

FUCHSBANDWURM · Ein nur wenige Körperglieder langer Bandwurm kann im Darm von Füchsen vorkommen, der **Fuchsbandwurm**. Durch Abstoßen des letzten Gliedes gelangen die befruchteten Eier mit dem Fuchskot in die Umwelt und werden häufig von Mäusen aufgenommen. In den Mäusen entwickeln sich daraus Larven. Die Larven wandern in die Leber und bilden dort Finnenblasen aus. Diese schnüren viele Tochterblasen ab. So entsteht ein tumorartiges schwammiges Gewebe, das schließlich das Lebergewebe verdrängt. Daran sterben die Mäuse. Frisst ein Fuchs eine infizierte Maus, kommen die Larven wieder in seinen Darm und entwickeln sich zu Bandwürmern.

Auch Menschen können sich mit den Eiern des Fuchsbandwurmes infizieren. Dies ist denkbar durch den Verzehr von ungewaschenen Waldfrüchten oder Pilzen. Wahrscheinlicher ist die Infektion über Hunde und Katzen, die ebenfalls befallen sein können. Die Finnenblasen in einer infizierten menschlichen Leber verzweigen sich stark und sind nur im Anfangsstadium durch Operation zu entfernen. Unbehandelt endet die Infektion meistens tödlich. Hunde und Katzen sollten also regelmäßig entwurmt werden.

AUSSENPARASITEN ALS ÜBERTRÄGER · Ebenso wie Mückenweibchen ernähren sich auch Zecken, Flöhe und Läuse von Blut. Da sie außen auf ihrem Wirt leben, spricht man von **Außenparasiten**. Sie selbst sind für Menschen harmlos, können aber gefährliche Krankheitserreger übertragen. Zecken können Überträger verschiedener Erreger sein. Dazu gehört ein Virus, das eine gefährliche Hirn- und Hirnhautentzündung bewirkt, und ein Bakterium, das schwerwiegende Gelenk- und Nervenschmerzen verursacht.

Flöhe können sehr weit springen und damit auch leicht von Wirt zu Wirt gelangen. Vor allem in früheren Zeiten haben Rattenflöhe so den Erreger der Pest auf den Menschen übertragen. Im Unterschied zu Zecken und Flöhen bewohnen Läuse ihren Wirt dauerhaft. Oft wird ein Befall mit Kopfläusen erst aufgrund ihrer Eier, den *Nissen*, festgestellt. Während Kopfläuse meistens nur einen Juckreiz verursachen, können Kleiderläuse den Erreger schwerer fiebriger Erkrankungen übertragen.

05 Außenparasiten: **A** Zecke, **B** Floh, **C** Kopfläuse

Material A ▸ Malaria

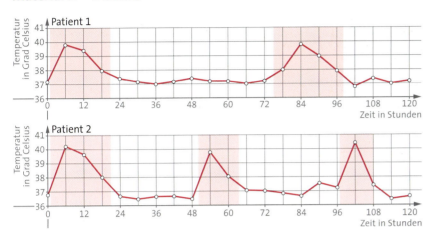

In der Abbildung sind typische Fieberkurven von zwei Patienten zu sehen, die sich mit unterschiedlichen Malariaerregern infizierten.

A1 Vergleiche die unterschiedlichen Malariaerreger anhand der Kurvenverläufe!

A2 Stelle eine Vermutung an, welcher der beiden Erreger gefährlicher ist, und begründe!

A3 Beschreibe die Bedingungen, unter denen Malaria auch in Deutschland auftreten kann!

A4 Informiere dich im Internet über die Verbreitung von Malaria! Nenne jeweils drei Länder mit einem geringen, hohen und sehr hohen Malariarisiko!

Im Jahr 1945 gab es auch in einigen Gebieten Deutschlands eine Malariaepidemie. Von den vielen Flüchtlingen und Kriegsgefangenen, die nach Deutschland zurückkehrten, waren einige mit Malariaerregern infiziert. Das nach dem Krieg zerstörte Land bot zahlreiche Brutplätze für Mücken, zum Beispiel Flussauen oder wassergefüllte Bombentrichter. Zudem war der Sommer sehr heiß mit konstant hohen Temperaturen, sodass sich die *Anopheles*-Mücken und damit auch die Malariaerreger stark vermehren konnten.

Material B ▸ Bandwürmer

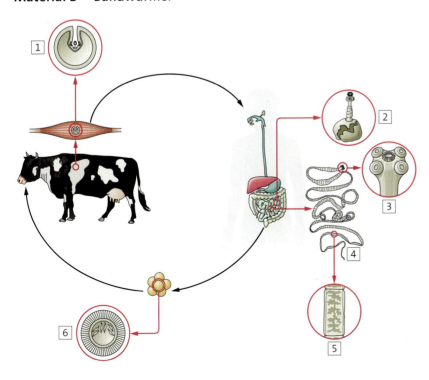

B1 Ordne den Zahlen die passenden Fachbegriffe zu!

B2 Beschreibe die Angepasstheiten eines Rinderbandwurms!

B3 Überprüfe, ob es auch beim Rinderbandwurm einen Generationswechsel gibt!

B4 Ermittle anhand des Zyklus die Stellen, an denen man den Rinderbandwurm bekämpfen kann!

B5 Vergleiche die Ursachen der Erkrankungen beim Rinder- und Fuchsbandwurm!

B6 Erkläre, weshalb man nach dem Streicheln eines Hundes oder einer Katze die Hände waschen sollte!

KOMMUNIKATION UND REGULATION
KRANKHEITSERREGER ERKENNEN UND ABWEHREN

01 Krank im Bett

Immunabwehr

Häufig kommen wir in Kontakt mit Bakterien und Viren. Unter ihnen befinden sich zahlreiche Krankheitserreger, die vor allem über unsere Mund- und Nasenöffnung in den Körper eindringen können. Dennoch werden wir nur selten krank. Wie wehrt sich unser Körper gegen diese Eindringlinge?

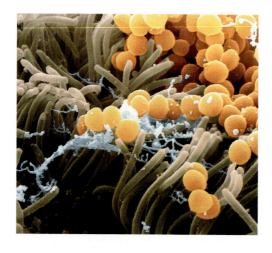

02 Schleimhaut mit Flimmerhärchen und Bakterien (koloriert)

SCHUTZBARRIEREN · In der Haut liegen die Zellen dicht beieinander und verhindern, dass Krankheitserreger eindringen. Zudem scheiden Drüsen in der Haut ständig Stoffe aus, die einen natürlichen *Säureschutzmantel* bilden. Die Haut ist also eine **Schutzbarriere.** Die Körperöffnungen, vor allem Mund, Nase und die Geschlechtsöffnungen, bieten einen leichteren Zugang. Diese Bereiche sind durch *Schleimhäute* ausgekleidet. Sie sind zwar dünn und leicht verletzbar, produzieren aber eine feuchte Schutzschicht, die Abwehrstoffe enthält. So können der Speichel, der Nasenschleim oder der feuchte Belag der Vagina viele Krankheitserreger vernichten. Auch Bakterien, die über die Speiseröhre in den Magen gelangen, werden in der Regel von der Magensäure abgetötet. Was aber geschieht im Körper, wenn die Haut verletzt ist und für Bakterien oder Viren durchlässig wird oder wenn andere Schutzbarrieren überwunden werden?

FRESSZELLEN · Unter den weißen Blutzellen gibt es Zellen, die sich kriechend fortbewegen können. Sie schieben dazu Teile ihres Zellplasmas als Ausstülpungen vor. Durch diese Art der Fortbewegung können sie Blutgefäße verlassen und eingedrungene Krankheitserreger oder Fremdkörper umfließen und so in ihren Zellinnenraum aufnehmen. Dort werden die Erreger aufgelöst. Man nennt diese Zellen **Fresszellen.** Sie gehören zur Abwehr des Körpers gegen Erreger, die bereits in den Körper eingedrungen sind. Diese Abwehr ist Teil des **Immunsystems.** Die Zellen des Immunsystems sind die **Immunzellen.** Weil die Fresszellen nicht auf bestimmte Erreger spezialisiert sind, bezeichnet man ihre Form der Abwehr als **unspezifische Immunabwehr.**

In die verletzte Haut oder in die Schleimhäute eingedrungene Krankheitserreger führen fast immer dazu, dass die dort liegenden Blutgefäße für Fresszellen stärker durchlässig werden. Fresszellen können so besser in das umliegende Gewebe gelangen und die eingedrungenen Erreger bekämpfen. Verletzte Stellen werden durch erweiterte Blutgefäße besser mit Blut versorgt, schwellen an, röten und erwärmen sich. Häufig schmerzen sie auch. Aus abgestorbenen Fresszellen, zerstörten körpereigenen Zellen und den Krankheitserregern kann sich eine gelbliche Flüssigkeit bilden, der **Eiter.** Wenn sich Krankheitserreger stark vermehrt haben, reagiert der Körper häufig mit einer länger andauernden Erhöhung der Körpertemperatur, dem **Fieber.** Die erhöhte Temperatur beschleunigt die Stoffwechselvorgänge in den Zellen und führt dazu, dass die Immunabwehr schneller verläuft.

LYMPHGEFÄSSSYSTEM · Außer im Blut und im Gewebe findet man die Immunzellen vor allem in röhrenförmigen Gefäßen, die ähnlich wie das Blutgefäßsystem den gesamten Körper durchziehen. Dieses **Lymphgefäßsystem** ist mit einer Flüssigkeit gefüllt, der **Lymphe,** die an frischen Schürfwunden austritt. Im oberen Brustbereich sind Blut- und Lymphgefäßsystem miteinander verbunden. In bestimmten Bereichen des Lymphgefäßsystems, den **Lymphknoten,** gibt es sehr viele Immunzellen.

Bei einer Infektion schwellen die Lymphknoten im Halsbereich, unter den Achseln und in der Leistengegend an und schmerzen dann häufig. Dies ist ein Anzeichen dafür, dass der Betreffende unter einer Infektion leidet.

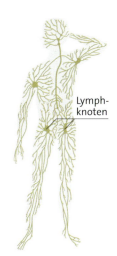

03 Lymphgefäßsystem

1) Nenne verschiedene Schutzbarrieren!

2) Beschreibe die unspezifische Immunabwehr!

04 Fresszellen greifen Bakterien an (koloriert)

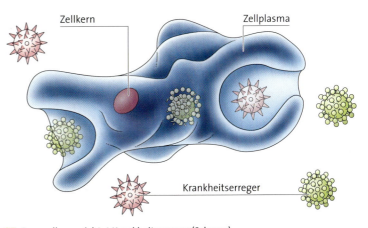

05 Fresszelle vernichtet Krankheitserreger (Schema)

KOMMUNIKATION UND REGULATION
KRANKHEITSERREGER ERKENNEN UND ABWEHREN

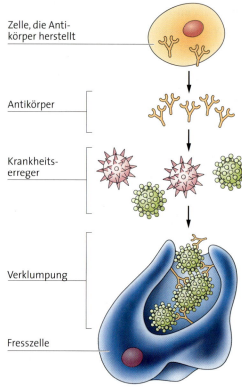

06 Spezifische Immunabwehr durch Antikörper (Schema)

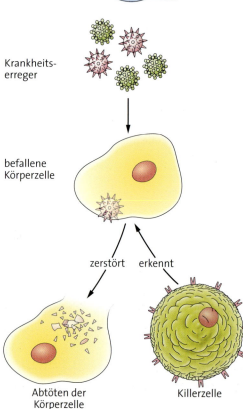

07 Spezifische Immunabwehr durch Killerzellen (Schema)

SPEZIFISCHE IMMUNABWEHR · Die unspezifische Immunabwehr erfolgt zwar recht schnell, kann aber manchmal die eingedrungenen Erreger nicht hinreichend an der Vermehrung hindern. In diesen Fällen wird der jeweilige Krankheitserreger gezielt bekämpft.

Jedes Bakterium, jedes Virus trägt auf seiner Oberfläche charakteristische Strukturen, die **Antigene.** Somit gibt es Unterschiede zwischen allen Krankheitserregern. Wenn Erreger, zum Beispiel Grippeviren, ins Blut eingedrungen sind, beginnen bestimmte weiße Blutzellen mit der Produktion spezifischer Abwehrstoffe, den **Antikörpern.** Diese Antikörper passen in einem solchen Fall jedoch nur zu den Antigenen dieser Grippeviren wie ein *Schlüssel zu seinem Schloss*. Jeder Antikörper hat zwei Bindungsstellen für die gleichen Antigene. So kann er zwei Grippeviren miteinander verbinden. Mithilfe mehrerer Antikörper werden viele Grippeviren zu größeren Klumpen zusammengefügt. Fresszellen können nun in einem einzigen Fressvorgang viele Erreger einschließen. Grippeviren, die durch Antikörper und Fresszellen nicht unschädlich gemacht wurden, dringen in Körperzellen ein und werden dort vermehrt. Zur Bekämpfung dieser Viren gibt es andere weiße Blutzellen. Sie erkennen Körperzellen, die von Viren befallen sind und töten diese ab. Diese weißen Blutkörperchen werden daher **Killerzellen** genannt. In toten Zellen können Viren nicht vermehrt werden.

Weil die gebildeten Antikörper und die Killerzellen gezielt eine bestimmte Form von Krankheitserreger abwehren können, bezeichnet man diese Reaktion als **spezifische Immunabwehr.** Erst wenn durch die Immunabwehr alle Erreger zerstört wurden, wird der Körper wieder gesund.

3 ⌋ Beschreibe die spezifische Immunabwehr, die in den Abbildungen 06 und 07 dargestellt ist!

MATERIAL

Material A ▸ Übertragungswege von Krankheitserregern

A1 Beschreibe die in den Abbildungen dargestellten Übertragungswege von Krankheitserregern!

A2 Nenne weitere Möglichkeiten der Übertragung von Krankheitserregern aus deinem Schulalltag!

A3 Beschreibe, wie man sich vor Infektionen mit Krankheitserregern schützen kann!

Material B ▸ Antikörper

B1 Zeichne zu den drei abgebildeten Erregern die spezifischen Antikörper!

B2 Erläutere anhand dieser Beispiele das Schlüssel-Schloss-Prinzip!

B3 Erläutere die Vorteile der Bekämpfung von Krankheitserregern durch Antikörper!

B4 Nenne ein weiteres Beispiel für das Schlüssel-Schloss-Prinzip!

Material C ▸ Fieber

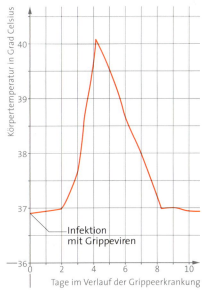

C1 Beschreibe die Fieberkurve!

C2 Erläutere den Kurvenverlauf und gib an, weshalb das Fieber verzögert auftritt und ab dem vierten Tag zurückgeht!

KOMMUNIKATION UND REGULATION
KRANKHEITSERREGER ERKENNEN UND ABWEHREN

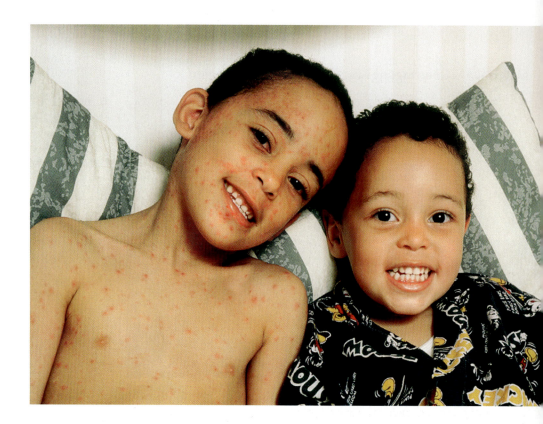

01 Junge mit Windpocken

Immunisierung

Ein Junge leidet unter Windpocken, die auf seiner Haut einen Juckreiz verursachen. Der Name Windpocken leitet sich von der Art der Verbreitung der Viren ab, die über die Luft ohne direkten Kontakt übertragen werden können. Dennoch erkrankt der Bruder des Jungen nicht, obwohl sich beide häufig in denselben Räumen aufhalten. Wie ist das zu erklären?

IMMUNITÄT · Wenn die Windpockenviren zum ersten Mal in den Körper eindringen, beginnen die Immunzellen mit der Abwehrreaktion. Fresszellen vernichten die Erreger und Antikörper produzierende Zellen werden aktiviert. Sie vermehren sich und bilden Antikörper gegen die Antigene der Viren. Diejenigen Windpockenviren, die dadurch nicht unschädlich gemacht werden, können Körperzellen befallen. Dann greifen Killerzellen ein. Sie zerstören die befallenen Körperzellen und verhindern so die Vermehrung der Windpockenviren. Bei einer **Erstinfektion** läuft die Immunabwehr jedoch häufig nicht schnell genug ab, sodass sich die Windpockenerreger trotzdem stark vermehren können. Wie bei dem Jungen kann das Immunsystem den Ausbruch der Windpocken nicht verhindern. Vor einigen Jahren ging es seinem Bruder ebenso. Weshalb erkrankt der Bruder aber nicht erneut an dieser Krankheit?

Bei der Erstinfektion wird noch ein weiterer Vorgang eingeleitet: Neben den Antikörper produzierenden Zellen bilden sich auch Zellen, die die Information speichern, dass es sich um Windpocken-Antigene handelt. Sie heißen daher **Gedächtniszellen**. Wenn Jahre später bei einer **Zweitinfektion** die Windpockenviren wieder in den Körper eindringen, sorgen die vorhandenen Gedächtniszellen dafür, dass in kürzester Zeit eine große Anzahl an Antikörpern entsteht. Die Windpockenviren werden dadurch schnell bekämpft, bevor sie sich stark vermehren können. Der Körper ist gegen diesen Krankheitserreger **immun** geworden. Der Bruder des Jungen ist also nach der Erstinfektion vor Windpocken geschützt.

AKTIVE IMMUNISIERUNG · Neben den eher harmlosen Symptomen wie Juckreiz und „Streuselkuchenhaut" können bei einer Windpockenerkrankung aber auch schwere Krankheitserscheinungen auftreten. Dazu zählt eine Hirnentzündung mit bleibenden Ausfällen von Gehirnfunktionen. Ärzte empfehlen daher schon für das frühe Kleinkindesalter eine vorbeugende Behandlung, die vor Windpocken schützt. Wie kann eine solche Maßnahme aussehen?

Der Arzt spritzt einem Kleinkind abgeschwächte Windpockenviren in den Oberarm, er **impft** das Kind. Bei anderen gefährlichen Infektionskrankheiten werden auch abgetötete Erreger oder sogar nur Bruchstücke des Erregers als Impfstoff eingesetzt. Wie bei einer Erstinfektion bildet das Immunsystem des Kindes nun nicht nur spezifische Antikörper gegen die Antigene der geimpften Erreger, sondern auch die entsprechenden Gedächtniszellen. Die Krankheit bricht nicht aus, weil die Krankheitserreger abgeschwächt oder unvollständig sind, sodass sie sich nicht vermehren können.

Gelangen Jahre später vermehrungsfähige, krank machende Erreger in den Körper, können die Gedächtniszellen sofort und in kürzester Zeit die Bildung einer großen Anzahl von Antikörpern anregen. Diese verhindern den Ausbruch der Krankheit. Nach einer Windpockenimpfung ist das Kind gegen die Windpockenviren immun. Da der Körper bei dieser Impfung selbst einen Schutz gegen eine bestimmte Infektionskrankheit aufbaut, spricht man von **aktiver Immunisierung**. Bei Kleinkindern verwendet man bei solchen *Schutzimpfungen* in der Regel Mehrfachimpfstoffe, die gegen verschiedene Krankheiten vorbeugen. So lässt sich bei der Vielfalt der möglichen

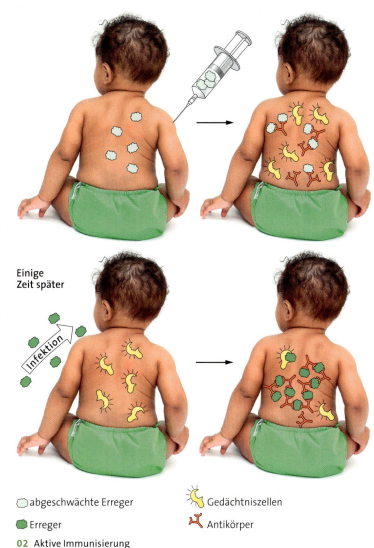

02 Aktive Immunisierung

Krankheitserreger die Anzahl der erforderlichen Impfungen verringern.

Die Immunität lässt jedoch häufig nach einigen Jahren nach, weil die bei der aktiven Immunisierung gebildeten Gedächtniszellen nicht lebenslang erhalten bleiben. In solchen Fällen muss der Impfstoff durch eine *Auffrischungsimpfung* erneut gespritzt werden.

Die Impfstoffe für die aktive Immunisierung werden gewonnen, indem man Bakterien oder Viren vermehrt und diese so behandelt, dass sie ihre Fähigkeit zur Vermehrung verlieren.

KOMMUNIKATION UND REGULATION
KRANKHEITSERREGER ERKENNEN UND ABWEHREN

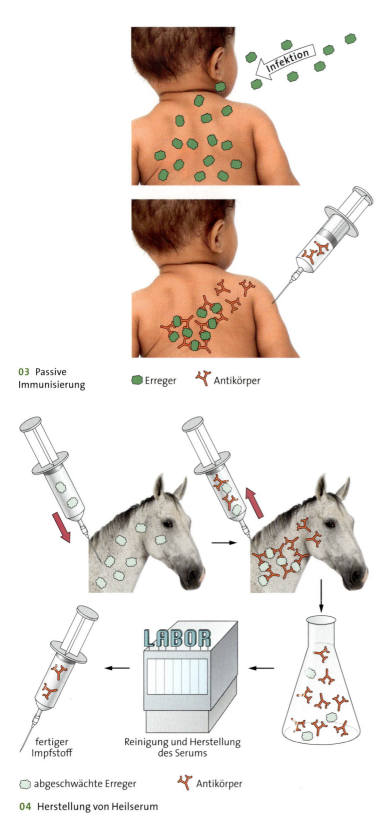

03 Passive Immunisierung

04 Herstellung von Heilserum

PASSIVE IMMUNISIERUNG · Wenn die Windpockenviren sich stark vermehrt haben, bricht die Krankheit aus. In einem solchen Fall kann man mit spezifischen Antikörpern gegen die Windpockenviren impfen. Diese Impfung verkürzt deutlich den Heilungsprozess einer bereits erkrankten Person und wird daher als *Heilimpfung* bezeichnet. Da die eingespritzten Antikörper nach einiger Zeit verbraucht oder abgebaut sind, ist der Impfschutz nur vorübergehend. Der Körper ist deshalb nicht dauerhaft immun, da die eigene spezifische Immunabwehr durch die schnelle Heilung nicht oder zumindest nicht ausreichend aktiviert wurde. Bei einer Zweitinfektion fehlen die notwendigen Gedächtniszellen für eine wirkungsvolle Bekämpfung der Windpockenviren.

Im Unterschied zu einer aktiven Immunisierung wehrt der Körper die Krankheitserreger also nicht selbst ab. Stattdessen beruht die Heilwirkung auf den von außen zugeführten Antikörpern. Deshalb bezeichnet man diese Art der Impfung als **passive Immunisierung**. Diese Impfmethode entwickelte 1890 der deutsche Arzt Emil VON BEHRING. Um den Impfstoff zu erhalten, spritzt man Säugetieren, wie zum Beispiel Pferden, Rindern oder Schafen, abgeschwächte Krankheitserreger. Die Tiere bilden spezifische Antikörper gegen den jeweiligen Krankheitserreger. Diese Antikörper werden anschließend aus dem Blut gewonnen und zur Herstellung von *Heilserum* zur Behandlung erkrankter Personen verwendet.

1) Nenne die verschiedenen Zelltypen, die an der Immunabwehr beteiligt sind!

2) Erkläre die Begriffe Schutzimpfung, Heilimpfung, Auffrischungsimpfung und Heilserum!

3) Vergleiche aktive und passive Immunisierung! Fertige dazu eine Tabelle an!

Material A ▸ Experiment mit Blut

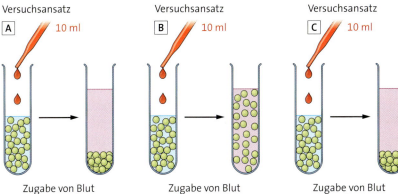

- Typhuserreger in Flüssigkeit

Versuchsansatz A – 10 ml – Zugabe von Blut einer an Typhus erkrankten Person

Versuchsansatz B – 10 ml – Zugabe von Blut einer gesunden Person

Versuchsansatz C – 10 ml – Zugabe von Blut einer Person, die zwei Wochen zuvor gegen Typhus aktiv immunisiert wurde

A1 Beschreibe die Durchführung des Experiments!

A2 Formuliere eine Fragestellung, die mit dem Experiment beantwortet werden kann!

A3 Deute die Ergebnisse!

A4 Stelle eine Vermutung an, welches Ergebnis man in Ansatz C erhalten hätte, wenn man Blut einer Person verwendet hätte, die bereits mehrere Jahre zuvor gegen Typhus aktiv immunisiert wurde!

Material B ▸ Impfbuch

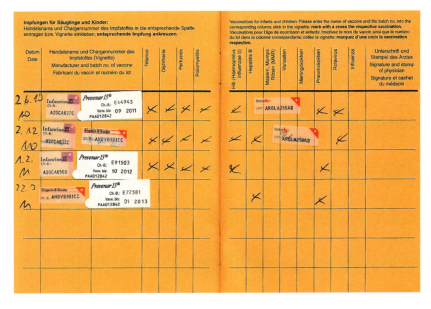

B1 Nenne fünf Krankheitserreger oder Krankheiten, gegen die das einjährige Kleinkind bereits geimpft wurde! Informiere dich dazu in Nachschlagewerken oder im Internet!

B2 Erläutere, weshalb Auffrischungsimpfungen erforderlich sind!

B3 Erkläre am Beispiel der Diphtherie, welche Folgen sogenannte Impflücken haben können, die dann entstehen, wenn große Teile der Bevölkerung Auffrischungsimpfungen, zum Beispiel gegen Diphtherie, nicht durchführen!

Material C ▸ Historisches Experiment

Der englische Arzt Edward JENNER wagte 1796 ein Experiment: Er infizierte einen Jungen zuerst mit harmlosen Kuhpockenviren. Einige Wochen später spritzte er dem Jungen die gefährlichen echten Pockenviren.

C1 Stelle eine Vermutung an, weshalb der Junge durch die Infektion mit den Kuhpockenviren auch gegen die gefährlichen Pockenviren geschützt war!

C2 Nenne die Methode, die Edward JENNER erfunden hat!

KOMMUNIKATION UND REGULATION
KRANKHEITSERREGER ERKENNEN UND ABWEHREN

IM BLICKPUNKT MEDIZIN

Blutgruppen

Bis zum Beginn des 20. Jahrhunderts kam es bei vielen Blutübertragungen zu Verklumpungen, die zu lebensgefährlichen Verstopfungen der Blutgefäße führten. Nach systematischen Untersuchungen entdeckte der Wiener Arzt Karl LANDSTEINER die Ursachen für diese Verklumpungen: Er trennte sein Blut und das seiner Mitarbeiter in rote Blutzellen und Serum. Dann vermischte er jeweils die roten Blutzellen nacheinander mit den fremden Seren. Dabei traten in einigen Fällen Verklumpungen auf, in anderen Fällen nicht. Landsteiner erklärte die erhaltenen Ergebnisse mit der Annahme, dass manche rote Blutzellen auf ihrer Oberfläche ein Antigen A tragen. Andere besitzen ein Antigen B, wieder andere beide Antigene A und B und schließlich eine vierte Gruppe gar kein Antigen. Er ordnete den roten Blutzellen entsprechend die Blutgruppen A, B, AB und 0 zu.

In den verschiedenen Blutseren sind Stoffe enthalten, die zu den jeweiligen Antigenen passen und mit ihnen chemisch reagieren. Man nennt sie **Antikörper.** Blutserum der Blutgruppe B enthält die Antikörper Anti-A. Treffen rote Blutzellen mit dem Antigen A auf das Serum mit diesen Antikörpern, so verklumpt das Blut. Die chemische Reaktion wird **Antigen-Antikörper-Reaktion** genannt. Im Serum der Blutgruppe A befinden sich Antikörper Anti-B, im Serum der Blutgruppe 0 gibt es Anti-A und Anti-B, während im Serum der Blutgruppe AB keine Antikörper enthalten sind.

Bei Blutübertragungen wird heute nur Blut der gleichen Blutgruppe verwendet. Zur Bestimmung der Blutgruppen genügen zwei Testseren mit den Antikörpern Anti-A beziehungsweise Anti-B.

1 Erläutere, wie man mithilfe zweier Testseren die vier Blutgruppen bestimmen kann!

Blutgruppe	Rote Blutzellen	Blutserum
A	Antigene A	Anti-B-Antikörper
B	Antigene B	Anti-A-Antikörper
AB	Antigene A und B	keine Antikörper
0	keine Antigene	Anti-A-Antikörper, Anti-B-Antikörper

01 Blutgruppen A, B, AB und 0 (Schema, nicht maßstabsgetreu)

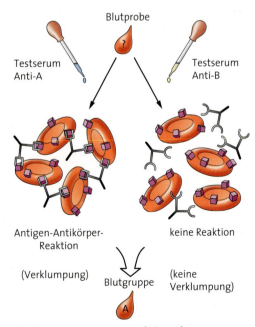

02 Blutgruppenbestimmung (Schema)

IM BLICKPUNKT MEDIZIN

Allergien

Sobald manche Menschen in Kontakt mit Katzenhaaren kommen, tränen ihre Augen und ihre Nase läuft. Auch Kopfschmerzen und Atembeschwerden können auftreten. Das liegt daran, dass Katzenhaare aus Bestandteilen aufgebaut sind, die bei einigen Menschen als Antigene wirken. Ihr Immunsystem bildet Antikörper und startet weitere Stoffwechselreaktionen, die zu den genannten Symptomen führen und unter dem Begriff **Allergie** zusammengefasst werden. Antigene, die eine Allergie auslösen, nennt man **Allergene.**

Häufig tragen Pollenkörner von Blütenpflanzen Allergene, die dann Heuschnupfen auslösen: Die Nasenschleimhaut schwillt an und bildet viel Schleim. Die Augen jucken und tränen und die Atemwege verengen sich. Bei besonders heftiger Allergie tritt Atemnot auf. Allergische Symptome können auch durch den Kot von Hausstaubmilben hervorgerufen werden. Durch den Kontakt mit bestimmten Metallen, zum Beispiel Nickel im Schmuck, kann es zu allergischen Hautausschlägen kommen.

Weitere Allergene können auch in Nahrungsmitteln, Kleidung, Medikamenten, Kosmetika, Insektengiften sowie Reinigungs- und Waschmitteln vorkommen. Bei manchen Allergien setzt die allergische Reaktion sofort nach dem Kontakt mit der Haut oder der Schleimhaut ein, bei anderen erst nach Tagen oder Wochen.

Um herauszufinden, welche Stoffe für eine allergische Reaktion infrage kommen, führt der Arzt einen Allergietest durch. Dazu tropft er verschiedene Lösungen, die jeweils ein bestimmtes Allergen enthalten, auf die Haut und sticht mit einer Nadel durch den Tropfen hindurch in die Haut. Nach einer gewissen Zeit kann man an einer Rötung und Schwellung der Haut erkennen, in welchem Tropfen ein für die untersuchte Person wirksames Allergen enthalten war.

Zur Milderung der allergischen Symptome werden Medikamente eingesetzt. Diese wirken allerdings nur für kurze Zeit. Ganz ohne Beschwerden bleiben Allergiker nur, wenn sie den Kontakt mit den Allergenen vermeiden.

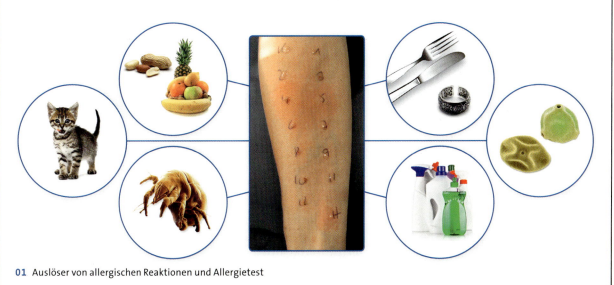

01 Auslöser von allergischen Reaktionen und Allergietest

KOMMUNIKATION UND REGULATION
KRANKHEITSERREGER ERKENNEN UND ABWEHREN

01 Plakat zum Welt-Aids-Tag

HI-Virus – Angriff auf das Immunsystem

Am Welt-Aids-Tag wird in jedem Jahr an die Krankheit Aids erinnert. Sie wird hervorgerufen durch ein Virus, das HI-Virus. Nach einer Infektion treten zunächst grippeähnliche Krankheitserscheinungen auf. Trotzdem sind HI-Viren sehr viel gefährlicher als Grippeviren. Weshalb sind sie so gefährlich?

HIV · Wie alle Viren benötigen auch HI-Viren für ihre Vermehrung bestimmte Wirtszellen. HI-Viren befallen weiße Blutzellen, vor allem solche, die bei einer Infektion helfen, das Immunsystem zu aktivieren. Man nennt diese Zellen **Helferzellen.** Sie aktivieren sowohl die Produktion von Antikörpern als auch die von Killerzellen. Infizierte Helferzellen werden durch das HI-Virus so stark geschädigt, dass sie absterben. Dringen nun andere Krankheitserreger in den Körper ein, können nicht genügend Antikörper und Killerzellen gebildet werden. Deshalb werden weder die Krankheitserreger im Blut noch die in den Körperzellen ausreichend bekämpft. HI-Viren sind somit besonders gefährlich, weil sie durch den Angriff auf die Helferzellen die wichtigsten Abwehrmöglichkeiten des Immunsystems stark schwächen. Das Virus erhielt daher den Namen **Human Immunodeficiency Virus,** abgekürzt **HIV,** was auf Deutsch Menschliches Immunschwächevirus heißt.

02 Aufgaben der Helferzellen im Immunsystem

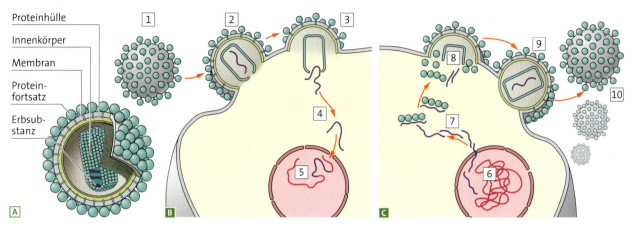

03 HI-Virus: **A** Bau, **B** Infektion (1 bis 5), **C** Vermehrung (6 bis 10)

BAU UND VERMEHRUNG VON HIV · HI-Viren sind wie Grippeviren etwa ein zehntausendstel Millimeter groß und bestehen aus einer Membran und einer Proteinhülle sowie aus Erbsubstanz. Im Unterschied zum Grippevirus besitzt das HI-Virus noch eine zweite, kapselartige Proteinhülle im Inneren, den *Innenkörper*. In diesem ist die Erbsubstanz eingeschlossen. Wenn HI-Viren ins Blut gelangen, bleiben sie mit ihren Proteinfortsätzen an der Zelloberfläche von weißen Blutzellen haften. Dann verschmilzt die Hülle des HI-Virus mit der Membran der Wirtszelle. Dadurch öffnet sich die Proteinhülle des Virus und der Innenkörper gelangt in die Wirtszelle. Die Erbsubstanz des Virus wird freigesetzt. Sie wandert in den Zellkern der Wirtszelle und wird dort in die Erbsubstanz der Wirtszelle eingebaut. Im Zellkern wird die HIV-Erbsubstanz kopiert. Die in den Kopien enthaltene Erbinformation stellt den Stoffwechsel der Wirtszelle dann so um, dass nur noch HIV-Bausteine gebildet werden. Sie werden im Zellplasma der Wirtszelle zusammengesetzt. Die neuen Viren verlassen die Wirtszelle und können weitere Helferzellen befallen.

ÜBERTRAGUNG VON HIV · Nachdem sich HI-Viren vermehrt haben, kommen sie auch in verschiedenen Körperflüssigkeiten vor. Besonders viele sind im Blut sowie in der Spermien- und Scheidenflüssigkeit vorhanden. Dagegen befinden sich im Speichel, in der Tränenflüssigkeit und im Urin nur wenige Viren.

Man kann sich mit HIV infizieren, wenn die im Blut, in der Spermien- oder Scheidenflüssigkeit enthaltenen HI-Viren ins eigene Blut gelangen. Da oft kleinste, nicht bemerkbare Risse in der Scheidenschleimhaut oder am Penis vorhanden sind, können beim Geschlechtsverkehr HI-Viren aus der Spermien- oder Scheidenflüssigkeit ins Blut gelangen. Das ist einer der häufigsten Übertragungswege. Außerdem ist das Risiko einer Infektion sehr groß, wenn Drogenabhängige Spritzen gemeinsam benutzen und dadurch Blutreste eines Infizierten ins Blut eines Nichtinfizierten gelangen.

Die Gefahr, dass eine infizierte Mutter während der Schwangerschaft das Virus auf das ungeborene Kind überträgt, ist gering. Während der Geburt ist aber über den Kontakt mit dem Blut der Mutter oder danach beim Stillen über die Muttermilch eine Infektion möglich. Eine Infektion über Bluttransfusionen im Krankenhaus ist heute weitgehend ausgeschlossen, da Blutkonserven einer strengen Kontrolle auf HI-Viren unterliegen.

1 Begründe die Gefährlichkeit von HI-Viren!

2 Beschreibe die in Abbildung 03 dargestellten Vorgänge!

KOMMUNIKATION UND REGULATION
KRANKHEITSERREGER ERKENNEN UND ABWEHREN

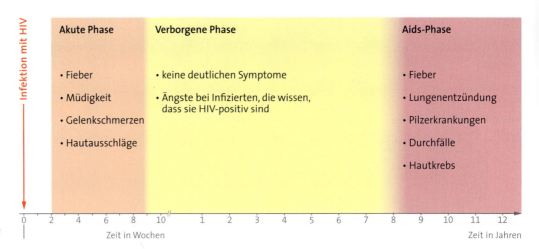

04 Krankheitsverlauf

KRANKHEITSVERLAUF · Etwa zwei bis sechs Wochen nach einer HIV-Infektion treten zunächst grippeähnliche Symptome auf, die nach etwa zwei Wochen wieder abklingen. Man bezeichnet diese Zeit, in der Krankheitserscheinungen auftreten, als **akute Phase**. Danach können viele Jahre ohne deutliche Symptome vergehen. Trotzdem steigt in dieser Zeit die Anzahl an HI-Viren, und die Anzahl an Helferzellen sinkt allmählich. Da die schleichende Schädigung des Immunsystems verborgen abläuft, nennt man diesen Zeitraum die **verborgene Phase**. Die weitere Abnahme der Anzahl an Helferzellen schwächt schließlich die Immunabwehr so stark, dass selbst gewöhnlich harmlose Krankheitserreger nicht mehr bekämpft werden können. Die Symptome der akuten Phase treten erneut auf, verschwinden aber nicht mehr. Damit beginnt die letzte Phase, in der sich die durch die HIV-Infektion erworbene Immunschwäche deutlich auswirkt. Sie wird als **Acquired Immunodeficiency Syndrome**, kurz **Aids**, bezeichnet, was auf Deutsch erworbenes Immunschwächesyndrom heißt. Da der Körper bei Aids allen Krankheitserregern weitgehend schutzlos ausgeliefert ist, sind die Krankheitserscheinungen vielfältig. Häufig treten Pilzerkrankungen, Lungenentzündung und Hautkrebs auf. Der Aids-Kranke stirbt schließlich an den Folgen dieser nicht mehr heilbaren Erkrankungen.

HIV-TEST · Bei einer HIV-Infektion werden die für die Immunantwort verantwortlichen Helferzellen allmählich zerstört. Dennoch findet eine Immunreaktion gegen die HI-Viren statt. Dabei werden Antikörper gebildet, die die HI-Viren verklumpen. Diese Immunreaktion kann aber die Vermehrung von HI-Viren nicht stoppen. HIV-Antikörper können zwölf Wochen nach der Infektion im Blut nachgewiesen werden. Auf diesem Nachweis beruht der HIV-Test. Sind HIV-Antikörper vorhanden, spricht man von *HIV-positiv*, fehlen sie, von *HIV-negativ*.

SCHUTZ VOR HIV · Aids ist mit Medikamenten noch nicht heilbar. Mit ihnen lässt sich aber der Ausbruch der Krankheit verzögern und das Leiden der an Aids Erkrankten lindern. Jeder sollte deshalb wissen, wie man sich vor einer HIV-Infektion schützen kann. Da die meisten Infektionen beim ungeschützten Geschlechtsverkehr erfolgen, ist die Verwendung von Kondomen eine wichtige Schutzmaßnahme. Bei der Ersten Hilfe von Verletzten sollte ein Blutkontakt vermieden werden. Drogenabhängige sollten immer eigene sterile Injektionsnadeln verwenden.
Alljährlich wird am Welt-Aids-Tag an die Einhaltung dieser Schutzmaßnahmen erinnert. Als Symbol der Verbundenheit mit Aids-Kranken dient eine rote Schleife.

05 Aids-Schleife

MATERIAL

Material A ▸ HIV-Übertragung

A1 Nenne die Abbildungen, die Situationen zeigen, bei denen ein hohes Risiko besteht, sich mit HIV zu infizieren!

A2 Begründe für die Abbildung E das Infektionsrisiko!

A3 Beschreibe ein weiteres Beispiel für eine mögliche HIV-Infektion!

Material B ▸ Krankheitsverlauf

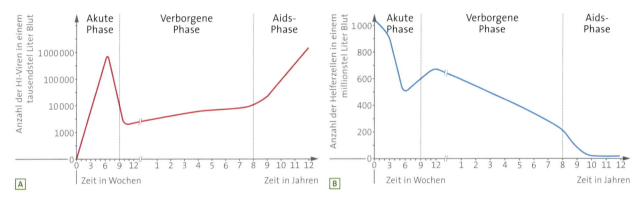

B1 Beschreibe die Ergebnisse der in den beiden Diagrammen dargestellten Untersuchungen!

B2 Erkläre den Zusammenhang zwischen dem Verlauf der HI-Virenanzahl und dem Verlauf der Helferzellenanzahl!

B3 Vergleiche Aids-Phase und akute Phase! Begründe, weshalb die Krankheitserscheinungen in der Aids-Phase schwerwiegender sind!

Material C ▸ Schutz vor AIDS

C1 Beschreibe die abgebildeten Werbeplakate!

C2 Erläutere die Aussagen eines der beiden Plakate!

C3 Entwirf selbst eine Postkarte zum Thema Aids!

KOMMUNIKATION UND REGULATION
HORMONE – SIGNALSTOFFE IM KÖRPER

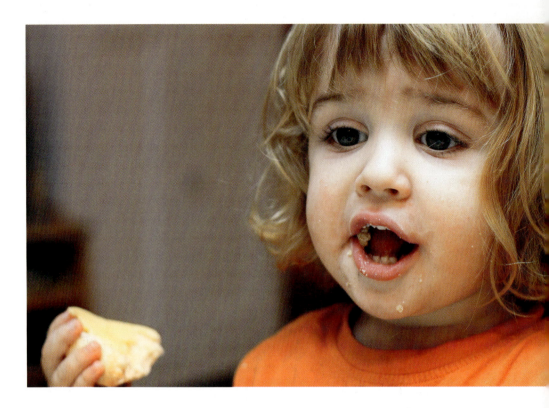

01 Kind isst ein Brötchen

Der Blutzuckergehalt wird geregelt

Nach einer Mahlzeit entsteht bei der Verdauung kohlenhydrathaltiger Nahrung Glukose, die ins Blut übertritt und zu allen Zellen transportiert wird. Je nach Aktivität der Zellen ist der Glukosebedarf unterschiedlich. Wie schafft es der Körper, dass die Zellen immer die richtige Glukosemenge erhalten?

BLUTZUCKERSPIEGEL · Nach einer Mahlzeit sollte der Gehalt an Glukose im Blut hoch sein. Bei körperlicher oder geistiger Tätigkeit hingegen wird viel Glukose in der Zellatmung verbraucht. Dann sollte der Glukosegehalt im Blut sinken. Das ist tatsächlich so, aber nur in bestimmten Grenzen: Bei gesunden Menschen schwankt der Blutzuckergehalt, der **Blutzuckerspiegel,** zwischen 0,7 und 1,1 Gramm Glukose pro Liter Blut. Dadurch steht für die Körperzellen gleichmäßig viel Glukose zur Verfügung, die sie nach Bedarf aufnehmen können. Wie sorgt der Körper dafür, dass der Blutzuckerspiegel annähernd konstant bleibt?

INSULIN UND GLUKAGON · Verantwortlich für den etwa gleich hohen Blutzuckerspiegel sind die Stoffe **Insulin** und **Glukagon**. Beide werden je nach Bedarf in bestimmten Zellen der Bauchspeicheldrüse produziert und in die Blutbahn abgegeben. Mit dem Blut gelangen sie in den ganzen Körper. Ihre Wirkung können sie aber nur an solchen Zellen ausüben, die ganz bestimmte Oberflächenstrukturen besitzen, die man **Rezeptoren** nennt. Insulin beziehungsweise Glukagon passen in solche Rezeptoren ähnlich wie ein Schlüssel in das jeweilige Schloss.

Steigt nach einer Mahlzeit der Glukosespiegel im Blut an, so wird dies von bestimmten Zellen in der Bauchspeicheldrüse erkannt. Sie bilden daraufhin Insulin und geben es in das Blut ab. Wenn es an Zellen mit Insulinrezeptoren andockt, wird die Zellmembran für Glukose durchlässiger. Vor allem Zellen in der Skelettmuskulatur und in der Leber nehmen Glukose auf und wandeln sie in Fett oder den stärkeähnlichen Stoff Glykogen um. Auf diese Weise wird der erhöhte Blutzuckergehalt gesenkt. Lässt der Nachschub an Glukose aus der Verdauung nach und wird bei der Zellatmung mehr Glukose verbraucht, beginnen andere Zellen der Bauchspeicheldrüse mit der vermehrten Produktion von Glukagon. Es wird ebenfalls mit dem Blut transportiert und besetzt die Glukagonrezeptoren an den Zellen. Dies hat in den Muskel- und Leberzellen zur Folge, dass Fett und Glykogen zu Glukose abgebaut werden. Glukose gelangt ins Blut und erhöht dadurch den niedriger gewordenen Blutzuckerspiegel.

HORMONE · Insulin und Glukagon gehören zu einer Gruppe von Stoffen, die man **Hormone** nennt. Hormone sind Wirk- und Botenstoffe, die in Hormondrüsen oder Drüsenzellen produziert und ins Blut abgegeben werden. Sie wirken bereits in geringer Menge an solchen Zellen und Geweben, an denen sich die passenden Rezeptoren befinden. Produktions- und Wirkungsort liegen an verschiedenen Stellen.

Neben der Regulation des Blutzuckerspiegels werden zum Beispiel der Grundumsatz, der Wasserhaushalt, der Blutdruck oder die Schwangerschaft durch Hormone geregelt. Hormone sind somit neben dem Nervensystem ein zweites Informationssystem des Körpers. Anders als beim Nervensystem ist die Informationsleitung über Hormone langsamer. Dafür hält die Wirkung der empfangenen Information in den Zielzellen länger an. Sie lässt erst nach, wenn das Hormon wieder abgebaut wird. Außerdem können Hormone an mehreren Stellen des Körpers gleichzeitig wirken, nämlich überall da, wo Zellen die passenden Rezeptoren tragen.

1) Erläutere die gegenläufige Wirkung von Insulin und Glukagon!

2) Beschreibe die Merkmale von Hormonen!

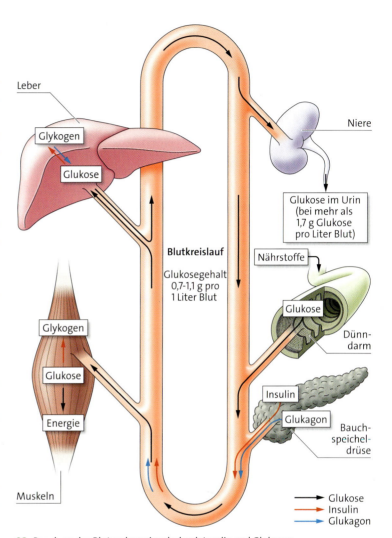

02 Regelung des Blutzuckerspiegels durch Insulin und Glukagon

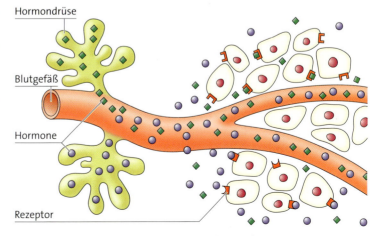

03 Informationsübertragung durch Hormone (Schema)

IM BLICKPUNKT MEDIZIN

Diabetes

Wenn in der Bauchspeicheldrüse kein oder nur zu wenig Insulin gebildet wird, können die Zellen des Körpers keine oder nur zu wenig Glukose aus dem Blut aufnehmen. Da aber weiterhin Glukose aus dem Darm in das Blut gelangt, steigt der Blutzuckerspiegel auf einen zu hohen Wert. Bei mehr als 1,7 Gramm Glukose pro Liter wird die überschüssige Glukose in der Niere aus dem Blut entfernt und mit dem Harn ausgeschieden. Ist der *Zuckergehalt* im Harn dauerhaft erhöht, spricht man von der Zuckerkrankheit oder **Diabetes mellitus.**

altgriechisch dia = durch,

bainein = gehen,

lateinisch mellitus = honigsüß

Es gibt zwei verschiedene Typen der Zuckerkrankheit: Diabetes vom Typ 1 tritt oft schon im Jugendalter auf und wurde deshalb früher als Jugenddiabetes bezeichnet. Er beruht auf einer Zerstörung der Insulin produzierenden Zellen und äußert sich mit den Symptomen Durst, Ausscheidung großer Urinmengen und Gewichtsabnahme. Diabetes vom Typ 2 tritt häufig erst später im Leben auf und wurde deshalb früher Altersdiabetes genannt. Er ist oft Folge von Bewegungsmangel, Übergewicht und hohem Blutdruck. Diese Faktoren verschlimmern eine bereits in der Person vorhandene mangelnde Empfindlichkeit der Insulinrezeptoren.

Diabetiker leiden an einer mangelhaften Glukoseaufnahme in die Zellen. Daher läuft ihre Zellatmung nur vermindert ab und es steht weniger Energie für Muskulatur und Nervensystem zur Verfügung. Folglich fühlen sie sich oft matt und kraftlos. Schwerwiegender ist, dass alle Organe geschädigt werden und ein unbehandelter Diabetes die Lebenserwartung erheblich senkt.

Zur Behandlung von Diabetes müssen seine Ursachen bekämpft werden: Patienten mit Diabetes vom Typ 1 müssen Insulin von außen in die Blutbahn spritzen und so den Insulinmangel ausgleichen. Zur Dosierung ist eine genaue Berechnung der verfügbaren und benötigten Glukosemenge erforderlich. Patienten mit Diabetes vom Typ 2 müssen zunächst ihr Gewicht reduzieren, ihre Ernährung umstellen und den Blutdruck senken. Dies führt in vielen Fällen bereits zu einer deutlichen Verbesserung. In der Regel ist aber eine zusätzliche Behandlung mit Medikamenten erforderlich, die die Aufnahme von Glukose in die Zellen erhöhen.

Es ist oft schwierig, die Ursachen des Diabetes festzustellen. Daher ist vor einer Therapie eine sorgfältige Diagnose erforderlich.

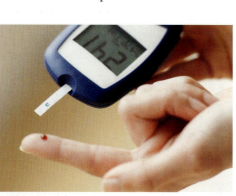

04 Messen des Blutzuckerspiegels

05 Einspritzen von Insulin

MATERIAL

Material A ▸ Blutzuckerspiegel

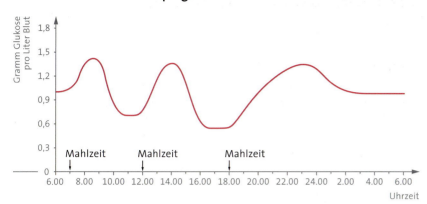

A1 Erkläre das dargestellte Ergebnis!

A2 Begründe, weshalb Fachleute statt drei großer Mahlzeiten pro Tag mehrere kleine empfehlen!

A3 Begründe, weshalb eine Kurve des Insulingehalts ähnlich wie die Glukosekurve, aber zeitlich versetzt verlaufen würde!

Material B ▸ Zuckerbelastungstest

Ergebnisse des Zuckerbelastungstests

Blutzuckergehalt des Blutes in Milligramm pro 100 Milliliter		
Zeit	Person A	Person B
→ Trinken der Zuckerlösung		
8 Uhr	150	90
9 Uhr	260	130
10 Uhr	290	100
11 Uhr	250	90

Bei einem Zuckerbelastungstest tranken zwei nüchterne Personen eine Glukoselösung. Danach wurde in regelmäßigen Zeitabständen die Höhe des Blutzuckerspiegels gemessen. Die Werte für die beiden Personen sind aus der Tabelle zu entnehmen.

B1 Stelle die Ergebnisse in einem geeigneten Diagramm dar!

B2 Vergleiche die Ergebnisse der beiden Testpersonen!

B3 Begründe, welche der beiden Personen unter Diabetes leidet!

B4 Stelle Vermutungen an, wie sich der Blutzuckerspiegel der Person B ändern würde, wenn ihr um 11 Uhr Glukagon gespritzt werden würde! Begründe deine Aussage!

Material C ▸ Informationen zum Diabetes

In Deutschland sind mehr als sieben Millionen Menschen wegen Diabetes in ärztlicher Behandlung, knapp zehn Prozent davon wegen Diabetes vom Typ 1. Alle Arten des Diabetes sind nicht ansteckend.
Kinder, die an Diabetes erkrankt sind, haben meistens Diabetes vom Typ 1. Für diese Erkrankung des Immunsystems können weder die Erkrankten selbst noch ihre Eltern etwas. Anders als Diabetes vom Typ 2 hat er nichts mit der Lebensführung und auch nichts mit dem Gewicht zu tun. Er ist bisher nicht heilbar. Demgegenüber ist Diabetes vom Typ 2 durch eine Gewichtsreduktion, eine Umstellung der Ernährung und eine Senkung des Blutdrucks zumindest positiv zu beeinflussen.
Diabetes vom Typ 1 kann nicht mit Tabletten behandelt werden, es muss Insulin gespritzt werden. Diabetiker vom Typ 1 können ein vollkommen normales Leben führen, wenn sie sich an bestimmte Regeln halten. Sie können alles essen und müssen keine Diät einhalten.

C1 Fasse die Informationen im Text und auf Seite 178 in einer Tabelle zusammen!

C2 Vergleiche die beiden Diabetestypen!

C3 Stelle Vermutungen an, weshalb Diabeteserkrankungen in Zukunft voraussichtlich zunehmen werden!

C4 Erläutere, ob du deine Klassenkameraden über eine mögliche eigene Diabeteserkrankung informieren würdest!

KOMMUNIKATION UND REGULATION
HORMONE – SIGNALSTOFFE IM KÖRPER

01 Klassenarbeit

Stress

Eine Klassenarbeit ist für Schülerinnen und Schüler anstrengend. Wie reagiert der Körper auf diese und andere Belastungen?

STRESS · Wer eine Klassenarbeit schreiben oder eine andere Prüfung bestehen muss, kennt das Gefühl: Das Herz schlägt schneller und heftiger, die Atmung geht rascher und man fühlt sich hellwach. Häufig ist auch Angst im Spiel. Solche und andere Reaktionen des Körpers auf belastende oder gefährliche Situationen werden unter dem Begriff **Stress** zusammengefasst. Stress auslösende Reize, die *Stressoren*, stammen meistens aus der Umwelt. Allerdings kann man sich auch selbst unter Stress setzen, zum Beispiel wenn man ein besonders gutes Prüfungsergebnis erzielen will. Stress ist aber nicht in allen Fällen belastend. Neben dem negativ empfundenen *Disstress* gibt es Belastungen, die sich positiv auf den Körper auswirken können. Dieser *Eustress* kann zum Beispiel beim Sport auftreten.

KURZZEITSTRESS · Das Gehirn nimmt die Stressoren wahr. Ausgehend von einem Bereich des Zwischenhirns, dem *Hypothalamus*, läuft Erregung über das Rückenmark und einem parallel dazu verlaufenden Nervenstrang, dem *Sympathikus*, zu den Organen. Das führt unter anderem dazu, dass das Herz schneller schlägt. Besonders bedeutsam ist aber die Wirkung der Sympathikusnerven auf die **Nebennieren**. Nebennieren sind Hormondrüsen und liegen wie eine Kappe auf den Nieren. Sie bestehen aus einem zentralen Bereich, dem *Nebennierenmark*, und einem außen liegenden, der *Nebennierenrinde*. Der Sympathikus zieht zum Nebennierenmark. Seine Nerven regen dort die Ausschüttung der Hormone **Adrenalin** und **Noradrenalin** an. Adrenalin und Noradrenalin wirken an vielen Stellen des Körpers. Sie erhöhen die Herzschlagfrequenz und erweitern die Bronchien, die Verzweigungen der Luftröhre. Gleichzeitig fördern sie den Abbau von Glykogen in Mus-

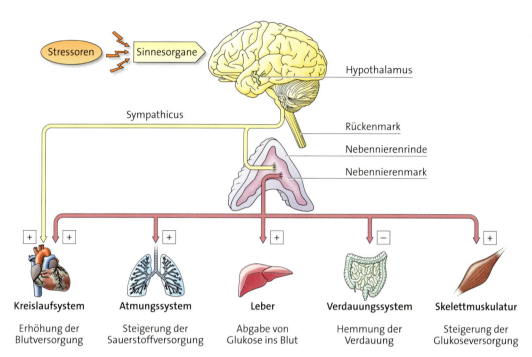

02 Vorgänge und Wirkungen des Kurzzeitstresses

keln und Leber. Durch die bessere Versorgung der Zellen mit Sauerstoff und Glukose wird der Energiestoffwechsel gefördert. Energie verbrauchende Reaktionen, zum Beispiel die Muskelkontraktion, können besser ablaufen. Unter dem Einfluss von Adrenalin erweitern sich die Blutgefäße von Herz, Gehirn und Skelettmuskeln, während die Adern der Verdauungsorgane und der Haut verengt werden. Auf diese Weise werden solche Organe besser mit Glukose und Sauerstoff versorgt, die in einer Stresssituation besonders leistungsfähig sein sollen. Die in Stresssituationen weniger benötigten Organe erhalten eine geringere Blutmenge.

Die Erregung der Sympathikusnerven und die damit verbundene Adrenalin- und Noradrenalinausschüttung lassen relativ schnell nach. Deshalb ist auch die Leistungsfähigkeit des Körpers nur für kurze Zeit erhöht. Man spricht daher von Kurzzeitstress. Er bereitet den Körper auf einen Kampf oder eine Flucht vor. Die Veränderungen heißen auch **Fight-or-Flight-Syndrom**.

Ein solches Flucht- oder Angriffsverhalten ist vor dem Hintergrund der menschlichen Evolution verständlich. Als sich Menschen in der Frühzeit ihrer Entwicklung zum Beispiel gegen wilde Tiere behaupten mussten, musste die Leistungsfähigkeit des Körpers schnell hoch sein.
Heute wird der Körper durch den Kurzzeitstress ebenfalls in eine erhöhte Leistungsfähigkeit versetzt, die Leistung erfolgt aber meistens nicht, denn es kommt selten zum Angriff oder zur Flucht. Bei einer Polizeikontrolle zum Beispiel ist ein Angriff oder eine Flucht ziemlich unsinnig. Ähnliches gilt für eine Prüfungssituation.

03 Heutige Fight-or-Flight-Situation

KOMMUNIKATION UND REGULATION
HORMONE – SIGNALSTOFFE IM KÖRPER

LANGZEITSTRESS · Hitze, Kälte, Hunger, Durst, ultraviolette Strahlung und andere Umweltfaktoren können den Körper über längere Zeit belasten. Die gleichen Auswirkungen haben aber auch Überforderung im Beruf oder in der Schule, übergroßer Ehrgeiz, Konflikte in der Familie, Zusammenleben auf engem Raum oder Mobbing. Solche Stressoren führen zu *psychischem Stress*. Auch Krankheiten, Dauerschmerz und körperliche Behinderungen sind solche langfristigen Belastungen. Alle diese Stressoren sind die Ursachen für den **Langzeitstress**.

Langzeitstress auslösende Faktoren erregen über die Sinnesorgane und das Großhirn ebenfalls den Hypothalamus. Der Hypothalamus setzt daraufhin ein Hormon frei, das in der Hypophyse zur Ausschüttung des Hormons *ACTH* führt. Dieses Hormon regt die Nebennierenrinde an, weitere Hormone zu bilden. Das wichtigste davon ist *Cortisol*. Cortisol hemmt die ACTH-Ausschüttung der Hypophyse, dessen Gehalt im Blut dadurch geregelt wird.

Cortisol wirkt an vielen Stellen im Körper. Es mobilisiert die vorhandenen Energiereserven und erhöht den Blutzuckerspiegel. Dies geschieht vorwiegend durch den Abbau von Fett und Eiweißstoffen. Dabei werden auch Muskeln abgebaut, wodurch das Körpergewicht abnimmt. Es begünstigt Ablagerungen in den Arterien, sodass sich der Blutdruck erhöht. Infolgedessen steigt das Risiko eines Herzinfarktes oder eines Schlaganfalls. Außerdem schwächt es einerseits das Immunsystem, wirkt aber andererseits entzündungshemmend. Unter der Wirkung von Cortisol kann die Bildung der Sexualhormone gestört sein. Bei Frauen kann dies zu Fehlgeburten oder Ausbleiben des Eisprungs führen, bei Männern zu Sterilität und Impotenz.

Häufig aufeinanderfolgender Kurzzeitstress führt zur vermehrten Ausschüttung von Cortisol und hat damit die gleichen Auswirkungen wie Langzeitstress. Langzeitstress führt zu körperlicher und psychischer Erschöpfung.
Wer längere Zeit unter Stresssymptomen leidet, sollte unbedingt professionelle Hilfe in Anspruch nehmen. Auch Sport kann die Folgen des Langzeitstresses mindern.

1) Stelle die Wirkungen von Adrenalin und Noradrenalin sowie von Cortisol in einem Pfeildiagramm dar!

ACTH = adrenocorticotropes Hormon; Hormon, das die Funktion der Nebennierenrinde steuert

04 Schädliche Wirkungen von Langzeitstress

Kreislaufsystem	Muskulatur	Magen	Immunsystem	Fortpflanzungssystem
Bluthochdruck	Schwächung der Skelettmuskulatur	Magenschleimhautentzündungen und Magengeschwüre	erhöhte Anfälligkeiten für Infektionskrankheiten	Sterilität, Impotenz, Fehlgeburten

MATERIAL

Material A ▸ Hormone: Übersicht

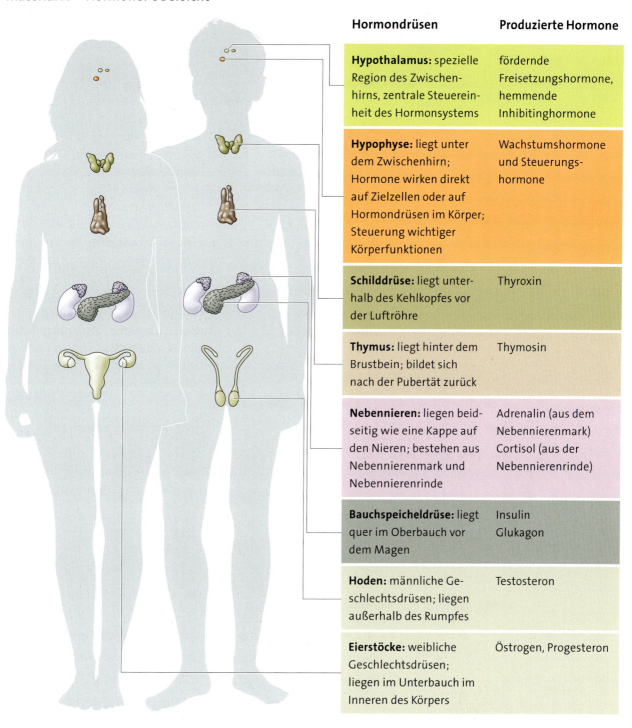

Hormondrüsen	Produzierte Hormone
Hypothalamus: spezielle Region des Zwischenhirns, zentrale Steuereinheit des Hormonsystems	fördernde Freisetzungshormone, hemmende Inhibitinghormone
Hypophyse: liegt unter dem Zwischenhirn; Hormone wirken direkt auf Zielzellen oder auf Hormondrüsen im Körper; Steuerung wichtiger Körperfunktionen	Wachstumshormone und Steuerungshormone
Schilddrüse: liegt unterhalb des Kehlkopfes vor der Luftröhre	Thyroxin
Thymus: liegt hinter dem Brustbein; bildet sich nach der Pubertät zurück	Thymosin
Nebennieren: liegen beidseitig wie eine Kappe auf den Nieren; bestehen aus Nebennierenmark und Nebennierenrinde	Adrenalin (aus dem Nebennierenmark) Cortisol (aus der Nebennierenrinde)
Bauchspeicheldrüse: liegt quer im Oberbauch vor dem Magen	Insulin Glukagon
Hoden: männliche Geschlechtsdrüsen; liegen außerhalb des Rumpfes	Testosteron
Eierstöcke: weibliche Geschlechtsdrüsen; liegen im Unterbauch im Inneren des Körpers	Östrogen, Progesteron

A1 Recherchiere in Lehrbüchern oder im Internet die Wirkung der in der Tabelle angegebenen Hormone!

A2 Erläutere die Wirkung von Hormonen an zwei selbst gewählten, unterschiedlichen Beispielen!

A3 Vergleiche die Funktionsweisen von Nervensystem und Hormonsystem!

ÜBERPRÜFE DEIN GRUNDWISSEN ▸ KOMMUNIKATION UND REGULATION

A ▸ Signale senden, empfangen und verarbeiten

Kann ich ...

1. die Begriffe Reiz, adäquater Reiz und Sinnesorgan definieren? *(Seite 132 und 133)*
2. den Bau von Nervenzellen beschreiben? *(Seite 135)*
3. am Beispiel des Reaktionstests die Black-Box-Methode erläutern? *(Seite 137)*
4. die Aufteilung des Nervensystems in Zentralnervensystem und peripheres Nervensystem beschreiben? *(Seite 139)*
5. begründen, dass das Großhirn aus Funktionsbereichen besteht und Beispiele nennen? *(Seiten 139 und 140)*
6. den Sehvorgang bis zur Wahrnehmung beschreiben? *(Seiten 142 und 143)*
7. mithilfe von drei verschiedenen Beispielen beschreiben, wie Reiz und Reaktion zusammenhängen? *(Seite 145 und 146)*
8. begründen, dass Nervenimpulse elektrisch sind? *(Seite 147)*
9. das Mehrspeichermodell des Gedächtnisses beschreiben? *(Seite 149)*
10. begründen, wie man erfolgreich lernt? *(Seiten 149 und 150)*
11. vier Gedächtnisformen nennen und begründen, dass sie unabhängig voneinander sind? *(Seiten 150 und 151)*

B ▸ Krankheitserreger erkennen und abwehren

Kann ich ...

1. den Bau und die Vermehrung von Bakterien beschreiben? *(Seite 154)*
2. die Lebensbedingungen und die Möglichkeiten zur Bekämpfung von Bakterien erläutern? *(Seite 153)*
3. die Kennzeichen und den Verlauf einer bakteriellen Infektionskrankheit beschreiben? *(Seite 152 und 153)*
4. verschiedene bakterielle Infektionskrankheiten sowie Beispiele für die Nutzung von Bakterien nennen? *(Seite 152 und 153)*
5. den Bau und die Vermehrung von Viren beschreiben? *(Seite 156 und 157)*
6. Beispiele für Viruserkrankungen und Übertragungsmöglichkeiten nennen? *(Seite 156 und 157)*
7. den Verlauf einer Virusinfektion am Beispiel der Grippe erläutern? *(Seite 156 und 157)*
8. den Krankheitsverlauf der Malaria und den Entwicklungsgang der Erreger beschreiben? *(Seite 158 bis 160)*
9. den Bau und die Lebensweise von Rinder- und Fuchsbandwurm sowie ihre Schädlichkeit für den Menschen vergleichend beschreiben? *(Seite 159 und 160)*

10. Beispiele für Außenparasiten des Menschen sowie Infektionskrankheiten nennen, die sie übertragen? *(Seite 160)*

11. verschiedene Formen nennen, wie sich der Körper gegen das Eindringen von Krankheitserregern schützt? *(Seite 162 bis 164)*

12. die Vorgänge bei der unspezifischen Immunabwehr beschreiben? *(Seite 163)*

13. die Vorgänge bei der spezifischen Immunabwehr als Antigen-Antikörper-Reaktion beschreiben? *(Seite 164)*

14. die aktive und die passive Immunisierung beschreiben? *(Seite 167 und 168)*

15. die aktive und die passive Immunisierung vergleichen sowie den Unterschied zwischen Schutz- und Heilimpfung erklären? *(Seite 167 und 168)*

16. das AB0-Blutgruppensystem als Antigen-Antikörper-Reaktionssystem beschreiben und Probleme bei Blutübertragungen erklären? *(Seite 170)*

17. die Symptome der Allergie an einem Beispiel beschreiben und ein Verfahren erläutern, mit dem man die Auslöser der Allergie erkennen kann? *(Seite 171)*

18. den Bau und die Vermehrung von HI-Viren beschreiben? *(Seite 173 und 174)*

19. Situationen nennen, in denen die Gefahr einer HIV-Infektion besonders hoch ist? *(Seite 173 und 175)*

20. den Verlauf einer Aids-Erkrankung beschreiben? *(Seite 174)*

21. beschreiben, wie ein HIV-Test durchgeführt wird? *(Seite 174)*

C ▸ Hormone – Signalstoffe im Körper

Kann ich ...

1. die Wirkungsweise von Hormonen beschreiben? *(Seite 176 und 177)*

2. die Bedeutung von Insulin und Glukagon bei der Regulierung des Blutzuckerspiegels erläutern? *(Seite 176 und 177)*

3. die Ursachen für die Stoffwechselerkrankung Diabetes mellitus erläutern und zwischen Typ 1 und Typ 2 unterscheiden? *(Seite 178)*

4. Stress als körperliche Antwort auf belastende Reize beschreiben? *(Seite 180)*

5. zwischen Kurzzeitstress und Langzeitstress unterscheiden und die Funktionen von Adrenalin und Cortisol erläutern? *(Seite 180 bis 182)*

Kann ich aus dem Kapitel „Kommunikation und Regulation" Beispiele nennen für das Basiskonzept:
- Struktur und Funktion?
- Stoff- und Energieumwandlung?
- Steuerung und Regelung?
- Information und Kommunikation?

Fortpflanzung und Entwicklung

1 Pubertät **188**

2 Sexualität und Fortpflanzung **196**

In diesem Kapitel beschäftigst du dich mit

- ▶ der Pubertät. Du lernst etwas über die Veränderungen des Körpers und des Verhaltens während der Zeit des Erwachsenwerdens. Hierbei erfährst du auch, wie verschiedene Geschlechtshormone körperliche Veränderungen steuern.

- ▶ der Fortpflanzung. Du lernst etwas über den Bau der weiblichen und männlichen Geschlechtsorgane sowie der Bildung von Geschlechtszellen. Außerdem erfährst du etwas über die hormonelle Regelung von Menstruationszyklus und Schwangerschaft.

- ▶ Liebe, Partnerschaft und Sexualität. Du lernst etwas über die biologische Funktion der Sexualität und ihre verschiedenen Formen.

- ▶ Sexualität und Verantwortung. Hier lernst du verschiedene Verhütungsmittel kennen. Außerdem erfährst du, welche Mittel für Jugendliche besonders geeignet sind und wie man diese sicher anwendet.

FORTPFLANZUNG UND ENTWICKLUNG
PUBERTÄT

01 Erwachsenwerden:
A Kindheit,
B Pubertät,
C Erwachsenenalter

Zeit des Erwachsenwerdens

lateinisch pubertas = Geschlechtsreife

Auf dem Weg vom Kind zum Erwachsenen, der Pubertät, durchleben Jungen und Mädchen zahlreiche körperliche Veränderungen. Auch ihr Verhalten ändert sich. Was ist die Ursache dieser Veränderungen?

KÖRPERLICHE VERÄNDERUNGEN · Jungen und Mädchen unterscheiden sich während der ersten Lebensjahre in ihrem Körperbau vor allem durch ihre **primären Geschlechtsmerkmale.** Äußerlich sind dies der Penis und der Hodensack beim Jungen und die Schamlippen beim Mädchen.

Die Pubertät beginnt meistens mit einem Wachstumsschub. Dieser erfolgt bei Mädchen etwa im Alter von zehn bis zwölf Jahren, bei Jungen etwa zwei Jahre später. Zusätzlich finden weitere körperliche Veränderungen statt, an denen man Frauen und Männer schließlich deutlich unterscheiden kann: Die **sekundären Geschlechtsmerkmale** entstehen. Beim Jungen beginnen *Schamhaare, Achselhaare* und *Barthaare* zu wachsen. Auch die restliche Körperbehaarung wird oft stärker. Die Schultern werden breiter, die *Muskulatur* wird *kräftiger*, das Becken dagegen bleibt schmal. Der Kehlkopf mit den darin liegenden Stimmbändern vergrößert sich, wodurch die Stimme während des *Stimmbruchs* tiefer wird.

Beim Mädchen entwickeln sich ebenfalls *Scham-* und *Achselhaare*. Die *Brüste* mit dem darin befindlichen Drüsengewebe wachsen. Oft wird das Becken *runder* und *breiter*, die Schultern bleiben meist schmal.

Auch bei den Geschlechtsorganen finden Veränderung statt: Bei Jungen werden Penis und Hoden allmählich größer. Zudem entwickeln sich in den Hoden *reife Spermienzellen*. Bei Mädchen bildet sich in den Eierstöcken die erste *reife Eizelle*. Später setzt die erste Monatsblutung ein, die **Menstruation**. Die beschriebenen Veränderungen im Verlauf der Pubertät führen schrittweise zu der Fähigkeit, ein Kind zu zeugen, was man als **Geschlechtsreife** bezeichnet.

GESCHLECHTSHORMONE • Ursache aller Veränderungen in der Pubertät sind chemische Stoffe, die bereits in winzigen Mengen als Botenstoffe im Körper wirken. Man bezeichnet sie als *Hormone*. Diese werden in bestimmten Drüsen gebildet, in die Blutgefäße abgegeben und dadurch im ganzen Körper verteilt. Die Ausschüttung von Hormonen wird über einen bestimmten Bereich des Zwischenhirns, den *Hypothalamus*, gesteuert. Er regt mit stimulierenden Hormonen die Hirnanhangsdrüse, die *Hypophyse* an, die wiederum viele andere Hormondrüsen steuert.

Mit Beginn der Pubertät bildet die Hypophyse unter anderem das **LH** und das **FSH.** Über die Blutbahn gelangen diese Hormone zu den Hoden beziehungsweise zu den Eierstöcken. Dort bewirken sie die Bildung von weiteren Hormonen, den **Geschlechtshormonen.**

In den Hoden wird vor allem **Testosteron** gebildet. Es bewirkt gemeinsam mit dem FSH das Wachstum von Hoden und Penis und die Reifung von Spermienzellen.
In den Eierstöcken wird vor allem **Östrogen** gebildet. Gemeinsam mit dem FSH bewirkt es das Wachstum der Eierstöcke und die Reifung von Eizellen.

Die Menge der Geschlechtshormone im Blut wird durch das Gehirn geregelt: Wenn viele Geschlechtshormone vorhanden sind, bildet die Hypophyse weniger FSH und LH. Daraufhin werden in den Geschlechtsorganen weniger Geschlechtshormone gebildet. Nimmt die Menge dieser Hormone im Blut im Blut ab, werden wieder mehr FSH und LH gebildet.

Der Beginn sowie die Dauer der Pubertät und damit auch die Bildung der Geschlechtshormone sind individuell sehr unterschiedlich und lassen sich auch nicht durch den Willen beeinflussen. Oft entstehen daher Unsicherheiten oder Fragen. In diesem Fall kann es sehr erleichtern, mit jemandem zu sprechen, dem man vertrauen kann. Dies können zum Beispiel Eltern, Geschwister, Freunde oder auch Ärzte sein.

LH = luteinisierendes Hormon

FSH = folikelstimuluierendes Hormon

1 Beschreibe die körperlichen Veränderungen von Jungen und Mädchen während der Pubertät!

2 Nenne die an der Pubertät beteiligten Hormone und beschreibe ihre Wirkung!

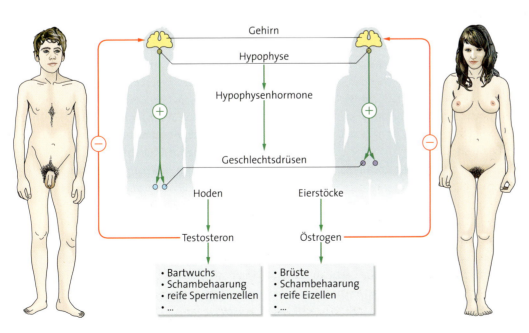

FORTPFLANZUNG UND ENTWICKLUNG
PUBERTÄT

VERÄNDERUNGEN IM VERHALTEN · Nicht nur der Körper verändert sich während der Pubertät, sondern auch das Gefühlsleben. Die Umwelt und vor allem das andere Geschlecht werden plötzlich mit anderen Augen betrachtet. Neue Gedanken und Gefühle, die mit der Sexualität zu tun haben, erwachen: Verliebt sein, Sehnsucht oder auch starke Abneigung gegen andere Menschen. Diese Gefühle sind oft irritierend und beunruhigend.

Es ist ganz natürlich, dass man sich in der Pubertät viel mit seinem Körper und dessen Veränderungen beschäftigt. So kann allein der Gedanke an einen attraktiven Partner schon zu sexueller Erregung führen. Die Reizung der eigenen Geschlechtsorgane kann lustvolle Gefühle bis hin zum Orgasmus herbeiführen. Diese Selbstbefriedigung dient dem Vertrautwerden mit dem eigenen Körper und ist kein unnormales oder gesundheitsschädliches Verhalten.

Die Entwicklung der sekundären Geschlechtsmerkmale zeigt die Geschlechtsreife an. Sie kann dazu führen, dass man für einen Menschen des anderen Geschlechtes attraktiv wird. Auch das Hineinfinden in diese *Geschlechterrolle* ist nicht immer einfach. Und erst mit der Zeit erhält man ein Gefühl dafür, wie man durch Kleidung, Mimik und Gestik die Aufmerksamkeit eines möglichen Partners gewinnen kann. Will man durch sein Verhalten Interesse an einem möglichen Partner signalisieren, so *flirtet* man. Dabei verwendet man oft unbewusst Signale, die vom anderen Geschlecht ebenso unbewusst verstanden werden, die **Flirtsignale.** Flirten ist zwar eine erregende Tätigkeit, aber wenn sie zum Verführen eingesetzt wird, können auch die Rechte eines Menschen missachtet werden. Ebenso kann unbedachtes Flirten missverstanden werden. Daher muss man lernen, in allen Situationen miteinander zu reden. Nur so kann man Klarheit herstellen.

Die neue Geschlechterrolle hat auch problematische Seiten. Dazu gehören zum Beispiel das Abweisen eines unerwünschten Verehrers oder auch die Abwehr einer möglichen sexuellen Belästigung. Hinzu kommt die Angst, selbst zurückgewiesen zu werden. Daher kann es zu Konflikten zwischen den Geschlechtern, aber auch in der Familie oder der Schule kommen. Manche Mädchen und Jungen fühlen sich missverstanden und ziehen sich zurück. Andere schließen sich in Gruppen zusammen, in denen sie von Freunden oder Freundinnen umgeben sind, mit denen sie gerne Zeit verbringen und denen sie vertrauen. Im Laufe der Pubertät lassen die Streitigkeiten aber nach und die meisten jungen Menschen werden selbstsicherer.

3 Erläutere die Ursachen der seelischen Veränderungen in der Pubertät!

03 Flirten

> **Hier erhältst du Hilfe bei sexueller Belästigung und Gewalt:**
> - *Menschen, zu denen du Vertrauen hast*
> - *Kinder- und Jugendtelefon „Nummer gegen Kummer" des Kinderschutzbundes (0800) 1110333*
> - *Telefonseelsorge (0800) 1110111*
> - *Jugendamt deiner Stadt*

04 Ansprechpartner bei sexueller Belästigung und Gewalt

MATERIAL

Material A ▸ Träume sind Schäume

Wie stark sich die sekundären Geschlechtsmerkmale in der Pubertät ausprägen, hängt von der Menge der gebildeten Geschlechtshormone ab.

A1 Interpretiere die Karikatur!

A2 Nimm Stellung zu der Aussage: „Die Ausprägung der sekundären Geschlechtsmerkmale kann man durch den Willen beeinflussen."!

A3 Beurteile, ob die dargestellten Formen von Mann und Frau erstrebenswert sind!

Material B ▸ Geschlechtshormone

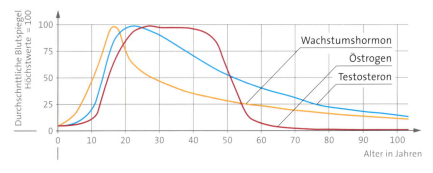

B1 Nenne die Geschlechtshormone von Mann und Frau und beschreibe ihre Wirkung!

B2 Beschreibe die Messwerte in der Grafik!

B3 Erläutere die Messwerte mit Bezug auf die Individualentwicklung des Menschen!

Material C ▸ Pubertät – Vorsicht Baustelle

Mark hat immer wieder Streit mit seinen Eltern, da er seine Freizeit lieber mit Freunden und weniger mit der Familie verbringen möchte. Er spricht mit seinem Freund Tom über dieses Problem.

C1 Nenne Verhaltensweisen, die sich mit Beginn der Pubertät bei Jungen und Mädchen zeigen!

C2 Formuliere Tipps, die Tom Mark geben könnte!

C3 Schreibe einen Dialog zwischen Tom und seinen Eltern, in der sie die Streitereien klären!

C4 Formuliere eine Vermutung zur Erklärung der Aussage in der Abbildung!

FORTPFLANZUNG UND ENTWICKLUNG
PUBERTÄT

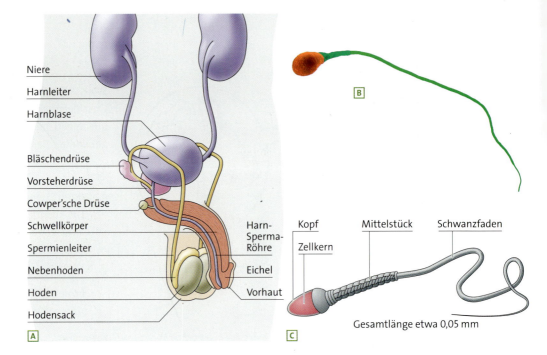

01 Männliche Geschlechtsorgane:
A Bau,
B Spermienzelle (Foto, koloriert),
C Spermienzelle (Schema)

Geschlechtsorgane

> *Die Geschlechtszellen, aus denen ein neuer Mensch entsteht, und die Organe, in denen sie gebildet werden, sind bei Mann und Frau sehr unterschiedlich gebaut. Worin bestehen diese Unterschiede?*

MÄNNLICHE GESCHLECHTSORGANE · Die äußerlich sichtbaren Geschlechtsorgane bestehen beim Mann aus dem *Penis* und dem *Hodensack*. Der Hodensack enthält zwei eiförmige, meistens etwas ungleich große *Hoden*, auf denen sich je ein *Nebenhoden* befindet. In den Hoden werden ab der Pubertät männliche Geschlechtszellen, die **Spermienzellen**, gebildet. Durch spezielle Kanälchen gelangen diese in die Nebenhoden und werden dort gespeichert. Von den Nebenhoden führt jeweils ein Gang, der *Spermienleiter*, Richtung Penis. Die Spermienzellen können über diesen Gang nach außen transportiert werden. Dabei passieren sie die *Bläschendrüsen* und die *Vorsteherdrüse*, die *Prostata*. Diese Drüsen geben eine weißlich trübe Flüssigkeit ab, in der sich die Spermienzellen bewegen und einige Tage überleben können. Die Spermienzellen und die Flüssigkeit werden zusammen als **Sperma** bezeichnet.

Kurz vor dem Penis vereinigen sich die Spermienleiter mit dem *Harnleiter*, der von der Harnblase kommt. Dieser gemeinsame Gang, die *Harn-Sperma-Röhre*, ist im Penis von *Schwellkörpern* umgeben. Das sind Hohlräume, die sich bei sexueller Erregung mit Blut füllen. Dadurch wird der Penis dicker, länger und steif. Das etwas verdickte, vordere Ende des Penis, die *Eichel*, ist sehr berührungsempfindlich und durch die Vorhaut geschützt, die sich bei einer Versteifung des Penis zurückzieht.

BAU DER SPERMIENZELLE · Eine einzelne Spermienzelle ist sehr klein und besteht aus drei Teilen: *Kopf*, *Mittelstück* und *Schwanzfaden*. Der Kopf enthält den Zellkern mit dem Erbmaterial. Das Mittelstück stellt die Energie für die Fortbewegung bereit, die durch das gleichmäßige Schlagen des Schwanzfadens erfolgt.

WEIBLICHE GESCHLECHTSORGANE · Im Unterschied zum Mann befinden sich bei Frauen die meisten Geschlechtsorgane im Inneren des Körpers. Die beiden *Eierstöcke* liegen im unteren Bereich der Bauchhöhle. Sie enthalten die unreifen **Eizellen**.

Von jedem Eierstock führt ein Gang, der *Eileiter*, zur *Gebärmutter*, die man auch *Uterus* nennt. An der Innenseite der Eileiter befindet sich eine Schleimhaut mit Flimmerhärchen. Der trichterförmige Beginn des Eileiters nimmt die reife Eizelle auf und die Flimmerhärchen transportieren sie weiter in die Gebärmutter. Diese besteht aus einem Muskel und ist mit einer gut durchbluteten Schleimhaut ausgekleidet. Die *Gebärmutterschleimhaut* kann eine befruchtete Eizelle aufnehmen und versorgen. Der Ausgang der Gebärmutter, der *Muttermund*, ist eng und meistens durch einen Schleimpfropfen verschlossen.

Vom Muttermund führt ein muskulöser Gang, die *Scheide* oder *Vagina*, nach außen. Ihr Eingang ist von Geburt an von einer dünnen Haut, dem *Jungfernhäutchen*, verschlossen. Es reißt leicht, zum Beispiel beim ersten Geschlechtsverkehr. Auch in unversehrtem Zustand lässt das Jungfernhäutchen eine oder mehrere Öffnungen frei, die das Abfließen des Menstruationsblutes ermöglichen. Über den Eingang der Vagina legen sich zwei dünne und darüber zwei dickere Hautfalten, die *kleinen* und die *großen Schamlippen*. Schamlippen, Jungfernhäutchen und Schleimpfropfen verhindern das Eindringen von Krankheitserregern. Zwischen den Schamlippen befindet sich oberhalb der Öffnung der Vagina der *Kitzler*, der auch *Klitoris* genannt wird. Die Klitoris besteht aus einem kleinen *Schwellkörper* und einem von einer Hautkappe bedeckten Kopf, der sehr berührungsempfindlich ist.

BAU DER EIZELLE · Eine weibliche Geschlechtszelle, die **Eizelle**, entsteht im Eierstock in einem mit Flüssigkeit gefüllten Bläschen, dem *Follikel*. Sie ist von einer *Eihülle* umgeben.

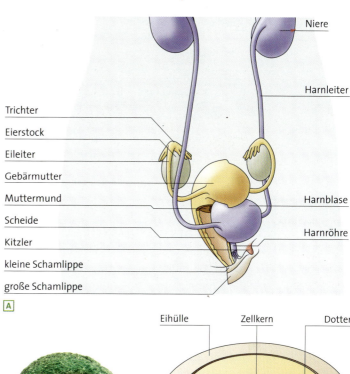

02 Weibliche Geschlechtsorgane: **A** Bau, **B** Eizelle (Foto, koloriert), **C** Eizelle (Schema)

Während der Reifung wird ihr Zellplasma mit Nährstoffen, dem *Dotter*, gefüllt und ist schließlich so groß, dass man sie sogar schon mit bloßem Auge sehen kann. Hat sie ihre endgültige Größe erreicht, platzt der Follikel. Dadurch gelangt die Eizelle in den Trichter des Eileiters. Diesen Vorgang nennt man **Eisprung**. Die Flimmerhärchen im Inneren der Eileiter bewegen sich und transportieren so die Flüssigkeit und damit auch die Eizelle weiter in Richtung Gebärmutter.

1 Nenne die inneren Geschlechtsorgane von Mann und Frau und beschreibe ihre Funktion!

FORTPFLANZUNG UND ENTWICKLUNG
PUBERTÄT

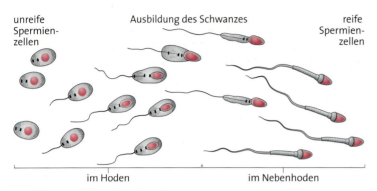

03 Bildung von reifen Spermienzellen

BILDUNG DER GESCHLECHTSZELLEN · In den Hoden eines gesunden Mannes werden täglich bis zu 200 Millionen Spermienzellen gebildet. Sie sind nur etwa 0,05 Millimeter groß und noch unreif. Erst wenn sie in die Nebenhoden gelangen, reifen sie endgültig heran.

In den Eierstöcken eines Mädchens sind von Geburt an etwa 50 000 unreife Geschlechtszellen enthalten. Ab der Geschlechtsreife reift etwa alle 28 Tage eine davon heran. Der sie umgebende Follikel wächst und enthält schließlich eine etwa 0,1 Millimeter große Eizelle. Dieser Vorgang dauert ungefähr 14 Tage und endet mit dem Eisprung. In seltenen Fällen wird auch mehr als eine reife Eizelle gleichzeitig gebildet. Werden zwei Eizellen zur gleichen Zeit befruchtet, können aus ihnen zweieiige Zwillinge hervorgehen.

GESCHLECHTSVERKEHR · Wird der Mann sexuell erregt, vergrößert und versteift sich der Penis, er richtet sich auf und die Vorhaut zieht sich zurück. Der Mann hat eine **Erektion.** Nun kann der Mann seinen Penis in die Vagina der Frau einführen.

Bei sexueller Erregung der Frau vergrößert sich ihr Kitzler und die Schamlippen füllen sich mit Blut. Sie geben dadurch die Öffnung der Vagina frei. Drüsen in der Nähe der kleinen Schamlippen erzeugen zusätzlich ein Gleitmittel, das das Einführen des Penis erleichtert.

Beim Geschlechtsverkehr bewegen sich Mann und Frau miteinander. Durch diese Bewegung kommt es zu einer Reizung der Eichel, des Kitzlers und auch der Vagina. Mann und Frau empfinden durch diese Reizungen große Lust. Wird dieses Lustempfinden bei der Frau sehr stark, können sich die Muskeln im Unterleib rhythmisch zusammenziehen: Es kommt zum **Orgasmus.**

Auch beim Mann kann es zum Orgasmus kommen. Dabei wird das Sperma durch rhythmische Kontraktionen der Muskeln der Spermienleiter und der Harn-Sperma-Röhre aus dem Penis geschleudert. Drüsen, die in die Harn-Sperma-Röhre münden, die *Cowper'schen Drüsen,* erzeugen ein Gleitmittel für die Spermien in der Harnröhre. Diesen Vorgang nennt man **Ejakulation.** Ein Mann ejakuliert normalerweise zwei bis fünf Milliliter Sperma.

2) Beschreibe die Unterschiede zwischen unreifen und reifen Geschlechtszellen!

04 Bildung einer reifen Eizelle

MATERIAL

Material A ▸ Eizelle und Spermienzelle

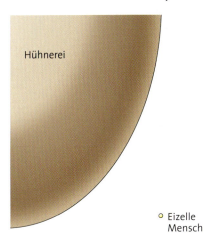

○ Eizelle Mensch

Die Gesamtlänge von Spermienzellen beträgt etwa 0,05 Millimeter. Menschliche Eizellen haben einen Durchmesser von etwa 0,1 Millimetern. Hühnereier sind im Vergleich dazu erheblich größer.

A1 Vergleiche Größe und Bau von Spermienzelle und Eizelle! Erstelle dazu eine Tabelle!

A2 Erläutere den Bezug zwischen Bau und Funktion von Spermienzelle und Eizelle!

A3 Erläutere den Größenunterschied zwischen einer Eizelle des Menschen und einem Hühnerei!

A4 Begründe, weshalb der Begriff „Samenzelle" für Spermien nicht verwendet werden soll!

Material B ▸ Durch Geschlechtsverkehr übertragbare Krankheiten

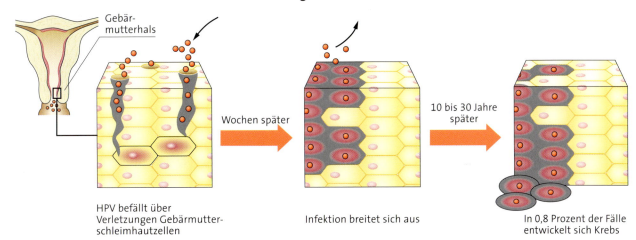

HPV befällt über Verletzungen Gebärmutterschleimhautzellen

Infektion breitet sich aus

In 0,8 Prozent der Fälle entwickelt sich Krebs

Durch ungeschützten Geschlechtsverkehr können leicht Krankheitserreger übertragen werden. Zu diesen sexuell übertragbaren Krankheiten gehören auch Infektionen mit dem *humanen Papillomavirus* (HPV). Die Infektion führt im Anfangsstadium zu kleinen, spitzen Warzen, im Bereich der Geschlechtsorgane oder am Gesäß.

Diese verursachen keine Schmerzen, können aber zu juckenden Entzündungen der umliegenden Hautbereiche führen.

Eine Infektion mit dem HPV ist ansteckend und muss behandelt werden. In seltenen Fällen kann sich aus infizierten Zellen Krebs, zum Beispiel Gebärmutterhalskrebs, entwickeln.

Impfungen gegen eine Infektion mit dem HPV bieten einen guten Schutz.

B1 Beschreibe anhand der Abbildung den Verlauf einer HPV-Infektion bis zur Bildung von Krebsvorstufen!

B2 Nenne Möglichkeiten, wie man sich zuverlässig vor einer Infektion mit dem HP-Virus schützen kann!

B3 Recherchiere Informationen zu einer HPV-Impfung und erstelle ein Plakat zur Aufklärung in der Schule!

B4 Recherchiere zwei weitere Beispiele sexuell übertragbarer Krankheiten und notiere Informationen zu Übertragungswegen, Symptomen, Behandlung und Schutz!

FORTPFLANZUNG UND ENTWICKLUNG
SEXUALITÄT UND FORTPFLANZUNG

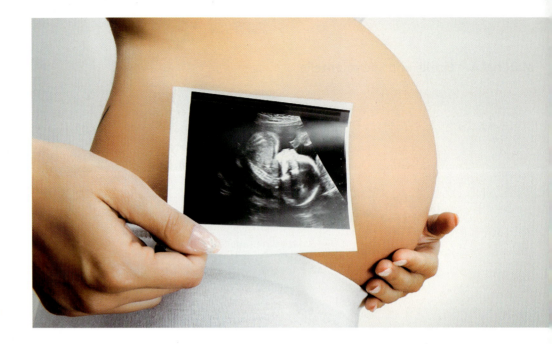

01 Ultraschallbild eines Fetus

Menstruationszyklus und Schwangerschaft

In der Pubertät reifen die Geschlechtsorgane. Mädchen bekommen ihre erste Monatsblutung und können schwanger werden. Wie hängen diese beiden Phänomene zusammen?

FSH = follikelstimulierendes Hormon

LH = luteinisierendes Hormon oder Gelbkörperhormon

MENSTRUATIONSZYKLUS · Bei Mädchen und Frauen treten in regelmäßigen Abständen, etwa alle 28 Tage, Blut und Gewebereste aus der Scheide aus. Diese Blutung nennt man Monatsblutung oder **Menstruation.** Sie dauert meist vier bis fünf Tage. Ungefähr am 14. Tag nach Beginn der Menstruation verlässt eine Eizelle einen der beiden Eierstöcke. Diesen Vorgang nennt man *Eisprung* oder **Ovulation.** Die Eizelle ist auf dem Weg durch den Eileiter zur Gebärmutter, dem *Uterus,* etwa bis zu 24 Stunden befruchtungsfähig. Weil sich der Eisprung und die Menstruation in gleichen Zeitabständen wiederholen, bezeichnet man die Vorgänge zwischen den ersten Tagen einer Menstruation und dem Tag vor dem Beginn der nächsten Monatsblutung als **Menstruationszyklus.**

REGELUNG DES ZYKLUS · Die Vorgänge während des Menstruationszyklus werden durch mehrere Hormone geregelt. Als Auslöser für die periodisch wiederkehrende Ausschüttung dieser Hormone dient ein Bereich des Zwischenhirns, der *Hypothalamus.* Er regt mit stimulierenden Hormonen die *Hypophyse* an, die viele andere Hormondrüsen steuert.
Zu Beginn eines Menstruationszyklus schüttet die Hypophyse zunächst vermehrt das FSH aus, etwas später das LH. Das FSH bewirkt, dass sich die Hülle, die eine Eizelle umgibt, mit Flüssigkeit füllt. Es entsteht ein Bläschen, das als **Follikel** bezeichnet wird.
Ein *Follikel* bildet während seines weiteren Wachstums das Hormon *Östrogen*. Dies lässt die Schleimhaut des Uterus stark wachsen. Weiterhin vermindert es in der Hypophyse die Ausschüttung von FSH, verstärkt dort aber die Abgabe von LH. Zwischen dem 13. und 15. Tag eines Menstruationszyklus erreichen die Konzentrationen von FSH und LH im Blut ein bestimmtes Verhältnis zueinander. Das löst

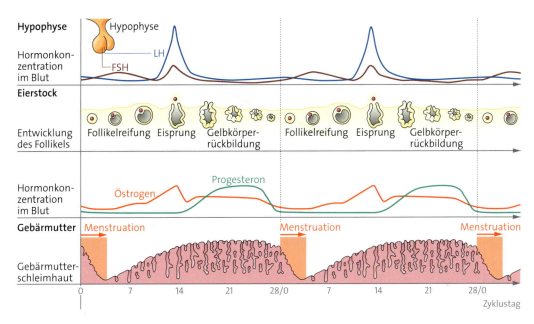

02 Hormonelle Regelung des Menstruationszyklus

den *Eisprung* aus: Der reife Follikel platzt und die Eizelle gelangt in den Eileiter.

Aus dem nun leeren Follikel bildet sich ein **Gelbkörper.** Dieser produziert neben Östrogen vor allem das Hormon Progesteron. Letzteres bremst die Ausschüttung von FSH und LH in der Hypophyse. Außerdem fördert es das Wachstum und die Durchblutung der Uterusschleimhaut. Sie kann nun eine befruchtete Eizelle aufnehmen. Wenn jedoch keine Befruchtung stattgefunden hat, kommt es auch nicht zur **Einnistung.**

Aufgrund der verringerten Ausschüttung von FSH und LH wird der *Gelbkörper* kleiner. Infolgedessen werden immer weniger Östrogen und Progesteron gebildet. Die Hemmwirkung dieser Hormone auf die Hypophyse wird ebenfalls geringer, sodass wieder mehr FSH ausgeschüttet wird.

Der Anstieg der FSH-Konzentration im Blut bewirkt, dass im Eierstock ein neuer Follikel heranreift, der wieder vermehrt Östrogen bildet. Infolgedessen wird unterhalb der vorhandenen Uterusschleimhaut eine neue aufgebaut. Die alte Schleimhaut löst sich ab und gelangt durch Bewegung der Uterusmuskulatur über die Scheide aus dem Körper. Es kommt zur *Menstruation*.

Die erste Menstruation bekommt ein Mädchen meist im Alter zwischen 11 und 14 Jahren. Die Länge des Zyklus ist anfänglich oft sehr unterschiedlich. Mit der Zeit stellt sich eine Länge von etwa 28 Tagen ein. Die Dauer des Zyklus kann sich allerdings auch noch bei erwachsenen Frauen stark verkürzen oder verlängern, bedingt durch seelische oder körperliche Belastungen wie Stress, Krankheiten oder Reisen.

Die hormonelle Regelung, die dem Menstruationszyklus zugrunde liegt, beginnt in der Pubertät. Die beteiligten Hormone bewirken in dieser Zeit auch andere Veränderungen, zum Beispiel das Wachstum der Brüste. Im Alter von etwa 48 bis 55 Jahren kommt die hormonelle Regelung zum Erliegen. Mit Beginn dieser *Wechseljahre* kommt es nicht mehr zum Eisprung und die Menstruation bleibt aus.

1. Nenne die bei der Regulation des Menstruationszyklus beteiligten Hormone und ordne ihnen ihre Funktion zu!

2. Beschreibe die Veränderung der Gebärmutterschleimhaut während des Menstruationszyklus!

FORTPFLANZUNG UND ENTWICKLUNG
SEXUALITÄT UND FORTPFLANZUNG

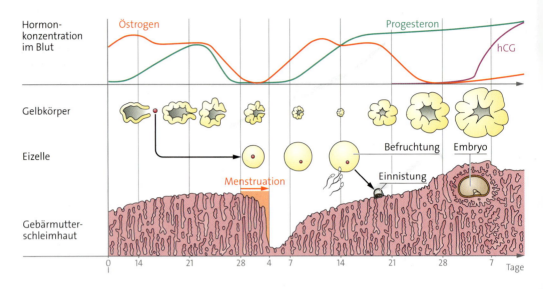

03 Hormonelle Regelung der Schwangerschaft

SCHWANGERSCHAFT · Die Veränderungen im Eierstock und im Uterus sind zeitlich aufeinander abgestimmt: Das Progesteron bewirkt, dass die Gebärmutterschleimhaut bereits beim Eintreffen der befruchteten Eizelle vergrößert und ausreichend durchblutet ist. Nach der Einnistung entsteht an der Uteruswand die *Plazenta*, die die Versorgung des Embryos übernimmt. Sie bildet ein weiteres Hormon, das Schwangerschaftshormon hCG. Unter dem Einfluss von hCG bleibt der Gelbkörper erhalten, sodass weiterhin Östrogen und Progesteron gebildet werden. Diese beiden Sexualhormone sorgen dafür, dass die FSH-Ausschüttung in der Hypophyse gering bleibt. Daher wird die Uterusschleimhaut nicht abgestoßen, es kann kein Follikel in einem Eierstock reifen und so auch kein weiterer Eisprung stattfinden. Auf diese Weise wird verhindert, dass sich im Laufe einer Schwangerschaft ein weiterer Embryo in der Uterusschleimhaut einnistet. Die ausbleibende Menstruation ist ein erstes, deutliches Zeichen für eine Schwangerschaft.

hCG = humanes Choriongonadotropin

Der Embryo wird während der Schwangerschaft über die Gebärmutterschleimhaut, in der sich ein fein verzweigtes Geflecht von Blutgefäßen der Mutter und des Embryos entwickelt, über die Nabelschnur mit Nährstoffen und Sauerstoff versorgt. Diese Versorgungsschicht wächst ebenfalls und wird zum Mutterkuchen, der Plazenta. Über Plazenta und Nabelschnur können auch Giftstoffe wie Alkohol, Nikotin und Medikamente zum Embryo gelangen und ihn schwer schädigen.

Gegen Ende der Schwangerschaft bildet die Hypophyse ein Hormon, das für Kontraktionen der Uterusmuskulatur während der Geburt erforderlich ist. Ein weiteres Hypophysenhormon regt nach der Geburt die Bildung der Muttermilch an.

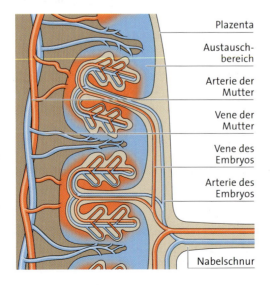

04 Schema der Plazenta

MATERIAL

Material A ▸ Menstruationszyklus

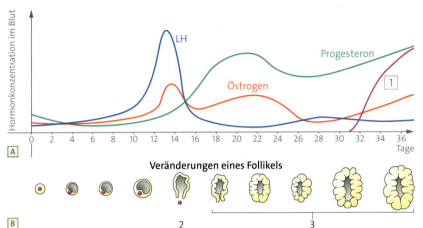

A1 Beschreibe die Veränderungen der Hormonkonzentrationen!

A2 Nenne ein an der Regelung des Menstruationszyklus beteiligtes Hormon, das im Diagramm nicht berücksichtigt ist!

A3 Begründe, ob an den in der Grafik dargestellten Tagen eine Befruchtung stattfand!

A4 Nenne die Bezeichnung des Hormons der Kurve 1!

A5 Beschreibe die Veränderungen eines Follikels, die bei 2 und 3 ablaufen!

A6 Ordne die Vorgänge 2 und 3 dem Zeitraum des Diagramms zu in dem sie ablaufen! Begründe die Zuordnung!

A7 Erkläre, weshalb man in der Gerichtsmedizin aus der Anzahl der Gelbkörper im Eierstock erschließen kann, wie häufig eine Frau schwanger war!

Material B ▸ Hormonhaushalt

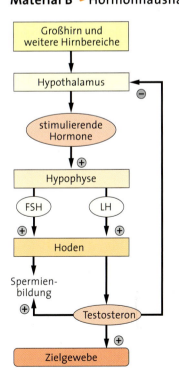
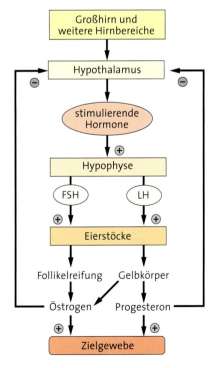

Der Begriff Zielgewebe bezeichnet die Zellen, auf die das jeweilige Hormon direkt einwirkt. Das Pluszeichen wird als „fördert" und das Minuszeichen als „hemmt" gelesen.

B1 Vergleiche die Hormonbildung der Geschlechtsdrüsen beim Mann mit der bei der Frau!

B2 Beschreibe negative Rückkopplungen bei Mann und Frau!

B3 Stelle Vermutungen an, wieso psychische Einflüsse die Regelung der Testosteronkonzentration verändern können!

B4 Erkläre am Beispiel des Testosterons, weshalb Hormone nur eine begrenzte Zeit funktionsfähig sein dürfen!

FORTPFLANZUNG UND ENTWICKLUNG
SEXUALITÄT UND FORTPFLANZUNG

01 Erste Liebe

Liebe und Sexualität

> *Liebe erfahren wir schon als Kind von unseren Eltern oder anderen uns nahe stehenden Menschen. Liebe kann aber auch zwischen Mann und Frau entstehen. Worin besteht der Unterschied?*

LIEBE · Bereits direkt nach der Geburt entwickelt sich ein intensiver Kontakt zwischen der Mutter und dem Neugeborenen. Der Säugling ruft schreiend, strampelt und bewegt suchend den Mund. Die Mutter legt ihn an die Brust, wo er saugt und Milch trinkt. Diese und andere liebevolle Kontakte führen bald zu einer starken Bindung und absolutem Vertrauen zwischen dem Säugling und seinen Eltern, auch *Urvertrauen* genannt. Es verbindet sich später mit einem tiefen, warmen und zärtlichen Gefühl, das das Kind seiner Familie gegenüber empfindet, der **Liebe.** In der Pubertät beginnt man, Gefühle der Liebe auch anderen Menschen gegenüber zu entwickeln. Das Urvertrauen liefert die Grundlage für eine nun mögliche Beziehung, nämlich Selbstvertrauen und Vertrauen in andere.

02 Ausdrucksformen der Liebe:
A Mutter- und Vaterliebe,
B Verliebtsein

PARTNERSCHAFT · Die Veränderung der Gefühle beginnt meistens damit, dass man sich zu einem Jungen oder Mädchen hingezogen fühlt. Fand man ihn oder sie gerade noch dumm oder albern, möchte man diesem Menschen jetzt nahe sein. Oft genügt schon der Gedanke an sie oder ihn für ein Kribbeln im Bauch, Herzklopfen oder weiche Knie. Man kann stundenlang davon träumen, wie es wäre, mit ihm oder ihr zusammen zu sein. Deswegen fällt es einem häufig schwer, sich auf andere Dinge wie den Unterricht in der Schule oder die Aufgaben in der Familie zu konzentrieren. Man ist **verliebt**.

Wie aber soll man dem anderen zeigen, dass man in ihn verliebt ist? Es erfordert viel Mut, dem anderen seine Gefühle zu offenbaren. Vielleicht gefällt man ihm nicht, oder er erwidert die eigenen Gefühle nicht. Oft warten Jungen und Mädchen deshalb darauf, dass der andere den ersten Schritt tut. Einer muss ihn schließlich wagen, trotz des Risikos, zurückgewiesen zu werden. Das kann sehr wehtun, aber zur Liebe zwingen kann man niemanden. Doch wie schön ist es, wenn der Mensch, in den man verliebt ist, die Gefühle erwidert. Man „geht" dann miteinander, hält Händchen und möchte sich auch körperlich nahe sein. Aus dem Verliebtsein entwickelt sich eine **Beziehung**. Wenn die Partner sich vertrauen und ihre Eigenarten und Wünsche gegenseitig respektieren, kann aus so einer Beziehung eine dauerhafte **Partnerschaft** entstehen. Deshalb ist es wichtig, viel miteinander zu reden und die Einstellungen und Erwartungen des anderen kennenzulernen. Auch Probleme müssen offen und ehrlich angesprochen werden. Manchmal hält so eine **erste Liebe** sehr lange, doch oft zerbricht sie auch schnell. Die Gründe dafür können vielfältig sein. So spielen Verliebte oft eine Rolle, um dem anderen zu gefallen, und sie verbergen dabei, wie sie wirklich sind. Häufig übernehmen Jungen und Mädchen Rollen, die sie von Vorbildern oder Idolen abgeschaut haben, oder sie benehmen sich typisch männlich „cool" oder weiblich „sexy" und bedienen damit Rollenklischees. Neben Unehrlichkeit ist Untreue ein weiterer häufiger Grund dafür, dass Partnerschaften scheitern.

SEXUALITÄT · Wer verliebt ist, möchte dem anderen auch körperlich nahe sein, ihn berühren, Zärtlichkeiten austauschen, ihn küssen. Vielleicht möchte er sogar mit ihm schlafen. **Sexualität** ist also ein schöner und wichtiger Teil einer Partnerschaft. Dabei sollten beide dem anderen deutlich zu verstehen geben, was sie mögen oder nicht mögen, und die Einstellung des anderen auch respektieren. Wenn ein Partner etwas tut, nur um die Erwartungen des anderen zu erfüllen, endet das häufig in negativen Gefühlen wie Unzufriedenheit oder Enttäuschung. Im schlimmsten Fall kann man sich sogar sexuell ausgenutzt fühlen. Außerdem sollten sich beide im Klaren sein, dass ein Mädchen schwanger werden kann, auch schon beim „ersten Mal". Deshalb sollten die Partner offen über gemeinsame *Verhütung* sprechen.

03 Ausdrucksformen der Sexualität:

A Küssen,

B miteinander schlafen

FORTPFLANZUNG UND ENTWICKLUNG
SEXUALITÄT UND FORTPFLANZUNG

griechisch heteros = verschieden

lateinisch bi = zwei

griechisch homo = gleich

FORMEN DER SEXUALITÄT · Die meisten Frauen und Männer fühlen sich zu einem Partner hingezogen, der dem anderen Geschlecht angehört, sie sind **heterosexuell**. In einer heterosexuellen Partnerschaft ist es möglich, Kinder zu bekommen. Das wünschen sich die meisten Menschen, wenn sie reif genug sind und auch die finanziellen Mittel besitzen, um die Verantwortung für eine Familie zu übernehmen. Heterosexuelle dürfen ab einem gewissen Alter in jedem Land der Erde ihren Partner heiraten und genießen dann einen besonderen gesetzlichen Schutz. So heißt es zum Beispiel im Grundgesetz der Bundesrepublik Deutschland: „Ehe und Familie stehen unter dem besonderen Schutz der staatlichen Ordnung."

Manche Menschen fühlen sich zu Menschen des gleichen Geschlechts hingezogen, sie sind **homosexuell.** Frauen, die Zuneigung, Liebe und sexuelles Begehren gegenüber Frauen empfinden, nennt man *lesbisch,* Männer, die so gegenüber Männern empfinden, *schwul.* Homosexuelle werden bis heute in vielen Ländern der Erde verachtet oder sogar bestraft, sie werden **diskriminiert.** Das führt dazu, dass Homosexuelle häufig ihre Neigung vor ihren Mitmenschen verbergen, weil sie Angst vor Diskriminierung haben. Dabei sind nach wissenschaftlichen Studien bis zu zehn Prozent der Menschen homosexuell veranlagt oder haben zumindest schon einmal homosexuelle Erfahrungen gemacht. Viele homosexuelle Menschen sind sich nicht von Anfang an ihrer Neigung bewusst. Sie müssen sie sich erst selbst eingestehen, bevor sie dann ihrer Familie oder Freunden davon erzählen können. Diese Schritte, die **Coming-out** genannt werden, sind für sie oft sehr schwierig, weil sie Angst vor der Reaktion ihrer Mitmenschen haben. Ihnen können Beratungsstellen helfen.

Eine dritte Form der Sexualität ist die **Bisexualität.** Bisexuelle Menschen fühlen sich zu Partnern beider Geschlechter hingezogen. Sie haben in der heutigen Gesellschaft ähnliche Probleme wie Homosexuelle. Das war nicht immer so. So wurde zum Beispiel in der griechischen und römischen Antike die Neigung zu beiden Geschlechtern als völlig normal angesehen.

Nicht in allen Kulturen der Welt ist es der Normalfall, dass *ein* Mann und *eine* Frau das Idealpaar darstellen. So gibt es zum Beispiel im Himalaja-Gebiet Frauen, die mehrere Ehemänner haben dürfen, und in manchen Religionen ist es dem Mann erlaubt, gleichzeitig mehrere Ehefrauen zu haben.

Entscheidend für alle Formen der Sexualität ist jedoch, dass die Partner sich lieben. Deshalb sollten wir auf andere Formen der Sexualität nicht herabsehen, sondern ihnen mit Verständnis und **Toleranz** begegnen.

1 Gib an, welchen Vorurteilen die Personen auf den Fotos begegnen könnten!

2 Bewerte diese Vorurteile kritisch!

04 Formen der Sexualität: **A** schwules Paar, **B** heterosexuelles Paar, **C** lesbisches Paar

MATERIAL

Material A ▸ Bekanntschaftsanzeigen

A Ich, 24/172, schlank, sportlich, attraktiv, mag die Natur, Bücher, Snowboardfahren, gemütliche Kneipen, Zärtlichkeit und vieles mehr. Suche passendes „Gegenstück"! Bitte nur Zuschriften mit Bild! Chiffre …

E Bin 22, blond und suche jemanden zum Verlieben. Du solltest an einer echten Beziehung interessiert sein. Eher ausgeflippt als Durchschnitt, selbstbewusst und offen für alles. Bild wäre toll. Chiffre …

B Wer ist selbstständig und energisch und möchte mit mir, 23, Steinbock, reden, lachen und träumen? Bin ein bisschen kompliziert, aber lieb … Chiffre …

C Massagen und mehr von gepflegter, fairer und achtsamer Person! Zuschrift unter Chiffre …

D Ich, 25/172, koche, reise, wandere und kuschele gerne. Wer macht mit? Chiffre …

F Bin 23, dunkelhaarig, charmant, gebildet und mag verrückte Ideen, Kunst, Theater und Kinofilme. Bist du genauso unternehmungslustig und offen für alles, was Spaß macht? Dann melde dich unter Chiffre …

A1 Nenne die Eigenschaften der Personen, die in den einzelnen Anzeigen gesucht werden!

A2 Stelle Vermutungen an, welche Anzeigen von einer Frau oder von einem Mann stammen!

A3 Vergleiche deine Entscheidungen mit denen deiner Mitschülerinnen und Mitschüler!

A4 Erkläre, weshalb es zu unterschiedlichen Entscheidungen bei der Zuordnung kommen kann!

Material B ▸ Biologische Bedeutung von Sexualität

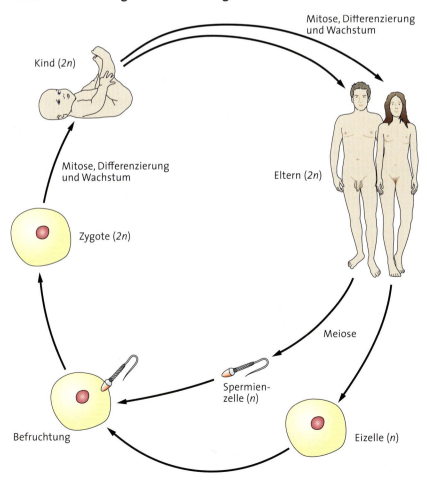

B1 Beschreibe den Vorgang, der in der Grafik dargestellt ist!

B2 Erkläre die biologische Funktion von Sexualität! Nimm die Seite 268 zu Hilfe!

B3 Beschreibe, welche Bedeutung Sexualität in menschlichen Beziehungen haben kann!

B4 Notiere weitere Gedanken oder Fragen, die einem Jungen oder einem Mädchen vor dem „ersten Mal" durch den Kopf gehen könnten!

B5 Gib an, welche Gründe für oder gegen Geschlechtsverkehr sprechen! Diskutiert in Gruppen eure Arbeitsergebnisse!

FORTPFLANZUNG UND ENTWICKLUNG
SEXUALITÄT UND FORTPFLANZUNG

01 Wollen wir ein Kind?

Sexualität und Verantwortung

Viele Paare wünschen sich irgendwann Kinder. Sie möchten aber den Zeitpunkt selbst bestimmen. Welche Möglichkeiten gibt es dazu?

lateinisch coitus = Beischlaf, lateinisch interruptus = unterbrochen

EMPFÄNGNISVERHÜTUNG · Wenn man jemanden liebt, möchte man ihm auch körperlich nahe sein, ihn berühren, streicheln, küssen, vielleicht auch mit ihm schlafen. Dabei kann es bereits beim „ersten Mal" zu einer Befruchtung kommen. Manchmal führt schon das gegenseitige Berühren und Streicheln, das sogenannte *Petting*, zu starken lustvollen Empfindungen, die einen *Orgasmus* auslösen können. Gelangen dabei freigesetzte Spermienzellen in die Vagina, ist auch so eine Befruchtung grundsätzlich möglich.

Echte Liebe bedeutet deshalb auch, sich gemeinsam Gedanken darüber zu machen, wie man eine ungewollte Schwangerschaft verhindert. Eine solche **Empfängnisverhütung** ermöglicht einem Paar zu planen, ob und wann eine Spermienzelle auf eine Eizelle treffen kann. Dafür gibt es viele verschiedene Methoden.

NATÜRLICHE VERHÜTUNG · Eine Möglichkeit der Verhütung besteht darin, dass der Mann kurz vor dem Orgasmus den Penis aus der Vagina zieht, sodass der Samenerguss außerhalb der Scheide stattfindet. Dieses „Vorgehen", auch **Coitus interruptus** genannt, ist eine extrem unsichere Methode, da bereits lange vor dem eigentlichen Samenerguss einzelne Spermienzellen aus dem Penis austreten können. Bei einer anderen Methode protokolliert die Frau über mehrere Monate den Ablauf ihrer Zyklen und errechnet so, wann sie schwanger werden kann. Da sich die Körpertemperatur nach dem Eisprung für einige Tage um etwa 0,3 Grad Celsius erhöht, kann eine Frau auch durch tägliche Temperaturmessungen vor dem Aufstehen ihre empfängnisbereiten Tage feststellen. Diese **Temperaturmethode** erfordert jedoch wie die **Kalendermethode** regelmäßige Zyklen und viel Erfahrung bei der Durchführung. Als Verhütungsmethoden sind sie deshalb unsicher und vor allem für Jugendliche nicht geeignet. Zusammen mit dem Coitus interruptus werden sie natürliche Verhütungsmethoden genannt.

MECHANISCHE VERHÜTUNG · Eines der bekanntesten Verhütungsmittel ist eine hauchdünne, dehnbare Gummihaut, die vor dem Geschlechtsverkehr über den steifen Penis gezogen wird, das **Kondom.** Es fängt die Spermienzellen beim Samenerguss in einem *Reservoir* am vorderen Ende auf und ist das einzige Verhütungsmittel, das außerdem vor sexuell übertragbaren Krankheiten wie Aids schützt. Für die Frau gibt es eine Gummikappe mit einem biegsamen Rand, die vor dem Geschlechtsverkehr in die Vagina eingeführt wird und den Muttermund verschließt. Diese Kappe wird **Diaphragma** genannt. Es muss vom Arzt angepasst werden und erfordert einige Übung im richtigen Einsetzen. Kondom und Diaphragma sind – richtig angewandt – recht sichere Verhütungsmittel.

Wegen möglicher Nebenwirkungen nicht für junge Frauen geeignet ist die **Spirale,** ein häufig T-förmiges, mit Kupfer umwickeltes Plastikstück, das vom Arzt in die Gebärmutter eingesetzt wird. Die Spirale hemmt die Beweglichkeit der Spermienzellen und verhindert die Einnistung eines Keimes in die Gebärmutterschleimhaut. Das Kondom, das Diaphragma und die Spirale bezeichnet man als *mechanische Verhütungsmittel.*

CHEMISCHE VERHÜTUNG · Zur Verhütung geeignet sind auch Substanzen, die die Spermienzellen abtöten und zusätzlich eine mechanische Barriere bilden. Am bekanntesten sind die **Schaumzäpfchen,** die einige Zeit vor dem Geschlechtsverkehr in die Vagina eingeführt werden und eine Schaumbarriere vor dem Muttermund bilden. Es gibt sie aber auch in anderen Formen wie **Salben, Gels** oder **Schaumsprays.** Diese *chemischen Verhütungsmittel* gelten als relativ unsicher. Allerdings erhöhen sie die Sicherheit der Verhütung, wenn sie in Kombination mit anderen Verhütungsmitteln angewandt werden. So wird zum Beispiel der Rand eines *Diaphragmas* vor dem Einführen in die Scheide mit einem solchen Gel bestrichen. Der Schaum des Gels kann dann verhindern, dass Spermienzellen lebend durch kleine Lücken zwischen dem Rand des Diaphragmas und der Scheidenwand gelangen. Die Kombination mit einem *Kondom* kann je nach Präparat die Sicherheit erhöhen, aber auch herabsetzen, da manche Schaumpräparate das Kondom porös machen.

1 Nenne Vor- und Nachteile von natürlichen, mechanischen und chemischen Verhütungsmethoden!

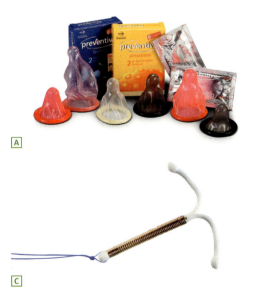

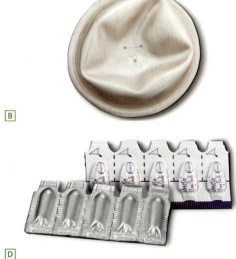

02 Verhütungsmittel:
A Kondome,
B Diaphragma,
C Spirale,
D Schaumzäpfchen

FORTPFLANZUNG UND ENTWICKLUNG
SEXUALITÄT UND FORTPFLANZUNG

HORMONELLE VERHÜTUNG · Ein sehr häufig verwendetes Verhütungsmittel ist die **Antibabypille.** Sie enthält verschiedene künstlich hergestellte Hormone, die in ihrer Wirkung den weiblichen Sexualhormonen Östrogen und Gestagen ähneln. Die Stoffe hemmen die Bildung von FSH sowie LH und verhindern so den Eisprung oder verändern den Schleim im Eingang zur Gebärmutter, sodass keine Spermien eindringen können. Oft wird auch der vollständige Aufbau der Gebärmutterschleimhaut verhindert und die Zygote kann sich nicht einnisten. Diese Mehrfachwirkungen führen bei korrekter Anwendung der *Pille* zu einer sehr hohen Sicherheit. Wird die Einnahme hormonhaltiger *Pillen* einmal vergessen, besteht in dem Monat kein sicherer Empfängnisschutz mehr. Das ist auch der Fall bei Erbrechen oder Durchfall.

Die *Antibabypille* gibt es in vielen verschiedenen Formen, die sich in ihrer hormonellen Zusammensetzung unterscheiden. Sie ist ein Medikament und muss deshalb von einem Frauenarzt oder einer Frauenärztin verschrieben werden. Bis zu einem Alter von 14 Jahren ist dafür das Einverständnis der Eltern notwendig. Die Kosten werden bis zu einem Alter von 20 Jahren von der Krankenkasse übernommen.

Frauen nehmen 21 Tage lang täglich eine Pille ein. Danach pausieren sie sieben Tage und es kommt zu einer Blutung.

Hier kannst du dich informieren:
www.bzga.de
www.loveline.de

Mini- oder Mikropillen enthalten weniger Hormone als die normale Pille. Sie müssen daher jeden Tag zur gleichen Zeit eingenommen werden, um wirksam zu sein.

Die Pille ist in der Anwendung sicher, kann aber auch Nachteile haben: Die Einnahme kann zum Beispiel zur Gewichtszunahme oder zur Bildung von Thrombosen in den Blutgefäßen führen. Im Gegensatz zu Kondomen schützen hormonelle Verhütungsmittel zudem nicht vor Geschlechtskrankheiten oder einer HIV-Infektion.

Andere Verhütungsmittel, zum Beispiel kleine Stäbchen, die unter die Haut eingesetzt werden, geben regelmäßig kleine Hormonmengen ab. Diese **Hormonimplantate** wirken bis zu drei Jahre und können jederzeit wieder entnommen werden.

BERATUNG · Vor allem für junge Menschen ist die Empfängnisverhütung oft ein schwieriges Thema. Wichtige Informationen und Beratung erhält man von Frauenärztinnen und -ärzten. Empfehlenswert ist auch die Internetseite der Bundeszentrale für gesundheitliche Aufklärung (BZgA). Besondere Probleme ergeben sich, wenn es zu ungeschütztem Geschlechtsverkehr gekommen ist. Auch für diese Situationen bieten Ärzte ihre Unterstützung an. Gespräche mit Ihnen unterliegen der Schweigepflicht.

Eine mögliche Maßnahme bei einer „Verhütungspanne" ist die Einnahme der „*Pille danach*". Sie hemmt den Eisprung und verhindert so eine mögliche Schwangerschaft. Hat der Eisprung jedoch bereits stattgefunden oder hat sich die Zygote bereits eingenistet, verliert diese Pille ihre Wirkung. Sie ist also kein Mittel zum Schwangerschaftsabbruch.

1) Nenne Vor- und Nachteile der Pille!

2) Erkläre die Wirkungsweise der Pille mithilfe Bild 02!

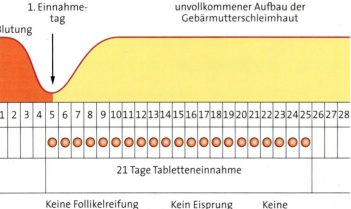

03 Wirkungsweise der Pille

MATERIAL

Material A ▶ Kondom

A1 Nenne Vorteile des Kondoms als Verhütungsmittel!

A2 Erläutere die Aussage in der Abbildung!

A3 Recherchiere, wie man ein Kondom richtig anwendet! Gib an, welche Fehler man bei der Benutzung machen kann und wie man diese verhindert!

Material B ▶ Schwangerschaftstest

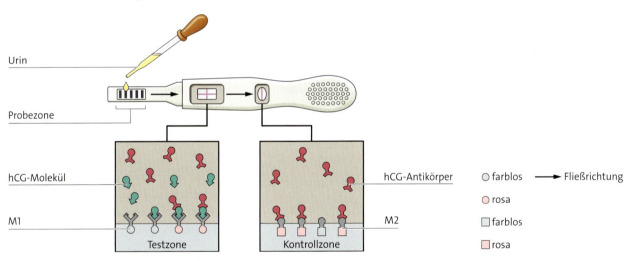

Das Hormon hCG kann mithilfe eines Schnelltests im Urin einer schwangeren Frau nachgewiesen werden: In der Probezone befinden sich frei bewegliche *hCG-Antikörper*, an die hCG-Moleküle binden können. Der so entstandene *hCG-Antikörper-Komplex* fließt mit dem Urin durch den Teststreifen bis in die Test- und Kontrollzone.
In der *Testzone* gibt es die Antikörper A, an deren Basis sich ein farbloser Stoff (M1) befindet. An diese Antikörper bindet der hCG-Antikörper-Komplex, sodass M1 und damit auch die Testzone sich färbt.
In der *Kontrollzone* gibt es die Antikörper B, an deren Basis sich ein anderer farbloser Stoff (M2) befindet. Binden hier freie hCG-Antikörper, kommt es ebenfalls zu einer Färbung.

B1 Beschreibe anhand der Abbildung die Funktionsweise eines Schwangerschaftstests!

B2 Erkläre die Bedeutung der Kontrollzone für die Aussagekraft des Schwangerschaftstests!

B3 Recherchiere die rechtlichen Regelungen für einen möglichen Schwangerschaftsabbruch!

B4 Notiere Gründe, die für oder gegen einen Schwangerschaftsabbruch sprechen und diskutiere sie mit deinen Mitschülern und Mitschülerinnen!

ÜBERPRÜFE DEIN GRUNDWISSEN – FORTPFLANZUNG UND ENTWICKLUNG

A ▸ Pubertät

Kann ich …

1. die körperlichen Veränderungen eines Jungen und eines Mädchens während der Pubertät vergleichen? *(Seite 188)*
2. erläutern, was man unter Geschlechtsreife versteht? *(Seite 188)*
3. den Bau der männlichen Geschlechtsorgane beschreiben? *(Seite 192)*
4. den Bau der weiblichen Geschlechtsorgane beschreiben? *(Seite 193)*
5. verschiedene Geschlechtshormone benennen? *(Seite 189)*
6. jeweils Beispiele für die Veränderungen im Verhalten von Jungen und Mädchen während der Pubertät beschreiben? *(Seite 189)*
7. verschiedene Flirtsignale erläutern? *(Seite 190)*
8. die Ursachen für die seelischen Veränderungen in der Pubertät erläutern? *(Seite 190)*
9. den Bau und die Bildung von Spermienzellen beschreiben? *(Seite 192 und 194)*
10. den Bau und die Bildung von Eizellen beschreiben? *(Seite 193 und 194)*
11. erläutern, was man unter Erektion, Orgasmus und Ejakulation versteht? *(Seite 194)*

B ▸ Menstruationszyklus und Schwangerschaft

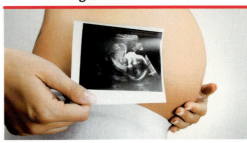

Kann ich …

1. erläutern, was man unter Menstruation versteht? *(Seite 196)*
2. die Vorgänge während des Menstruationszyklus anhand eines Schemas beschreiben? *(Seite 196 und 197)*
3. Hormone benennen, die an der Regulation des Menstruationszyklus beteiligt sind? *(Seite 196 und 197)*
4. die hormonelle Regelung des Menstruationszyklus anhand eines Diagramms beschreiben? *(Seite 196 und 197)*
5. Bedingungen nennen, unter denen der Monatszyklus von der normalen Dauer abweichen kann? *(Seite 197)*
6. die hormonelle Regulation bei einer Schwangerschaft beschreiben? *(Seite 198)*
7. beschreiben, wie sich die befruchtete Eizelle weiterentwickelt? *(Seite 198)*
8. beschreiben, wie der Embryo im Mutterleib über die Plazenta versorgt wird? *(Seite 198)*

C ▸ Liebe und Sexualität

Kann ich ...

1. verschiedene Ausdrucksformen der Liebe beschreiben? *(Seite 200)*
2. beschreiben, woran man erkennt, dass man sich verliebt hat? *(Seite 200)*
3. beschreiben, wie sich eine Partnerschaft entwickeln kann? *(Seite 201)*
4. beschreiben, welche Probleme in einer Partnerschaft entstehen können? *(Seite 201)*
5. verschiedene Ausdrucksformen der Sexualität beschreiben? *(Seite 201 und 202)*
6. erläutern, was man unter den Begriffen heterosexuell, homosexuell und bisexuell versteht? *(Seite 202)*
7. beschreiben, was ein Coming-out ist? *(Seite 202)*
8. die biologische Bedeutung der Sexualität erklären? *(Seite 203)*

D ▸ Familienplanung

Kann ich ...

1. verschiedene Verhütungsmethoden beschreiben? *(Seiten 204 bis 207)*
2. Verhütungsmethoden nennen, die sich auch für Jugendliche eignen? *(Seiten 204 bis 207)*
3. die Wirkung hormoneller Verhütungsmethoden beschreiben? *(Seiten 206)*
4. beschreiben, worauf man bei der Verwendung der Pille achten muss? *(Seiten 206)*
5. begründen, weshalb das Kondom ein besonders sicheres Verhütungsmittel ist? *(Seiten 205)*
6. beschreiben, worauf man bei der Verwendung eines Kondoms achten muss? *(Seiten 207)*
7. die Funktionsweise eines Schwangerschaftstests beschreiben? *(Seiten 207)*

Kann ich aus dem Kapitel „Fortpflanzung und Entwicklung" Beispiele nennen für das Basiskonzept:
- Reproduktion und Vererbung?
- Struktur und Funktion?
- Steuerung und Regelung?
- Entwicklung?
- Information und Kommunikation?

Individualentwicklung des Menschen

1 Der Lebenslauf des Menschen **212**

2 Verantwortlicher Umgang mit dem eigenen Körper **224**

3 Organspender werden? **244**

In diesem Kapitel beschäftigst du dich mit

- der Entwicklung des Menschen von der befruchteten Eizelle zum vollständigen Organismus bis hin zum Tod.
- dem Vorgang der Kern- und Zellteilung.
- Nährstoffen und ihrem Energiegehalt.
- der Verdauung von Nährstoffen und der Verwendung der Verdauungsprodukte.
- der Art und Weise, wie Enzyme die Nährstoffe erschließen.
- einer gesundheitsbewussten Ernährung.
- legalen und illegalen Drogen und Problemen, die infolge ihres Konsums auftreten können.
- dem Bau und der Funktion der Niere.
- dem Thema Organspende und Organtransplantation.

INDIVIDUALENTWICKLUNG DES MENSCHEN
LEBENSLAUF DES MENSCHEN

01 Schwangerschaft

Die Entwicklung von Embryo und Fetus

griechisch trophé = Ernährung

griechisch blastos = Keim, Knospe

griechisch embryon = Leibesfrucht

lateinisch placenta = Kuchen

hCG = (menschliches) Choriongonadotropin

Eine Schwangerschaft dauert neun Monate. In dieser Zeit entwickelt sich aus einer befruchteten Eizelle ein vollständiger Mensch. Welche Vorgänge laufen dabei ab?

ZELLULÄRE ENTWICKLUNG · Nach dem Eisprung gelangt die Eizelle in den Eileiter. Dort kann sie von einer Spermienzelle befruchtet werden. Die aus der **Befruchtung** entstehende *Zygote* teilt sich bereits auf dem Weg durch den Eileiter zur Gebärmutter. Die ersten Zellteilungen nach der Zygotenbildung werden *Furchung* genannt. Sie führen zu einem Zellhaufen aus gleichartigen Zellen.

Etwa am vierten Tag kommt es zu einer Ausbildung unterschiedlicher Zellen, zu einer **Differenzierung** der Zellen. Dabei entsteht ein kugelförmiger Körper, das *Keimbläschen* oder die *Blastozyste*. Sie besteht aus einer äußeren Zellschicht, dem **Trophoblasten**, und einer inneren Zellschicht, dem **Embryoblasten**. Nur aus dieser Schicht entwickelt sich schließlich der **Embryo**.

Ungefähr sechs Tage nach der Befruchtung heftet sich die Blastozyste an die Gebärmutterschleimhaut an. Danach dringen Zellen des Trophoblasten in die Gebärmutterschleimhaut ein und verwachsen mit ihr. Diesen Vorgang bezeichnet man als **Einnistung**. Aus Zellen von Trophoblast und der Gebärmutterschleimhaut bildet sich die **Plazenta**. Dieses Organ versorgt den Embryo mit Nährstoffen, beseitigt Abfallstoffe und ermöglicht den Gasaustausch.

Gleichzeitig ist die Einnistung ein Signal zur Produktion des Schwangerschaftshormons hCG. Es verhindert den Abbau der Gebärmutterschleimhaut und lässt sie weiter wachsen. Damit wird die Schwangerschaft stabilisiert.

EMBRYONALENTWICKLUNG · Die Entwicklung des Embryos aus dem Embryoblasten erfolgt, indem sich die neu entstehenden Zellen weiter differenzieren. Außerdem finden Verschiebungen und Umlagerungen von Zellgruppen statt, die zu einer Veränderung der äußeren und inneren Gestalt führen. Alle diese Vorgänge laufen nach einem bestimmten zeitlichen Muster ab. Aus den differenzierten Zellen entstehen unterschiedliche Gewebe, aus denen sich nach und nach Organe entwickeln. Auf diese Weise werden Wirbelsäule, Herz, Leber, Lungen und Niere oder Arme und Beine sowie Nervensystem oder Magen-Darm-Trakt angelegt. Nach 21 Tagen misst der Embryo in Scheitel-Steiß-Länge etwa zwei Millimeter. Am 40. Tag ist er ungefähr 25 Millimeter lang. Dann werden auch Ohrmuscheln und Augenlider erkennbar. Um den 50. Tag bilden sich die Extremitäten aus. Nun erkennt man auf Ultraschallbildern Kopf und Hals getrennt voneinander und Bewegungen können sichtbar gemacht werden. Nach zwölf Wochen hat der Embryo eine Länge von neun Zentimetern und füllt die Gebärmutterhöhle vollständig aus.

Während der Embryonalphase können Infektionen, zum Beispiel Röteln, bestimmte Medikamente, Alkohol, Nikotin oder Drogen, zu Schädigungen des Embryos führen. Dadurch kann es zu Fehlbildungen des Kindes kommen.

FETALENTWICKLUNG · Nach zwölf Wochen sind alle Organe und Organsysteme angelegt. Damit ist die Embryonalentwicklung abgeschlossen. Ab jetzt spricht man vom **Fetus**. Die Fetalentwicklung endet in der 40. Woche mit der Geburt des Kindes. Während dieser Zeit wachsen die Anlagen der Organe und Organsysteme und das Zentralnervensystem heran und bilden sich vollständig aus.

Da alle Organe bereits angelegt sind, führen äußere Einflüsse während der Fetalphase nicht zu Fehlbildungen. Jedoch kann es durch Alkohol, Nikotin oder Drogen weiterhin zu Reifungs- und Wachstumsstörungen kommen.

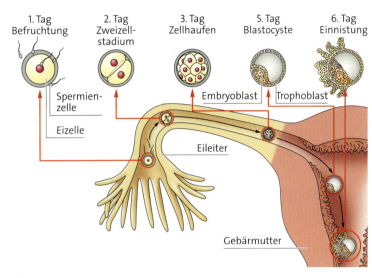

02 Zelluläre Entwicklung

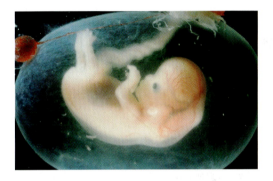

03 Sechs Wochen alter Embryo

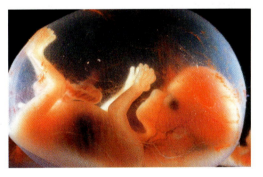

04 Fünf Monate alter Fetus

1 Beschreibe die Vorgänge, die in den ersten sechs Tagen nach der Befruchtung ablaufen!

2 Vergleiche die Embryonal- und Fetalentwicklung und gib an, welche Schädigungen jeweils auftreten können!

lateinisch fetus = Brut, Nachkommenschaft

INDIVIDUALENTWICKLUNG DES MENSCHEN
LEBENSLAUF DES MENSCHEN

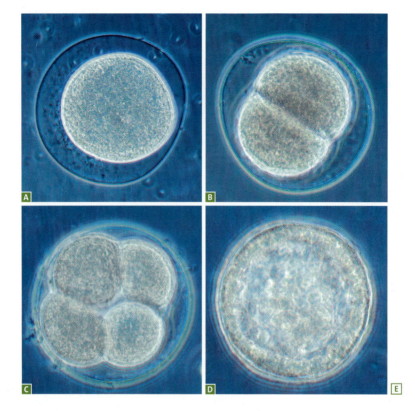

01 Von der Zygote zum Erwachsenen:
A Zygote,
B Zweizellstadium,
C Vierzellstadium,
D Blastozyste,
E Erwachsene

02 Zwei-Chromatiden-Chromosom

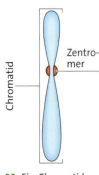

03 Ein-Chromatid-Chromosom

Mitose und Zellteilung

Der Körper eines Erwachsenen besteht aus etwa 100 Billionen Zellen. Diese gehen alle aus einer einzigen befruchteten Eizelle hervor. Wie findet diese Zellvermehrung statt?

WACHSTUM UND ERNEUERUNG · Lebewesen wachsen, indem neue Zellen gebildet werden. Dazu teilen sich einzelne Zellen, bilden anschließend eigene Stoffe und werden dadurch größer. Diese beiden Vorgänge bewirken, dass aus der befruchteten Eizelle schließlich ein erwachsener Mensch entsteht.
Aber auch bei Erwachsenen werden Zellen ständig neu gebildet, weil abgestorbene oder zerstörte Zellen ersetzt werden. Ein Beispiel dafür sind Hautzellen, die beim Verheilen einer Wunde produziert werden.
Pflanzen wachsen ebenfalls, indem neue Zellen hervorgebracht werden, zum Beispiel in den Spross- und Wurzelspitzen oder bei der Neubildung von Blättern.

ERBSUBSTANZ · Im Zellkern befindet sich die vollständige Erbsubstanz. Vor der Zellteilung wird sie kopiert, sodass sie doppelt vorliegt. Bei der Zellteilung erhält jeder neu entstehende Zellkern eine komplette Ausfertigung der Erbsubstanz. Sie befindet sich in fadenförmigen Strukturen, die man **Chromosomen** nennt. Die meiste Zeit sind die Chromosomen selbst unter dem Mikroskop nicht erkennbar.
Bevor sich eine Zelle teilt, teilt sich ihr Zellkern. Die Teilung des Zellkerns nennt man **Mitose**. Vor der Mitose verkürzen sich die Chromosomen und werden dicker. Dadurch werden sie unter dem Mikroskop sichtbar. Dann wird auch deutlich, dass sie aus zwei Hälften bestehen, den *Chromatiden*. Diese **Zwei-Chromatiden-Chromosomen** werden an einer Stelle, dem *Zentromer*, zusammengehalten.
Nach der Mitose bestehen die Chromosomen nur noch aus einem Chromatid. Man nennt sie dann **Ein-Chromatid-Chromosomen**.

MITOSE · Die Mitose läuft in einem immer gleichen Vorgang ab, den man in einzelne Phasen unterteilen kann:
Prophase: Die Kernhülle löst sich auf, die Zwei-Chromatiden-Chromosomen werden sichtbar.
Metaphase: Die Chromosomen bewegen sich in die Mitte der Zelle und ordnen sich in einer Ebene an, der *Äquatorialebene*. Man kann jetzt besonders gut erkennen, dass sie aus zwei Chromatiden bestehen, die am Zentromer zusammenhängen. Die Chromosomen haben dabei eine wäscheklammerähnliche Form.
Anaphase: Von den Polen der Zelle her bilden sich *Spindelfasern*, die an die Zentromere heranführen. Sie ziehen die sich trennenden Chromatiden zu den gegenüberliegenden Polen.
Telophase: Um die Anhäufungen der Ein-Chromatid-Chromosomen an beiden Polen bildet sich jeweils eine neue Kernhülle. Die Ein-Chromatid-Chromosomen gehen allmählich wieder in den lang gestreckten, fädigen Zustand über. Gleichzeitig mit der letzten Phase der Mitose entstehen in der Mitte der alten Zelle zwei neue Zellmembranen. Nun sind zwei vollständige neue Zellen entstanden.

ZELLZYKLUS · Viele der Zellen, die mit gleicher Erbsubstanz aus der Mitose hervorgehen, entwickeln sich zu sogenannten *Dauerzellen*, die an bestimmten Stellen des Körpers ihre jeweilige Funktion ausüben. Andere Zellen behalten ihre Teilungsfähigkeit. Bevor sie sich jedoch erneut teilen können, müssen sie heranwachsen. In dieser Zeit, der **Interphase**, steuert die Erbsubstanz alle notwendigen Stoffwechselreaktionen. Dabei wird sie auch verdoppelt, das heißt, aus den Ein-Chromatid-Chromosomen werden wieder Zwei-Chromatiden-Chromosomen.
Je nach Zelltyp ist die Interphase unterschiedlich lang. Sie kann zehn Stunden oder mehr als ein Jahr dauern. Demgegenüber ist die Mitose mit knapp einer Stunde immer etwa gleich kurz.

1 Erläutere die Begriffe *Ein-Chromatid-Chromosom* und *Zwei-Chromatiden-Chromosom*!

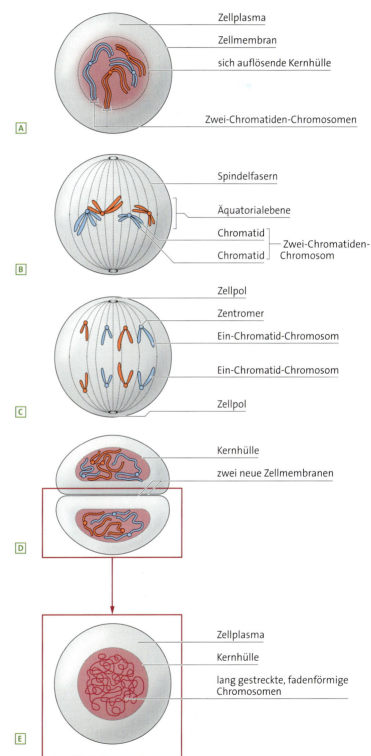

04 Phasen der Mitose: **A** Prophase, **B** Metaphase, **C** Anaphase, **D** Telophase, **E** Interphase

INDIVIDUALENTWICKLUNG DES MENSCHEN
LEBENSLAUF DES MENSCHEN

05 Herbstzeitlose

griechisch diploe = Doppelheit

griechisch haploeidis = einfach

06 Karyogramm des Menschen

CHROMOSOMENSÄTZE · Besonders gut kann man die Chromosomen während der Metaphase der Mitose betrachten, wenn man die Zellen vorher mit *Colchizin* behandelt hat. Dieses Gift der Herbstzeitlose bewirkt, dass die Zwei-Chromatiden-Chromosomen während der Metaphase der Mitose in der Äquatorialebene liegen bleiben und nicht getrennt werden.

Für Chromosomenuntersuchungen beim Menschen benutzt man oft weiße Blutzellen, die man nach einer speziellen Vorbehandlung auf einem Objektträger zum Platzen bringt. Dann liegen die Metaphase-Chromosomen einer Zelle auf dem Objektträger nebeneinander. Früher wurde das mikroskopische Bild fotografiert und die ausgeschnittenen Fotografien der Chromosomen nach der Lage des Zentromers, nach Größe oder Musterung sortiert. Heute ordnet man sie mithilfe spezieller Software am Computer. Das dabei erhaltene Ergebnis nennt man **Karyogramm**.

Karyogramme zeigen, dass
- Lebewesen der gleichen Art eine identische Anzahl von Chromosomen aufweisen,
- Lebewesen verschiedener Arten meist verschieden viele Chromosomen besitzen,
- die Anzahl der Chromosomen in den Körperzellen der Lebewesen geradzahlig ist,
- Chromosomen in allen Körperzellen paarweise gleich aussehen. Solche Chromosomen heißen *homolog*.

Außerdem können anhand von Karyogrammen Abweichungen der Anzahl, der Form und der Größe der Chromosomen ermittelt werden.

Die Gesamtheit aller Chromosomen in einer Zelle bezeichnet man als den **Chromosomensatz**. Da die Chromosomen aus der mütterlichen Eizelle und aus der väterlichen Spermienzelle stammen, besitzen Körperzellen also im Vergleich zu den Geschlechtszellen einen doppelten Chromosomensatz. Man sagt, Körperzellen sind **diploid** (2n). In Geschlechtszellen hingegen ist nur ein einfacher Chromosomensatz enthalten. Sie sind demzufolge **haploid** (1n).

Im Karyogramm erkennt man zwei Typen von Chromosomenpaaren: 22 Chromosomenpaare sind bei allen Menschen gleich, die **Autosomen**. Das 23. Chromosomenpaar legt das Geschlecht fest. Frauen besitzen zwei homologe X-Chromosomen. Männer haben ein X-Chromosom und ein sehr viel kleineres Y-Chromosom. X- und Y-Chromosomen sind die Geschlechtschromosomen oder **Gonosomen**.

2) Erkläre, weshalb es auch bei Erwachsenen eine Neubildung von Zellen geben muss!

3) Beschreibe Struktur und Funktion der Zustandsformen von Chromosomen!

Art	Chromosomenanzahl (2n)
Mensch	46
Schimpanse	48
Hund	78
Schwein	38
Haushuhn	78
Taufliege	8
Champignon	8
Wurmfarn	164
Natternzunge (Farn)	480

07 Chromosomenanzahl (2n)

MATERIAL

Material A ▸ Phasen der Mitose in Zellen der Königslilie

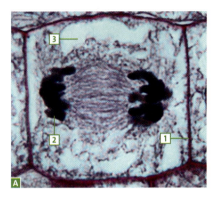
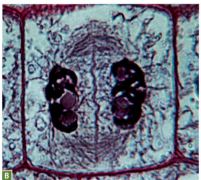
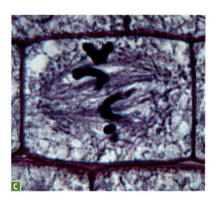

Die Fotos zeigen drei Momentaufnahmen der Mitose einer Pflanzenzelle.

A1 Beschrifte die mit Zahlen gekennzeichneten Bereiche!

A2 Ordne die drei Aufnahmen je einer Mitosephase begründet zu und nenne deren richtige zeitliche Abfolge!

A3 Nenne die Mitosephase, die nicht im Foto dargestellt ist.

A4 Nenne Beobachtungskriterien, mit denen die Mitose in die genannten vier Phasen unterteilt wird! Begründe deine Nennungen!

A5 Erkläre, weshalb das Gift *Colchizin* ein geeignetes Hilfsmittel zur Betrachtung und Untersuchung von Chromosomen ist!

Material B ▸ Interphase und Mitose

Dauer der Interphase und Mitose in Geweben des Menschen

	Interphase (in Stunden)	Mitose (in Stunden)
Dünndarm	14	0,7
Leber	10 000	0,7
blutbildendes Knochenmark	10	0,7
Haut	1 000	0,7

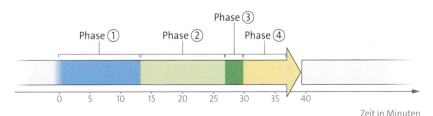

Dauer der Mitosephasen

B1 Beschreibe die in der Tabelle dargestellten Ergebnisse! Vergleiche dabei die Verhältnisse bei den verschiedenen Zelltypen!

B2 Begründe, weshalb man in mikroskopischen Bildern von Wachstumsgeweben nur relativ wenige Zellen findet, die man der Anaphase zuordnen kann!

B3 Stelle Vermutungen an, woran es liegen könnte, dass Wunden an den Lippen sehr viel schneller heilen als andere Hautverletzungen!

B4 Zeichne einen Kreis, der den Zellzyklus einer Dünndarmzelle symbolisiert, und benenne einzelne Kreisbögen mit den richtigen Fachbegriffen!

INDIVIDUALENTWICKLUNG DES MENSCHEN
LEBENSLAUF DES MENSCHEN

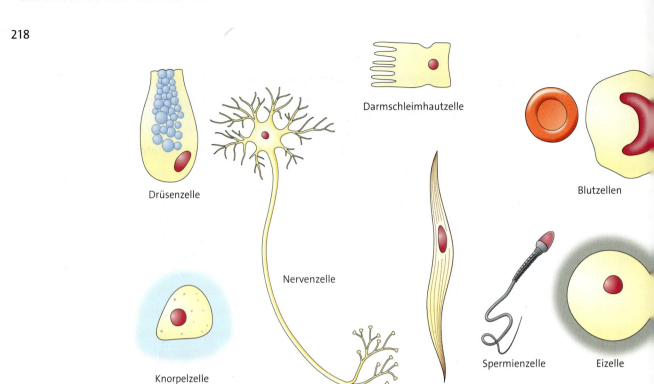

01 Verschiedene Zelltypen des Menschen

Von der Zelle zum Organismus

Alle Zellen eines Lebewesens stammen von einer einzigen befruchteten Eizelle ab. Trotzdem gibt es beim Menschen etwa 200 verschiedene Zelltypen. Wie ist das zu erklären?

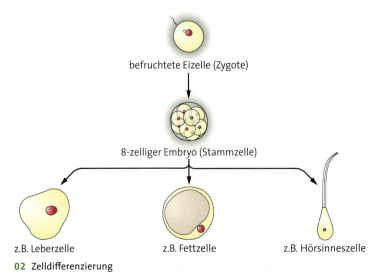

02 Zelldifferenzierung

ZELLDIFFERENZIERUNG · Wie die meisten Lebewesen wächst auch der Mensch aus einer befruchteten Eizelle, der *Zygote*, heran. Aus ihr entstehen durch die ersten drei Zellteilungen acht völlig gleiche Tochterzellen. Sie werden als **Stammzellen** bezeichnet. Jede Stammzelle könnte einen vollständigen Organismus bilden. Solche Zellen nennt man **totipotent**.

Im weiteren Verlauf der Entwicklung gehen aus den Stammzellen zahlreiche unterschiedlich spezialisierte Zellen hervor. Diesen Vorgang nennt man **Zelldifferenzierung**. Sie ist abhängig vom Erbmaterial, aber auch von äußeren Faktoren, die auf den Embryo einwirken. Die differenzierten Zellen unterscheiden sich deutlich in Größe, äußerer Gestalt und innerer Organisation. Obwohl sie bei allen weiteren Zellteilungen das vollständige Erbmaterial erhalten, kann sich aus ihnen kein vollständiger Organismus mehr entwickeln.

ZELLTYPEN · Entsprechend ihren Aufgaben sind differenzierte Zellen jeweils charakteristisch gebaut und ausgestattet, sodass man verschiedene Typen von Zellen unterscheiden kann. Jeder **Zelltyp** erfüllt eine bestimmte Aufgabe, es findet eine *Arbeitsteilung* statt. So sind zum Beispiel Drüsenzellen oft tropfenförmig und enthalten viele mit Flüssigkeit gefüllte Bläschen. Sie können die gespeicherte Flüssigkeit nach außen abgeben. Dagegen haben Muskelzellen eine lang gestreckte Form, enthalten fadenförmige Strukturen und können sich verkürzen. Fettzellen wiederum sind in der Regel kugel- bis eiförmig. Sie enthalten viel flüssiges Fett, sodass Zellkern und Zellplasma an den Rand der Zelle gedrängt werden. In Leberzellen beispielsweise findet man viele Mitochondrien. Hier wird die Energie für die vielfältigen Stoffwechselreaktionen bereitgestellt. Außerdem sind Leberzellen Kohlenhydratspeicher.

GEWEBE · Die meisten differenzierten Zellen kommen in Lebewesen nicht einzeln vor. Sie bilden Gruppen aus gleichartigen Zellen mit einer gemeinsamen Aufgabe, die **Gewebe**. Gewebe bei Menschen und Tieren lassen sich vier Hauptgruppen zuordnen:
Als **Deckgewebe** bezeichnet man Gewebe, die einen Körper nach außen abgrenzen, Organe umschließen oder Körperhohlräume auskleiden. Sie haben Schutzfunktion und sind auf die Stoffaufnahme und -abgabe spezialisiert.
Bindegewebe verbindet, stützt oder schützt andere Gewebe. Die Zellen des Bindegewebes sind häufig in einer von ihnen selbst ausgeschiedenen Grundsubstanz eingebettet. Die Grundsubstanz kann elastisch und zugfest sein wie bei Sehnen und Bändern oder fest und hart wie bei Knochen. Auch Fettgewebe ist ein Bindegewebe, das sowohl der Speicherung von Nährstoffen als auch der Stoßdämpfung und der Wärmedämmung dient.
Muskelgewebe besteht aus Zellen, die sich verkürzen und entspannen können und damit Bewegungen ermöglichen.

Das **Nervengewebe** besteht vorwiegend aus einem Geflecht von Nervenzellen, die über Verästelungen und lange Ausläufer miteinander in Verbindung stehen. Es hat die Funktion der Weiterleitung und Verarbeitung von Informationen.

Bei Pflanzen gibt es zwei grundsätzlich unterschiedliche Gewebetypen: das *Bildungsgewebe* mit teilungsfähigen Zellen und das *Grundgewebe* mit Zellen, die sich nicht mehr teilen können. Dazu gehören zum Beispiel *Deckgewebe*, *Speichergewebe*, *Festigungsgewebe* und *Leitungsgewebe*.

1. Erkläre den Vorgang der Zelldifferenzierung am Beispiel der Muskelzelle!
2. Nenne je vier Gewebetypen bei Tieren und Pflanzen!

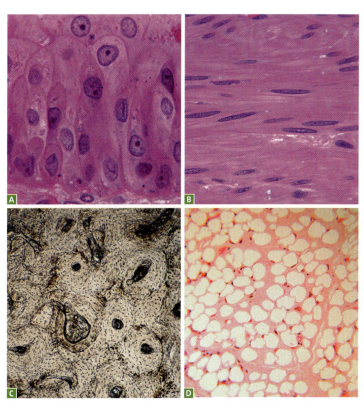

03 Gewebe bei Menschen und Tieren: **A** Deckgewebe, **B** Muskelgewebe, **C** Knochengewebe, **D** Unterhautfettgewebe

INDIVIDUALENTWICKLUNG DES MENSCHEN
LEBENSLAUF DES MENSCHEN

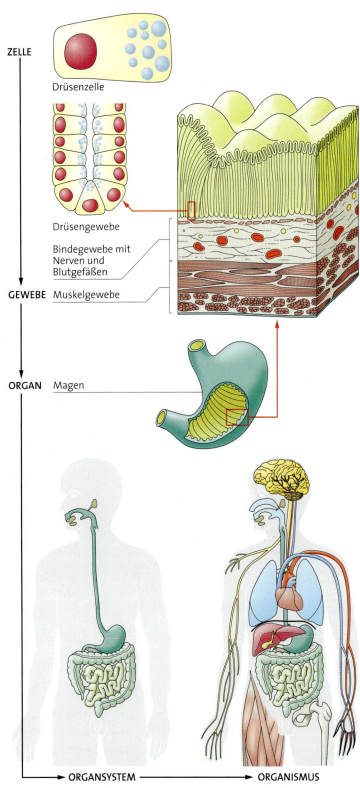

04 Organisationsstufen am Beispiel der menschlichen Verdauung

ORGANISATIONSSTUFEN · Der Organismus Mensch besteht aus Billionen spezialisierter Zellen wie Muskelzellen, Knochenzellen, Blutzellen oder Nervenzellen. Das geordnete Zusammenarbeiten dieser großen Anzahl einzelner Zellen lässt sich besser verstehen, wenn man den Bau des Körpers stufenweise betrachtet: Die kleinste Funktionseinheit und unterste Stufe im vielzelligen Organismus ist eine einzelne *Zelle*. Zum Beispiel gibt eine Drüsenzelle in der Magenschleimhaut Verdauungsenzyme in das Mageninnere ab. In der Magenschleimhaut befinden sich viele Drüsenzellen, die auf dieselbe Art spezialisiert sind. Sie liegen als innerste Schicht des Magens dicht beieinander und können so organisiert zusammenarbeiten: Als Drüsengewebe stellen sie gemeinsam die benötigten Verdauungsenzyme her. *Gewebe* sind die nächsthöhere Organisationsstufe eines Lebewesens.

Neben dem Drüsengewebe sind auch Muskelgewebe, Bindegewebe und Nervengewebe am Bau des Magens beteiligt. Erst gemeinsam können sie die Verdauungsaufgabe des Magens erfüllen. Wenn verschiedene und räumlich eng zusammenliegende Gewebe bestimmte Aufgaben gemeinsam ausüben, spricht man von einem *Organ*. Organe sind die nächste Organisationsstufe eines Lebewesens.

An der Verdauung der Nahrung sind außer dem Magen noch weitere Organe beteiligt, zum Beispiel Dünndarm, Bauchspeicheldrüse und Leber. Auch diese Organe arbeiten organisiert zusammen. Daher fasst man alle Organe, die die Nahrung verdauen, zum *Organsystem* Verdauungssystem zusammen.

Zahlreiche Organsysteme wie das Verdauungssystem, das Bewegungssystem, das Blutkreislaufsystem oder das Nervensystem wirken zusammen und ergänzen sich in ihrer Funktion. Sie bilden den *Organismus*, die komplexeste Organisationsstufe eines vielzelligen Lebewesens.

3 Beschreibe den Bau eines weiteren Organsystems!

MATERIAL

Material A ▸ Gewebe bei Tieren

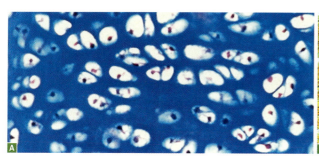 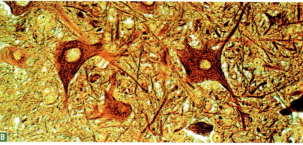

A1 Benenne die Gewebe mithilfe der Abbildung 01 auf Seite 218!

A2 Vergleiche die auf den Mikrofotos dargestellten Zellen mit den Schemazeichnungen auf Seite 218!

A3 Vergleiche die gezeichneten Zellen mit einer Mundschleimhautzelle! Nimm Seite 34 zu Hilfe!

Material B ▸ Stammzellen

Nicht nur im frühen Embryo gibt es Stammzellen: Auch im Körper erwachsener Menschen und Tiere befinden sich Zellen, die noch nicht völlig differenziert sind. So befinden sich zum Beispiel im Knochenmark Zellen, aus denen rote Blutkörperchen oder weiße Blutkörperchen neu gebildet werden können. Andere Zelltypen können aus diesen Zellen jedoch nicht entstehen.

B1 Gib begründet an, wie viele eineiige Mehrlinge nach einer Befruchtung theoretisch entstehen können!

B2 Vergleiche die embryonalen Stammzellen und die Zellen im Knochenmark hinsichtlich ihrer Funktion!

B3 Stelle Vermutungen darüber an, weshalb aus den Zellen im Knochenmark keine Muskel- oder Nervenzellen gebildet werden!

B4 Informiere dich in Lehrbüchern oder im Internet über die medizinische Bedeutung der embryonalen Stammzellen! Nenne Gründe, weshalb die medizinische Verwendung embryonaler Stammzellen umstritten ist!

Material C ▸ Klonen

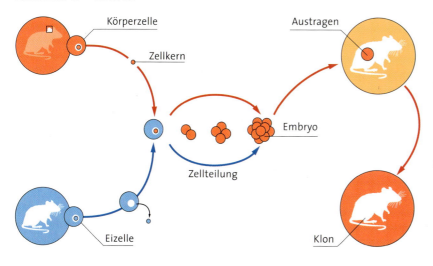

C1 Beschreibe die in der Abbildung schematisch dargestellten Vorgänge!

C2 Erläutere, weshalb der entstehende Nachkomme die Eigenschaften des Spenders der Hautzelle besitzt!

C3 Stelle Vermutungen darüber an, welche Vorgänge im Zellkern der spezialisierten Hautzelle ablaufen müssen!

INDIVIDUALENTWICKLUNG DES MENSCHEN
LEBENSLAUF DES MENSCHEN

01 Königin Elisabeth II:
A im Alter von 27 Jahren,
B im Alter von 89 Jahren

Von der Befruchtung bis zum Tod

Wie man besonders gut anhand von Fotografien einer Person erkennen kann, ist das Älterwerden mit Veränderungen verbunden. Neben dem äußeren Erscheinungsbild wandeln und entwickeln sich auch innere Vorgänge, Verhaltensweisen oder Einstellungen. Wie verlaufen diese Entwicklungsvorgänge?

ENTWICKLUNGSRAHMEN · Die Entwicklung eines Menschen beginnt mit der Befruchtung einer weiblichen Eizelle durch eine männliche Spermienzelle. Hierbei entscheidet sich nicht nur, ob ein Junge oder ein Mädchen entsteht, sondern welches weitere Erbmaterial ein Mensch für sein ganzes Leben mitbekommt. Durch das Erbmaterial werden körperliche und geistige Merkmale und Eigenschaften angelegt. Ob und inwieweit sie sich dann entfalten können, wird von Umwelteinflüssen mitbestimmt. Durch die Erbanlagen ist auch ein Höchstalter von etwa 120 Jahren festgelegt.

Die Entwicklung von der befruchteten Eizelle bis zum Tod nennt man **Individualentwicklung**. Man kann sie in verschiedene Phasen gliedern und unter bestimmten Gesichtspunkten betrachten. Dazu gehören: Wachstum, Gestaltwandel, Ausbildung und Entfaltung körperlicher und geistiger Fähigkeiten, aber auch allmählicher Rückgang des Leistungsvermögens sowie Alterungs- und Abbauerscheinungen bis hin zum Tod. Ursache für alle Veränderungen sind Vorgänge in Zellen und Organen des Körpers, die die Entwicklung steuern.

KINDHEIT UND JUGEND · Für das Neugeborene, das man nun **Säugling** nennt, beginnt unmittelbar nach der Geburt mit dem ersten Atemzug das eigenständige Leben. Dennoch wären Säuglinge allein auf sich gestellt völlig hilflos. Sie sind auf regelmäßige Ernährung, auf Pflege und auf Zuwendung durch die Eltern angewiesen. In dieser Zeit ist das Gehirn des

Säuglings äußerst aktiv und nimmt alle Eindrücke aus der Umgebung auf. Der Säugling lernt, sich in seiner Umwelt zurechtzufinden. Dabei ist die Beziehung zwischen Bezugsperson und Kind von großer Bedeutung. Am Ende des ersten Lebensjahres kann er an der Hand gehen und die ersten Worte sprechen.

Im folgenden **Kleinkindalter** entdeckt das Kind die Umwelt, es spielt gezielt mit Gegenständen und es erlernt die Muttersprache. Auch werden jetzt die ersten „Warum"-Fragen gestellt.

Mit dem dritten bis vierten Lebensjahr erweitert das Kind seine sozialen Kontakte. Andere Kinder und Personen werden als Individuum wahrgenommen und komplexere Zusammenhänge werden erfasst. Jetzt werden auch oft Reime und Lieder gelernt.

Ab dem fünften bis sechsten Lebensjahr kräftigt sich die Muskulatur und die Taille bildet sich aus. Dadurch verändert sich die Gestalt des Körpers. Während dieses **Schulalters** werden die Milchzähne durch das Dauergebiss ersetzt. Die Feinmotorik verbessert sich, es entsteht ein Bewusstsein für die Bedeutung von Sprache und die Fähigkeit zum logischen Denken entfaltet sich immer mehr.

Etwa zwischen dem 11. und 17. Lebensjahr entwickelt sich aus dem Mädchen die junge Frau und aus dem Jungen der junge Mann. Während dieser **Pubertät** findet ein Wachstumsschub statt und als Ausdruck der Geschlechtsreife bilden sich die sekundären Geschlechtsmerkmale aus. Oft verändern sich während dieser körperlichen Umgestaltungen auch Persönlichkeitsmerkmale, die eine neue, erweiterte Sichtweise widerspiegeln.

ERWACHSENENALTER · Mit 18 bis 20 Jahren ist der Mensch biologisch **erwachsen**. Das heißt, er hat sein persönliches Erscheinungsbild erreicht und befindet sich bis etwa zum 40. Lebensjahr auf dem Höhepunkt seiner körperlichen und geistigen Leistungsfähigkeit. Mit zunehmendem Alter nehmen Leistungsvermögen und Arbeitsfähigkeit allmählich ab. Die Alterungsprozesse unterliegen einem inneren Programm. Dabei spielen die Verlangsamung von Stoffwechselvorgängen, Abnutzungserscheinungen und Veränderungen des Erbmaterials eine Rolle. **Altern** verläuft bei jedem Menschen in einer individuellen Form und kann in gewissen Grenzen durch eine gesunde Lebensweise beeinflusst werden. Aufhaltbar ist der Alterungsvorgang jedoch nicht. Er ist irreversibel. Auch wenn sich heute viele Menschen im Alter erheblich fitter fühlen als noch vor Jahrzehnten, so führen Rückbildungen schließlich in jedem Fall zum Tod.

1 Nenne die einzelnen Phasen der Individualentwicklung und beschreibe die ablaufenden Veränderungen!

A B C D

04 Phasen der Individualentwicklung: **A** Säugling, **B** Jugendlicher, **C** Erwachsener, **D** alte Person

INDIVIDUALENTWICKLUNG DES MENSCHEN
VERANTWORTLICHER UMGANG MIT DEM EIGENEN KÖRPER

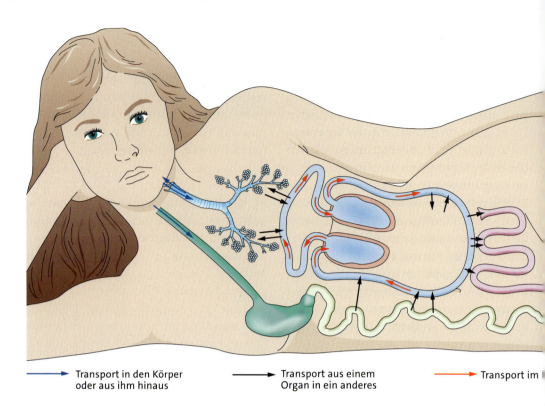

01 Menschliche Organe (vereinfachtes Schema)

→ Transport in den Körper oder aus ihm hinaus   → Transport aus einem Organ in ein anderes   → Transport im

Die Nahrung liefert Stoffe und Energie

Nahrungsaufnahme, Verdauung, Atmung, Blutkreislauf und Ausscheidung sind so aufeinander abgestimmt, dass alle Körperzellen mit Stoffen und Energie versorgt werden. Welche Stoffe enthält die Nahrung? Wie gelangen sie in den Körper?

NAHRUNG UND NÄHRSTOFFE · Menschen ernähren sich von anderen Lebewesen. Von vielen Lebewesen werden Teile oder ihre Produkte gegessen. Dies sind zum Beispiel Früchte von Apfelbäumen, Blätter von Salatpflanzen und die Muskeln verschiedener Tiere, die als Fleisch bezeichnet werden. Auch die Milch von Kühen oder Schafen, die Eier von Hühnern und die Stärke aus den Körnern der Roggenpflanzen werden verzehrt. Einige Insekten und Algen kann man komplett essen.

Alle diese Lebewesen bestehen zu einem großen Teil aus Wasser und aus energiereichen Stoffen. Die energiereichen Stoffe werden in drei Gruppen unterteilt, die **Nährstoffgruppen** *Eiweiße, Fette* und *Kohlenhydrate*. Jede dieser Nährstoffgruppen hat bestimmte chemische Eigenschaften, weshalb man sie unterscheiden kann. Außerdem hat jede dieser Gruppen eine eigene Bedeutung bei der Ernährung eines Menschen: Eiweiße und bestimmte Fette liefern vor allem Baustoffe, aber auch Energie. Hauptenergielieferanten sind Kohlenhydrate, aber auch Fette.

VERDAUUNG · Auch Menschen bestehen zu einem großen Teil aus Wasser, Eiweißen, Fetten und Kohlenhydraten. Allerdings unter-

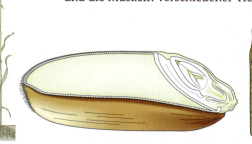

02 Roggen: vom Lebewesen zur Nahrung

scheiden sich einzelne Eiweiße, Fette und Kohlenhydrate im Menschen von denen der Lebewesen, die er verzehrt. Menschen essen zum Beispiel Stärke aus Weizen, benötigen aber Glukose. Sie nehmen Milcheiweiß auf und benötigen Muskeleiweiß. Wie stehen die aufgenommenen Stoffe mit den benötigten Stoffen im Zusammenhang?

Die chemischen Bausteine der Nährstoffe sind bei allen Lebewesen gleich. Alle Eiweiße werden aus Aminosäurebausteinen, alle Kohlenhydrate aus Zuckerbausteinen und alle Fette aus Glyzerin und verschiedenen Fettsäuren aufgebaut. Der Mensch kann also eigene Eiweiße, Fette und Kohlenhydrate herstellen, wenn er die chemischen Bausteine der als Nahrung aufgenommenen Nährstoffe verwendet. Diese Bausteine entstehen im Verdauungskanal bei verschiedenen chemischen Reaktionen, der **Verdauung**. Sie gelangen ins Blut und über das Blut zu den einzelnen Zellen. Hier werden sie zu körpereigenen Eiweißen, Fetten und Kohlenhydraten zusammengesetzt oder für die Energieumwandlung genutzt.

Nicht alle Bausteine der Nährstoffe, die ins Blut aufgenommen werden, können verwendet werden. Sie passen nicht zur Zusammensetzung der körpereigenen Stoffe. Daher werden sie wieder ausgeschieden, vornehmlich über die Nieren.

ATMUNG UND ENERGIEUMWANDLUNG · Bei der Atmung wird Sauerstoff aus der Luft in das Blut aufgenommen und Kohlenstoffdioxid in die Luft abgegeben. Der aufgenommene Sauerstoff wird mithilfe des Blutes zu allen Zellen transportiert. Dort reagiert er mit Glukose. Als Produkte entstehen Wasser und Kohlenstoffdioxid. Diese gelangen wieder ins Blut und werden in die Lungen und Nieren transportiert und dort ausgeschieden. Wasser kann auch über die Haut abgegeben werden.
Bei der chemischen Reaktion von Glukose und Sauerstoff in einer Zelle wird chemische Energie

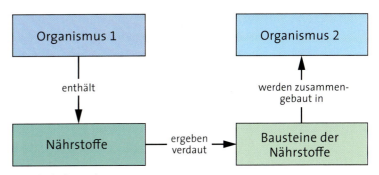

03 Prinzip der Verdauung

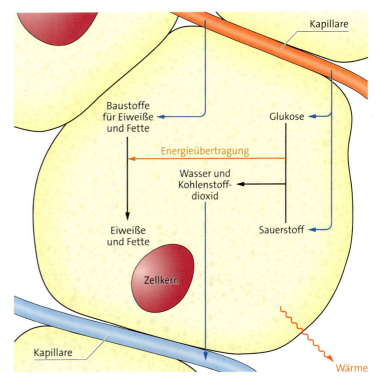

04 Zellstoffwechsel

auf andere chemische Reaktionen und Stoffe übertragen. So werden diese Reaktionen ermöglicht. Bei allen chemischen Reaktionen in den Zellen wird Wärme frei. Sie wird abgegeben.

1) Fasse zusammen, wie Nahrungsaufnahme, Verdauung, Blutkreislauf und Atmung zur Stoff- und Energieversorgung menschlicher Zellen zusammenwirken!

2) Erläutere Vorzüge und Schwächen des Schemas aus Abbildung 01!

VITAMINE · Neben den Nährstoffen muss die Nahrung eines Menschen auch **Vitamine** enthalten. Sie werden nur in geringen Mengen im Körper benötigt. Daher reicht es aus, wenn ein Erwachsener mit der Nahrung täglich etwa ein Milligramm Vitamin A oder auch Karotin, eine Vorstufe des Vitamins, aufnimmt. Möhren enthalten relativ viel davon. Vitamin A ist beteiligt am Sehprozess, hat Bedeutung für das Immunsystem und die Hautbildung und wirkt als Wachstumsfaktor. Ein Mangel zeigt sich zuerst im Auftreten von Nachtblindheit. In Deutschland kommt Vitamin-A-Mangel fast nicht vor.

Vitamine nimmt man hauptsächlich mit Obst und Gemüse zu sich. Das Vitamin B_{12} ist dagegen vornehmlich in tierischen Produkten enthalten. Da Veganer diese Produkte meiden, müssen sie Vitamin B_{12} auf andere Weise aufnehmen, zum Beispiel indem sie Bierhefe oder Vitamintabletten essen.

05 Obst und Gemüse

MINERALSTOFFE · Menschen benötigen in kleinen Mengen **Mineralstoffe.** Milch und Kohlrabi liefern zum Beispiel Kalzium, das für die Knochen- und Zahnbildung wichtig ist. Iod und Fluor sind dagegen häufig nicht in genügender Menge in der Nahrung enthalten. Daher können sie dem Kochsalz und der Zahncreme zugesetzt werden.

BALLASTSTOFFE · Die menschliche Nahrung enthält auch Stoffe, die nicht verdaulich sind. Sie füllen den Darm und werden daher als **Ballaststoffe** bezeichnet. Sie regen bei gesunden Menschen die Darmtätigkeit an und beugen wahrscheinlich Darmkrebs vor. Vollkornprodukte zum Beispiel sind reich an Ballaststoffen und werden daher zur gesunden Ernährung empfohlen.

MANGELERNÄHRUNG · Wenn die Nahrung nicht alle benötigten Stoffe enthält, sind Krankheiten die Folge. In Deutschland kann sich jeder gesund ernähren, sodass hier Mangelernährung und ihre Folgen selten sind. Nur bei speziellen Ernährungsformen ist besondere Vorsicht geboten. Veganer müssen zum Beispiel die richtige Zusammensetzung der mit Pflanzen aufgenommenen Eiweiße beachten: Eiweiße aus Hülsenfrüchten und Getreide passen für die menschliche Ernährung gut zusammen.

3 | Veranschauliche in einem Begriffsdiagramm die Bedeutung der verschiedenen Inhaltsstoffe menschlicher Nahrung!

06 Vollkornbrot

07 Tofu, Fleisch, Fisch, Eier, Erbsen

MATERIAL

Material A ▸ Nachweis von Eiweiß und Stärke in verschiedenen Lebensmitteln

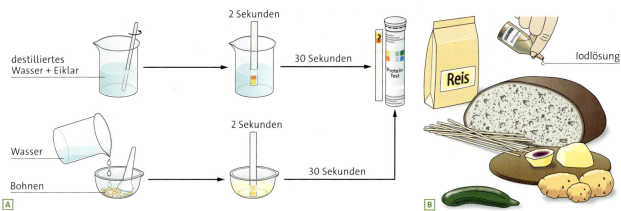

Um den Nährstoffgehalt eines Lebensmittels zu bestimmen, werden Nachweise durchgeführt. Zwei Beispiele zeigen, wie man vorgeht: Abbildung A zeigt, wie die Menge von Eiweiß in Eiklar und Bohnen mithilfe von Teststäbchen nachgewiesen wird. Abbildung B zeigt, wie ein Nahrungsmittel auf enthaltene Stärke untersucht wird. Beide Male erhält man einen Farbumschlag eines Indikators, der ausschließlich mit dem nachzuweisenden Stoff reagiert. Der Eiweißindikator befindet sich auf dem Teststäbchen, der Stärkeindikator ist das Iod. Mit Iod ergibt sich nur dann eine Blaufärbung, wenn ein Stoffgemisch Stärke enthält.

A1 Beschreibe die Durchführung beider Nachweisversuche!

A2 Beschreibe, wie die Nachweise von Eiweiß und Stärke erbracht werden!

A3 Beschreibe, wie man feststellen kann, dass in Eiklar keine Stärke enthalten ist!

A4 Erläutere, wie Nahrungsmittel, in denen Eiweiß nachgewiesen werden kann, zu Mangelernährung führen können.

Material B ▸ Vitamin B$_1$ – ein Tierversuch aus dem Jahr 1890

A Huhn längere Zeit mit poliertem Reis gefüttert

B Huhn nach Umstellung der Fütterung auf unpolierten Reis

Dem Arzt Christiaan Eijkman fiel im 19. Jahrhundert in Indonesien auf, dass die Hühner im Hof des Krankenhauses dieselben Anzeichen einer Krankheit hatten, unter der auch viele Menschen in der Region litten. Die Hühner bekamen die Essensreste aus der Küche zu fressen. Als ein neuer Koch sich weigerte, den darin enthaltenen weißen, polierten Reis an die Hühner zu verfüttern, weil ihm dieser viel zu teuer dafür war, erhielten die Hühner unpolierten Reis. Dessen Reiskörner haben noch einen Teil der Schale. Die Hühner erholten sich wieder. Deshalb führte Eijkman einen Versuch mit den Tieren durch. Später erst erkannte man, dass in der Schale der Reiskörner das Vitamin B$_1$ enthalten ist. Fehlt dieses Vitamin in der Nahrung, entsteht die Krankheit Beriberi.

B1 Entwirf einen Versuch, den der Arzt Eijkman durchgeführt haben könnte!

B2 Erläutere, welche Untersuchungen nötig sind, um Vitamin-B$_1$-Mangel zweifelsfrei als Krankheitsursache zu erkennen!

INDIVIDUALENTWICKLUNG DES MENSCHEN
VERANTWORTLICHER UMGANG MIT DEM EIGENEN KÖRPER

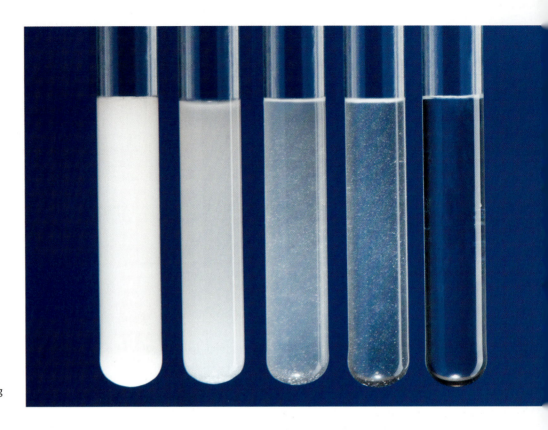

01 Quarkverdauung im Reagenzglas

Enzyme erschließen Nährstoffe

Gibt man ein wenig Quark in Wasser, entsteht eine milchig-trübe Suspension. Die Trübung bleibt längere Zeit erhalten. Eine sehr kleine Menge eines Stoffes aus der Bauchspeicheldrüse bewirkt, dass die Trübung binnen zehn Minuten verschwindet. Wie kann man dies erklären?

VERDAUUNG IM REAGENZGLAS · Die Bauchspeicheldrüse produziert Stoffe, die über einen Kanal in den Zwölffingerdarm abgegeben werden. Dort bewirken sie die Verdauung der Nährstoffe im Nahrungsbrei.
Auch im Reagenzglas ermöglicht ein Stoff aus dem Bauchspeichel die Verdauung des im Quark enthaltenen Eiweißes. Die dabei entstehenden Aminosäuren sind in Wasser löslich, sodass im Verlauf der Reaktion aus der trüben Eiweißsuspension eine klare Aminosäurelösung entsteht. Die derart wirksamen Stoffe aus der Bauchspeicheldrüse nennt man **Enzyme**. Enzyme sind Katalysatoren. Sie bewirken, dass eine chemische Reaktion bei einer relativ geringen Energiezufuhr ablaufen kann.
Wollte man stattdessen Eiweiß ohne Enzyme in seine Bausteine zerlegen, müsste man zum Beispiel Quark mit starker Säure mischen und bei über 100 Grad Celsius für etwa 24 Stunden hohem Druck aussetzen. Die Zerlegung von

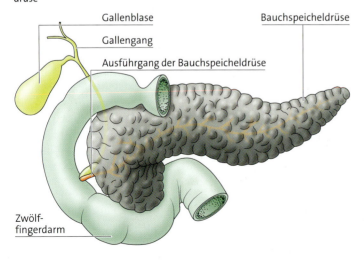

02 Lage der Bauchspeicheldrüse

Eiweiß auf enzymatischem Weg eignet sich also für Lebewesen. Zum einen reicht eine geringe Menge an Enzym aus. Zum anderen läuft die Reaktion bei Körpertemperatur ab. Sie benötigt weder hohe Temperaturen noch andere lebensfeindliche Bedingungen.

SPEZIFITÄT VON ENZYMEN · Die Bauchspeicheldrüse bildet verschiedene Enzyme: Amylase für die Stärkeverdauung, Lipasen für die Fettverdauung sowie eiweißverdauende Enzyme. Auch die Speicheldrüsen im Mund, der Magen und die Darmwand geben Enzyme zum Nahrungsbrei.

Alle Enzyme sind jeweils Katalysatoren für die Verdauung eines bestimmten Nährstoffs. Diese **Spezifität** ist eine besonders wichtige Eigenschaft von Enzymen. Dadurch ist gewährleistet, dass alle Nährstoffe zuverlässig in ihre Bausteine zerlegt werden und damit im Körper verwertbar sind. Weil dabei je ein Enzym zu je einem Stoff passt, so wie auch je ein Schlüssel zu einem Schloss, spricht man bei Enzymen vom **Schlüssel-Schloss-Prinzip.** Enzyme erschließen also die Nährstoffe.

ENZYMWIRKUNG IM MODELL · Das nebenstehende Modell veranschaulicht zwei Eigenschaften von Enzymen: die Spezifität und die Fähigkeit, große Stoffmengen zu zerlegen. Das Molekül A passt genau in eine bestimmte Stelle des Enzymmoleküls. Wenn es an dieser Stelle liegt, wird es in zwei Teile zerlegt, weil sich chemische Bindungen lösen. Es entstehen die Moleküle B und C. Da das Enzymmolekül danach wieder frei ist, kann das nächste Molekül A zerlegt werden. So wird trotz geringer Enzymmenge nach und nach eine große Menge von Stoff A zerlegt.

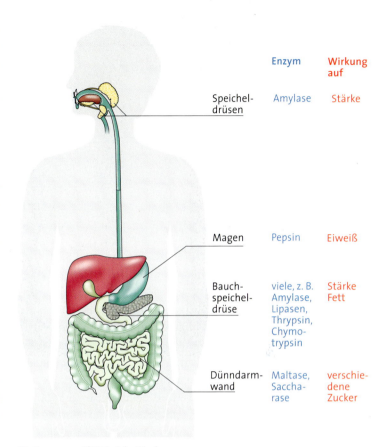

03 Enzymspezifität bei der Verdauung

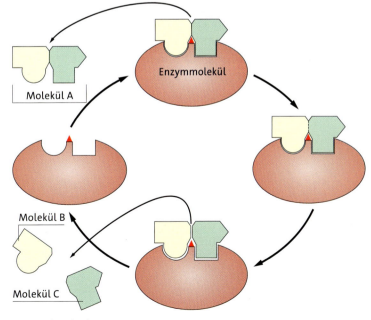

04 Enzymkreislauf

1) Fasse zusammen, welche Eigenschaften Enzyme haben!

2) Erläutere ausgehend von Abbildung 03, dass Enzyme Nährstoffe erschließen!

INDIVIDUALENTWICKLUNG DES MENSCHEN
VERANTWORTLICHER UMGANG MIT DEM EIGENEN KÖRPER

05 Milchmahlzeit

06 Selbst hergestellter Joghurt

Laktose = Milchzucker

LAKTOSEUNVERTRÄGLICHKEIT · Säuglinge bilden während ihrer Stillzeit im Darm das Enzym Laktase, mit dessen Hilfe Milchzucker chemisch in die Zucker Galaktose und Glukose zerlegt wird. Lediglich diese Produkte können im Körper verwendet werden, Milchzucker selbst hingegen nicht. Weltweit betrachtet bildet die Mehrheit aller Menschen nach der Stillzeit nur noch wenig Laktase. Bei ihnen gelangt Milchzucker bis in den Dickdarm. Dort wird er von Darmbakterien verarbeitet. Dabei stellen sie Milchsäure und die Gase Methan und Wasserstoff her. Milchsäure kann zu Durchfall und die Gase können zu Blähungen führen. In diesem Fall spricht man von **Laktoseunverträglichkeit**. In Nord- und Mitteleuropa produzieren die meisten Erwachsenen genügend Laktase. Diese Fähigkeit ist auf Mutationen zurückzuführen.

Sie werden vererbt. Wegen dieser Laktoseverträglichkeit kann man die Milch von Tieren als Nahrung verwerten. Höchstwahrscheinlich war die Ernährung mit Milch von Tieren in den Gebieten der Erde für das Überleben vorteilhaft, in denen auch heute Laktoseverträglichkeit häufig vorkommt. Die Bildung des Enzyms Laktase erschließt die Nahrungsquellen Milch und Milchprodukte.

LEBENSMITTELHERSTELLUNG · Menschen mit Laktoseunverträglichkeit können Milchprodukte dann als Nahrung nutzen, wenn kaum oder kein Milchzucker enthalten ist. Joghurt entsteht zum Beispiel mithilfe von Milchsäurebakterien. Diese verdauen den Milchzucker zu einem großen Teil. Ihre Enzyme erschließen das Nahrungsmittel Joghurt auch für Menschen mit Laktoseunverträglichkeit. Ähnliches gilt für die Herstellung bestimmter Käsesorten.

Lebensmittel wie Hefeteig, Sauerkraut, Bier, Wein und Saft werden ebenfalls mithilfe von Enzymen hergestellt. Entweder nutzt man dabei lebende Mikroorganismen wie Hefen und Bakterien, deren Enzyme Stoffumwandlungen bewirken, oder man verwendet Enzyme, die im Getreidekorn oder von Pilzen gebildet wurden.

07 Sauerkraut, Bier, Wein, Hefeteig

3 Erläutere, dass Menschen Enzyme zur Erschließung von Nahrungsmitteln einsetzen können!

MATERIAL

Material A ▸ Stärkeverdauung mit Speichel

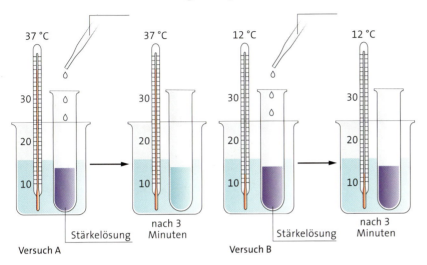

In den Versuchsansätzen A und B wurde in Wasser gelöste Stärke mit Iod-Kaliumiodid-Lösung versetzt. Nach Zugabe von jeweils gleich vielen Tropfen einer Mundspeichellösung wurde drei Minuten gewartet.

Zwei weitere Ansätze wurden bei 25 Grad Celsius und bei 60 Grad Celsius durchgeführt. Beide färbten sich nach drei Minuten lediglich hellblau.

A1 Formuliere eine Versuchsfrage!

A2 Erläutere, weshalb der gewählte Versuchsaufbau und die gewählte Versuchsdurchführung geeignet sind, die Versuchsfrage zu beantworten!

A3 Beschreibe die Versuchsergebnisse!

A4 Beantworte die Versuchsfrage!

A5 Deute das Versuchsergebnis als Angepasstheit der Amylase an ihre Umwelt! Beachte Abbildung 03 auf Seite 229!

A6 Erkläre die Vorgänge in den Reagenzgläsern von Ansatz A und B mithilfe des Enzymkreislaufs aus Abbildung 04!

Material B ▸ Pepsinwirkung

Reagenzglas 1	9 ml Wasser
	1 ml Salzsäure
Reagenzglas 2	9 ml Wasser
	1 ml Pepsinlösung
Reagenzglas 3	8 ml Wasser
	1 ml Salzsäure
	1 ml Pepsinlösung

Im Magen wird die Nahrung bei der Verdauung mit vom Magen selbst hergestellter Salzsäure vermischt. Außerdem gibt die Magenschleimhaut das Enzym Pepsin hinzu.

B1 Formuliere eine Versuchsfrage und begründe, weshalb im Versuch Fleisch und Pepsin verwendet werden!

B2 Beschreibe die Versuchsergebnisse!

B3 Erläutere am Versuchsergebnis die Eiweißverdauung im Magen!

B4 Deute das Versuchsergebnis als Angepasstheit des Pepsins an seine Umwelt!

In jedes der drei Reagenzgläser wurde zu Beginn eines Versuchs ein gleich großes Stückchen Fleisch gegeben. Je nach Ansatz variierte die Zusammensetzung der hinzugefügten Flüssigkeit. Anschließend wurden die drei Reagenzgläser gleich lange bei 37 Grad Celsius stehen gelassen. Danach wurden sie fotografiert.

INDIVIDUALENTWICKLUNG DES MENSCHEN
VERANTWORTLICHER UMGANG MIT DEM EIGENEN KÖRPER

01 Aktuelles Ernährungsdreieck

Gesunde Ernährung

Eigentlich ist es ganz einfach: Viel Gemüse und Obst, Vollkornprodukte und Kartoffeln, etwas weniger Milcherzeugnisse, wenig Fleisch und wöchentlich etwas Fisch, noch weniger Fette und Öle und ganz wenig Süßigkeiten und Frittiertes ergeben eine gesunde Ernährung. Wie ist sie im Alltag möglich?

WERBUNG UND FORSCHUNG · Welche Lebensmittel sind gesund? Sind es die, bei denen es auf der Verpackung steht? Verbraucherschützer fanden bei einer Stichprobe auf 40 Prozent der Verpackungen nicht erlaubte Aussagen. Der Grund dafür ist recht einfach: Lebensmittel mit Angaben zu ihrer vermeintlichen Gesundheit lassen sich besser und teurer verkaufen als andere.

Nach einer Richtlinie der Europäischen Union ist gesundheitsbezogene Werbung bei Lebensmitteln grundsätzlich verboten. Nur wenn eine gesundheitsförderliche Wirkung nachgewiesen wird, ist eine Ausnahme erlaubt.

Ein wichtiger Grund, Lebensmittel einzukaufen, ist ihr Geschmack. Deshalb achten zum Beispiel die Hersteller von Hamburgern darauf, dass die Mahlzeit vielen Menschen gut schmeckt. Geschmacksträger ist das Rinderhacksteak. Außerdem erzeugen die Zutaten ein angenehmes Gefühl im Mund und erhalten das Hungergefühl aufrecht, sodass man mehr isst als nötig.

Wer stattdessen wissenschaftlichen Empfehlungen folgt, kombiniert den kleinen Hamburger mit Salat, hat dasselbe Geschmackserlebnis, ist aber eher satt. Orangensaftschorle statt Cola reduziert die Energiezufuhr und ist daher gesünder. Gut schmecken und sich gesund ernähren lassen sich also kombinieren.

ERNÄHRUNGSEMPFEHLUNGEN · Es ist eine Kunst zu leben, zumindest wenn man Ernährungstabellen beachten will, wissenschaftlich gewonnene Messwerte zum täglichen Bedarf eines Menschen an Energie, Nährstoffen, Vitaminen und Mineralstoffen berücksichtigt oder gar nach Diätvorschriften leben möchte. Es ist auch schlecht möglich, den Taschenrechner mitzunehmen, wenn man mit seiner Clique essen gehen möchte. So etwas wäre „uncool". Die meisten Jugendlichen gehen allerdings eher selten ins Fast-Food-Restaurant. Wer sich gesund ernähren will, kann sich an der nebenstehenden Tabelle orientieren. Die Daten sind aus wissenschaftlichen Untersuchungen abgeleitet.

Zusammengefasst lautet die Empfehlung: Iss fettarm, möglichst abwechslungsreich mit viel Getreideprodukten, Kartoffeln, Obst und Gemüse. Nimm täglich Milch und Milchprodukte zu dir und sei bei allem anderen maßvoll.

Eine solche Ernährungsweise muss man ein wenig üben, weil man durch Werbung eher verführt wird, Nahrungsmittel mit zu hohem Energiegehalt zu kaufen. Die gute Botschaft ist, dass gesundes Essen schmackhaft ist und gegebenenfalls auch schnell zubereitet werden kann. Bei vielen Gerichten ist man in 30 Minuten fertig. Auch eine Fertigpizza braucht mit Vorheizen des Ofens etwa 20 Minuten. Sie enthält aber selten die empfohlenen Mengen der benutzten Lebensmittel. Daher bereitet man gesundes Essen am besten selbst zu.

GUTES ESSEN · Wer viel Fast Food isst, mag danach gerne Fast Food. Geschmack kann man also lernen. Viele Menschen lernen auch das Essen von Gemüse. Häufig schmecken einem Menschen nicht alle Gemüse, aber vieles wird ausgesprochen gern gegessen. Mit ein wenig Übung kann man das nebenstehenden Gericht leicht nachkochen. Parallel kann man Kartoffelpüree selbst herstellen. Auch dies ist in etwa 20 Minuten fertig.

UNVERZICHTBARE INHALTSSTOFFE · Vitamine müssen vom Menschen mit der Nahrung aufgenommen werden. Bei manchen Vitaminen, wie beim Vitamin A, reicht es aus, dass ein bestimmter Stoff als Vorstufe des Vitamins in

Getreide oder Getreideprodukte, möglichst aus Vollkorn; Kartoffeln	30 Prozent
Gemüse und Salat	26 Prozent
Obst	17 Prozent
Milch und Milchprodukte, möglichst fettarm	18 Prozent
Fleisch, Wurst, Fisch und Eier	7 Prozent
Öle und Fette	2 Prozent
Getränke bevorzugt energiefrei/-arm, täglich	rund 1,5 Liter

02 Ernährungsempfehlung der Deutschen Gesellschaft für Ernährung

- 1 gelbe und
- 1 grüne Paprika,
- 1 Zucchini,
- 8 Kirschtomaten,
- 2 Möhren,
- 1 Zwiebel,
- 4 EL Olivenöl,
- Salz,
- getrocknete Kräuter

Backform einölen, Gemüse waschen, kleinschneiden, verteilen, salzen, mit Öl überträufeln.

15 bis 20 Minuten backen

03 Gemüsegericht

der Nahrung enthalten ist. Vitamine oder ihre Vorstufen sind also **essenzielle** Bestandteile der Nahrung. Da in Deutschland genügend Vitamine in der empfohlenen Kost enthalten sind, gibt es hier keinen Vitaminmangel in der Nahrung. Anders ist es bei Fetten. Hier muss man darauf achten, dass genügend *ungesättigte Fettsäuren,* darunter Linolsäure und Linolensäure, enthalten sind. Rapsöl zum Beispiel liefert diese essenziellen Inhaltsstoffe.

1 ⌐ Schreibe einen Einkaufszettel für eine warme Mahlzeit mit Kartoffelpüree und Gemüse!

2 ⌐ Erläutere für das Gericht in der ersten Aufgabe, welche Empfehlungen für eine gesunde Ernährung beachtet werden!

INDIVIDUALENTWICKLUNG DES MENSCHEN
VERANTWORTLICHER UMGANG MIT DEM EIGENEN KÖRPER

04 Sport

05 Gemeinsames Kochen

GESUNDE LEBENSWEISE · Durch eine bedarfsgerechte Ernährung wird der Körper bestens versorgt. Eine solche Versorgung trägt zur Gesunderhaltung bei, weil Abwehrkräfte gegen Krankheiten gebildet werden sowie eine hohe Leistungsfähigkeit und eine geregelte Verdauungstätigkeit erhalten bleiben. Letztere wird überwiegend durch die Aufnahme von Ballaststoffen unterstützt.

Die besondere Bedeutung von Pflanzen bei der Ernährung zeigt sich unter anderem darin, dass Pflanzen spezielle Stoffe enthalten, die höchstwahrscheinlich positive Effekte auf die Gesundheit haben. Dies sind Karotinoide, Flavonoide und andere.

Die gesunde Ernährung sollte mit körperlicher Bewegung kombiniert werden. Regelmäßige körperliche Aktivität hilft dabei, Übergewicht zu vermeiden. Sie ist in ihrer gesundheitsfördernden Wirkung durch nichts zu ersetzen. Es muss nicht immer Sport sein. Eine Stunde Bewegung pro Tag wird als ausreichend angesehen. Dennoch muss die Ernährung dem individuellen Energiebedarf angepasst sein. Sowohl deutliches Übergewicht als auch Untergewicht sind auf Dauer ungesund.

BESONDERE ERNÄHRUNGSFORMEN · Vegetarisch leben ist möglich. Die Nahrungsmittel müssen aber bewusster eingekauft werden. Insbesondere Eisenionen, Vitamin B_{12} und einige Eiweißbausteine, die *essenziellen Aminosäuren*, müssen bei der Zusammenstellung der Nahrung besonders beachtet werden. **Veganer**, die sich rein vegetarisch ernähren, sollten sich daher beraten lassen. Auch bei Diäten ist eine ärztliche Beratung notwendig, weil man von den meisten dieser Ernährungsvorschriften abraten muss.

06 Beispiele für pflanzliche Inhaltsstoffe

Stoff	Vorkommen	möglicher Gesundheitseffekt
Karotinoide	Karotte, Tomate, Paprika, grünes Gemüse, Kürbis	Risikominderung für bestimmte Krebs-, Herz-Kreislauf- und Augenerkrankungen
Flavonoide	Obstsorten, Zwiebeln, Grünkohl, Aubergine, Tee	Risikominderung für bestimmte Krebs- und Herz-Kreislauf-Erkrankungen
Phenolsäuren	Tee, Vollkornprodukte, Grünkohl, Radieschen	Risikominderung für bestimmte Krebserkrankungen
Sulfide	Zwiebel, Lauch, Knoblauch, Schnittlauch	Unterdrückung von Bakterien, Pilzen, Viren, Hemmung der Blutgerinnung

3 Erläutere, welche Rolle eine gesunde Ernährung im Rahmen einer gesunden Lebensweise spielt!

MATERIAL

Material A ▸ Macht Mangelernährung dumm?

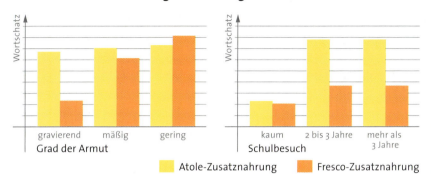

Eine Forschungsstudie sollte belegen, dass Proteinmangel eine besonders wichtige Ursache für Entwicklungsrückstände von Kindern ist. Für die Studie erhielt daher ein Teil der Kinder aus einem Armengebiet acht Jahre lang eine eiweißreiche Maisgrütze mit dem Namen Atole als Zusatznahrung. Die zweite Personengruppe bekam das süße Getränk Fresco, das kein Eiweiß enthält. Es enthält weniger Energie als Atole, aber Vitamine und Mineralien in gleicher Menge. Rund 18 Jahre später wurden alle Kinder noch einmal untersucht. Die Wissenschaftler ermittelten ihren Wortschatz.

A1 Beschreibe die Ergebnisse!

A2 Bewerte die Annahme der Forscher!

Material B ▸ Energiegehalt von Nährstoffen und Lebensmitteln

	Hamburger	Salat mit Soße	Hamburger mit Salat	Doppelhamburger
Gewicht (g)	106,0	95,0	201,0	217,0
Fett (g)	8,8	0,2	9,0	26,0
Kohlenhydrat (g)	30,0	2,0	32,0	42,0
Eiweiß (g)	13,0	0,9	13,9	37,0
Ballaststoffe (g)	2,0	1,4	3,4	3,1
Salz (g)	1,3	0,1	1,4	2,3
Wasser (g)	50,9	90,5	141,4	106,6

Auf Seite 232 steht im Lehrbuchtext: „Wer stattdessen wissenschaftlichen Empfehlungen folgt, kombiniert den kleinen Hamburger mit Salat, hat dasselbe Geschmackserlebnis, ist aber eher satt."

Das Sättigungsgefühl hängt nach wissenschaftlichen Untersuchungen hauptsächlich von der Nahrungsmenge ab, die man isst.
Bei gesunder Ernährung kommt es auf die angemessene Energiezufuhr an. Vergleichbare Nahrungsmengen haben unterschiedlichen Energiegehalte. Daher vergleicht man Nahrungsmittel und Nährstoffe nach der Energiemenge, die in einem Gramm Nahrungsmittel oder Nährstoff enthalten ist, ihrer Energiedichte.

Durchschnittlich enthalten Kohlenhydrate und Eiweiße jeweils 17,2 Kilojoule chemische Energie pro Gramm und Fette 39 Kilojoule pro Gramm.

Mit Bezug auf den wissenschaftlich begründeten Ernährungstipp sind in der Tabelle die Inhaltsstoffe von vier Gerichten dargestellt, die in einem Fast-Food-Restaurant angeboten werden.

B1 Ermittle den Energiegehalt und die Energiedichte der vier vorgestellten Gerichte!

B2 Stelle Unterschiede und Gemeinsamkeiten bei den Energiedichten von Hamburger und Doppelhamburger heraus! Betrachte dabei sowohl die Nährstoffgruppen als auch die gesamten Gerichte!

B3 Erläutere mithilfe der Daten aus der Tabelle, wie die Mahlzeiten Doppelhamburger und Hamburger mit Salat Bestandteile einer gesunden Ernährung sein können! Nimm Abbildung 02 auf Seite 233 zu Hilfe!

B4 Erkläre den eingangs zitierten Satz des Lehrbuchtextes!

INDIVIDUALENTWICKLUNG DES MENSCHEN
VERANTWORTLICHER UMGANG MIT DEM EIGENEN KÖRPER

01 Jugendliche beim Feiern

Legale Drogen

Bei vielen Feiern ist das Trinken von Alkohol und das Rauchen von Tabak scheinbar unverzichtbar. Da beides Ausdruck von Lebensfreude sein soll, werden die damit verbundenen Gefahren dabei oft verdrängt. Welche Risiken sind das?

LEGALE DROGEN · Der Genuss von *Alkohol* und *Tabak* hat in unserer Kultur eine lange Tradition. Bei feierlichen Anlässen sind sie zum Beispiel beim Anstoßen mit alkoholischen Getränken oder beim Rauchen einer Zigarre in feste Rituale eingebunden. Da an diesen meistens nur Erwachsene teilnehmen dürfen, besitzen sie eine besonders hohe Anziehungskraft für Jugendliche. Sie glauben, durch solche Handlungen Fähigkeiten beweisen zu können, die für das ersehnte *Erwachsensein* notwendig scheinen. Erwachsene sind deshalb in ihrer Funktion als Vorbild besonders gefordert. Da Alkohol und Tabak besondere Wirkungen auf das Gehirn und Nervensystem besitzen, die zu einer Abhängigkeit führen können, werden sie als **Drogen** bezeichnet. Ihre weite Verbreitung wird dadurch unterstützt, dass ihr Konsum für Erwachsene straffrei, also legal ist. Es handelt sich deshalb um **legale Drogen.**

Gesetzliche Verbote gelten nur für Kinder und Jugendliche. In der Öffentlichkeit wird an vielen Stellen für diese beiden Drogen Werbung betrieben. Hersteller und Händler erzielen durch ihren Verkauf große finanzielle Gewinne, durch die wiederum der Staat über besondere Steuern zu hohen Einnahmen kommt. Über 90 Prozent aller Drogenabhängigen in Deutschland leiden unter einer Alkohol- oder Tabaksucht. Diese beiden Süchte fordern fast 90 Prozent aller Drogentoten.

1 Beschreibe die Gründe für die starke Verbreitung der Drogen Alkohol und Tabak in unserer Gesellschaft!

ALKOHOL · Gibt man ein wenig Hefe zu Traubensaft, entsteht in einer chemischen Reaktion, der alkoholischen Gärung, Alkohol. Dies ist die Grundlage für die Herstellung von Wein. In gleicher Weise kann aus einem Gemisch von Wasser, Malz und Hopfen Bier gebraut werden. Der Alkoholgehalt von Getränken wird in *Volumenprozent*, abgekürzt Vol.-%, angegeben. Damit wird der Volumenanteil des Alkohols an der Gesamtflüssigkeit gekennzeichnet. Wein und Bier besitzen einen relativ geringen Alkoholgehalt. Um Getränke mit einem höheren Gehalt an Alkohol zu erhalten, kann man durch Destillation von Wein Branntwein herstellen. Ebenso lässt sich zum Beispiel aus vergorenem Getreide- oder Kartoffelpresssaft Korn oder Wodka herstellen.

Der Alkoholgehalt des Blutes wird in *Promille* gemessen. Schon bei Werten unter 0,5 Promille wirkt Alkohol auf alle Zellen des Körpers als Gift. Er beeinträchtigt Gehirn und Nervensystem. Dadurch stört er bereits nach wenigen Minuten die Konzentrations- und Reaktionsfähigkeit, das Urteilsvermögen sowie die Kontrolle über die Gefühle und das Verhalten. Bei höheren Blutalkoholwerten kommt es zusätzlich zu massiven Sprach-, Gleichgewichts- und Bewegungsstörungen. Stark Betrunkene können vorübergehend sogar bewusstlos werden, dauerhaft ins Koma fallen oder schließlich durch Atemstillstand sterben. Deshalb geraten Jugendliche beim sogenannten Komasaufen leicht in Lebensgefahr.

Wer regelmäßig zu viel Alkohol trinkt, muss mit bleibenden Folgen rechnen. Er leidet unter einer stark verminderten Leistungsfähigkeit des Gehirns, zum Beispiel in Form zunehmender Gedächtnislücken. Schäden am Nervensystem führen zu auffälligen Bewegungsstörungen, zum Beispiel Zittern. Außerdem treten schwere Leberschäden und Entzündungen des Magen-Darm-Bereichs und der Bauchspeicheldrüse auf. Verengungen der Blutgefäße führen zu Bluthochdruck, Herzerkrankungen und sexueller

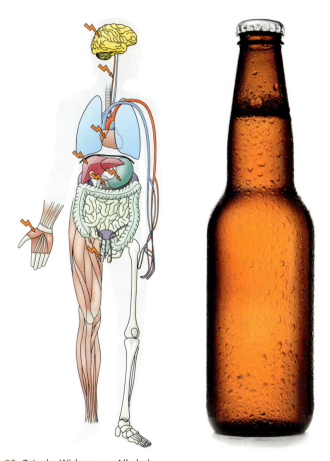

02 Orte der Wirkung von Alkohol

Impotenz. Während der Schwangerschaft führt Alkohol zu schweren Schäden am Kind.

Langfristig kann Alkoholmissbrauch zu erheblichen psychischen Störungen führen, wie zum Beispiel Wahnvorstellungen. Alkoholsüchtige, die man auch *Alkoholiker* nennt, können immer weniger am normalen Leben teilnehmen. Ihre Freundschaften und Familien zerbrechen. Am Ende ihrer Krankheit können sie keine geregelte Arbeit mehr ausüben. Als Therapie müssen sie in Spezialkliniken lange Entziehungskuren durchmachen. Der Alkoholverzicht stellt für sie eine lebenslange Aufgabe dar. Die Ursachen für die Alkoholsucht liegen sowohl in einer persönlichen Veranlagung als auch im Freundes-, Familien- und Kollegenkreis, in dem sich der alltägliche Alkoholkonsum erst zur Sucht entwickeln konnte.

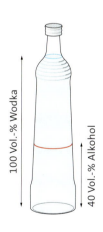

03 Volumenanteil des Alkohols in Wodka mit 40 Vol.-%

1 Promille = 0,1 Prozent
1‰ = 0,1 %

INDIVIDUALENTWICKLUNG DES MENSCHEN
VERANTWORTLICHER UMGANG MIT DEM EIGENEN KÖRPER

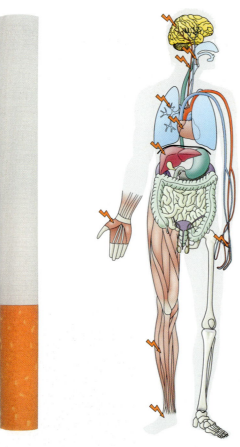

04 Orte der Wirkung von Tabakrauch

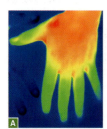

05 Hauttemperatur:
A vor dem Rauchen,
B nach dem Rauchen

TABAK · Tabakprodukte, wie Zigaretten, Zigarren und Pfeifentabak, werden aus den getrockneten Blättern der Tabakpflanze hergestellt. Der beim Verbrennen entstehende Rauch des Tabaks wird inhaliert. Ein Inhaltsstoff, der dabei aufgenommen wird, ist das *Nikotin*. In der Pflanze wirkt es als Insektengift und dient so als Fraßschutz.

Auch für den Menschen stellt es ein starkes Nervengift dar. Beim Schlucken reinen Nikotins können schon 50 Milligramm durch Atemstillstand den Tod herbeiführen. In den Mengen, die beim Rauchen aufgenommen werden, bewirkt es eine rasche Verengung der Blutgefäße. Dies ist an dem sofortigen Absinken der Hauttemperatur und der Erhöhung des Blutdrucks beim Rauchen zu erkennen. Außerdem steigt der Puls. Bei regelmäßigem Rauchen kommt es zu Verstopfungen der Arterien und Durchblutungsstörungen. Bei langjährigen Rauchern altert die Haut vorzeitig. In schweren Fällen sterben große Körperbereiche ab, die amputiert werden müssen, zum Beispiel beim Raucherbein.

Außerdem wird die Atmung zunehmend durch inhalierte Teerstoffe, das *Kondensat,* behindert. Diese lagern sich auf den Schleimhäuten der Atemwege ab und verkleben dort die feinen Flimmerhärchen. So werden deren wellenartige Bewegungen blockiert, mit denen sie sonst Verunreinigungen nach außen abtransportieren können. Es kommt zu starken Verschleimungen und dadurch zu andauerndem Hustenreiz, dem Raucherhusten. Die körperliche Leistungsfähigkeit verschlechtert sich immer weiter. Die ständigen Teerablagerungen lösen oft tödliche Krebserkrankungen in den Atemwegen aus.

Der süchtig machende Bestandteil des Tabakrauchs ist das Nikotin. Die körperliche Abhängigkeit tritt früher und stärker auf als bei vielen anderen Drogen, da es sehr schnell Veränderungen im Gehirn hervorruft. Diese führen zu einem zwanghaften Verhalten und Entzugserscheinungen, wie Nervosität, Gereiztheit, Konzentrationsstörungen und Zittern der Hände.

MEDIKAMENTE · In unserer Gesellschaft stellt die persönliche Leistungsfähigkeit für viele die Grundlage ihres Lebensglücks dar. Einige Menschen versuchen daher, den hohen Anforderungen, zum Beispiel in Schule und Beruf, durch die Einnahme von leistungssteigernden Medikamenten besser gerecht zu werden. Dieses Verhalten ist gesundheitlich langfristig sehr riskant. Noch vor wenigen Jahrzehnten war dies nur im Hochleistungssport als *Doping* bekannt. Wer selbst bei geringfügigen oder nur kurzzeitigen gesundheitlichen Beschwerden sofort zu Arzneimitteln greift, läuft Gefahr, in eine Medikamentenabhängigkeit zu geraten.

MATERIAL

Material A ▸ Alkoholgehalt

Getränk	Bier	Alkopop	Sekt	Wodka
Alkoholgehalt	5 Vol.-%	6 Vol.-%	10 Vol.-%	40 Vol.-%
Menge pro Glas	0,5 Liter	0,3 Liter	0,2 Liter	0,1 Liter

Etwa zwei Drittel der Körpermasse des Menschen bestehen aus Flüssigkeiten. Bei 75 kg sind das etwa 50 Liter. Der Alkoholgehalt im Blut eines Menschen kann folgendermaßen berechnet werden: die aufgenommene Alkoholmenge in Milliliter geteilt durch die Körperflüssigkeit in Liter ergibt den Alkoholgehalt im Blut in Promille.

A1 Berechne für eines der Getränke den Alkoholgehalt im Blut, den eine 60 kg schwere Frau nach einem Glas besitzt!

Material B ▸ Auswirkungen des Rauchens

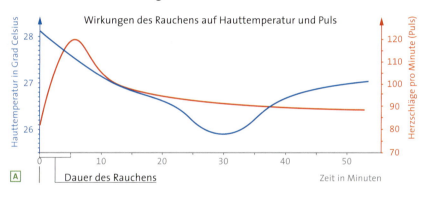

B1 Beschreibe die im Diagramm dargestellten Ergebnisse!

B2 Erkläre den Verlauf der Kurven!

B3 Ordne die Bilder B und C jeweils dem Raucher oder Nichtraucher begründet zu!

B4 Beschreibe mögliche Folgen der Veränderungen an den Flimmerhärchen der Bronchien von Rauchern!

Material C ▸ Medikamente

Beschwerden	Medikamente
Kopfschmerzen, Migräne, Menstruationsbeschwerden	Schmerzmittel
Erschöpfung, Überlastung	Aufputschmittel
andauernde Niedergeschlagenheit (Depressionen)	Stimmungsaufheller
Ängste, andauernder Stress	Beruhigungsmittel
(Ein-)Schlafstörungen	Schlafmittel

C1 Erläutere an einem der genannten Medikamente, wie sich eine Abhängigkeit entwickeln kann!

C2 Beschreibe Möglichkeiten, wie man die in der Tabelle dargestellten Beschwerden jeweils auch ohne Medikamente erfolgreich behandeln kann!

01 Drogenszene

Illegale Drogen

Einige Drogen sind besonders schwer zu bekommen. Mit ihnen wird meistens nur im Verborgenen gehandelt. Welche Risiken bringen solche Drogen mit sich?

ILLEGALE DROGEN · Im Gegensatz zu Alkohol und Tabak sind Herstellung, Handel und Besitz mancher Drogen, wie zum Beispiel Haschisch, Heroin, Kokain und Ecstasy, in Deutschland für alle Menschen gesetzlich verboten. Es handelt sich also um **illegale Drogen**.

Aufgrund der strengen staatlichen Kontrollen sind diese Drogen wesentlich schwieriger zu erhalten. Sie werden nicht öffentlich angeboten und gehandelt, sondern nur in bestimmten Personenkreisen, der *Drogenszene*. Da diese oft polizeilich überwacht wird, entwickelt sie immer neue geheime und komplizierte Handelswege. Dadurch kommt es zu einem insgesamt wesentlich geringeren Angebot als bei legalen Drogen, sodass stets auch deutlich *höhere Preise* bezahlt werden müssen. Diese Umstände bringen Risiken mit sich, die über die eigentliche Suchtgefährdung durch die Drogen selbst weit hinausgehen. Mit dem Eintritt in die Drogenszene ist man von Beginn an Mitwisser von kriminellen Handlungen. Allein dadurch macht man sich selbst häufig ebenfalls strafbar. Oft wird man auch massiv daran gehindert, diese Kreise wieder zu verlassen. Vor allem Jugendliche und junge Erwachsene können die hohen Preise für illegale Drogen auf Dauer nur durch weitere kriminelle Vergehen bezahlen. Zahlreiche Süchtige geraten deshalb über Diebstähle, Einbrüche, Betrügereien, Raubüberfälle und Prostitution immer tiefer in die sogenannte *Beschaffungskriminalität*.

MARIHUANA UND HASCHISCH · Der *Indische Hanf* enthält eine Substanz, die Rauschzustände auslösen kann, das *THC*. Die getrockneten Blätter und Blüten dieser Pflanze bezeichnet man als **Marihuana**. Sie werden mit Tabak vermischt als *Joint* geraucht, manchmal aber auch als Tee getrunken. Das getrocknete und gepresste Harz der Pflanze heißt **Haschisch**. Es wird ebenfalls geraucht, aber auch in Gebäck vermischt gegessen. Da es einen wesentlich höheren THC-Gehalt besitzt als die Blätter und Blüten, ist seine berauschende Wirkung deutlich stärker. Das Rauchen von Hanfdrogen wird als *Kiffen* bezeichnet. THC löst im Gehirn vor allem Gleichgültigkeit, Müdigkeit und Gedächtnisverluste aus. Es kommt zu einer verlangsamten Reaktionsfähigkeit und zu Bewegungsstörungen. Langfristig können eine seelische Abhängigkeit, psychische Erkrankungen wie Depressionen und eine dauerhaft verminderte Konzentrations- und Leistungsfähigkeit auftreten.

OPIUM, MORPHIUM UND HEROIN · Wenn man den Milchsaft unreifer Kapseln des *Schlafmohns* trocknet, erhält man **Rohopium**. Sein Hauptinhaltsstoff, das **Morphium**, wirkt schmerzstillend und betäubend. Außerdem verändert es die Wahrnehmung und das Bewusstsein. Weil es schnell süchtig macht, darf es nur unter ärztlicher Aufsicht als Schmerzmittel eingesetzt werden. In einem chemischen Verfahren kann man es in das ähnlich wirkende **Heroin** umwandeln. Da es rasch zu extremen Entzugserscheinungen führt, besitzt es ebenfalls eine starke Suchtwirkung. Heroinabhängige, auch *Fixer* genannt, injizieren es in gelöster Form in ihre Venen. Langfristig führt der Heroinkonsum zu starkem Gewichtsverlust und extremen Veränderungen der Persönlichkeit. Wie bei allen illegalen Drogen kennt der Kunde beim Kauf die genaue Zusammensetzung der Droge häufig nicht. Deshalb kann er durch eine *Überdosis* leicht in Lebensgefahr geraten. In solchen Fällen tritt der Tod meistens durch die Lähmung der Atemmuskulatur ein. Die hohen Kosten und der oft unvermeidliche Verlust ihres Arbeitsplatzes treiben nahezu alle Heroinabhängigen in die Beschaffungskriminalität.

02 Hanfdrogen: **A** Marihuana, **B** Haschisch, **C** Joint

03 Drogen des Schlafmohns: **A** Gewinnung von Rohopium aus Schlafmohnkapseln, **B** unterschiedliche Heroinpulver, **C** Fixer bei der Heroininjektion

1 Vergleiche legale und illegale Drogen!

2 Nenne Gefahren, die mit der Beschaffung illegaler Drogen verbunden sind!

3 Vergleiche das Gefährdungspotenzial von Haschisch und Heroin!

INDIVIDUALENTWICKLUNG DES MENSCHEN
VERANTWORTLICHER UMGANG MIT DEM EIGENEN KÖRPER

04 Kokain: **A** reines Pulver, **B** Crack, **C** Kokain-Schnupfen, **D** Crackpfeife

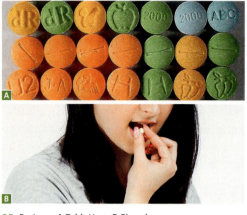

05 Ecstasy: **A** Tabletten, **B** Einnahme

KOKAIN · Die Blätter des *Cocastrauches* enthalten einen Stoff, der schmerzstillend und aufputschend wirkt, das **Kokain.** Es wird als reines Pulver über die Nasenschleimhaut durch Schnupfen aufgenommen oder mit Backpulver vermischt als *Crack* in kleinen Pfeifen geraucht.

Die aufputschende Wirkung des Kokains beruht zum einen darauf, dass es die Atmung und den Puls beschleunigt. Zum anderen unterdrückt Kokain beim Konsumenten Hunger, Durst und Müdigkeit und täuscht ihm so eine erhöhte Leistungsfähigkeit vor. Das führt häufig dazu, dass der Konsument wichtige Energiereserven seines Körpers fast vollständig aufbraucht, ohne es zu merken. Regelmäßige Kokaineinnahme verursacht deshalb oft lebensgefährliche Erschöpfungszustände. Außerdem dämpft Kokain kurzfristig Angstzustände, löst bei längerem Gebrauch aber häufig Halluzinationen und Wahnvorstellungen aus.

Da Kokain schon nach kurzer Zeit zu heftigen Entzugserscheinungen führt, kommt es sehr rasch zu einer starken Abhängigkeit. Aufgrund seiner kurzzeitig leistungssteigernden Wirkung wird es auch außerhalb der typischen Drogenszene als Dopingmittel in Berufsgruppen konsumiert, die unter besonders hohem Zeit- und Erfolgsdruck stehen, zum Beispiel Manager und Künstler.

AMPHETAMINE · Viele illegale Drogen werden aus natürlichen Pflanzenauszügen hergestellt. Einige werden jedoch nach einer bestimmten Rezeptur künstlich im Labor produziert. Diese Drogen werden gezielt auf eine bestimmte Wirkung hin entworfen und hergestellt. Deshalb nennt man sie *Designerdrogen*. Zu ihnen gehören zum Beispiel **Ecstasy**-Tabletten oder **Liquid-Ecstasy**-Tropfen. Sie enthalten Substanzen, die Hunger- und Durstgefühle dämpfen, Atmung und Puls beschleunigen und zu einer starken Erhöhung der Körpertemperatur führen. Diese sogenannten **Amphetamine** wirken stark aufputschend.

Da Ecstasy, wie die meisten Drogen, auch die Selbstkontrolle schwächt, dadurch Hemmungen aufhebt und das Bedürfnis nach menschlicher Nähe erhöht, wird es häufig als sogenannte *Partydroge* eingesetzt. Um die eigene Leistungsfähigkeit privat oder beruflich kurzzeitig zu erhöhen, greifen manche Menschen aber auch zu anderen Aufputschmitteln, die ebenfalls Amphetamine enthalten. Diese werden zum Beispiel unter den Bezeichnungen **Speed** oder **Crystal** gehandelt. Langfristig führen sie alle zu starker und andauernder, teilweise sogar lebensgefährlicher Erschöpfung und hoher Abhängigkeit.

4 ⌋ Nenne die Gemeinsamkeiten von Kokain und amphetaminhaltigen Drogen!

IM BLICKPUNKT RECHT

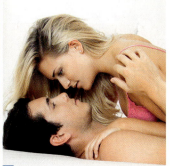

01 Themen des Jugendschutzgesetzes: **A** Glücksspiel, **B** Sexualität, **C** Geldverdienen, **D** Körperschmuck

Jugendschutzgesetz

Jugendliche haben im Umgang mit einigen Gefahren der Erwachsenenwelt keine oder nur wenig Erfahrung. Sie können daher ihr Risiko nicht immer genau einschätzen. Deshalb wurden Verordnungen zum Schutz von Jugendlichen unter 18 Jahren erlassen. Sie sind im *Jugendschutzgesetz* zusammengefasst und regeln unter anderem folgende Bereiche:

Glücksspiele: Die Teilnahme an Spielen mit Geldgewinnen ist für Jugendliche unter 18 Jahren verboten. Bei Bildschirmspielen gelten die jeweiligen Altersfreigaben.

Sexualität: Sex in gegenseitigem Einverständnis zwischen Jugendlichen ab 14 Jahren ist straffrei. Ist einer der Partner noch unter 14 Jahren und der andere 14 oder älter, ist sexueller Kontakt verboten, auch wenn beide einverstanden sind. Ist ein Partner unter 14 und der andere volljährig, gelten sexuelle Handlungen als Missbrauch. Dann drohen Freiheitsstrafen von bis zu zehn Jahren.

Geldverdienen: Kinder unter 13 Jahren dürfen keiner Arbeit nachgehen und damit Geld verdienen. Ab 13 Jahren dürfen Jugendliche durch leichte Tätigkeiten, wie zum Beispiel Zeitungaustragen, Rasenmähen, Babysitten oder Nachhilfe, ihr Taschengeld aufbessern. Während der Schulzeit dürfen sie maximal zwei Stunden pro Tag und nur zwischen acht Uhr morgens und sechs Uhr abends arbeiten. Ab 15 Jahren darf man bis zu vier Wochen im Jahr in den Ferien arbeiten. In Gaststätten dürfen Jugendliche erst ab 16 Jahren bedienen.

Körperschmuck: Piercings oder Tattoos sind unter 16 Jahren verboten. Ab 16 sind sie nur mit Einverständniserklärung der Eltern erlaubt. Außerdem muss schriftlich nachgewiesen werden, dass vor möglichen Risiken wie Allergien oder Entzündungen informiert wurde.

JUGENDSCHUTZGESETZ	Kinder unter 14 Jahren	Jugendliche unter 16 Jahren	Jugendliche unter 18 Jahren
Aufenthalt in Gaststätten und Lokalen, Anwesenheit bei öffentlichen Tanzveranstaltungen (zum Beispiel Discos)	👍 E!	👍 E!	👍 bis 24 Uhr
Anwesenheit in öffentlichen Spielhallen	👎	👎	👎
Kinobesuch (je nach Altersfreigabe: ohne Altersbeschränkung, freigegeben ab 6, 12, 16 oder 18 Jahren)	👍 bis 20 Uhr	👍 bis 22 Uhr	👍 bis 24 Uhr
Abgabe und Verzehr von nicht hochprozentigen alkoholischen Getränken (zum Beispiel Bier, Wein, Sekt)	👎	👎	👍
Abgabe und Verzehr von hochprozentigen alkoholischen Getränken (zum Beispiel Wodka, Rum, Whiskey)	👎	👎	👎
Abgabe und Konsum von Tabakwaren (zum Beispiel Zigaretten, Zigarren, Tabak)	👎	👎	👎

👍 gesetzlich erlaubt 👎 gesetzlich verboten E! nur in Begleitung eines Erziehungsberechtigten

02 Weitere Regelungen des Jugendschutzgesetzes (Stand: Februar 2012)

INDIVIDUALENTWICKLUNG DES MENSCHEN
ORGANSPENDER WERDEN?

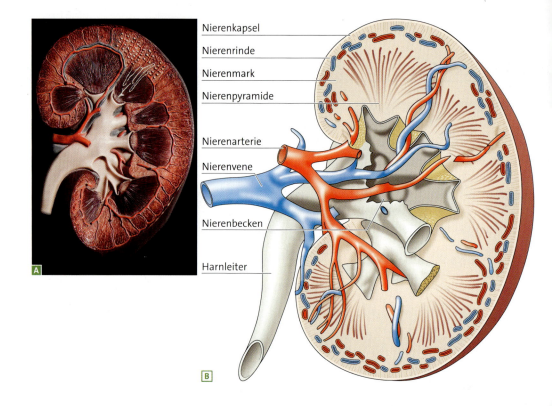

01 Die Niere
A Modell
B Schema

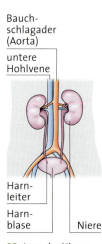

02 Lage der Nieren im Körper

Die Niere

Jeder Mensch besitzt zwei Nieren. Die etwa faustgroßen, bohnenförmigen Organe liegen im oberen Lendenbereich beiderseits der Wirbelsäule. Täglich wird die gesamte Blutmenge ungefähr 300-mal durch die Nieren geleitet. Dabei wird das Blut gereinigt. Wie geschieht das?

BAU DER NIERE · Nieren sind etwa elf Zentimeter lang, fünf Zentimeter breit und drei Zentimeter dick. Sie sind von einer dunkelbraunen, derben Bindehaut umgeben und zeigen im Längsschnitt einen schichtartigen Bau: Die dunklere **Nierenrinde** umschließt das hellere **Nierenmark**. Nierenrinde und Nierenmark sind durch pyramidenförmige Strukturen miteinander verzahnt. Diese enden in einem Hohlraum, dem **Nierenbecken.** Hier hat der *Harnleiter* seinen Ursprung. Auch führt in diesem Bereich die *Nierenarterie* in die Niere hinein und die *Nierenvene* aus der Niere heraus.

FUNKTIONEN DER NIERE · Die Hauptaufgabe der Niere besteht in der **Ausscheidung** von Stoffwechselendprodukten. Dazu gehören Harnstoff, die für den Körper giftige Harnsäure und Kreatinin. Da diese Stoffe über den Blutkreislauf in die Nieren transportiert werden, spricht man auch davon, dass die Nieren das Blut reinigen. Die ausgeschiedenen Stoffe werden mit dem Harn über die Harnblase entsorgt.

Durch die Abgabe von Wasser, gelösten Salzen und Säuren verändern sich die im Körper zirkulierende Menge und die Zusammensetzung des Blutes. Diese Beeinflussung des Wasser- und Salzgehaltes des Blutes bewirkt, dass sich indirekt auch der **Blutdruck** verändert.

Außerdem produzieren Nieren *Hormone*. Diese sind für die Blutdruckregulierung und die Blutbildung wichtig.

1) Beschreibe den Bau der Niere und gib ihre Funktionen an!

NEPHRON · Die Reinigung des Blutes in den Nieren erfolgt in je mehr als einer Million gleichen Bauteilen, den **Nephronen.** Ein Nephron setzt sich zusammen aus dem **Nierenkörperchen**, das in der Nierenrinde liegt, und dem **Nierenkanälchen**, das sich großenteils im Nierenmark befindet. Das Nierenkörperchen besteht aus einem etwa 0,25 Millimeter großen Säckchen, der *Bowman'schen Kapsel*. In diese Kapsel führt eine Arterie hinein und gliedert sich in viele Kapillaren auf. Die Kapillaren vereinigen sich zu einer herausführenden Arterie. An den Kapillaren tritt Wasser mit allen darin gelösten Stoffen aus dem Blut heraus in die Bowman'sche Kapsel. Blutzellen und Bluteiweiß bleiben in den Kapillaren. Dadurch ist die Blutmenge in der abführenden Arterie kleiner als in der zuführenden. Der Vorgang heißt **Filtration**.

Bei der Filtration entsteht Primärharn, der neben Stoffwechselendprodukten auch Salze, Vitamine und Traubenzucker enthält. Diese Stoffe gelangen wieder zurück ins Blut, indem sie durch die Wände der Nierenkanälchen und der sie umgebenden Blutgefäße treten, wenn der Primärharn weitertransportiert wird. Durch diese **Rückresorption** entstehen aus täglich etwa 170 Litern Primärharn ein bis zwei Liter Endharn.

Die Nierenkanälchen leiten den Endharn über *Sammelröhrchen* in das Nierenbecken. Von dort gelangt er über den Harnleiter in die Harnblase.

NIERENERKRANKUNGEN · Wenn im Harn gelöste Stoffe auskristallisieren, entstehen **Nierensteine**. Werden die Kristalle so groß, dass sie den Harnleiter verstopfen, können sie zu Harnstau führen, was mit stechenden Schmerzen verbunden ist. Die wichtigste Vorbeugungsmaßnahme besteht darin, viel zu trinken. Krankheitserreger, die über Harnröhre, Harnblase und Harnleiter in das Nierenbecken gelangen, können dort eine Entzündung hervorrufen. Eine solche **Nierenbeckenentzündung** kann die Nierenfunktion beeinträchtigen.

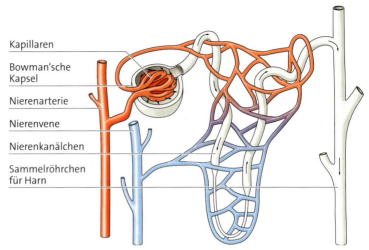

03 Nephron (Schema)

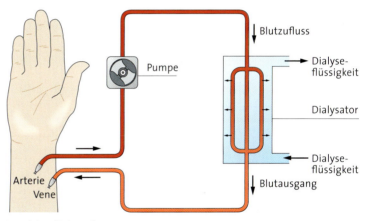

04 Dialyse (Schema)

Versagt eine Niere, reicht die Leistung der anderen Niere aus. Versagen beide Nieren, tritt innerhalb kurzer Zeit infolge Vergiftung der Tod ein. Dies kann durch eine künstliche Blutwäsche, eine **Dialyse**, verhindert werden. Dabei wird der Patient mehrmals in der Woche in mehrstündigen Sitzungen an eine Maschine angeschlossen, in der das Blut von Schadstoffen befreit wird.

2) Erläutere den Begriff Ausscheidung mithilfe der Begriffe Filtration und Rückresorption!

3) Beschreibe das Verfahren der Dialyse mithilfe von Abbildung 04!

INDIVIDUALENTWICKLUNG DES MENSCHEN
ORGANSPENDER WERDEN?

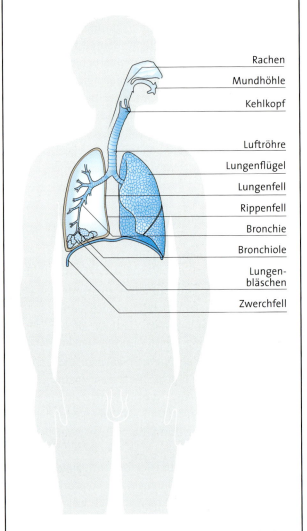

/// **STECKBRIEF** ///

Herz-Kreislauf-System

Organe und Bestandteile: Herz, Blut, Arterien, Venen, Kapillaren
Funktion: Transport von Wärme, Bestandteilen der Immunabwehr und Stoffen, wie zum Beispiel Sauerstoff, Kohlenstoffdioxid, Nährstoffe, Abfallstoffe, Hormone
Daten: Blutmenge: 5–7 l; Herzschläge pro Tag: etwa 100 000; Pumpleistung des Herzens pro Tag: etwa 7 000 l Blut; Durchmesser der Aorta: etwa 2 cm; Länge der Aorta: etwa 40 cm; Anzahl der Kapillaren: etwa 5 Milliarden; Gesamtfläche der Kapillaren: etwa 300 Quadratmeter; Durchmesser einer Kapillare: etwa 0,008 mm

/// **STECKBRIEF** ///

Atmungssystem

Organe und Bestandteile: Mund, Nase, Rachen, Luftröhre, Bronchien, Lunge, Zwerchfell
Funktion: Aufnahme von Sauerstoff und Abgabe von Kohlenstoffdioxid; enge Zusammenarbeit mit dem Herz-Kreislauf-System
Daten: Länge der Luftröhre: 10–12 cm; Luftmenge, die bei einem Atemzug eingeatmet wird: etwa 0,5 l; Luftmenge, die täglich durch die Lunge strömt: etwa 15 000 l; Sauerstoffverbrauch bei einem ruhenden Erwachsenen: etwa 250 ml pro Minute; davon Verbrauch durch das Gehirn: etwa 50 ml; Durchblutung der Lunge pro Minute: etwa 6 l

STECKBRIEF

Verdauungssystem

- Zahn
- Zunge
- Rachenraum
- Speicheldrüsen
- Speiseröhre
- Leber
- Magen
- Gallenblase
- Bauchspeicheldrüse
- Zwölffingerdarm
- Dünndarm
- Dickdarm
- Enddarm
- Wurmfortsatz
- Blinddarm

Organe und Bestandteile: Mund, Zähne, Speicheldrüse, Kehlkopf, Speiseröhre, Magen, Leber, Gallenblase, Bauchspeicheldrüse, Dünndarm, Dickdarm
Funktion: Zerlegung der Nährstoffe in ihre Bausteine, Aufnahme dieser Bausteine, von Wasser, Mineralstoffen und Vitaminen ins Blut; Ausscheidung von Abfallstoffen
Daten: Speichelabgabe pro Tag: 0,5 – 1,5 l; Länge der Speiseröhre: etwa 25 cm; Länge des Dünndarms: etwa 5 m; Fassungsvermögen des Magens: etwa 1,5 l; Verweildauer der Nahrung im Magen: etwa 4 Stunden; Überleben ohne Nahrung: etwa 40 Tage; Überleben ohne Wasser: 3 – 6 Tage

STECKBRIEF

Nervensystem

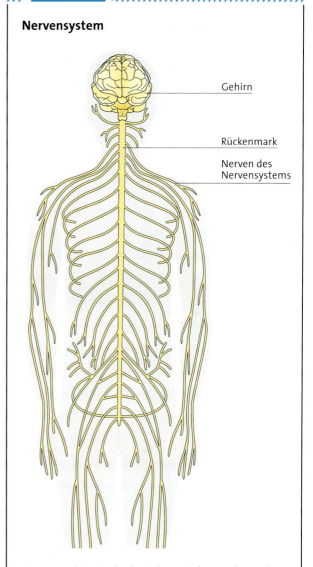

- Gehirn
- Rückenmark
- Nerven des Nervensystems

Organe und Bestandteile: Gehirn, Rückenmark, periphere Nerven
Funktion: Zusammenarbeit mit Hormonsystem und Sinnesorganen; dadurch Aufnahme, Weiterleitung und Verarbeitung von Informationen; Steuerung und Koordination der Lebensvorgänge
Daten: Gesamtlänge aller Nervenfasern ohne die des Gehirns: etwa 480 000 km; Geschwindigkeit der Informationsweiterleitung: etwa 120 m pro Sekunde; Gesamtzahl der Nervenzellen: etwa 130 Milliarden; täglicher Verlust von Nervenzellen: 50 000 – 100 000

INDIVIDUALENTWICKLUNG DES MENSCHEN
ORGANSPENDER WERDEN?

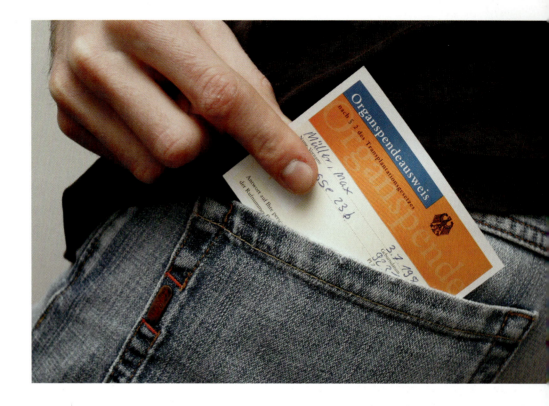

01 Organspendeausweis

Organspende und Organtransplantation

Wenn Organe, wie zum Beispiel die Niere, versagen, kann oft nur noch mithilfe einer Organtransplantation das Leben des Patienten gerettet werden. Welche Vorgänge spielen dabei eine Rolle und welche Probleme können auftreten?

lateinisch transplantare = verpflanzen, versetzen

TRANSPLANTATIONSMEDIZIN · Die Verpflanzung von Zellen, Geweben, Organen oder Körperteilen in den Körper eines Empfängers nennt man **Transplantation**. In Deutschland gibt es Transplantationszentren, in denen speziell ausgebildete Ärzte Transplantationen häufig ausführen. Das Verfahren ist inzwischen medizinischer Alltag.

Nach Angabe der Deutschen Stiftung für Organtransplantation werden pro Jahr etwa 4000 Organe übertragen. Davon bilden Nierentransplantationen mit rund 65 Prozent den Hauptanteil.

Eine Schwierigkeit bei Organtransplantationen besteht in einer möglichen **Abstoßungsreaktion** des Empfängerorganismus: Die Oberflächen der Zellen aller Lebewesen sind mit genetisch festgelegten, selbst im Mikroskop nicht sichtbaren individuellen Strukturen ausgestattet. Dies ist Ursache dafür, dass der Körper seine eigenen Zellen erkennt und Abwehrstoffe gegen fremde Zellen bildet. Verantwortlich dafür ist das **Immunsystem**. Die Bildung von Abwehrstoffen kann also verhindern, dass das transplantierte Organ die Funktion übernimmt. Dann wird es schließlich abgestoßen.

Da die Oberflächenstrukturen nah verwandter Personen ähnlich sind, verlaufen Transplantationen zwischen diesen Personen meistens ohne größere Komplikationen. Deshalb wurde die erste erfolgreiche Transplantation bei eineiigen Zwillingen durchgeführt.

Um die Abstoßungsreaktionen gering zu halten, werden vor einer Transplantation Organe und Empfänger auf relative Verträglichkeit getestet. Aber auch bei guter Verträglichkeit von Organ und Empfänger muss die körpereigene Abwehr dauerhaft unterdrückt werden. Deshalb ist ein Transplantatempfänger anfälliger für Infektionskrankheiten. Er muss daher regelmäßig medizinisch überwacht werden.

ORGANSPENDE · Im Jahr 2012 warteten in Deutschland etwa 12 000 Menschen auf ein Organ, davon 8 000 auf eine Niere. Jährlich sterben ungefähr 1 100 Patienten, für die nicht rechtzeitig ein geeignetes Organ zur Verfügung stand. Als Reaktion auf diesen Mangel werden zur zeitlichen Überbrückung manchmal Tierorgane eingesetzt, zum Beispiel Herzklappen von Schweinen, oder künstliche Herzen.

Um die Anzahl gespendeter Organe zu erhöhen, wurde im Jahr 2012 die sogenannte *Entscheidungslösung* eingeführt: Ab sofort werden alle über 16-jährigen Krankenversicherten befragt, ob sie nach ihrem Tod Organe spenden wollen. Früher fand keine solche Befragung statt, sodass vermutlich viele Menschen eine Organspende nicht in Erwägung gezogen haben.

Hat ein Spender eine schriftliche Genehmigung zur Organspende abgegeben, dürfen seine Organe erst nach eindeutig festgestelltem Hirntod entnommen werden. Grundsätzlich erfährt der Empfänger nicht, von wem das Organ stammt.

Eine Alternative zu dieser **postmortalen Organspende** ist die **Lebendspende**. Gemäß deutschem Transplantationsgesetz ist die Lebendspende einer Niere, von Teilen der Leber und die einiger anderer Organe nur unter nahen Verwandten oder persönlich verbundenen Menschen erlaubt. Die Erfolgsaussichten einer Lebendspende sind gut, da Spender und Empfänger optimal aufeinander abgestimmt werden können.

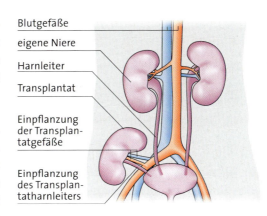

lateinisch post = nach
lateinisch mors, mortis = Tod

02 transplantierte Niere

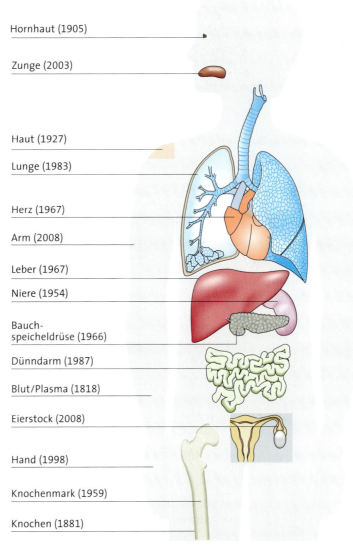

03 Transplantierbare Körperteile und Jahr der ersten Transplantation

1) Beschreibe medizinische und rechtliche Probleme, die mit einer Transplantation verbunden sind!

MATERIAL

Material A ▸ Nierentransplantation – eine Patientin berichtet

Ich heiße Anna und bin 15 Jahre alt. Ich besuche die achte Klasse eines Gymnasiums. Meine Lieblingsfächer sind Biologie und Sport. Später möchte ich einmal Ärztin werden. Seit Kurzem bin ich in einem Volleyballklub und trainiere zweimal wöchentlich. In meiner Freizeit fahre ich gern Fahrrad. Mit meiner französischen Brieffreundin Celine stehe ich in regelmäßigem Mail-Kontakt und hoffe, dass ich sie im nächsten Jahr besuchen kann. Zurzeit gehe ich zusammen mit meinem Freund Felix in die Tanzstunde, was mir sehr viel Spaß macht. Dass mein Leben einmal so frei und unbeschwert verlaufen würde, konnte ich mir viele Jahre lang nicht vorstellen: Meine Kindheit war bestimmt von der Sorge um meine Gesundheit, denn von Geburt an funktionierten meine Nieren nicht richtig. Deshalb wurde ich über eine Magensonde ernährt. Dadurch wurde der Nährstoffgehalt meiner Nahrung genau eingestellt und die Nieren wurden weniger belastet. Als ich zehn war, reichte selbst das nicht mehr aus und ich musste regelmäßig zur Dialyse. Damals war ich immer sehr müde und erschöpft. Selbst das Gehen fiel mir schwer. Sport konnte ich gar nicht betreiben. Die Krankheit wurde von Woche zu Woche schlimmer, sodass ich eine neue Niere erhalten sollte. Zu dieser Zeit machten sich meine Eltern große Sorgen. Mein Vater wollte mir sogar eine von seinen gesunden Nieren spenden.
Doch dann erhielten wir plötzlich die Nachricht, dass eine Fremdniere für mich vorhanden sei. Meine Eltern brachten mich sofort in das Transplantationszentrum. Ich war sehr aufgeregt und hatte große Angst. Hoffentlich würde alles gut gehen! Erst nach mehreren Stunden kam ich in den Operationssaal, weil noch untersucht werden musste, ob die Niere wirklich zu mir passte.
Von der Operation selbst weiß ich nichts mehr. Als ich am nächsten Morgen wieder aufwachte, wusste ich anfangs nicht, wo ich war. Dann sah ich meine Eltern. Sie beruhigten mich und erzählten mir, dass die Operation vier Stunden gedauert hätte und dass sie gut verlaufen sei. Kurz danach wurde ich unter der Aufsicht eines Notarztes auf die Intensivstation in eine Kinderklinik gebracht. Dort wurden viele Apparate angeschlossen, die meine Körperfunktionen kontrollieren sollten. Am dritten Tag nach der Operation durfte ich ein wenig Kartoffelpüree essen. Ich musste weinen, weil ich zum ersten Mal in meinem Leben feste Nahrung zu mir nehmen konnte. Täglich wurden Blut- und Urinuntersuchungen durchgeführt. Die Werte verbesserten sich von Tag zu Tag. Das machte mich zuversichtlich, dass die Operation erfolgreich verlaufen war. Dann würde es mir sicher bald besser gehen. Die Ärzte sagten mir, dass die neue Niere ihre Arbeit aufgenommen hätte. Daher wurde ich am fünften Tag auf die Normalstation verlegt.
Während des Klinikaufenthaltes besuchten mich viele Freunde und Klassenkameraden und meine Eltern waren immer da. Ich musste viele Tabletten schlucken und viel trinken. Vom Cortison waren meine Backen ganz rot und rund. Diese Nebenwirkungen ließen aber wieder nach, als die Dosis verringert wurde.
Nach drei Wochen wurde ich aus der Klinik entlassen. Ab jetzt wurde mein Blut regelmäßig vom Hausarzt untersucht. Zuhause aß ich anfangs einen Löffel voll Kartoffelbrei und einen Zwieback pro Tag. Weitere zwei Wochen später habe ich die Mahlzeiten zusammen mit meinen Eltern eingenommen. Gut ein Viertel Jahr nach der Operation konnte ich wieder zur Schule gehen. Den versäumten Stoff habe ich schnell nachgeholt.
Wie schon gesagt: Ich genieße es, unabhängig zu sein. Es ist mir sehr bewusst, dass ich ohne die Transplantation mein jetziges Leben nicht führen könnte.

A1 Beschreibe die Lebenssituation von Anna vor und nach der Transplantation!

A2 Versetze dich in Annas Situation und überlege, mit welchen Gedanken sie sich beschäftigt!

A3 Erstelle eine Liste mit Argumenten für und gegen eine Organspende! Begründe anhand dieser Liste deine Haltung zur Organspende!

A4 Bewerte vor dem Hintergrund der Liste die neue Rechtsvorschrift, dass alle über 16-Jährigen befragt werden sollen, ob sie nach ihrem Tod ein Organ spenden wollen!

ÜBERPRÜFE DEIN GRUNDWISSEN ▸ INDIVIDUALENTWICKLUNG DES MENSCHEN

A ▸ Der Lebenslauf des Menschen

Kann ich ...

1. die zelluläre Entwicklung der befruchteten Eizelle eines Menschen bis zur Einnistung beschreiben? *(Seite 211 und 212)*
2. die Entwicklung von Embryo und Fetus beschreiben? *(Seite 212)*
3. Wachstum als Folge von Zellteilung und Zellerneuerung erklären und dabei den Ablauf der Mitose beschreiben? *(Seite 214 und 215)*
4. den Begriff Zelldifferenzierung erläutern und zwischen Stammzellen und differenzierten Zellen unterscheiden? *(Seite 218 und 219)*
5. die Entwicklung von der Befruchtung bis zum Tod nachvollziehen? *(Seite 224 und 225)*

B ▸ Verantwortlicher Umgang mit dem eigenen Körper

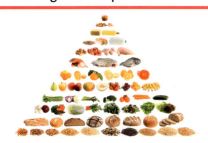

Kann ich ...

1. Nahrungsmittel und Nährstoffe unterscheiden sowie andere Stoffe in der Nahrung nennen? *(Seite 224 und 225)*
2. die Verdauung und die damit verbundenen Stoff- und Energieumwandlungen erläutern? *(Seite 224 bis 227)*
3. den Bau der Enzyme beschreiben und die Funktionsweise der Enzyme am Modell erläutern? *(Seite 228 bis 230)*
4. die Bedeutung der Enzyme für den Stoffwechsel erklären? *(Seite 230)*
5. die Nahrungspyramide beschreiben und Ernährungsempfehlungen begründen? *(Seite 231 bis 234)*
6. die Wirkung von Drogen auf den Einzelnen und ihre Bedeutung für die Gesellschaft beschreiben? *(240 bis 242)*

C ▸ Organspender werden

Kann ich ...

1. den Bau der Niere beschreiben und ihre Funktion erklären? *(Seite 244 und 245)*
2. die Bedeutung von Organspende und Organtransplantation erläutern? *(Seite 248 und 249)*

Kann ich aus dem Kapitel „Individualentwicklung des Menschen" Beispiele nennen für das Basiskonzept:
- Struktur und Funktion?
- System?
- Stoff- und Energieumwandlung?
- Entwicklung?

Grundlagen der Vererbung

1 Gene – Puzzle des Lebens **254**

2 Genetische Familienberatung **280**

In diesem Kapitel beschäftigst du dich mit

- Erbinformationen, die Voraussetzung für die Ausprägung von Merkmalen und von Familienähnlichkeiten sind.

- der Vererbung von Merkmalsausprägungen. Dabei lernst du Gesetzmäßigkeiten kennen, die ihre Weitergabe von Generation zu Generation beschreiben und erklären. Du erfährst, wie diese Gesetzmäßigkeiten erforscht wurden und wie man sie verwenden kann.

- der Bildung der Geschlechtszellen im Vorgang der Meiose.

- dem Bau von Chromosomen, den Trägern der Erbinformation. Du lernst dabei die Struktur von DNA-Molekülen kennen und wie sie in Lebewesen verdoppelt werden.

- der Ausprägung von Merkmalen aufgrund vorhandener Erbinformation. Du lernst, wie der Weg vom Gen zum Merkmal verläuft.

- den Auswirkungen von äußeren Einflüssen auf Merkmalsausprägungen.

- möglichen zufälligen Veränderungen der Erbinformation, den Mutationen. Du lernst verschiedene Formen von Mutationen kennen und erfährst, welche Folgen sie haben können.

- unterschiedlichen Forschungsmethoden in der Humangenetik, der Aufstellung und Auswertung von Stammbäumen sowie verschiedenen Aspekten der genetischen Familienberatung.

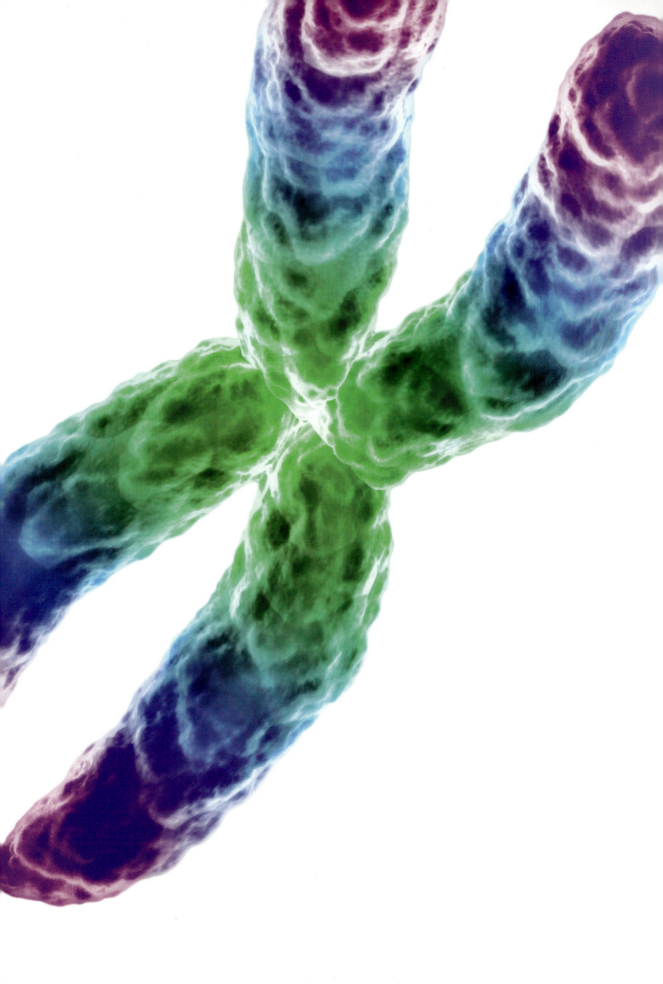

GRUNDLAGEN DER VERERBUNG
GENE – PUZZLE DES LEBENS

01 Familienfoto

Kinder sehen ihren Eltern ähnlich

„Ganz der Vater" oder „Das hast du von deiner Mutter geerbt" hört man häufig. Schaut man sich das Familienfoto an, so erkennt man, dass Eltern und Kinder sich in vielen Merkmalen gleichen. Auch zwischen den Geschwistern entdeckt man Ähnlichkeiten. Wie ist es zu erklären, dass sie sich ähneln und dennoch einzigartig sind?

MERKMALE · Betrachtet man die Geschwister auf dem Familienfoto, fällt auf, dass sich beide in der Form der Nase und der Augenbrauen ähneln. In der Form des Gesichts, der Haarfarbe und der Augenfarbe unterscheiden sie sich aber deutlich. Gesichtsform, Augenfarbe, Haarfarbe und Form der Nase sind Merkmale, die zum Erscheinungsbild eines Menschen gehören. Alle Merkmale zusammen machen den **Phänotyp** aus. Der Begriff Phänotyp umfasst auch die nicht sichtbaren Merkmale eines Lebewesens, wie zum Beispiel die Blutgruppe. Das Mädchen auf dem Familienfoto hat braune Augen wie ihre Mutter, während der Junge wie der Vater blaue Augen hat. Das Merkmal Augenfarbe liegt also in unterschiedlicher Ausprägung vor und ist auch unterschiedlich weitervererbt worden. Wie erfolgt nun die Vererbung eines Merkmals und weshalb hat der Junge die gleiche Augenfarbe wie der Vater und nicht wie seine Mutter?

WEITERGABE DER ERBINFORMATION · Um diese Fragen zu beantworten, muss man sich vergegenwärtigen, dass alle Nachkommen aus einer befruchteten Eizelle hervorgehen. Wenn die Augenfarbe des Sohnes und der Tochter von den Eltern vererbt worden ist, muss bereits in der Eizelle beziehungsweise in der Spermienzelle eine Anweisung für die Ausprägung der jeweiligen Augenfarbe enthalten sein. Diese Anweisung für die Merkmalsausprägung der Augenfarbe ist die **Erbinformation**. Die Geschlechtszellen enthalten in Bezug auf die Ausprägung der Augenfarbe nur eine Erb-

griechisch phän = Erscheinung,

griechisch typos = Abbild

information. Diese kann entweder in der Anweisung für eine blaue oder eine braune oder eine andere Augenfarbe bestehen. Welche der elterlichen Erbinformationen das sich entwickelnde Kind erhält, ist zufällig und entscheidet sich im Augenblick der Befruchtung. Dies gilt auch für alle anderen Merkmale wie Haarfarbe, Gesichtsform, Form der Nase und so weiter: Je nachdem, welche Spermienzelle welche Eizelle befruchtet, entsteht eine individuelle Kombination aller Erbinformationen. Die Unterschiede in der Ausstattung der Geschlechtszellen und die individuelle Kombination bei der Befruchtung führen bei Geschwistern zu verschiedenen Kombinationen der elterlichen Erbinformationen. Dadurch können sich unterschiedliche, aber auch gleiche Merkmalsausprägungen ausbilden. Die so auftretende Vielfalt der Phänotypen bezeichnet man als **Variation**.

Durch zahlreiche Zellteilungen entsteht aus einer Zygote ein Mensch, der in jeder Zelle die gleiche individuelle Erbinformation gespeichert hat. Da sich jeder Mensch aus einer anderen Zygote entwickelt, hat er eine individuelle Erbinformation und ist daher einzigartig. Grundlage aller Merkmale des Menschen sind also die von den Eltern weitergegebenen Erbinformationen. Die kleinste informationstragende Einheit, die zur Ausprägung eines bestimmten Merkmals erforderlich ist, wird **Gen** genannt. Die Gesamtheit aller Gene, die den Merkmalen eines Lebwesens zugrunde liegen, bezeichnet man als Erbbild oder **Genotyp**.

EINFLUSS DER UMWELT · Neben dem Genotyp beeinflusst auch die Umwelt den Phänotyp. Die UV-Strahlung der Sonne führt beispielsweise dazu, dass die Hautzellen verstärkt ein braunes Hautpigment bilden. Sonnenbaden kann den Phänotyp verändern. Er ist also nicht immer exakt durch den Genotyp bestimmt. Vielmehr legt dieser oft den Rahmen fest. Er bestimmt das Maß, in dem sich die Umwelt auf den Phänotyp auswirken kann.

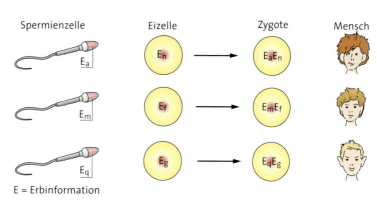

02 Weitergabe unterschiedlicher Erbinformation

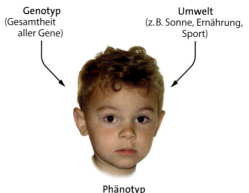

03 Einflüsse durch Erbinformation und Umwelt

Zum Beispiel bewirkt Sonneneinstrahlung bei einer Person mit dunklem Teint eine noch dunklere Haut, während eine hellhäutige Person nur mäßig gebräunte Haut oder sogar Sonnenbrand bekommt.

Vergleichbar ist dies mit einem Rezept für einen Kuchen. Das Rezept legt die Art des Kuchens fest. Die Kuchenform und der Bräunungsgrad unterliegen aber äußeren Einflüssen. Der Genotyp ist eine Art Rezept für den Phänotyp. Die Hautfarbe lässt sich durch Umwelteinflüsse wie Sonneneinstrahlung verändern. Merkmale wie die Augenfarbe werden durch die Umwelt jedoch nicht beeinflusst.

lateinisch genere = entstehen

1) Definiere die Begriffe Phänotyp und Genotyp!

2) Erkläre, weshalb jeder Mensch einen einzigartigen Genotyp hat!

GRUNDLAGEN DER VERERBUNG
GENE – PUZZLE DES LEBENS

01 Erbsenpflanzen und Erbsenblüte (Schema)

Vererbungsregeln

Noch bis zur Mitte des 19. Jahrhunderts war nicht bekannt, wie Merkmale vererbt werden. Erst durch zahlreiche Versuche mit Erbsenpflanzen gelang es dem Mönch Johann Gregor MENDEL, bisher nicht bekannte Gesetzmäßigkeiten der Vererbung nachzuweisen. Wie werden Merkmale vererbt?

VERSUCHSOBJEKT ERBSENPFLANZE · Die Erbsenpflanze eignet sich für Vererbungsversuche besonders gut: Sie ist anspruchslos und eine Pflanze bildet in relativ kurzer Zeit viele Nachkommen, die Erbsensamen. Da die Kronblätter den Stempel und die Staubblätter völlig umschließen, können nur Pollenkörner der eigenen Blüte auf die Narbe gelangen. Dieser Vorgang, die *Selbstbestäubung*, führt zu Pflanzen, die über viele Generationen hinweg ihre Merkmale nicht verändern. Solche *reinerbigen* Pflanzensorten sind Grundbedingung für eine genauere Untersuchung des Vererbungsvorganges.

lateinisch uniformis = gleichförmig, einförmig

lateinisch reciprocus = auf demselben Weg zurückkehrend

MENDELS VERSUCHE · Bei seinen Versuchen betrachtete MENDEL zunächst nur ein einziges Merkmal, zum Beispiel die Blütenfarbe. Die Ausgangspflanzen, die Eltern, nannte er Parentalgeneration, kurz **P-Generation.** Um eine Selbstbestäubung zu verhindern, entfernte er die Staubblätter einer violett blühenden Pflanze. Dann übertrug er mithilfe eines Pinsels Pollenkörner einer weiß blühenden Pflanze auf die Narbe dieser violetten Blüte. Damit führte er eine Fremdbestäubung durch. Aus dieser Kreuzung mit reinerbigen Eltern entstanden Samen, die zu neuen Erbsenpflanzen heranwuchsen. Alle Pflanzen dieser ersten Tochter- oder Filialgeneration, kurz F_1-**Generation,** trugen violette Blüten. Sie waren **uniform.** MENDEL führte die Kreuzung auch umgekehrt durch. Bei dieser **reziproken Kreuzung** bestäubte er die Narben von weißen Blüten mit Pollenkörnern von violetten Blüten. Auch in diesen Fällen hatten alle Pflanzen der F_1-Generation violette Blüten.

Um die Frage zu klären, ob die Information für die Merkmalsausprägung „weiße Blüte" verloren gegangen war, kreuzte MENDEL die Pflanzen der F_1-Generation untereinander. In der daraus entstandenen Generation, der **F_2-Generation,** hatten etwa drei Viertel aller entstandenen Pflanzen violette Blüten, während bei etwa einem Viertel die weiße Blütenfarbe auftrat. Die Information für die weiße Blütenfarbe war also erhalten geblieben. MENDEL folgerte daraus, dass in den Zellen der F_1-Generation zwei verschiedene Erbanlagen vorhanden sein müssen, eine für die Blütenfarbe Violett und eine andere für die Blütenfarbe Weiß. Solche Pflanzen werden als *Mischlinge* oder *Hybride* bezeichnet. Die Blüten der F_1-Generation sind alle violett, weil sich die Erbanlage für violett durchsetzt. Die Erbanlage für Violette Blütenfarbe ist **dominant** über die Erbanlage für weiße Blütenfarbe. Diese wird unterdrückt und ist damit **rezessiv**.
MENDEL überprüfte solche *dominant-rezessiven Erbgänge* an verschiedenen Merkmalen. Das Zahlenverhältnis von 3 : 1 trat als statistischer Wert bei allen diesen Versuchen immer wieder auf.

Die Ergebnisse dieser Versuche wurden später als 1. und 2. MENDEL'sche Regeln formuliert:

---

1. MENDEL'sche Regel: Uniformitätsregel

Kreuzt man zwei Individuen einer Art, die sich in den Ausprägungen eines oder mehrerer Merkmale reinerbig unterscheiden, sind bei allen Nachkommen in der F_1-Generation die betrachteten Merkmale uniform.

---

2. MENDEL'sche Regel: Spaltungsregel

Kreuzt man die Mischlinge der F_1-Generation, so spalten die Nachkommen in der F_2-Generation bezüglich der Merkmalsausprägungen in einem bestimmten Zahlenverhältnis auf.

---

1 Beschreibe, welche Voraussetzungen MENDEL bei seinen Versuchen bedachte!

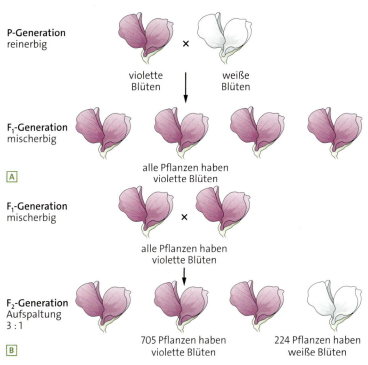

02 Kreuzungsversuche: **A** reinerbige und **B** mischerbige Erbsenpflanzen

/// **STECKBRIEF** ///

Johann Gregor MENDEL (1822–1884)

Johann Gregor MENDEL war ein katholischer Ordenspriester und ein bedeutender Naturforscher. Ein erstes Studium brach er wegen „bitterer Nahrungssorgen" ab. Er wurde Mönch im Augustinerkloster in Brünn, dem heutigen Brno. Von 1845 bis 1848 studierte er an der Brünner Bischöflich-Theologischen Lehranstalt Theologie und Landwirtschaft und wurde 1847 zum Priester geweiht. 1856 begann MENDEL im Garten des Klosters mit seinen systematischen Kreuzungsversuchen an zuvor sorgfältig ausgewählten Erbsensorten. 1865 stellte er seine Ergebnisse erstmals mündlich im Naturforschenden Verein Brünn vor und veröffentlichte sie ein Jahr später. Die Resonanz war gering. Ihre überragende Bedeutung wurde erst im Jahr 1900 erkannt, als die Botaniker DE VRIES, TSCHERMAK und CORRENS unabhängig voneinander die Arbeiten Mendels wiederentdeckten.

GRUNDLAGEN DER VERERBUNG
GENE – PUZZLE DES LEBENS

03 Erklärung des Kreuzungsschemas zur 1. MENDEL'schen Regel

04 Erklärung des Kreuzungsschemas zur 2. MENDEL'schen Regel

ERBGÄNGE · Nach den Versuchen MENDELs kommt ein Merkmal durch das Zusammenwirken zweier Erbanlagen zustande. Diese liegen, wie man heute weiß, auf sich entsprechenden Orten homologer Chromosomen. Ein solcher Ort heißt Gen. Das Gen, das für die Farbe der Erbsenblüte verantwortlich ist, kann in zwei verschiedenen Zuständen vorliegen: Es kann zuständig sein für die Ausprägung der violetten Blütenfarbe oder für die Ausprägung der weißen Blütenfarbe. Eine solche Zustandsform eines Gens bezeichnet man als **Allel**.

Befinden sich in der befruchteten Eizelle, der Zygote, die gleichen Erbanlagen, zum Beispiel die Allele für violette Blüten, so ist die entstehende Erbsenpflanze in Bezug auf die Blütenfarbe reinerbig oder **homozygot**. Treffen dagegen bei der Befruchtung verschiedene Erbanlagen aufeinander, also die Allele für die Ausprägung einer violetten und einer weißen Blüte, ist die entstehende Erbsenpflanze in Bezug auf die Blütenfarbe mischerbig oder **heterozygot**.

MENDEL vermutete, dass die Erbanlagen in den Geschlechtszellen liegen und durch sie von einer Generation auf die nachfolgende Generation übertragen werden. Bei der Bildung der Geschlechtszellen werden die Anlagenpaare getrennt. Somit enthält die Eizelle und Spermienzelle je ein Allel. Welches Allel in der Eizelle oder in der Spermienzelle vorhanden ist, unterliegt dem Zufall. Ebenso ist auch zufällig, welche Spermienzelle welche Eizelle befruchtet.
Die Kenntnis dieser Zusammenhänge reicht aus, um sogenannte Kreuzungs- oder Erbschemata zu formulieren. Diese veranschaulichen den Kreuzungsvorgang und enthalten den Phänotyp, den Genotyp und die betreffenden Geschlechtszellen. Dabei werden dominante Allele, wie das Allel für die violette Blütenfarbe, mit einem Großbuchstaben (A) und rezessive Allele, wie das Allel für die weiße Blütenfarbe, mit dem entsprechenden Kleinbuchstaben (a) gekennzeichnet.

05 Verschiedenfarbige Wunderblumen

INTERMEDIÄRER ERBGANG · Etwa 40 Jahre nach MENDELs Untersuchungen an der Erbsenpflanze führte der deutsche Botaniker Karl CORRENS weitere Kreuzungsversuche durch. Er kreuzte reinerbig rot blühende mit reinerbig weiß blühenden Wunderblumen. Die Nachkommen der P-Generation hatten alle die gleiche Blütenfarbe. Sie waren uniform, wie nach der Uniformitätsregel zu erwarten war. Jedoch blühten alle Wunderblumen weder rot noch weiß, sondern rosa. Die Ausprägung des Merkmals Blütenfarbe liegt demnach phänotypisch zwischen den Elternpflanzen. Deshalb kann keines der Allele dominant sein. CORRENS bezeichnete einen solchen Erbgang als **intermediär**. Im Kreuzungsschema werden solche Allele mit demselben Kleinbuchstaben gekennzeichnet und durch den Zusatz von Zahlen unterschieden.

Bei der Kreuzung der F_1-Generation untereinander treten in der F_2-Generation rot, rosa und weiß blühende Pflanzen im Zahlenverhältnis 1:2:1 auf – und nicht wie nach der Spaltungsregel zu erwarten im Verhältnis 3:1. Das liegt daran, dass die Allele für die Merkmalsausprägung der Blütenfarbe gleich stark sind. Hier lässt sich also immer vom Phänotyp auf den Genotyp schließen. Obwohl CORRENS einen weiteren Erbgang entdeckte, bestätigen die Ergebnisse seiner Kreuzungsversuche die von MENDEL entdeckten Gesetzmäßigkeiten der Vererbung.

06 Kreuzungsschema intermediärer Erbgang

MATERIAL

260

Material A ▸ Kreuzung bei Meerschweinchen

In einem Zuchtverein sollen schwarze Meerschweinchen mit weißen gekreuzt werden. Die Meerschweinchen sind bezogen auf die Fellfarbe reinerbig. Das Allel für Schwarz ist dominant über das Allel für Weiß.

A1 Erstelle Kreuzungsschemata bis zur F_2-Generation!

A2 Nenne das Zahlenverhältnis von Genotypen und Phänotypen in der F_2-Generation!

A3 Erkläre, weshalb man bei einem schwarzen Meerschweinchen nicht eindeutig vom Phänotyp auf den Genotyp schließen kann!

A4 Erstelle ein Glossar von folgenden Begriffen: homozygot, heterozygot, dominant, rezessiv, Gen und Allel!

VERSUCH B ▸ Modellversuch zur Spaltungsregel

Material:
100 Centmünzen, 2 Boxen, Schal

Durchführung:
Verteile mit deinem Banknachbarn die ausliegenden 100 Centmünzen zu gleichen Teilen in zwei Boxen. Einer von euch verbindet mit einem Schal dem anderen die Augen. Dieser holt abwechselnd aus der einen und anderen Box jeweils eine Münze heraus und legt die sich ergebende Kombination von Kopf und Zahl nebeneinander auf den Tisch. Wenn alle Münzen gezogen sind, wird protokolliert. Danach wird der Versuch noch dreimal wiederholt und die Ergebnisse werden addiert.

B1 Zähle die Häufigkeiten der drei entstandenen Kombinationen aus!

B2 Ordne den Kombinationen die Begriffe homo- und heterozygot zu!

B3 Vergleiche dein Ergebnis mit dem Zahlenverhältnis der Genotypen in der F_2-Generation!

B4 Erkläre, weshalb MENDEL viele Kreuzungsversuche durchführen musste, um sichere Aussagen darüber machen zu können, welche Regeln für die Vererbung gelten!

Material C ▶ Ergebnisse der Versuche MENDELs

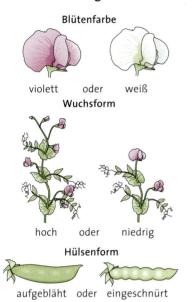

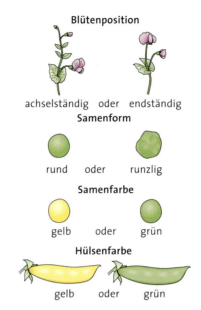

Merkmal	Ausprägung in	
Blütenfarbe	violett 705	weiß 224
Samenfarbe	gelb 6022	grün 2001
Samenform	glatt 5474	runzlig 1860
Hülsenfarbe	grün 428	gelb 152
Hülsenform	aufgebläht 882	eingeschnürt 299
Blütenposition	achselständig 651	endständig 207
Wuchsform	hoch 532	niedrig 174

MENDEL untersuchte die Vererbung von sieben Merkmalen bei Erbsenpflanzen. Dazu kreuzte er jeweils reinerbige Eltern verschiedener Merkmalsausprägungen und zählte die in der F_2-Generation erhaltenen Phänotypen. Die Tabelle zeigt die dabei erhaltenen Ergebnisse.

C1 Berechne für die sechs Versuche jeweils das Zahlenverhältnis! Setze die kleinste Zahl als „1"!

C2 Stelle die erhaltenen Ergebnisse in einer Tabelle zusammen und vergleiche sie!

C3 Begründe, weshalb eine große Anzahl an Individuen ausgezählt werden musste, um die Ergebnisse abzusichern!

C4 Begründe, ob es zulässig ist, die Einzelergebnisse aller sechs Versuche zusammenzufassen!

C5 Fasse zusammen, worin die besondere Leistung MENDELs bestand! Berücksichtige dabei, dass zu Lebzeiten MENDELs weder Chromosomen noch Gene bekannt waren!

Material D ▶ Kreuzung von Hühnern

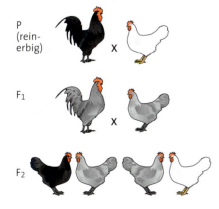

D1 Beschreibe die Phänotypen der Kreuzungsergebnisse bis zur F_2-Generation!

D2 Begründe, ob es sich hierbei um einen dominant-rezessiven oder um einen intermediären Erbgang handelt!

D3 Erstelle Kreuzungsschemata bis zur F_2-Generation! Nenne jeweils auch die Phänotypen!

Ein Tierzüchter möchte möglichst viele graue Hühner besitzen. Um dieses Ziel zu erreichen, kreuzte er die F_1-Generation untereinander.

D4 Beurteile, ob die beschriebene Vorgehensweise sinnvoll war!

GRUNDLAGEN DER VERERBUNG
GENE – PUZZLE DES LEBENS

01 Erbsensamen:
A gelb und glatt,
B gelb und runzlig,
C grün und glatt,
D grün und runzlig

Weitere Vererbungsregeln

> MENDEL betrachtete bei einigen Kreuzungen auch zwei Merkmale seiner Erbsenpflanzen, zum Beispiel Samenfarbe und Samenform. Wie werden die Ausprägungen von zwei Merkmalen vererbt?

DIHYBRIDE KREUZUNGEN · Wenn man Kreuzungsversuche mit reinerbigen Pflanzen durchführt, bei denen lediglich ein Merkmal unterschiedlich ausgeprägt ist, spricht man von **monohybriden Kreuzungen**. Kreuzt man hingegen Pflanzen, die sich in zwei Merkmalen unterscheiden, nennt man die Kreuzung **dihybrid**. MENDEL kreuzte Erbsenpflanzen, die er aus gelben, glatten Samen gezogen hatte, mit solchen aus grünen, runzligen Samen. Aus dieser Kreuzung entstanden nur gelbe, glatte Samen. Die F$_1$-Generation war damit wie bei der monohybriden Kreuzung uniform. Die Erbanlagen für gelb und glatt sind dominant über die Erbanlagen für grün und runzlig. Die Kreuzung der F$_1$-Individuen untereinander brachte jedoch vier Phänotypen hervor: Ein Versuch ergab in der F$_2$-Generation 315 gelb-glatte, 101 gelb-runzlige, 108 grün-runde und 32 grün-runzlige Samen. Es waren also nicht nur Samen des elterlichen Phänotyps entstanden, sondern auch die neuen Kombinationen gelb-runzlig und grün-glatt.

Durch mehrfache Wiederholung dieses Versuches bestätigte MENDEL die Aufspaltung der Nachkommen in der F$_2$-Generation im Verhältnis 9:3:3:1. Aus den Ergebnissen schloss er, dass verschiedene Erbanlagen neu kombiniert und unabhängig voneinander vererbt werden.

griechisch monos = einzig, allein

lateinisch hybrid = Bastard, Mischling

griechisch dis = zweimal, zweifach

---

3. MENDEL'sche Regel:
Neukombinations- oder Unabhängigkeitsregel

Kreuzt man Individuen einer Art, die sich in zwei oder mehr Merkmalen reinerbig unterscheiden, so können in der F$_2$-Generation neue Merkmalskombinationen auftreten. Die Erbanlagen werden unabhängig weitergegeben.

VARIABILITÄT · Eine dihybride Kreuzung kann leicht mithilfe eines Kreuzungsschemas nachvollzogen werden. Darin werden P-Generation, F_1- und F_2-Generation sowie Genotypen, Phänotypen und Geschlechtszellen symbolisch eingetragen. Die F_2-Generation wird am besten in einem Kreuzungsquadrat veranschaulicht. Daraus gehen die grundlegenden Erkenntnisse MENDELs hervor, die mehr noch als die nachträglich formulierten Vererbungsregeln seine wissenschaftliche Bedeutung zeigen:
- Erbanlagen sind selbstständige Einheiten.
- Ein Merkmal wird von einem Erbanlagenpaar bestimmt. Dabei kann eine Anlage dominant über die andere sein.
- Bei der Bildung der Geschlechtszellen werden die Anlagenpaare getrennt.

Bei der Betrachtung des Kreuzungsquadrates in der F_2-Generation fällt auf, dass es neun verschiedene Genotypen und vier verschiedene Phänotypen gibt. Die homozygoten Individuen stehen bei einer systematischen Anordnung der Geschlechtszellen in der Diagonale von links oben nach rechts unten. Sie repräsentieren die vier verschiedenen Phänotypen. In der Diagonale von rechts oben nach links unten finden sich dann die für beide Merkmale heterozygoten Individuen. Außerdem zeigt sich im Kreuzungsquadrat die von MENDEL herausgefundene statistische Verteilung der Nachkommen in der F_2-Generation im Verhältnis 9:3:3:1. Durch die Neukombination von Merkmalsausprägungen entstehen neue Phänotypen. Die Anzahl der Merkmalsvarianten erhöht sich vor allem dann, wenn sich die Eltern in vielen Merkmalen unterscheiden. Neukombination ist somit eine Ursache für genetische Vielfalt. Genetische Vielfalt ist ein Merkmal des Lebens und begründet das Basiskonzept **Variabilität.** Individuelle Unterschiede innerhalb einer Art sind eine wesentliche Voraussetzung für Evolution.

1) Erläutere das Kreuzungsschema in Abbildung 03 zur Neukombinationsregel!

02 Samen in den Hülsen der F_2-Generation

03 Kreuzungsschema zur Neukombinationsregel

GRUNDLAGEN DER VERERBUNG
GENE – PUZZLE DES LEBENS

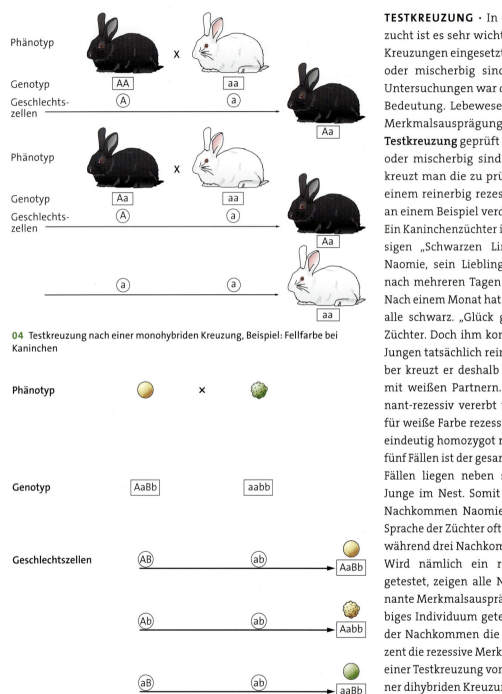

04 Testkreuzung nach einer monohybriden Kreuzung, Beispiel: Fellfarbe bei Kaninchen

05 Testkreuzung nach einer dihybriden Kreuzung, Beispiel: Samenfarbe und Samenform der Erbse

TESTKREUZUNG · In der Pflanzen- und Tierzucht ist es sehr wichtig zu wissen, ob die für Kreuzungen eingesetzten Lebewesen reinerbig oder mischerbig sind. Auch für MENDELs Untersuchungen war dies von entscheidender Bedeutung. Lebewesen mit der dominanten Merkmalsausprägung können mithilfe einer **Testkreuzung** geprüft werden, ob sie reinerbig oder mischerbig sind. Bei diesem Verfahren kreuzt man die zu prüfenden Individuen mit einem reinerbig rezessiven Partner. Dies soll an einem Beispiel verdeutlicht werden:

Ein Kaninchenzüchter ist stolz auf seine reinrassigen „Schwarzen Linzer". Letztes Jahr ist Naomie, sein Lieblingstier, ausgebüxt und nach mehreren Tagen trächtig zurückgekehrt. Nach einem Monat hat sie acht Junge geworfen, alle schwarz. „Glück gehabt", denkt sich der Züchter. Doch ihm kommen Zweifel. „Sind die Jungen tatsächlich reinrassig?" Sicherheitshalber kreuzt er deshalb alle acht Nachkommen mit weißen Partnern. Da die Fellfarbe dominant-rezessiv vererbt wird und die Erbanlage für weiße Farbe rezessiv ist, ist ein weißes Tier eindeutig homozygot rezessiv. Und siehe da: In fünf Fällen ist der gesamte Wurf schwarz, in drei Fällen liegen neben schwarzen auch weiße Junge im Nest. Somit sind nur fünf der acht Nachkommen Naomies reinerbig, was in der Sprache der Züchter oft reinrassig genannt wird, während drei Nachkommen mischerbig sind.

Wird nämlich ein reinerbiges Individuum getestet, zeigen alle Nachkommen die dominante Merkmalsausprägung. Wird ein mischerbiges Individuum getestet, weisen 50 Prozent der Nachkommen die dominante und 50 Prozent die rezessive Merkmalsausprägung auf. Bei einer Testkreuzung von Mischlingen, die aus einer dihybriden Kreuzung hervorgegangen sind, erhält man das Zahlenverhältnis 1:1:1:1.

2 Erläutere das Verfahren der Testkreuzung und erkläre, ob ein Testkreuzungsergebnis mit 27 gelben und drei grünen Erbsensamen eindeutig auswertbar ist!

MATERIAL

Material A ▸ Dihybrider Erbgang bei Rinderrassen

Eine schwarze, gescheckte Rinderrasse wird mit einer braunen, einfarbigen gekreuzt. Die Rassen sind in beiden Merkmalen reinerbig.

Aus der P-Generation gehen in der F₁-Generation nur schwarze, einfarbige Tiere hervor, die dann wieder untereinander gekreuzt werden.

A1 Nenne die Genotypen der Körper- und Geschlechtszellen der P-Generation!

A2 Erstelle Kreuzungsschemata bis zur F₂-Generation! Stelle die Phänotypen im Kombinationsquadrat der F₂-Generation mit einer sinnvollen Symbolik dar! Wähle für die Genotypen A/a und B/b!

A3 Erläutere an diesem Beispiel, wie die genetische Variation durch Züchtung erhöht werden kann!

Material B ▸ Züchtung der Weinrebe

Blütenstand

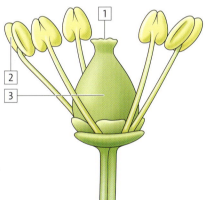

Ein Winzer hat eine süße, aber pilzanfällige Traubensorte und eine pilzresistente Sorte mit bitteren Früchten. Die Allele für bitter und pilzanfällig sind dominant.

B1 Benenne die mit Zahlen gekennzeichneten Blütenbestandteile!

B2 Beschreibe, wie der Winzer vorgehen muss, wenn er eine süße, pilzresistente Traubensorte züchten möchte! Belege dies mit Kreuzungsschemata!

Material C ▸ Trihybrider Erbgang

Kreuzt man Tiere oder Pflanzen miteinander, die sich in drei Merkmalen reinerbig unterscheiden, spricht man von einer trihybriden Kreuzung. In einer groß angelegten Untersuchung wurden reinerbige Schweine mit stehenden Ohren, Ringelschwänzchen und dunklem Fell mit Schweinen gekreuzt, die hängende Ohren, einen ungeringelten Schwanz und rosa Fell hatten. Die Nachkommen in der F₁-Generation hatten alle stehende Ohren, einen ungeringelten Schwanz und ein dunkles Fell.

C1 Erstelle ein Kreuzungsschema bis zur F₂-Generation!

C2 Ermittle die Anzahl der möglichen Phänotypen in der F₂-Generation!

C3 Gib an, in welchem statistischen Zahlenverhältnis die Phänotypen in der F₂-Generation auftreten!

C4 Ermittle die Anzahl der verschiedenen Phänotypen, wenn die Anzahl der untersuchten Merkmale größer wird! Gehe dabei aus von der Anzahl der untersuchten Merkmale n = 1, 2, 3, 4 …!

C5 Erkläre an diesem Beispiel das Basiskonzept Variabilität!

GRUNDLAGEN DER VERERBUNG
GENE – PUZZLE DES LEBENS

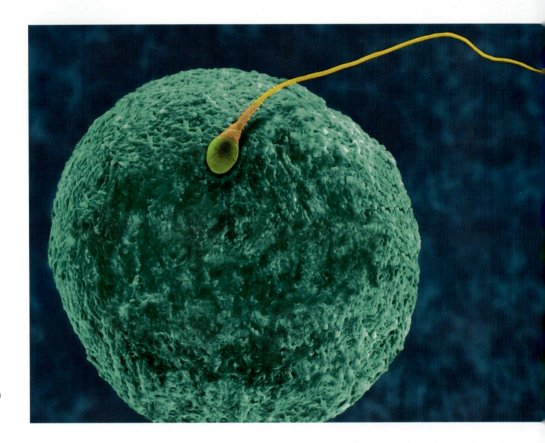

01 Befruchtung einer menschlichen Eizelle durch eine Spermienzelle

Bildung der Geschlechtszellen

Geschlechtszellen sind spezialisierte Zellen, die bei der Befruchtung miteinander verschmelzen. Im Zellkern der so entstandenen Zygote ist nun väterliche und mütterliche Erbsubstanz enthalten. Wie werden diese Geschlechtszellen gebildet?

GESCHLECHTSZELLEN · Die Körperzellen eines Menschen enthalten 46 Chromosomen. Von diesen 46 Chromosomen sind je zwei in Form und Größe gleich, sie sind *homolog*. Es sind also 23 homologe Chromosomenpaare vorhanden. Zellen mit solchen homologen Chromosomenpaaren nennt man *diploid*. Sie haben einen doppelten Chromosomensatz und gehen durch Mitose und Zellteilung aus der Zygote hervor.

Aus einigen Körperzellen entstehen Geschlechtszellen. Jede dieser Geschlechtszellen enthält nur 23 Chromosomen, einen einfachen Chromosomensatz. Demnach muss bei der Bildung der Geschlechtszellen ein Vorgang ablaufen, bei dem die Chromosomenanzahl von 46 auf 23 reduziert wird. Diesen Vorgang nennt man **Meiose**. Er findet in den Hoden des Mannes und im Eierstock der Frau statt.

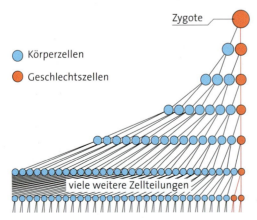

02 Bildung von Körper- und Geschlechtszellen

MEIOSE · Die Bildung der Geschlechtszellen, die Meiose, lässt sich in zwei Teilschritte gliedern, die *erste* und die *zweite Reifeteilung*. Die **erste Reifeteilung** geht von einer diploiden Vorläuferzelle aus. In ihrem Zellkern befinden sich 23 Paare homologer Chromosomen. Während der *Prophase I* werden die verkürzten Zwei-Chromatiden-Chromosomen sichtbar. In der *Metaphase I* ordnen sich alle 23 homologen Chromosomen so in der Äquatorialebene an, dass sie paarweise nebeneinanderliegen. In der folgenden *Anaphase I* werden die homologen Chromosomen mithilfe von Spindelfasern zu entgegengesetzten Zellpolen gezogen. Somit werden die homologen Chromosomen voneinander getrennt. Welches Chromosom eines ursprünglichen homologen Paares zu welchem Zellpol transportiert wird, ist rein zufällig. In der *Telophase I* teilt sich die Zelle. In beiden Tochterzellen liegt nun ein einfacher Chromosomensatz mit 23 Zwei-Chromatiden-Chromosomen vor. Da der doppelte auf den einfachen Chromosomensatz halbiert wird, bezeichnet man die erste Reifeteilung auch als **Reduktionsteilung**.

In der folgenden **zweiten Reifeteilung** werden die 23 Zwei-Chromatiden-Chromosomen in ihre beiden Ein-Chromatid-Chromosomen getrennt. Je eines gelangt zu einem Zellpol. Dieser Vorgang gleicht in seinem Ablauf der Mitose. Auf diese Weise entstehen vier *haploide* Zellen mit Ein-Chromatid-Chromosomen. Beim Mann bilden sich vier gleich große Spermienzellen. Bei der Frau entstehen eine große Eizelle und drei sehr kleine, funktionslose Zellen, die Polkörperchen.

1. Beschreibe die Meiose!
2. Vergleiche Anaphase I und Anaphase II!
3. Erläutere, welche Folgen resultieren würden, wenn bei der Bildung der Geschlechtszellen keine Reduktionsteilung stattfinden würde!

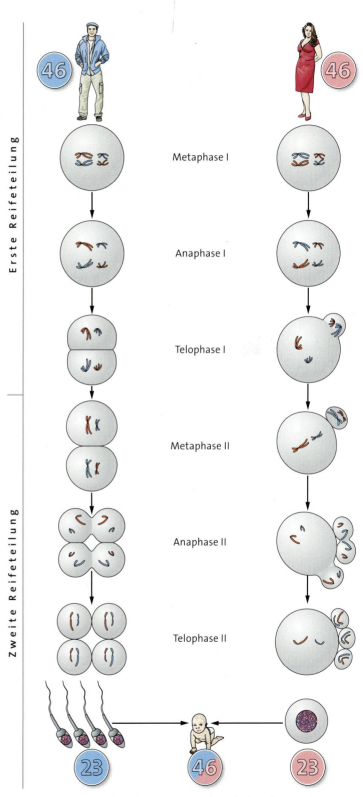

03 Bildung der Geschlechtszellen bei Mann und Frau (Schema)

GRUNDLAGEN DER VERERBUNG
GENE – PUZZLE DES LEBENS

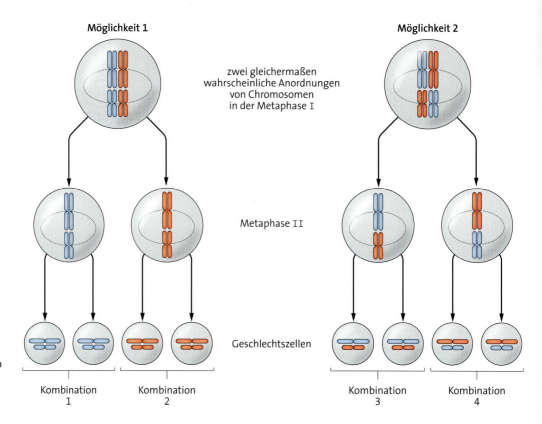

03 Kombinationsmöglichkeiten der Chromosomen in den Geschlechtszellen bei zwei Chromosomenpaaren

NEUKOMBINATION · Obwohl Geschwister dieselben Eltern haben und je 23 Chromosomen von Vater und Mutter erben, sind sie dennoch unterschiedlich. Wie kommen diese Unterschiede zustande?

Während der *Reduktionsteilung* der Meiose trennen sich die homologen Chromosomenpaare voneinander. Die Verteilung auf die Tochterzellen erfolgt dabei zufällig. Für die Anordnung der homologen Chromosomenpaare in der Äquatorialebene und ihre nachfolgende Verteilung auf die Tochterzellen gibt es verschiedene Möglichkeiten. Diese sind alle gleich wahrscheinlich.

Betrachtet man nur n = 2 homologe Chromosomenpaare, so ergeben sich 2^n, also hier 2^2 = 4, Kombinationsmöglichkeiten für die Geschlechtszellen. Tatsächlich sind es beim Menschen 23 Chromosomenpaare, somit ergeben sich 2^{23} Möglichkeiten. Dies bedeutet, dass die Geschlechtszellen mit hoher Wahrscheinlichkeit unterschiedliche Chromosomenkombinationen haben. Bei jeder Befruchtung verschmelzen die Kerne einer Spermienzelle und einer Eizelle mit einer individuellen Kombination an Chromosomen miteinander.

Eine *Neukombination* der Chromosomen erfolgt deshalb außer bei der Bildung der Geschlechtszellen auch noch zusätzlich bei der Befruchtung.

Die biologische Bedeutung der *Meiose* wie auch der Befruchtung ist die Durchmischung der Erbinformation in jeder Generation. Dies führt zu einer großen Vielfalt, der **genetischen Variabilität.** Sie ist der Grund dafür, dass Geschwister trotz gleicher Eltern individuelle Erbinformationen und damit individuelle Merkmale aufweisen. So ist jeder Mensch einzigartig.

4 Nenne die Vorgänge, durch die Chromosomen neu kombiniert werden können!

5 Erläutere die Bedeutung der Meiose im Rahmen des Basiskonzepts *Variabilität*!

MATERIAL

Material A ▸ Vergleich von Mitose und Meiose

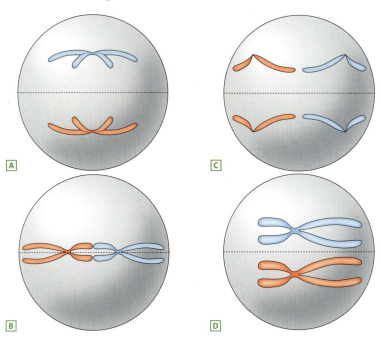

Die Abbildungen A bis D zeigen Zellteilungsstadien der Mitose oder der Meiose. Zur besseren Übersicht ist jeweils nur ein homologes Chromosomenpaar abgebildet.

A1 Ordne alle Stadien der Mitose oder der Meiose zu und nenne den Fachbegriff des jeweiligen Stadiums!

A2 Zeichne jeweils das Teilungsstadium, das auf Abbildung A und C folgt!

A3 Vergleiche Mitose und Meiose tabellarisch! Berücksichtige dabei die Anzahl der Teilungen, die Chromosomenanzahl und die Bedeutung für die Vielfalt!

Material B ▸ Variation

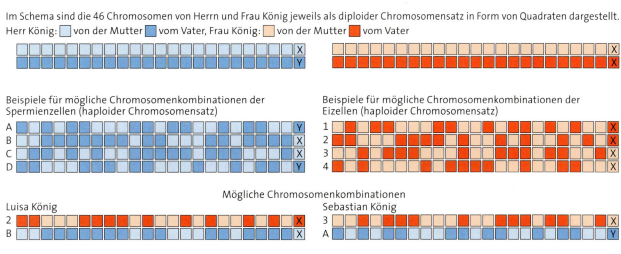

B1 Vergleiche die Chromosomenkombination der Geschwister Luisa und Sebastian König!

B2 Nenne die Chromosomenpaare, die bei Luisa und Sebastian identisch sind!

B3 Zeichne zwei mögliche Chromosomenkombinationen von Sebastians Spermienzellen!

B4 Erkläre, in welchem Stadium der Meiose die möglichen Chromosomensätze in Sebastians Spermienzellen zustande kommen!

B5 Gib an, wie viele Chromosomen bei Luisa und Sebastian von ihrem Großvater väterlicherseits stammen!

GRUNDLAGEN DER VERERBUNG
GENE – PUZZLE DES LEBENS

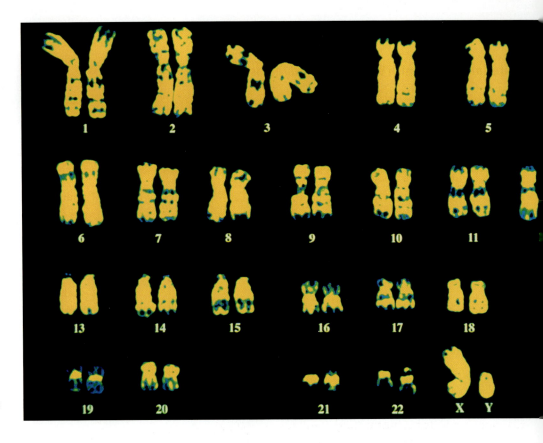

01 Karyogramm des Menschen

Chromosomen – Träger der Erbinformation

griechisch chroma = Farbe

griechisch soma = Körper

In der Mitte des 19. Jahrhunderts wurden in Zellkernen anfärbbare Strukturen entdeckt, die man später Chromosomen nannte. Wie sind Chromosomen gebaut und welche Bedeutung haben sie?

CHROMOSOMENTHEORIE DER VERERBUNG ·
Die Erforschung der Chromosomen führte zu einer immer genaueren Kenntnis ihrer Struktur und ihrer Funktion. Nachdem zu Beginn des 20. Jahrhunderts die von Gregor MENDEL herausgefundenen Gesetzmäßigkeiten der Vererbung wiederentdeckt worden waren, konnte man die Merkmale von Erbanlagen und von Chromosomen miteinander vergleichen. Dabei zeigten sich sehr viele Ähnlichkeiten, was schließlich zur Formulierung der **Chromosomentheorie der Vererbung** führte. Diese besagt, dass die Erbinformation einer Zelle auf den Chromosomen liegt.

Weitere Untersuchungen ergaben, dass Chromosomen aus den Stoffen Protein und **Desoxyribonukleinsäure**, kurz: **DNS** oder englisch **DNA**, bestehen. Erst Mitte der 1940er-Jahre herrschte endgültige Klarheit darüber, dass die Erbinformation in der DNA gespeichert ist.

Erbversuche	Chromosomenforschung
Erbanlagen werden als selbstständige Einheiten weitergegeben.	Chromosomen werden als selbstständige Einheiten weitergegeben.
Erbanlagen sind in Körperzellen paarweise vorhanden.	Chromosomen liegen in Körperzellen paarweise vor.
Bei der Bildung der Geschlechtszellen werden die Anlagenpaare getrennt.	In der Meiose werden die homologen Chromosomen getrennt.
Die Erbanlagen werden zufällig auf die Geschlechtszellen verteilt.	Die Chromosomen werden während der Meiose unabhängig voneinander verteilt.

02 Erbversuche und Chromosomenforschung im Vergleich

BAU DER CHROMOSOMEN · Die in den Chromosomen enthaltene DNA ist ein Riesenmolekül. Man kann sie sich als eine Strickleiter vorstellen, die um eine gedachte zentrale Achse gedreht ist. Aufgrund der schraubenförmigen Struktur der „Strickleiter" spricht man auch von **Doppelhelix**. Die dünne, fadenförmige DNA ist vielfach gewunden und zusätzlich um Proteinmoleküle gewickelt. So entsteht ein stabiler Komplex, den man auch **Chromatinfaden** nennt. Die meiste Zeit liegt das Chromosom in dieser Form im Zellkern vor. Vor der Zellteilung verdoppelt sich die DNA und die Chromatinfäden verkürzen und verdicken sich. Dann wird das Chromosom als Zwei-Chromatiden-Chromosom unter dem Mikroskop sichtbar.

Wie alle Riesenmoleküle besteht DNA aus wiederkehrenden Bausteinen. Diese Bausteine heißen im Falle der DNA *Nukleotide*. Nukleotide sind ihrerseits aus einem *Phosphorsäurerest*, dem Zucker *Desoxyribose* und einer Base zusammengesetzt. Da die vier Basen *Adenin*, *Guanin*, *Thymin* und *Cytosin* vorkommen können, gibt es vier verschiedene Nukleotide.

In der Vorstellung des Strickleitermodells der DNA bilden die Phosphorsäurereste und die Desoxyribose die Holme. Die Sprossen bestehen aus zwei Basen. Sie sind über die Desoxyribose mit den Holmen verbunden. Dabei passen nur Adenin und Thymin beziehungsweise Guanin und Cytosin genau zueinander. Man sagt, diese Basen sind **komplementär** zueinander. Sie bilden jeweils Basenpaare. Im Molekül sind sie über Wasserstoffbrückenbindungen miteinander verbunden.

Die Abfolge der Basenpaare in der DNA, die sogenannte **Basensequenz**, variiert vielfältig. Diese Beobachtung legt die Vermutung nahe, dass in dieser Basensequenz die Erbinformation gespeichert ist.

1) Beschreibe den Bau eines Chromosoms!

2) Beschreibe den Bau der DNA!

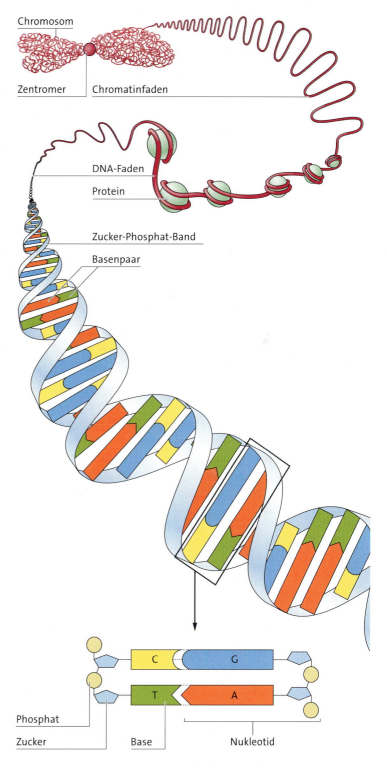

A: Adenin   C: Cytosin   T: Thymin   G: Guanin

03 Feinbau eines Chromosoms

GRUNDLAGEN DER VERERBUNG
GENE – PUZZLE DES LEBENS

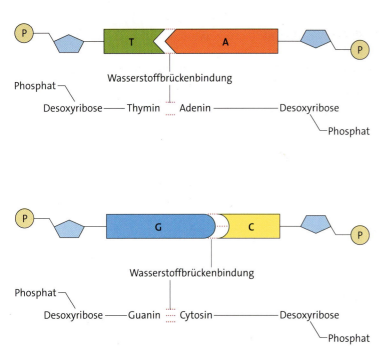

04 Wasserstoffbrückenbindungen zwischen Nukleotiden

05 Identische Verdopplung der DNA

VERDOPPLUNG DER DNA · Jede Körperzelle des Menschen enthält die vollständige Erbinformation. Sie liegt in insgesamt 46 Chromosomen vor. Bevor sich eine Zelle in der *Mitose* teilt, muss die DNA aller 46 Chromosomen verdoppelt und danach auf die neuen Zellen verteilt werden.

Der Verdopplungsvorgang beginnt mit dem Entwinden der Doppelhelix. Dann trennt sich die Strickleiter in zwei Einzelstränge, indem die Wasserstoffbrückenbindungen zwischen den Basen der jeweiligen Basenpaare aufbrechen. Dies ist relativ leicht möglich, weil die Bindungsenergie der Wasserstoffbrückenbindung klein ist.

An die freien Basen beider Einzelstränge lagern sich nun Nukleotide mit den jeweils komplementären Basen an, sodass wieder Basenpaare entstehen. Die angelagerten Nukleotide werden dann miteinander verknüpft und so der Holm verlängert. Aus den beiden Einzelsträngen entstehen zwei neue Doppelstränge. Jeder Doppelstrang enthält damit einen alten und einen neuen Einzelstrang, wobei der alte als Kopiervorlage diente. Dadurch kommen zwei identische DNA-Moleküle zustande. Somit findet eine identische Verdopplung oder **identische Replikation** statt. Da alle 46 Chromosomen identisch repliziert werden, erhalten bei der Zellteilung beide Tochterzellen die vollständige Erbinformation. Nur bei fehlerfreier Replikation entstehen zwei identische DNA-Moleküle. Fehlerhafte Basenpaarungen werden bei der Replikation erkannt und behoben. Dennoch bleiben ab und zu Fehler unerkannt. Bei einer Milliarde angelagerter Nukleotide bleibt im Durchschnitt eine Basenpaarung falsch. Fehler bei der Replikation sind eine der Ursachen für dauerhafte Veränderungen der Erbinformation, für **Mutationen**.

lateinisch mutare = ändern

3) Stelle die Vorgänge bei der Replikation als Flussdiagramm dar!

MATERIAL

Material A ▸ Bau der DNA

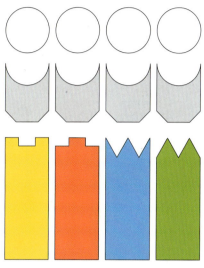

Symbole der Einzelbausteine der DNA

In der Abbildung sind Symbole vorgeschlagen, mit denen sich das Modell eines DNA-Moleküls zeichnen lässt.

A1 Erstelle eine Legende in deinem Heft, in der du die Symbole den Einzelbausteinen der DNA zuordnest!

A2 Zeichne ein Nukleotid in dein Heft! Verwende hierfür die in der Abbildung angegebenen Symbole!

A3 Zeichne einen DNA-Einzelstrang aus sieben Nukleotiden!

A4 Ergänze zeichnerisch den Einzelstrang zu einem Doppelstrang!

A5 Vergleiche die Basenabfolge deines DNA-Moleküls mit der Zeichnung deiner Mitschüler! Erkläre, welche Bedeutung die unterschiedlichen Basenabfolgen für die Erbinformation haben!

A6 Erläutere das Baumerkmal der DNA, welches für die identische Verdopplung von großer Bedeutung ist!

Material B ▸ Basenzusammensetzung der DNA

Organismus	Adenin	Thymin	Guanin	Cytosin
Mensch	31%	31%	19%	19%
Schaf	30%			
Seeigel		33%		
Weizen			23%	
Hefe				19%
E. coli (Bakterium)	24%			

Die Tabelle zeigt den jeweils prozentualen Anteil einer Base in der DNA für verschiedene Lebewesen.

B1 Ergänze die freien Stellen in der Tabelle!

B2 Vergleiche die Anteile der verschiedenen Basen der DNA des Menschen!

B2 Vergleiche die Basenzusammensetzung des Menschen mit der des Weizens und der Hefe!

B4 Interpretiere die Daten der Tabelle im Hinblick auf den Bau der DNA!

Material C ▸ Wasserstoffbrückenbindungen

① -T-A-C-C-G-G-C-A-T-C-G-G-

② -A-A-T-C-T-T-T-A-T-T-G-T-

In der Abbildung sind die Basenfolgen von Ausschnitten aus zwei Einzelsträngen der DNA dargestellt. Wasserstoffbrückenbindungen lassen sich durch Erwärmen lösen.

C1 Übernimm die Einzelstränge in dein Heft und ergänze sie zu Doppelsträngen!

C2 Begründe, welcher der beiden Doppelstränge sich bei Erwärmung leichter in Einzelstränge trennen lässt! Nimm dazu Abbildung 04 auf Seite 272 zu Hilfe!

GRUNDLAGEN DER VERERBUNG
GENE – PUZZLE DES LEBENS

01 Jugendliche mit verschiedenen Merkmalen

Vom Gen zum Merkmal

Die Gesichter der jungen Menschen unterscheiden sich. Jedes Gesicht hat individuelle Merkmalsausprägungen. Die Information dafür ist in den Genen auf den Chromosomen im Zellkern gespeichert. Wie wird die Erbinformation in die Merkmale umgesetzt?

MERKMALE · In der Erbinformation der DNA ist keine direkte Anweisung enthalten, wie Merkmale, also zum Beispiel Haut- oder Haarfarbe der jeweiligen Personen, beschaffen sein sollen. Das wäre auch gar nicht möglich, weil die Gesichtsstrukturen oder andere Merkmale aus vielen verschiedenen Stoffen aufgebaut und äußerst vielfältig sind. Vielmehr enthält die DNA in verschlüsselter Form ein Rezept für die Herstellung von **Proteinen.**
Diese Proteine stehen also zwischen den Genen und der Ausprägung der zugehörigen Merkmale. Somit müssen zwei Fragen beantwortet werden: Wie werden die Proteine in Abhängigkeit der DNA gebildet und was bewirken sie?

PROTEINE · Alle Lebewesen besitzen viele verschiedene Proteine. Zum Beispiel sind Haare oder Fingernägel aus Proteinen aufgebaut. Die Zellmembran aller Zellen enthält Proteine. Auf der Zellmembran können sich Proteine befinden, an die Hormone andocken können. In den Zellen findet man Proteine, zum Beispiel für den Transport von Sauerstoff. Die für die Ausprägung genetischer Information wichtigen Proteine sind die **Enzymproteine,** die Stoffwechselprozesse katalysieren.

Bausteine der Proteine sind Aminosäuren. Beim Menschen sind 20 verschiedene Aminosäuren am Bau der Proteine beteiligt. Proteine bestehen aus Ketten von Aminosäuren, die linear miteinander verknüpft sind. Die Unterschiede in ihrer Struktur kommen durch die *Art* und die *Anzahl* der am Bau beteiligten Aminosäuremoleküle sowie durch ihre *Abfolge* in der Kette zustande, der sogenannten **Aminosäuresequenz.**

Da sich bestimmte Aminosäuren innerhalb der linearen Aminosäureketten zusätzlich untereinander verbinden können, sind die Proteine nicht fadenförmig, sondern haben eine **räumliche Gestalt**. Die Form hängt davon ab, welche Position die Aminosäuren, die miteinander eine Bindung eingehen, in der Kette haben. Reagieren zum Beispiel Aminosäure A und B miteinander und stehen diese in einem Fall an Position 7 und 12 und im anderen Fall an Position 7 und 22, so entstehen Schleifen, die unterschiedlich groß sind. Deshalb hat die *Aminosäuresequenz* entscheidende Auswirkung auf die *Form* des jeweiligen Proteins.

VON DER DNA ZUM PROTEIN · Wenn Proteine Vermittler zwischen der genetischen Information und den Merkmalsausprägungen sind, muss die in der DNA gespeicherte Information an die Proteine weitergegeben werden können. Da die Erbinformation in der *Basensequenz* der DNA gespeichert ist, liegt die Vermutung nahe, dass es einen Vorgang gibt, bei dem die Basensequenz der DNA in die *Aminosäuresequenz* der Proteine übertragen wird. Dieser Vorgang läuft tatsächlich ab und wird **Proteinbiosynthese** genannt.

Ein Stück DNA besteht aus einer charakteristischen Abfolge der vier Basen Adenin, Guanin, Thymin und Cytosin. Ein Proteinmolekül hingegen besteht aus einer bestimmten Abfolge von 20 Aminosäuremolekülen. Somit sind für die Festlegung einer Aminosäure mehrere Basen erforderlich. Der Zuordnungsschlüssel wird **genetischer Code** genannt.
Auch andere verschlüsselte Informationen kann man erst lesen, wenn man die entsprechenden Zuordnungen kennt. So steht in der Blindenschrift für einen Buchstaben eine Kombination aus einem bis sechs Punkten und der QR-Code wird von einem Programm in Information übersetzt.
Beim genetischen Code repräsentiert die Abfolge von drei Basen der DNA, ein **Basen-**

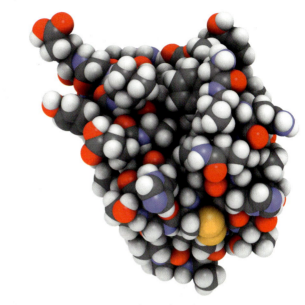

02 Räumliche Gestalt von Insulin (Modell)

03 Blindenschrift: **A** Original, **B** Symbolik

triplett, je eine Aminosäure. Da vier Basen in der DNA vorkommen, sind insgesamt $4^3 = 64$ Basentripletts möglich. Für die Proteinbiosynthese werden aber nur 20 gebraucht. Das bedeutet, dass es für einige Aminosäuren mehrere Basentripletts gibt.

04 QR-Code

1 ⌋ Skizziere aus den fünf Buchstaben A, B, C, D und E eine beliebige, zehn Einheiten lange Folge und vergleiche mit deinen Nachbarn!

2 ⌋ Begründe, weshalb es außerordentlich viele unterschiedliche Proteine gibt!

GRUNDLAGEN DER VERERBUNG
GENE – PUZZLE DES LEBENS

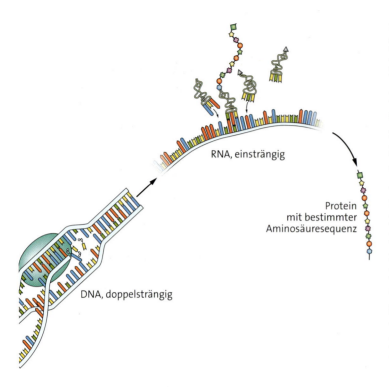

05 Proteinbiosynthese, stark vereinfacht

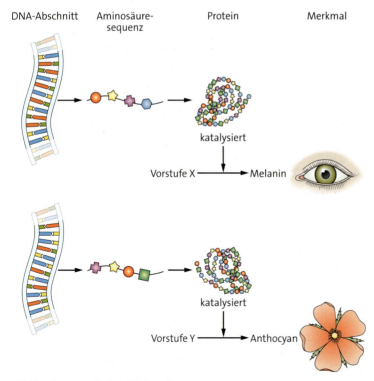

06 Vom Gen zum Merkmal (Schema)

PROTEINBIOSYNTHESE · Die Herstellung von Proteinen auf Grundlage der DNA ist ein komplexer Vorgang, der hier nur stark vereinfacht beschrieben wird:

Die Proteinbiosynthese findet im Zellplasma der Zelle statt. Daher wird die Information der im Zellkern befindlichen DNA zunächst in das Zellplasma gebracht. Dies geschieht mithilfe des Stoffes **RNA**. RNA-Moleküle ähneln DNA-Molekülen. Sie bestehen jedoch nur aus einem Strang. Die Basensequenz einer RNA ist die Kopie der Basensequenz eines Abschnittes der DNA. Die RNA gelangt durch Poren der Kernmembran ins Zellplasma und leitet dort die Bildung eines Proteins ein. Dabei steht entsprechend dem genetischen Code *ein Basentriplett* für *eine bestimmte Aminosäure*. Auf diese Weise wird die in der DNA-Basensequenz enthaltene Information für die Bildung eines Proteins mit bestimmter Aminosäuresequenz umgesetzt.

VOM PROTEIN ZUM MERKMAL · Viele der in der Proteinbiosynthese hergestellten Proteine wirken als *Enzyme*. Enzyme sind biologische Katalysatoren, die bestimmte Stoffwechselreaktionen ermöglichen. Ihre Wirkung beruht auf ihrer charakteristischen räumlichen Gestalt, die wiederum Folge ihrer spezifischen Aminosäuresequenz ist. Beispielsweise sorgt ein bestimmtes Enzym dafür, dass der dunkle Körperfarbstoff Melanin aus einer Vorstufe gebildet wird. Ein anders geformtes Enzym sorgt dafür, dass ein brauner Farbstoff in die Regenbogenhaut der Augen eingelagert wird. Ein weiteres katalysiert Reaktionen, die zu einer doppelten Augenlidfalte führen, und so weiter. Somit entscheidet die Anwesenheit oder Abwesenheit eines intakten Enzyms darüber, ob ein bestimmtes Merkmal gebildet wird oder nicht. Die Bildung eines Merkmals erfolgt also, indem zunächst ein DNA-Abschnitt abgelesen und dann in ein Protein übersetzt wird. Das Protein fungiert als Enzym für eine bestimmte Stoffwechselreaktion, die zu einem Produkt führt, welches das Merkmal ausmacht.

MATERIAL

Material A ▶ Das genetische Alphabet

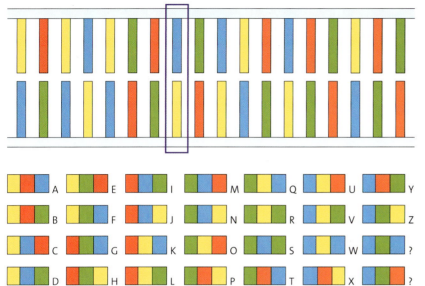

Die vier unterschiedlich farbigen Säulen im DNA-Modell repräsentieren die vier Basen. Die Codierung durch Tripletts lässt sich modellhaft auch auf die Buchstabenschrift anwenden.

A1 Übersetze die verschlüsselte Information! Beginne mit den ersten drei Basen des unteren Strangs!

A2 Stelle Vermutungen an, welche Information die mit „?" versehenen Tripletts besitzen!

A3 Beschreibe die Folgen, wenn der lila gekennzeichnete Teil in der Information verloren geht! Übersetze auch die neue Information!

A4 Nenne die Strukturen, die bei der Proteinbiosynthese den Buchstaben und dem ganzen Wort entsprechen!

Material B ▶ Polygenie

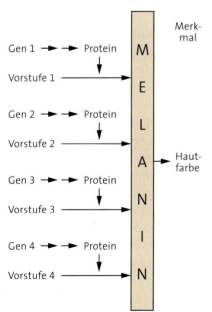

Viele Merkmale werden nicht durch ein einziges, sondern durch mehrere Gene bestimmt. Dazu gehört auch die Hautfarbe, deren Bildung auf Seite 276 vereinfacht dargestellt wurde. Tatsächlich legen insgesamt vier Gene mit je zwei Allelen den genetischen Anteil der Hautfarbe fest. Dabei tragen die dominanten Allele A, B, C und D jeweils den gleichen Beitrag zur Bildung des Hautfarbstoffes Melanin bei. Die rezessiven Allele a, b, c und d leisten keinen Beitrag zur Hautfärbung.

B1 Beschreibe den Weg vom Allel A zum Merkmal Hautfärbung!

B2 Erkläre, bei welchem Genotyp es zur Ausprägung einer helleren Haut und bei welchem Genotyp es zur Ausprägung einer dunkleren Haut kommt!

B3 Gib begründet an, welche Hautfarbe eine Person mit dem Genotyp Aa, Bb, Cc und Dd besitzt!

B4 Erläutere, ob ein Paar, das selbst eine mittelbraune Hautfarbe hat, ein Kind mit deutlich dunklerer Hautfarbe bekommen kann!

B5 Erkläre, weshalb ein Mann mit dunkler Hautfarbe und eine Frau mit heller Hautfarbe in den meisten Fällen Kinder mit mittlerer Hautfarbe haben!

B6 Begründe, weshalb die Hautfarbe durch das Wirken mehrerer Allelpaare differenzierter ausgeprägt werden kann, als wenn nur ein Allelpaar beteiligt wäre!

GRUNDLAGEN DER VERERBUNG
GENE – PUZZLE DES LEBENS

01 Löwenzahn:
A im Gebirge,
B im Tiefland

Modifikation

Die Abbildung zeigt die Wuchsformen von zwei Löwenzahnpflanzen, die jeweils aus einer halbierten Pflanze heranwuchsen. Wie kommen diese Unterschiede zustande?

lateinisch modificare
= umformen, (richtig)
abmessen

UNTERSCHIEDE IM PHÄNOTYP · Halbiert man eine Löwenzahnpflanze und pflanzt eine Hälfte im Gebirge und die andere auf Meereshöhe ein, so zeigen beide Pflanzen schon bald eine sehr unterschiedliche Form. Trotz genetischer Gleichheit entwickelt die Tieflandpflanze lange Stängel und Blätter und eine kurze Pfahlwurzel. Demgegenüber sind Blätter und Stängel der im Bergland eingepflanzten Pflanze kurz, während die Pfahlwurzel recht dick und lang ist. Offenbar beeinflussen klimatische Bedingungen, Bodenbeschaffenheit oder Mineralstoffangebot die Wuchsform des Löwenzahns erheblich.

Ähnliche Beobachtungen kann man beim Anbau von Kulturpflanzen wie Weizen oder Kartoffeln machen. Auch hierbei hängt der Ertrag nicht nur von der genetischen Ausstattung des Saatgutes ab, sondern in hohem Maße von der Bodenbeschaffenheit, dem Mineralstoffangebot oder dem Klima. Solche umweltbedingten, nicht erblichen Variationen des Erscheinungsbildes nennt man **Modifikationen**.

Der Bräunungsgrad der Haut infolge von Sonneneinstrahlung ist ebenfalls als Modifikation aufzufassen. Gleiches gilt für die Körpergröße, die in Grenzen von der Ernährung abhängt. Schließlich sind die Unterschiede in der Muskulatur eines Bodybuilders und einer nicht Sport betreibenden Person offenkundig.

In diesen Fällen ist also der Phänotyp nicht hundertprozentig vom Genotyp festgelegt: Vererbt werden die Grenzen, innerhalb derer die jeweiligen Merkmalsausprägungen schwanken können. Die Spanne innerhalb dieser Grenzen heißt *Reaktionsbreite* oder *Reaktionsnorm*.

Es gibt allerdings auch Merkmale, die eng durch den Genotyp bestimmt sind. Dazu gehören die Augenfarbe und das Muster des Fingerabdrucks.

FLIESSENDE MODIFIKATIONEN · Eine Pantoffeltierchenpopulation in einem Aquarium, die durch Zellteilung aus einem Individuum hervorgegangen ist, ist erbgleich. Trotz des gleichen Genotyps stellte man bei Messungen der Zellgrößen fest, dass die Zelllänge zwischen 136 und 200 Mikrometern variierte. Solche kontinuierlichen umweltbedingten Änderungen nennt man **fließende Modifikationen**. Das Ergebnis lässt sich so erklären: Im Aquarium gibt es an verschiedenen Stellen Unterschiede im Sauerstoffgehalt, im pH-Wert oder bei Licht- und Nahrungsverhältnissen. Die kleineren Pantoffeltierchen waren vorwiegend den ungünstigen Bedingungen ausgesetzt, die größeren den eher günstigen. Da die meisten Tiere jedoch gleichermaßen günstige wie ungünstige Bedingungen hatten, wiesen sie eine durchschnittliche Größe auf.

Offenbar ist beim Pantoffeltierchen eine Größe zwischen 136 und 200 Mikrometer genetisch festgelegt. Dieser Bereich ist die Reaktionsnorm. Zieht man nun aus dem kleinsten sowie dem größten Individuum jeweils eine neue Population heran, so sind die Nachkommen der beiden, unabhängig von der Größe des Ausgangstierchens, ebenfalls zwischen 136 und 200 Mikrometer groß. Dies zeigt, dass Modifikationen nicht erblich sind.

UMSCHLAGENDE MODIFIKATIONEN · Neben den fließenden Modifikationen gibt es auch **umschlagende Modifikationen**. Bei diesen tritt eine Merkmalsausprägung entweder auf oder nicht. Beispielsweise blüht die Chinesische Primel unterhalb von 30 Grad Celsius rot und darüber weiß. Das sogenannte Russenkaninchen hat ein weißes Fell, nur Ohren, Nasenspitze, Beine und Schwanz sind schwarz. Rasiert man eine Stelle aus dem weißen Fell und hält diese Stelle kalt, so wachsen hier schwarze Haare nach. Höhere Temperaturen verhindern im einen Fall die Bildung des roten Blütenfarbstoffes und im anderen die des schwarzen Haarfarbstoffes.

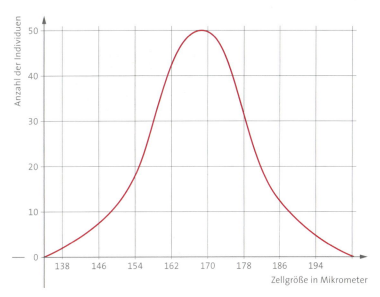

02 Zelllänge einer Pantoffeltierchenpopulation

1) Erläutere den Begriff Modifikation an folgenden Beispielen:
- Die Schlupfwespe *Habrobracon juglandis* ist umso dunkler, je kälter es ist.
- Bienenkönigin und Arbeiterinnen entwickeln sich aus genetisch gleichen Zygoten.
- Das Hermelin, eine Marderart, trägt im Winter ein weißes Fell.
- Im Frühjahr schlüpfen beim Tagfalter Landkärtchen aus den Puppen helle rotbraune Falter. Im Sommer entsteht die dunklere schwarz-weiß gefärbte Sommerform.

03 Russenkaninchen

GRUNDLAGEN DER VERERBUNG
GENETISCHE FAMILIENBERATUNG

01 An Mukoviszidose erkrankte Mädchen

Genmutationen und ihre Folgen

Die beiden an Mukoviszidose erkrankten Mädchen müssen mehrmals am Tag inhalieren und andere Therapiemaßnahmen ergreifen. Weshalb können damit nur die Krankheitssymptome gelindert, die Krankheit selbst jedoch nicht geheilt werden?

lateinisch mucus = Schleim

lateinisch viscidus = zähflüssig

MUKOVISZIDOSE · Eine der häufigsten angeborenen Stoffwechselkrankheiten in Europa ist die Mukoviszidose. Etwa eins von 2000 Neugeborenen ist davon betroffen. Bei dieser Krankheit bildet sich zäher Schleim. Er entsteht im Schleimhautgewebe vieler Organe, wie in der Lunge, im Darm, in der Bauchspeicheldrüse und in den Geschlechtsorganen. Es kommt zu Verstopfungen der Drüsenzellen. Quälender Husten, Atemnot, schwere Lungenentzündungen und Verdauungsstörungen sind die Folgen. Wenn die Spermienleiter verstopfen, sind die männlichen Patienten zeugungsunfähig. Da bei der Mukoviszidose gleich mehrere Organe geschädigt werden, sind die Therapiemaßnahmen vielfältig. Zum Aufweichen des zähen und klebrigen Schleims in der Lunge müssen die Patienten mehrfach am Tag Kochsalzlösung inhalieren. Dadurch kann der Schleim zumindest teilweise abgehustet werden. Tägliche Einnahme von Antibiotika verringert das Risiko von Lungeninfektionen. Eine besondere Ernährung gleicht Mangelerscheinungen aus, die durch Verdauungsstörungen hervorgerufen werden.

Die Krankheit wurde und wird intensiv erforscht. Dadurch verbesserten sich die Therapiemaßnahmen, sodass die Lebenserwartung der Patienten in den letzten Jahrzehnten deutlich erhöht werden konnte. Sie liegt heute bei mehr als 40 Jahren.

Die Ursache für die Erkrankung beruht auf einer Veränderung der DNA, einer **Mutation**. Betroffen ist das siebte *Autosom*. Solche durch *Mutationen* hervorgerufene Krankheiten sind bislang noch nicht heilbar.

GENMUTATION · Man kennt heute viele Mutationen, die zu unterschiedlich schweren Formen der Mukoviszidose führen. Am häufigsten ist der Verlust von drei aufeinanderfolgenden Basen in dem Gen, das für die Bildung eines Transportproteins in der Zellmembran von Schleimhautzellen verantwortlich ist. Die Veränderung der Basensequenz eines Gens nennt man **Genmutation**.
Das fehlende Basentriplett in der DNA hat zur Folge, dass in dem Protein eine Aminosäure fehlt. Diese kleine Strukturänderung im Protein beeinträchtigt seine Funktion so sehr, dass nicht ausreichend Wasser aus den Zellen austreten kann. Folge ist die Bildung von zähflüssigem Schleim, der sich über die Schleimhäute legt und dadurch zum Beispiel in der Lunge die Atmung stark beeinträchtigt.

VERERBUNGSTYP · Tritt eine Mutation in den Geschlechtszellen auf, die zur Befruchtung gelangen, so wird die Mutation vererbt: Alle Körperzellen sind dann genetisch verändert. Führt dies zu einem erkennbaren Defekt beim Phänotyp, so spricht man von **genetisch bedingter Krankheit**. Wenn Menschen bezüglich des Mukoviszidose-Gens heterozygot sind, bricht die Krankheit nicht aus. Das unveränderte Allel erzeugt ein intaktes Transportprotein und es kann genügend Wasser durch die Zellmembran austreten. Mukoviszidose tritt nur dann auf, wenn beide Allele mutiert sind, also bei homozygotem Genotyp. Der Erbgang dieser Krankheit ist somit **autosomal-rezessiv**. Bei phänotypisch gesunden heterozygoten Eltern liegt das Erkrankungsrisiko ihrer Kinder bei 25 Prozent.

Um herauszufinden, ob jemand heterozygot veranlagt ist, kann man den Salzgehalt seines Schweißes testen. Die Zellen der Schweißdrüsen haben dann teils intakte und teils funktionslose Transportproteine. Daraus ergibt sich, dass die ausgeschwitzte Flüssigkeit bei heterozygoten Personen salzhaltiger ist als bei homozygot Gesunden.

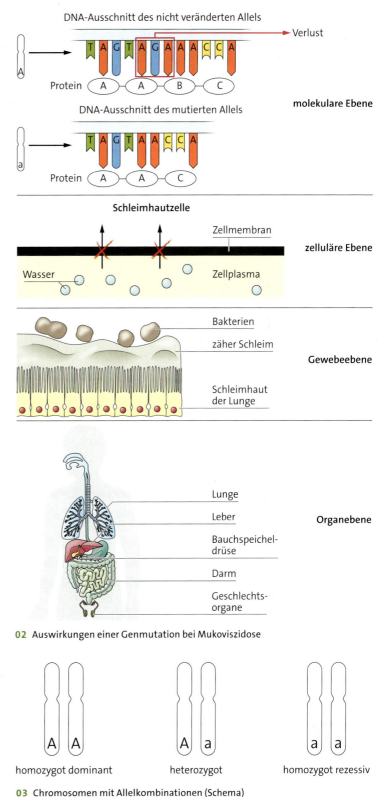

02 Auswirkungen einer Genmutation bei Mukoviszidose

03 Chromosomen mit Allelkombinationen (Schema)

GRUNDLAGEN DER VERERBUNG
GENETISCHE FAMILIENBERATUNG

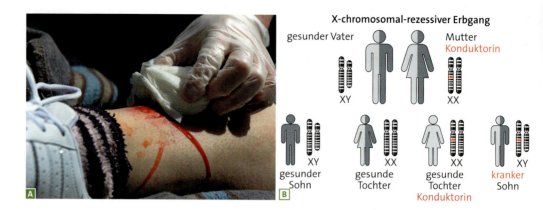

04 Hämophilie:
A starke Blutung,
B Erbgang

lateinisch mutare = ändern

lateinisch genere = erzeugen

BLUTERKRANKHEIT · Wenn sich ein gesunder Mensch verletzt, hört die Blutung nach kurzer Zeit von selbst auf, weil die verletzten Stellen in den Blutgefäßen verschlossen werden. Bei diesem Vorgang lassen im Blut gelöste *Gerinnungsfaktoren* Blutplättchen miteinander verkleben und es entstehen Blutgerinnsel.

Bei Bluterkranken hingegen verläuft die Blutgerinnung erheblich verlangsamt ab. Ursache für die häufigsten Formen der Bluterkrankheit, die auch *Hämophilie* genannt wird, sind Mutationen in den Genen für bestimmte Gerinnungsfaktoren. Sie führen dazu, dass diese Faktoren nicht gebildet werden oder weniger aktiv sind. Deshalb verlieren Betroffene selbst nach kleinen Verletzungen oft sehr viel Blut, weil die Blutungen tagelang andauern können. Weltweit sind über 400 000 Menschen an der Bluterkrankheit erkrankt. Sie kann derzeit noch nicht geheilt werden. Allerdings stehen mit Gerinnungsfaktoren, die aus Blutplasma gewonnen werden, wirksame Medikamente zur Verfügung, die den Betroffenen ein weitgehend normales Leben ermöglichen.

VERERBUNGSTYP · Von der Hämophilie sind vorwiegend Männer betroffen. Das liegt daran, dass sich das mutierte Gen auf dem X-Chromosom befindet. Die Krankheit tritt nur dann auf, wenn beide X-Chromosomen mutiert sind. Der Erbgang ist also **gonosomal-rezessiv**. Eine Tochter erhält von ihrer Mutter und ihrem Vater jeweils ein X-Chromosom. Ein Sohn erhält von der Mutter ein X- und vom Vater ein Y-Chromosom. Da der Sohn kein zweites X-Chromosom besitzt, prägt sich ein mutiertes X-Chromosom bei ihm immer aus. Bei der Tochter verhindert ein nicht mutiertes Gen auf dem zweiten X-Chromosom die Krankheit. Frauen mit einem mutierten X-Chromosom sind selbst nicht bluterkrank. Sie können aber die Krankheit übertragen. Daher werden sie als Überträgerinnen oder *Konduktorinnen* bezeichnet.

MUTAGENE · Physikalische und chemische Einflussfaktoren, die **Mutagene**, können die Häufigkeit von Genmutationen beeinflussen. UV-Strahlung, radioaktive Strahlung sowie Tabakrauch, Formalin und andere chemische Stoffe erhöhen die Mutationshäufigkeit. Unter ihrem Einfluss können sich auch Zellen bilden, die unkontrolliert wachsen und sich teilen, die *Krebszellen*. Es kann nicht vorhergesagt werden, welches Gen wie verändert wird.

Viele Schäden der DNA können durch ein DNA-Reparatursystem behoben werden. Der Anteil der Neumutationen in einer bestimmten Zeit, die *Mutationsrate*, ist daher sehr gering.

1) Erläutere den Begriff Genmutation!

2) Erläutere die Auswirkungen der Mukoviszidose auf den Organismus!

3) Beschreibe die Besonderheiten eines gonosomal-rezessiven Erbganges!

MATERIAL

Material A ▶ Genmutationen

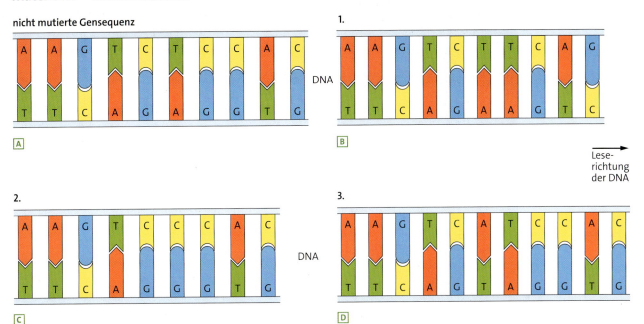

In der Abbildung sind schematisch eine nicht mutierte und drei mutierte DNA-Sequenzen dargestellt.

A1 Gib die einzelnen Schritte vom Gen zum Merkmal an!

A2 Beschreibe, was jeweils bei den drei Mutationen passiert ist!

A3 Erläutere mögliche Folgen der Mutationen für die Aminosäuresequenzen der herzustellenden Proteine!

Material B ▶ Blutgerinnung

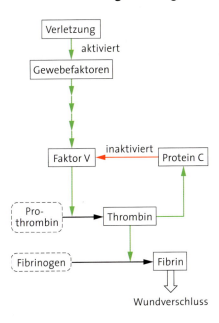

Die Blutgerinnung ist ein sehr komplexer Vorgang, der hier nur stark vereinfacht wiedergegeben ist: Nach einer Verletzung werden zunächst bestimmte Stoffe freigesetzt, die man Gewebefaktoren nennt. Diese lösen eine Reaktionskette aus, an deren Ende die Bildung des fadenförmigen Fibrins aus der gelösten Vorstufe Fibrinogen steht. An der Reaktionskette sind insgesamt 13 verschiedene Faktoren beteiligt, die nacheinander aktiviert werden. Das letztlich entstandene Fibrin zieht die Wunde zusammen und in ihm bleiben Blutzellen haften. Dadurch entsteht ein Pfropf, der die Wunde verschließt.

B1 Beschreibe den Ablauf der Blutgerinnung!

B2 Erkläre, welche Folgen auftreten, wenn ein Gerinnungsfaktor nicht oder nur unzureichend gebildet wird!

B3 Stelle eine Vermutung an, weshalb es verschiedene genetisch bedingte Bluterkrankheiten gibt!

B4 Erkläre, welche Bedeutung die Inaktivierung von Faktor V durch das vom Thrombin aktivierte Protein C hat!

B5 Erläutere die doppelte Funktion von Thrombin!

GRUNDLAGEN DER VERERBUNG
GENETISCHE FAMILIENBERATUNG

01 In der Bäckerei

Weitere Mutationen

Syndrom = Gesamtheit aller Symptome einer Krankheit

Der abgebildete junge Mann zeigt typische Merkmale des Down-Syndroms. Welche Merkmale sind das und wie kommen sie zustande?

MENSCHEN MIT DOWN-SYNDROM · Jährlich werden in Deutschland etwa 700 Kinder mit einem etwas kleineren Kopf und einer am Hinterkopf abgeflachten Kopfform geboren, was das Gesicht rundlich erscheinen lässt. Weitere Merkmale sind eine geringere Körpergröße, weiter auseinanderstehende Augen sowie leicht nach oben und außen gezogene Augenlider. Betroffene leiden unter angeborenen Herzfehlern, haben Störungen im Bereich des Verdauungssystems und sind in der Regel infektanfälliger.

Sie lernen etwas langsamer und haben manchmal Probleme bei komplexeren Denkprozessen. Demgegenüber verfügen sie vielfach über besonders ausgeprägte soziale und emotionale Fähigkeiten.

Im Jahr 1866 beschrieb der englische Arzt John LANGDON-DOWN zum ersten Mal die Merkmale des nach ihm benannten **Down-Syndroms,** ohne sie erklären zu können. Heute weiß man, dass bei Menschen mit Down-Syndrom das 21. Chromosom dreifach vorkommt. Aus medizinischer Sicht handelt es sich also um eine **Trisomie 21.**

Bei den Fehlbildungen der Organe können Unterschiede auftreten, sodass auch das Krankheitsbild unterschiedlich ist. Durch die Verbesserung der medizinischen Behandlung konnte die Lebenserwartung bei Trisomie 21 in den letzten Jahrzehnten deutlich erhöht werden. Außerdem gelang es, durch eine frühkindliche Förderung sowie eine gezielte soziale Betreuung die Lebensqualität zu steigern.

GENOMMUTATION · Die Ursache für das Down-Syndrom ist ein überzähliges Chromosom. Da in diesem Fall der Chromosomensatz betroffen ist, spricht man von einer **Genommutation**. Sie tritt zum Beispiel dann ein, wenn in der ersten Reifeteilung der Meiose ein homologes Chromosomenpaar nicht getrennt wird. Dann kann eine Geschlechtszelle entstehen, die beide homologe Chromosomen enthält. Bei einer späteren Befruchtung einer solchen Eizelle gelangt mit der Spermienzelle das dritte Chromosom in die Eizelle, sodass insgesamt drei Chromosomen in der Zygote enthalten sind.

Genommutationen sind sowohl bei der Bildung der Eizellen als auch der Spermienzellen möglich. Das Risiko einer Fehlverteilung der Chromosomen steigt insbesondere mit zunehmendem Alter der Mutter an. Das liegt daran, dass die Bildung der Eizellen schon während der Embryonalentwicklung beginnt. Mit steigendem Alter der Frau altern auch die Eizellen und deshalb erhöht sich die Wahrscheinlichkeit einer fehlerhaft ablaufenden Meiose.

WEITERE GENOMMUTATIONEN · In gleicher Weise wie bei der Trisomie 21 können auch das 13. oder das 18. Chromosom dreifach vorliegen. Dies hat aber so schwerwiegende Fehlbildungen zur Folge, dass die Neugeborenen nur wenige Monate alt werden. Weitere Trisomien von Autosomen sind nicht bekannt. Vermutlich behindern die zusätzlichen Allele dieser Chromosomen die Embryonalentwicklung so sehr, dass es schon in einem frühen Stadium zu Fehlgeburten kommt.

Auch die Geschlechtschromosomen, die Gonosomen, können ungleich verteilt sein: Frauen mit dem *Turner-Syndrom* fehlt das zweite X-Chromosom. Sie haben eine geringere Körpergröße. Außerdem sind ihre Eierstöcke nicht funktionsfähig und die sekundären Geschlechtsmerkmale sind nur wenig ausgebildet. Die phänotypische Beeinträchtigung kann so gering sein, dass erst nach Ausbleiben der Menstruation eine genetische Untersuchung vorgenommen wird. Männer mit dem Genotyp Y0 gibt es nicht. Der Embryo kann sich nicht

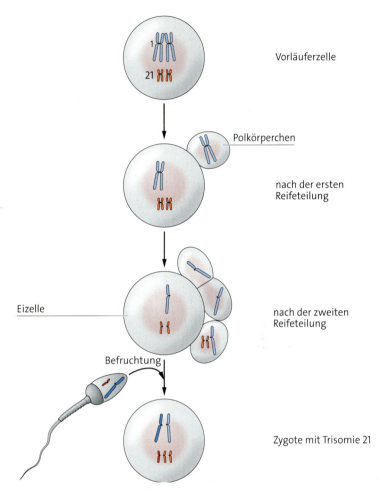

02 Entstehung der Trisomie 21

entwickeln, weil ihm die zahlreichen auf dem X-Chromosom liegenden Gene fehlen.

Dagegen kommen bei beiden Geschlechtern Trisomien vor. Frauen mit drei X-Chromosomen sind in ihrem Körperbau meistens unauffällig und fruchtbar. Bei den Männern gibt es zwei verschiedene Varianten: *Klinefelter-Männer* besitzen den Genotyp XXY. Sie haben lange Arme und Beine, einen geringen Bartwuchs und eine hohe Stimme. Ihre Hoden produzieren keine Spermien. Männer mit dem Genotyp XYY sind nur geringfügig größer als der Durchschnitt. Sie sind zeugungsfähig.

1 Vergleiche Gen- und Genommutation miteinander!

Henry H. TURNER (1892–1970) US-amerikanischer Mediziner

Harry F. KLINEFELTER (1912–1990) US-amerikanischer Hormonforscher

GRUNDLAGEN DER VERERBUNG
GENETISCHE FAMILIENBERATUNG

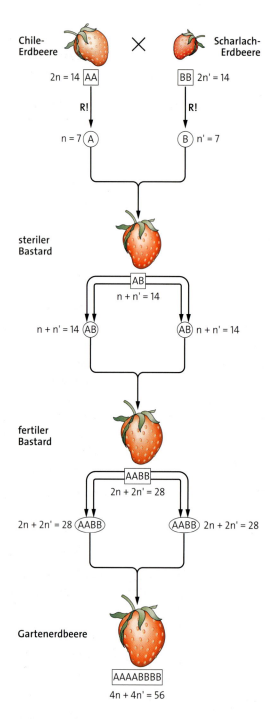

A und B: haploide Chromosomensätze

R!: Reduktionsteilung

⇒ Polyploidisierung

03 Entstehung der Gartenerdbeere

POLYPLOIDIE · Sind in einer Zelle mehr als zwei vollständige Chromosomensätze vorhanden, spricht man von **Polyploidie.** Dieses Phänomen tritt häufig bei Kulturpflanzen auf, zum Beispiel bei Apfel, Birne, Zwetschge und bei vielen Kohlarten. Polyploide Pflanzen zeichnen sich durch größeren Wuchs und durch größere Früchte oder Samen aus. Auch viele Farnpflanzen und Orchideen sind polyploid. Wie kommt es zu einer solchen Polyploidisierung?

In seltenen Fällen können Individuen nah verwandter Arten Nachkommen erzeugen. Die dabei entstehenden Bastarde sind aber in aller Regel unfruchtbar: Weil Chromosomen nicht homolog sind, kann die erste Reifeteilung der Meiose nicht geordnet ablaufen. Bei der Bildung der Geschlechtszellen werden jedoch manchmal die homologen Chromosomen nicht getrennt. Dann können diploide Ei- und Spermienzellen gebildet werden. Kommt es zur Befruchtung zwischen solchen diploiden Geschlechtszellen, entstehen fruchtbare Nachkommen mit einem vierfachen Chromosomensatz.

Ein bekanntes Beispiel für Polyploidie ist die Gartenerdbeere. Sie ist durch eine Kreuzung zwischen der sehr aromatischen, aber kleinfrüchtigen amerikanischen Scharlach-Erdbeere und der großfrüchtigen Chile-Erdbeere entstanden. Beide haben im diploiden Chromosomensatz je 14 Chromosomen. Durch Polyploidisierung entstehen fruchtbare Pflanzen mit einem vierfachen Chromosomensatz. Durch erneute Polyploidisierung wurde die heutige Gartenerdbeere mit 56 Chromosomen gezüchtet, einem achtfachen Chromosomensatz.

Die Kulturform von Weizen ist sogar aus drei verschiedenen Ursprungsarten entstanden. Die Auslese der Polyploiden durch den Menschen war mit entscheidend dafür, dass seit fast 10 000 Jahren mithilfe landwirtschaftlicher Produktion Nahrungsmittel erzeugt werden können. Dies war eine wesentliche Voraussetzung für die sesshafte Lebensweise.

2 Erkläre den Begriff Polyploidie!

MATERIAL

Material A ▸ Down-Syndrom

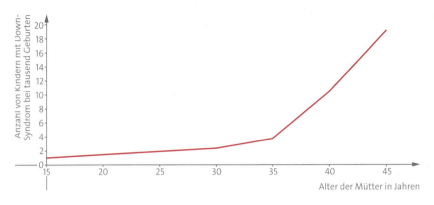

A1 Beschreibe das im Kurvendiagramm dargestellte Ergebnis!

A2 Erläutere die Ursache für das im Diagramm dargestellte Ergebnis!

Material B ▸ Polyploidie beim Weizen

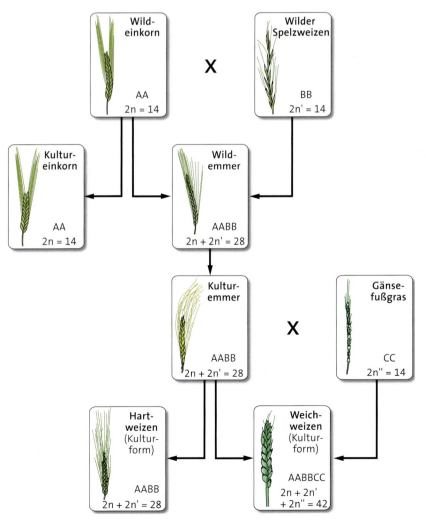

Beim Wildeinkorn stehen die kleinen Körner in einer Zeile und sind fest von den Spelzen umschlossen. Die Ähren aller Wildgräser sind brüchig. Beim Emmer stehen die Körner in zwei Zeilen und sind von Spelzen fest umschlossen. Die Ähre aller Kulturgräser ist stabil. Beim Weizen stehen die Körner in vier Zeilen und sind lose von den Spelzen umgeben.

B1 Erläutere die schematische Darstellung zur Entwicklung des Weizens! Gib auch an, an welchen Stellen Polyploidisierung erfolgte!

B2 Erkläre, was bei einer Polyploidisierung geschieht und begründe die Fruchtbarkeit des Bastards!

B3 Gib an, auf welche Merkmale der Kulturgräser bei ihrer Züchtung aus den Wildgräsern besonderer Wert gelegt wurde!

B4 Recherchiere, für welche Produkte die jeweiligen Getreidearten verwendet werden!

GRUNDLAGEN DER VERERBUNG
GENETISCHE FAMILIENBERATUNG

01 Eineiige Zwillinge

Methoden der Humangenetik

Man kann die beiden eineiigen Zwillinge kaum unterscheiden. Aber sind sie auch wirklich gleich oder gibt es Unterschiede? Und wie kann man durch Vergleichen und mithilfe anderer Methoden Erkenntnisse gewinnen über genetisch bedingte Eigenschaften des Menschen?

ZWILLINGE · Wenn sich die befruchtete Eizelle bei einer ihrer ersten Teilungen vollständig in zwei Teile teilt, aus denen sich dann zwei Embryonen bilden, entstehen **eineiige Zwillinge.** Sie sind genetisch gleich, da sie aus derselben Zygote hervorgehen. Deshalb kann man durch Vergleichen herausfinden, inwieweit die Ausprägung von Merkmalen genetisch bedingt oder durch Einflüsse der Umwelt verursacht wird. **Zweieiige Zwillinge** entstehen, wenn zwei verschiedene Eizellen von je einer Spermienzelle befruchtet werden und sich beide Keime gleichzeitig in der Gebärmutter entwickeln. Sie entsprechen genetisch zwei nacheinander geborenen Geschwistern.

Konstant etwa jede 250. Geburt führt zu eineiigen Zwillingen. Dagegen schwankt die Wahrscheinlichkeit für zweieiige Zwillinge in verschiedenen Regionen der Erde. Sie liegt in einigen Ländern Afrikas bei fast 20 pro 1000 Geburten. In Ostasien kommen nur etwa halb so viele zweieiige Zwillinge zur Welt.

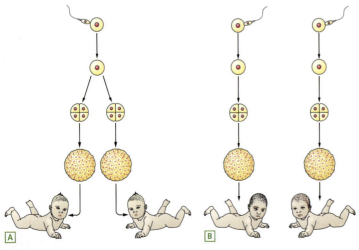

02 Eineiige und zweieiige Zwillinge (Schema)

ZWILLINGSFORSCHUNG · Nur wenige Merkmale des Menschen bleiben von Geburt an in der gleichen Ausprägung erhalten. Die meisten verändern sich im Laufe des Lebens, zum Beispiel die Leistungsfähigkeit des Gehirns, Körpergröße, Kopfform oder die Muskelausstattung. Inwieweit die Ausprägung dieser Merkmale durch die Gene oder durch den Einfluss der Umwelt bedingt ist, kann mithilfe der **Zwillingsforschung** untersucht werden. Dafür sind insbesondere solche eineiigen Zwillinge geeignet, die schon in früher Kindheit getrennt wurden und so unterschiedlichen Lebensbedingungen ausgesetzt waren. Je höher der Einfluss der Umwelt auf die Merkmalsausprägung ist, desto größer sind die durchschnittlichen Merkmalsunterschiede. Aufgrund der geringen Datenmenge lässt sich allerdings nicht immer eindeutig belegen, wie stark Gene oder Umwelt für eine bestimmte Merkmalsausprägung verantwortlich sind. Charaktereigenschaften und Krankheitsanfälligkeiten jedoch scheinen genetisch weitgehend festgelegt zu sein.

FAMILIENFORSCHUNG · Die Untersuchung der Vererbung beim Menschen ist schwierig. Schon aus ethischen Gründen verbieten sich Kreuzungsversuche. Außerdem erschweren die geringe Anzahl der Nachkommen und die lange Generationenfolge eine Auswertung. Daher müssen die Erbgänge beim Menschen mit anderen Methoden erforscht werden, zum Beispiel durch **Stammbaumanalyse**. Dabei wird das Auftreten eines bestimmten Merkmals in einer Familie über Generationen hinweg erfasst. Ziel dieser Untersuchung ist meist die Feststellung, ob ein Merkmal dominant oder rezessiv vererbt wird, ob das zugehörige Gen auf einem Autosom oder einem Gonosom liegt und mit welcher Wahrscheinlichkeit ein Nachkomme von einer bereits in der Familie vorhandenen genetisch bedingten Krankheit betroffen ist.

Dominant wird zum Beispiel der Rhesusfaktor vererbt. Der Rhesusfaktor ist ein Antigen auf der Membran von roten Blutzellen. Personen, die dieses Antigen haben, sind rhesuspositiv. Das entscheidende Gen heißt Allel D. Rhesuspositive Personen sind daher entweder homozygot DD oder heterozygot Dd. Personen, bei denen das Antigen nicht ausgebildet wird, sind rhesusnegativ. Ihr Genotyp ist homozygot dd. Erst wenn man den Genotyp eines rhesuspositiven Mannes kennt, kann man vorhersagen, mit welcher Wahrscheinlichkeit ein Kind mit einer rhesusnegativen Frau rhesuspositiv oder rhesusnegativ sein wird.

Ein Beispiel für ein rezessiv vererbtes Merkmal ist die Fähigkeit, den Daumen in einem Winkel von 90 Grad umzubiegen.

1 Erläutere das Schema in Abbildung 03!

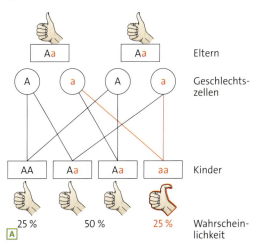

03 Vererbung des Rhesusfaktors

04 Rezessives Merkmal Daumenbiegen: **A** Erbgang, **B** Merkmalsausprägung

GRUNDLAGEN DER VERERBUNG
GENETISCHE FAMILIENBERATUNG

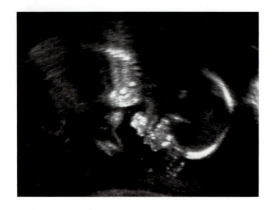

05 Ultraschalluntersuchung

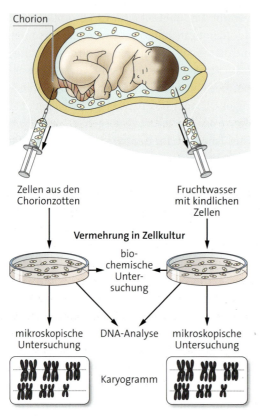

06 Chorionzottenbiopsie und Fruchtwasseruntersuchung

die Konsequenzen der Testergebnisse informiert. Ziel einer genetischen Beratung ist, über Risiken aufzuklären und den Paaren zu helfen, eigenverantwortliche Entscheidungen zu treffen.

Eine wichtige Vorsorgeuntersuchung ist die **Ultraschalluntersuchung.** Damit können schon ab der 10. Schwangerschaftswoche Fehlbildungen des Embryos festgestellt werden. Ebenso lassen sich seine Lage, seine Größe und auch sein Herzschlag beobachten.

Für eine **Fruchtwasseruntersuchung** oder Amniozentese benötigt man Zellen des Kindes, die man aus der Gebärmutter entnehmen muss. Dazu wird eine dünne Nadel in die Gebärmutter vorgeschoben und eine Fruchtwasserprobe entnommen. Der Eingriff erfolgt unter Ultraschallbeobachtung um sicherzugehen, dass weder der Embryo noch Organe der Mutter verletzt werden. Die im Fruchtwasser schwimmenden Zellen stammen vom Fetus und können später sowohl mikroskopiert als auch biochemisch untersucht werden. Damit können Chromosomenveränderungen erkannt und Stoffwechselerkrankungen festgestellt werden. Die **Chorionzottenbiopsie** oder die Punktion der fetalen Plazenta verläuft ähnlich: Bei diesem Verfahren wird eine Nadel unter Ultraschallsicht in das Chorion, die äußere Fruchthülle, eingeschoben und kleine Gewebeproben werden in die Nadel eingesaugt. Auch diese Zellen können für spätere Analysen verwendet werden.

Das Fehlgeburtsrisiko ist bei beiden Methoden minimal. Der wesentliche Unterschied liegt darin, dass die Chorionzottenbiopsie bereits ab der 11. Schwangerschaftswoche durchgeführt werden kann, während die Fruchtwasseruntersuchung erst ab der 16. Woche möglich ist. Da die Zellanalysen etwa drei Wochen in Anspruch nehmen, ist der Entscheidungszeitraum für die Eltern nur sehr gering.

PRÄNATALE DIAGNOSTIK · Genetische Beratungsstellen ermitteln aber nicht nur über Familienstammbäume das Vererbungsrisiko. Sie werden häufig von Paaren in Anspruch genommen, in deren Familien bereits genetisch bedingte Krankheiten aufgetreten sind. In allen Fällen werden die Ratsuchenden über vorgeburtliche Untersuchungsmethoden, die **pränatale Diagnostik,** sowie über die Bedeutung und

2 Beschreibe die Methoden, die zur Ermittlung von Erbfehlern angewendet werden!

METHODE

Stammbäume lesen und auswerten

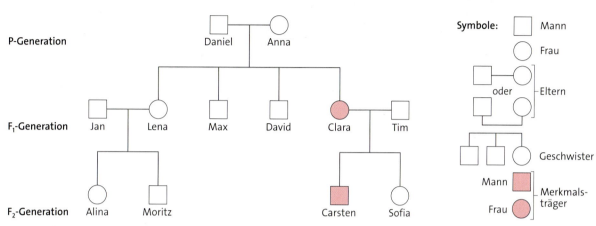

01 Stammbaum zum Merkmal „Daumenbiegen" und Stammbaumsymbole

Zur Auswertung von Stammbäumen kann man folgendermaßen vorgehen:

1. Zunächst überprüft man, ob ein dominanter oder rezessiver Erbgang vorliegt. Im Stammbaum „Daumenbiegen" sind Anna und Daniel keine **Merkmalsträger**. Ihre Tochter Clara kann aber den Daumen zurückbiegen. Wäre es ein dominanter Erbgang, müsste einer der Eltern das dominante Allel ebenfalls besitzen. Dies ist in diesem Beispiel aber nicht der Fall. Also liegt ein **rezessiver Erbgang** vor. Darauf deutet auch hin, dass das Merkmal relativ selten vorkommt. Wenn das Merkmal in jeder Generation auftritt, lässt das einen **dominanten Erbgang** vermuten. Zu erkennen ist dieser Erbgang, wenn Merkmalsträger als Kinder Nichtmerkmalsträger haben. Wenn beide Eltern heterozygot Aa sind, können ihre Kinder den Genotyp aa besitzen.

2. Man prüft, wie häufig das Merkmal bei beiden Geschlechtern vorkommt. Tritt das Merkmal bei Männern und Frauen etwa gleich häufig auf, liegt das untersuchte Allel vermutlich auf einem Autosom. Es handelt sich um einen **autosomalen Erbgang**. Zeigt sich das untersuchte Merkmal gehäuft oder ausschließlich bei einem der beiden Geschlechter, liegt das Allel wahrscheinlich auf einem Gonosom. Man spricht von einem **gonosomalen Erbgang**. Da bei Männern dieses Allel nur einmal vorkommt, entweder auf dem X- oder Y-Chromosom, wird auch ein rezessiv vererbtes Merkmal ausgeprägt. Heterozygot veranlagte Frauen sind bei rezessivem Erbgang Nichtmerkmalsträgerinnen. Man bezeichnet sie als **Konduktorinnen**, da ihre Söhne mit 50-prozentiger Wahrscheinlichkeit Merkmalsträger sind. Den vorliegenden Erbgang kann man an Vater Daniel und seiner Tochter Clara festmachen: Läge ein gonosomaler Erbgang vor, müsste Daniel Merkmalsträger sein. Somit beruht die Merkmalsausprägung Daumenbiegen auf einem **autosomal-rezessiven Erbgang**.

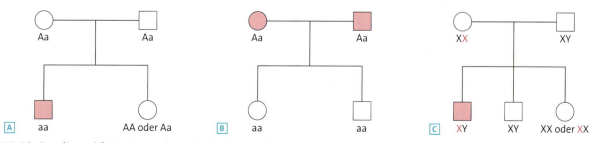

02 Erbgänge (Auswahl): **A** autosomal-rezessiv, **B** autosomal-dominant, **C** X-gonosomal-rezessiv

MATERIAL

Material A ▸ Stammbaumanalyse

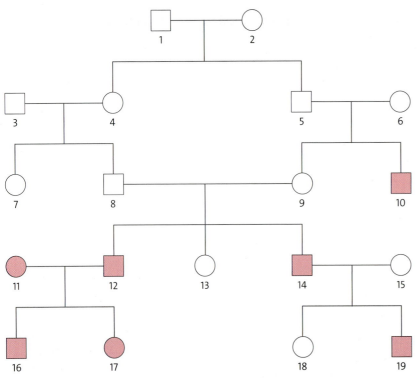

A1 Übertrage den Stammbaum in dein Heft! Begründe mit Beispielen aus dem Stammbaum, ob es sich hier um einen autosomal-rezessiven oder autosomal-dominanten Erbgang handelt!

A2 Nenne die möglichen Genotypen der Personen 1, 2, 4, 5, 8, 9, 12, 15 und 18!

A3 Begründe, mit welcher Wahrscheinlichkeit ein Kind der Personen 16 und 18 Merkmalsträger ist!

A4 Stelle eine Vermutung an, weshalb die Merkmalsträger nach der dritten Generation gehäuft auftreten!

Material B ▸ Stammbaumanalyse

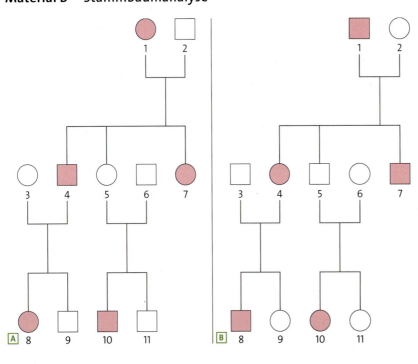

B1 Begründe, ob der Stammbaum A einen dominanten oder rezessiven, autosomalen oder gonosomalen Erbgang abbildet!

B2 Nenne zu allen Personen des Stammbaums A die möglichen Genotypen!

B3 Im Rahmen theoretischer Überlegungen wurde durch Vertauschen der Geschlechter aus Stammbaum A der Stammbaum B erstellt.
Begründe, ob deine Analyse von Stammbaum A auch für den Stammbaum B zutrifft!

Material C ▸ Rhesusunverträglichkeit

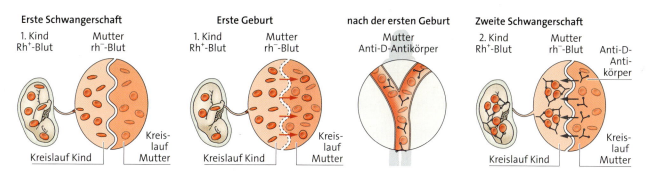

Erste Schwangerschaft — 1. Kind Rh⁺-Blut, Mutter rh⁻-Blut, Kreislauf Kind, Kreislauf Mutter

Erste Geburt — 1. Kind Rh⁺-Blut, Mutter rh⁻-Blut, Kreislauf Kind, Kreislauf Mutter

nach der ersten Geburt — Mutter Anti-D-Antikörper

Zweite Schwangerschaft — 2. Kind Rh⁺-Blut, Mutter rh⁻-Blut, Anti-D-Antikörper, Kreislauf Kind, Kreislauf Mutter

Im Jahr 1940 wurde an der Membran roter Blutzellen ein Protein gefunden, das man bei Rhesusaffen bereits kannte. In Mitteleuropa besitzen 85 Prozent der Menschen diesen Rhesusfaktor, sie sind rhesuspositiv, Rh⁺. Die anderen 15 Prozent sind rhesusnegativ, rh⁻. Da der Rhesusfaktor als Antigen wirkt, bilden rhesusnegative Menschen sogenannte Anti-D-Antikörper gegen den Rhesusfaktor, wenn sie in Verbindung mit rhesuspositivem Blut kommen. Das muss zum Beispiel bei Blutübertragungen berücksichtigt werden. Die Reaktion wird als Rhesusunverträglichkeit bezeichnet und kann auch bei Schwangerschaften auftreten.

C1 Erläutere die Vorgänge bei der Antigen-Antikörper-Reaktion! Lies dazu wiederholend den Text auf Seite 164!

C2 Beschreibe anhand der Schemata, wie es bei einer Schwangerschaft zu einer Rhesusunverträglichkeit kommen kann!

C3 Nenne die Folgen, die bei einer zweiten Schwangerschaft für das Kind auftreten können!

C4 Erläutere, weshalb einer rhesusnegativen Mutter unmittelbar nach der Geburt eines rhesuspositiven Kindes Anti-D-Antikörper gespritzt werden! Erinnere dich dazu an den Unterschied zwischen passiver und aktiver Impfung!

Material D ▸ Pränatale Diagnostik – Möglichkeiten und Grenzen

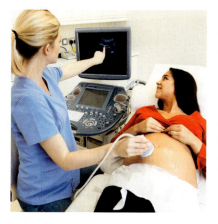

Als pränatale Diagnostik bezeichnet man Untersuchungsmethoden mit deren Hilfe man feststellen kann, ob bestimmte Fehlbildungen oder Erkrankungen beim Fetus vorliegen oder nicht. Die Untersuchungen können je nach Methode zu unterschiedlichen Zeitpunkten der Schwangerschaft durchgeführt werden. Trotz unauffälliger Untersuchungsergebnisse ist aber keine völlige Sicherheit gegeben, ein gesundes Kind zu bekommen.

D1 Formuliere Fragen, mit denen sich ein Paar auseinandersetzen sollte, bevor sich die werdende Mutter für eine Fruchtwasseruntersuchung entscheidet!

D2 Gib an, weshalb regelmäßig Ultraschalluntersuchungen bei Schwangeren durchgeführt werden!

D3 Diskutiere mit deinen Klassenkameraden verschiedene Aspekte, die für oder gegen eine Abtreibung sprechen, wenn bei einer Fruchtwasseruntersuchung eine Genommutation festgestellt wurde!

ÜBERPRÜFE DEIN GRUNDWISSEN ▸ GRUNDLAGEN DER VERERBUNG

A ▸ Gene – Puzzle des Lebens

Kann ich ...

1. den Begriff Genotyp erläutern und erklären, dass jeder Mensch einen einzigartigen Genotyp hat? *(Seite 254 und 255)*

2. den Begriff Phänotyp erläutern und anhand von Beispielen zwischen Genotyp und Phänotyp unterscheiden? *(Seite 254 und 255)*

3. erklären, dass Kinder ihren Eltern ähneln, dass es aber auch Unterschiede gibt? *(Seite 254 und 255)*

4. die Bedeutung MENDELs für die Erforschung der Gesetzmäßigkeiten der Vererbung bewerten? *(Seite 256 bis 258 und 262)*

5. die Voraussetzungen nennen, die für die Erforschung der Vererbungsregeln wichtig waren? *(Seite 256 und 257)*

6. erklären, weshalb bei Kreuzungsversuchen alle Nachkommen von reinerbigen Eltern gleich aussehen? *(Seite 257 und 258)*

7. erklären, weshalb die Nachkommen der F_1-Mischlinge in der F_2-Generation in einem bestimmten Zahlenverhältnis aufspalten? *(Seite 257 und 258)*

8. die Begriffe Allel, homozygot, heterozygot, intermediär, dominant und rezessiv erklären? *(Seite 256 bis 258)*

9. die Vererbungsregeln auf neue Beispiele übertragen und entsprechende Erbgänge formulieren? *(Seite 260 und 261)*

10. erklären, dass bei einer dihybriden Kreuzung in der F_2-Generation neue Merkmalskombinationen auftreten können? *(Seite 262 und 263)*

11. den Begriff Variabilität erklären? *(Seite 263)*

12. eine Testkreuzung formal durchführen und mithilfe des Ergebnisses auf den Genotyp des Untersuchungsobjekts schließen? *(Seite 264)*

13. zwischen Körperzellen und Geschlechtszellen unterscheiden und die Begriffe diploid und haploid begründet zuordnen? *(Seite 266)*

14. die Meiose als einen Prozess beschreiben, der zur Bildung von haploiden Geschlechtszellen führt? *(Seite 267)*

15. die Bedeutung von Meiose und Befruchtung für die biologische Variabilität erklären? *(Seite 268)*

16. die Bedeutung der Mitose für die Weitergabe der Erbinformation erläutern? *(Seite 217)*

17. den Bau der Chromosomen und die Struktur der DNA beschreiben? *(Seite 216, 270 und 271)*

18. die Ergebnisse der Erbversuche und der Chromosomenforschung miteinander vergleichen? *(Seite 270)*

19. den Vorgang der identischen Replikation erläutern? *(Seite 272)*

20. die einzelnen Schritte auf dem Weg vom Gen zum Merkmal erläutern und damit erklären, weshalb die Ausprägung eines Merkmals erblich bedingt ist? *(Seite 274 bis 276)*

21 ⌡ die Proteinbiosynthese beschreiben? *(Seite 276)*

22 ⌡ die Nukleotidsequenz der DNA und die Aminosäuresequenz des Proteins miteinander vergleichen? *(Seite 275 und 276)*

23 ⌡ erläutern, welche Funktion das in der Proteinbiosynthese entstandene Protein haben kann? *(Seite 274)*

24 ⌡ an einem Beispiel den Begriff Modifikation erklären und ihn vom Begriff Mutation abgrenzen? *(Seite 278 und 279)*

B ▸ Genetische Familienberatung

Kann ich …

1 ⌡ den Begriff Genmutation erläutern? *(Seite 281 und 282)*

2 ⌡ zwischen autosomalen und gonosomalen Erbgängen unterscheiden? *(Seite 281 und 282)*

3 ⌡ an den Beispielen von Mukoviszidose und Bluterkrankheit mögliche Auswirkungen einer Genmutation auf den Organismus erläutern? *(Seite 280 und 282)*

4 ⌡ den Begriff Genommutation erklären? *(Seite 284 bis 286)*

5 ⌡ erklären, wie das Down-Syndrom zustande kommt und welche Merkmale Menschen mit Down-Syndrom haben? *(Seite 284 und 285)*

6 ⌡ den Begriff Polyploidie an einem Beispiel erläutern und seine Bedeutung für die Pflanzenzucht erklären? *(Seite 286)*

7 ⌡ die Bedeutung von Zwillingsforschung und Stammbaumanalyse als Methoden der Humangenetik erklären? *(Seite 288 und 289)*

8 ⌡ Methoden der pränatalen Diagnostik beschreiben und ihre Bedeutung für die Erkennung von Erbfehlern nennen? *(Seite 290)*

9 ⌡ Stammbäume erstellen und vorgegebene Stammbäume lesen und auswerten und dabei die Art des Erbgangs ermitteln? *(Seite 292 und 293)*

Kann ich aus dem Kapitel „Grundlagen der Vererbung" Beispiele nennen für die Basiskonzepte:
- Struktur und Funktion?
- Steuerung und Regelung?
- Information und Kommunikation?
- Variabilität und Angepasstheit?
- Entwicklung?
- Reproduktion?

Evolutionäre Entwicklung

1 Den Fossilien auf der Spur **298**

2 Lebewesen und Lebensräume dauernd in Veränderung **310**

3 Vielfalt der Lebewesen als Ressource **334**

In diesem Kapitel beschäftigst du dich mit

- Lebewesen der Vergangenheit. Du lernst etwas darüber, wie Spuren der Vergangenheit entstanden sind und wie man manche dieser Spuren zeitlich einordnen kann. Außerdem lernst du einige Lebewesen der Vergangenheit kennen und erfährst etwas über ihre Bedeutung für die Evolutionsbiologie.

- Charles DARWIN. Du lernst etwas über diesen berühmten Forscher und die Bedeutung seiner Erkenntnisse und Ideen zur Entstehung von Arten.

- der Evolutionstheorie und erfährst, wie man sich heute die Entstehung der Artenvielfalt vorstellt.

- dem Stammbaum der Wirbeltiere. Du lernst, wie man Wirbeltiere in Gruppen einteilen kann. Weiterhin beschäftigst du dich mit den kennzeichnenden Merkmalen der fünf Wirbeltierklassen.

- der Stammesgeschichte des heutigen Menschen. Du erfährst, wie sich die Stammesentwicklung des Menschen anhand verschiedener Belege nachvollziehen lässt und wie der Mensch im Laufe der Zeit die Erde besiedelt hat.

- der Vielfalt der Lebewesen und ihrer Bedrohung durch den Menschen. Du erfährst, in welchen Bereichen sich die Vielfalt des Lebens äußert und welche Bedeutung sie hat. Weiterhin erfährst Du, wodurch sie bedroht ist und wie man sie schützt.

EVOLUTIONÄRE ENTWICKLUNG
DEN FOSSILIEN AUF DER SPUR

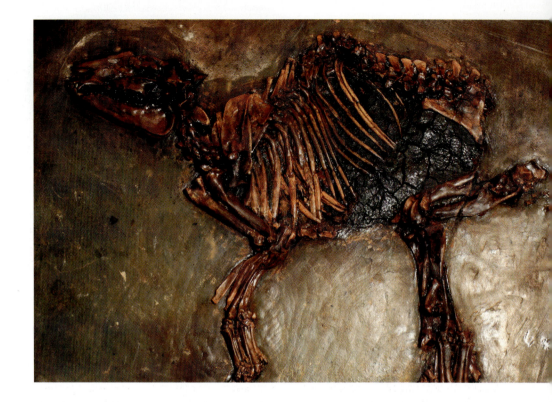

01 Fossil des Urpferdchens

lateinisch fossilis = ausgegraben

02 Mücke in Bernstein

Fossilien – Zeugen für die Evolution

> *Im Senckenberg-Museum in Frankfurt wird ein Fund präsentiert, der als Urpferdchen bezeichnet wird und 45 Millionen Jahre alt sein soll. Wie sind Wissenschaftler zu diesen Erkenntnissen gekommen?*

URPFERDCHEN · In der ehemaligen Erzgrube Messel in der Nähe von Darmstadt fanden Wissenschaftler Steine, die wie Knochen aussahen. Ihre Form und ihre Anordnung ähnelten dem Skelett von heute lebenden Säugetieren. Allerdings gibt es auch deutliche Unterschiede.
Nach und nach kamen die Wissenschaftler zu der Erkenntnis, dass es sich bei dem Fund um Überreste eines Tieres handelte, das viele Ähnlichkeiten hatte mit bereits bekannten Vorfahren unserer heutigen Pferde. Wahrscheinlich lebte das Tier vor etwa 45 Millionen Jahren und ist damit noch älter als diese Vorfahren der Pferde. Die Wissenschaftler nannten es daher Urpferdchen. Im Gegensatz zu den heute lebenden Pferden war das Urpferdchen nur ungefähr so groß wie ein Fuchs. Zudem hatte es vier Zehen pro Fuß.
Die Überreste von Lebewesen aus früheren Zeiten bezeichnet man als **Fossilien.** Der Fund aus der Grube Messel, der im Senckenberg-Museum präsentiert wird, ist also ein Fossil des Urpferdchens. Wissenschaftler, die sich mit der Erforschung von Fossilien beschäftigen, werden als **Paläontologen** bezeichnet. Die entsprechende Wissenschaft nennt man **Paläontologie.**

ENTSTEHUNG VON FOSSILIEN · Stirbt ein Tier oder eine Pflanze, zum Beispiel in einem Gewässer, so sinkt der Körper auf den Grund, wo er mehr oder weniger vollständig von Aasfressern, Würmern und Bakterien zersetzt wird. Knochen, Außenpanzer, Schalen oder Zähne bleiben oft erhalten. Werden diese Überreste von feinem Sand oder Schlamm bedeckt, so können sie nicht weiter zerstört oder zersetzt

03 Haifischzähne, Versteinerungen

04 Seeigel, Steinkern

werden. Mit der Zeit lagern sich auf den Überresten dicker werdende Kalk- und Sandschichten ab. Solche Ablagerungen nennt man **Sediment**. Aufgrund des Drucks entstehen daraus zunehmend festere Gesteinsschichten. Mineralstoffe lagern sich in den Knochen, Panzern oder Schalen ein und ersetzen diese fast vollständig, sodass sie zu Stein werden. Solche **Versteinerungen** lassen die Form und äußere Struktur von Knochen, Panzern oder Schalen gut erkennen.

Das Sediment kann auch in die Hohlräume von Schneckenhäusern oder Muschelschalen gelangen. Während das Sediment im Inneren versteinert, lösen sich die ursprünglichen Schalen mit der Zeit auf. Es entsteht ein harter Kern, auf dessen Außenseite man die Innenstrukturen der Schalen gut erkennen kann. Solche Fossilien nennt man **Steinkerne**.

Fußabdrücke von Tieren, zum Beispiel von Dinosauriern, können mit der Zeit ebenfalls versteinern. Man spricht dann von **Spurenfossilien**. Es gibt aber auch Fossilien von Pflanzenteilen wie Blättern oder Zweigen. Oft ist im Laufe der Fossilbildung das Gewebe völlig zersetzt worden. Zurück bleibt nur der **Abdruck** des Blattes im Stein. Der Prozess, der zur Entstehung eines Fossils führt, wird als **Fossilisation** bezeichnet. Er dauert oft viele Millionen Jahre.

BESONDERE FOSSILFORMEN · Werden kleine Insekten von Baumharz vollständig eingeschlossen, können ihre Körper nicht zersetzt werden. Sie bleiben erhalten oder *konserviert*. Wenn im Laufe von Millionen Jahren das Baumharz versteinert, entsteht **Bernstein**, in dem man dann die konservierten Insekten finden kann.

Auch im Moorboden, im heißen Wüstensand oder im arktischen Eis verzögert sich die Zersetzung toter Lebewesen, sodass sie konserviert werden und **Mumien** entstehen. Mumien unterscheiden sich von Fossilien durch ihr geringeres Alter und den Erhalt von Weichteilen.

Im Laufe sehr langer Zeiträume ist aus dem Torf von Mooren Braunkohle und schließlich Steinkohle geworden. Beim Abbau der Kohle findet man häufig fossile Überreste von Bäumen und anderen Pflanzen, die in früheren Erdepochen gelebt hatten und nach ihrem Absterben im Torf versunken waren.

1) Erkläre den Begriff Fossil!

2) Erstelle eine Tabelle, in der du den verschiedenen Fossilformen stichwortartig Angaben zu ihrer Entstehung und Beispiele zuordnest!

02 Farnblatt, Abdruck

EVOLUTIONÄRE ENTWICKLUNG
DEN FOSSILIEN AUF DER SPUR

BEDEUTUNG VON FOSSILIEN · Das Sediment, das nach und nach die Überreste von Lebewesen bei der Fossilisation bedeckt, unterscheidet sich in Farbe, Form und Korngröße. Dadurch entstehen über viele Millionen Jahre verschiedene übereinanderliegende Gesteinsschichten, wie man zum Beispiel in einem Steinbruch sehen kann. Die untersten Schichten sind früher entstanden und damit älter als die darüber liegenden. Dasselbe gilt für die in den jeweiligen Schichten gefundenen Fossilien.

Manche Fossilien findet man regelmäßig nur in bestimmten Gesteinsschichten. Man bezeichnet sie als **Leitfossilien.** Ein Beispiel dafür sind die *Trilobiten,* die aussehen wie heute lebende Asseln. Trilobiten haben nur zu einer bestimmten Zeit in großen Mengen auf der Erde gelebt. Das bedeutet, dass alle Gesteinsschichten, in denen man sie findet, in dieser Zeit entstanden und damit gleich alt sind.

Durch Vulkanausbrüche, Erdbeben und die Bewegung der Kontinente werden Gesteinsschichten ständig verschoben. Dadurch kann es dazu kommen, dass sich auch ihre Lage zueinander verändert. Mithilfe der Leitfossilien in den jeweiligen Gesteinsschichten können Wissenschaftler die ursprüngliche Abfolge, also die zeitliche Reihenfolge der Schichten feststellen. Weitere Fossilien, die man in den Schichten findet, kann man diesen altersmäßig zuordnen.

Damit hat man einen Maßstab, mit dessen Hilfe man das Alter von Fossilien und Gesteinsschichten im Vergleich zum Alter anderer Fossilien und Gesteinsschichten bestimmen kann. Man bezeichnet das Verfahren als **relative Altersbestimmung.**

Mithilfe moderner physikalisch-chemischer Verfahren kann man sogar ungefähr das Alter der Gesteinsschichten bestimmen und so auch das absolute Alter der jeweiligen Fossilien zeitlich eingrenzen.

Inzwischen hat man in vielen Erdschichten eine riesige Anzahl unterschiedlichster Fossilien gefunden. Ein Vergleich ähnlicher Fossilien verschiedener Schichten zeigt, dass sich die Lebewesen im Laufe der Erdgeschichte verändert haben. Diese Veränderungen werden als **Evolution** bezeichnet. Vielfach weisen Fossilien auch auf frühere Lebensformen hin, die es heute nicht mehr gibt.

Somit liefern Fossilien wichtige Hinweise auf die Entwicklung von Tieren und Pflanzen im Verlauf erdgeschichtlich langer Epochen. Fossilien geben uns Auskunft darüber, wie die Evolution von Lebewesen auf der Erde verlaufen ist.

06 Gesteinsschichten

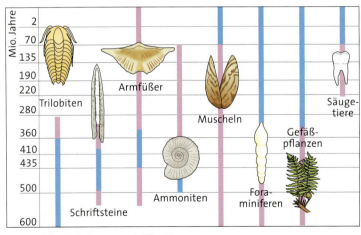

07 Zeitliche Einordnung von Leitfossilien

3) Erkläre, wie man mithilfe von Leitfossilien Aussagen über das Alter anderer Fossilien machen kann!

MATERIAL

Material A ▸ Entstehung von Fossilien

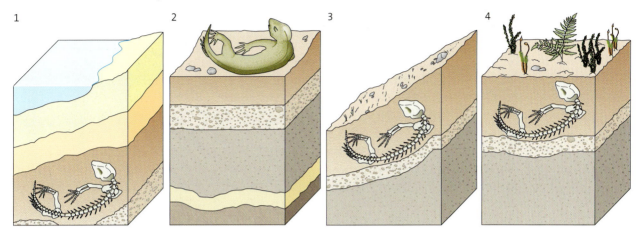

A1 Ordne die Einzelbilder zur Entstehung von Fossilien, indem du die Zahlen in der richtigen Reihenfolge notierst!

A2 Beschreibe mithilfe der Abbildung die Entstehung dieses Fossils!

A3 Erläutere, weshalb es sich bei dem abgebildeten Fossil nicht um einen Steinkern, sondern um eine Versteinerung handelt!

Material B ▸ Wollhaarmammut

Im vereisten Boden Sibiriens wurde im Jahr 2007 ein junges Wollhaarmammut gefunden. Das gefrorene Tier ist mit Haut und Weichteilen erhalten. In seinem Magen wurden Reste von Gräsern, Moosen und Zweigen gefunden. Zudem entdeckte man auf der Haut dicke Wollhaare. Das Jungtier starb vor etwa 10 000 Jahren.

B1 Erläutere, weshalb das Wollhaarmammut-Fossil eine Mumie ist!

B2 Gib an, welches Fundmaterial Auskunft über die Ernährungsweise des Wollhaarmammuts geben kann!

B3 Formuliere eine Vermutung hinsichtlich der Bedeutung der Wollhaare auf der Haut des Mammuts für die Erforschung der Lebensbedingungen dieser Tiere!

B4 Beschreibe anhand des Beispiels die Arbeit von Paläontologen!

EVOLUTIONÄRE ENTWICKLUNG
DEN FOSSILIEN AUF DER SPUR

01 *Archaeopteryx*, Berliner Exemplar von 1876

Fossilien mit besonderer Bedeutung

griechisch *archaios* = uralt

griechisch *ptéryx* = Flügel, Feder

Einige Fossilfunde erregen in der Paläontologie weltweit besonderes Aufsehen. Ein Beispiel dafür ist der Fund, der 1876 in einem Steinbruch bei Eichstätt in Bayern gemacht und später Archaeopteryx genannt wurde. Welche Bedeutung hat Archaeopteryx für die Erforschung der Evolution der Tiere?

ARCHAEOPTERYX · Betrachtet man das Fossil des *Archaeopteryx* genauer, so fallen einem zunächst die Knochen auf. Man erkennt aber auch die Abdrücke von Federn, die den Körper des Tieres fast vollständig bedeckt haben müssen. Diese Beobachtung macht den Fund zu etwas ganz Besonderem, denn die bis 1876 bekannten fossilen Vögel hatten ein Alter von etwa 100 Millionen Jahren. Das Alter des Fossils von Eichstätt wurde jedoch auf ungefähr 150 Millionen Jahre bestimmt. Offensichtlich hatte man also einen noch älteren Vorfahren der heute lebenden Vögel gefunden. Daher gab man dem Fossil den Namen *Archaeopteryx*, also „Urflügel" beziehungsweise daraus abgeleitet „Urvogel".

Die Besonderheit des *Archaeopteryx* ergibt sich, wenn man ihn mit Vertretern heute lebender Wirbeltiergruppen vergleicht. Dabei erkennt man, dass er neben dem Federkleid auch Ähnlichkeiten mit dem Skelett heute lebender Vögel wie der Taube hat: Die Schlüsselbeine sind miteinander verwachsen und bilden ein Gabelbein. Die Vorderextremitäten

02 *Archaeopteryx* (Rekonstruktion)

sind flügelähnlich ausgebildet. Die Hand weist drei Finger auf, die jedoch – anders als bei Vögeln – nicht verwachsen sind. Die Mittelfußknochen sind teilweise zu einem Knochen verwachsen. Der fünfte Zeh ist nach hinten gerichtet. Und auch der Schädel ähnelt in Form und Größe dem Vogelschädel.

Anders als bei Vögeln hat *Archaeopteryx* jedoch Zähne in Ober- und Unterkiefer, die kegelförmig sind. Er besitzt weiterhin eine lange Schwanzwirbelsäule, ein kleines Brustbein, Bauchrippen und drei Krallen an den Vordergliedmaßen. Zudem entdeckt man an Beinen und Füßen Abdrücke von Schuppen.
Diese Merkmale findet man weder bei fossilen noch bei heute lebenden Vögeln. Ähnliche Merkmale gibt es aber bei den heute lebenden Reptilien wie der Zauneidechse. *Archaeopteryx* weist also sowohl vogelähnliche als auch reptilienähnliche Merkmale auf. Aus diesem Grund wurde *Archaeopteryx* zunächst als eine fossile *Übergangsform* zwischen Reptilien und Vögeln beschrieben, was auch den Namen „Urvogel" erklärt.

Die Untersuchung vogelähnlicher Saurier und urtümlicher Vögel machte es möglich, die Evolution der Vögel immer genauer zu beschreiben. Wissenschaftler gehen heute davon aus, dass es vor vielen Millionen Jahren reptilienähnliche Tiere gab, aus denen sich die heutigen Vögel entwickelt haben. *Archaeopteryx* kann eine Idee davon vermitteln, wie diese Übergangsformen ausgesehen haben könnten. Welche Stellung er selbst im Stammbaum der Vögel einnimmt, ist aber nach wie vor Gegenstand wissenschaftlicher Untersuchungen.

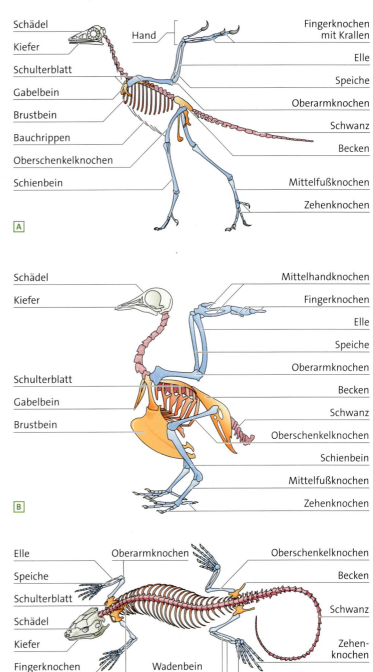

03 Skelette: **A** *Archaeopteryx*, **B** Taube, **C** Zauneidechse

1 Vergleiche tabellarisch *Archaeopteryx*, Taube und Zauneidechse hinsichtlich der folgenden Kriterien: Körperbedeckung, Schädelform, Zähne, Wirbelsäule, Vorderextremität, Hinterextremität, Brustbein, Schulterbein!

2 Stelle mithilfe der Informationen über den Körperbau eine Hypothese auf, welche Fortbewegungsmöglichkeiten *Archaeopteryx* hatte!

EVOLUTIONÄRE ENTWICKLUNG
DEN FOSSILIEN AUF DER SPUR

04 Quastenflosser: **A** 375 Millionen Jahre altes Fossil, **B** rezente Art *Latimeria chalumnae*

05 Schachtelhalm: **A** Fossil, **B** rezente Art *Equisetum arvense*

LEBENDE FOSSILIEN · Quastenflosser sind Knochenfische, die in einem kleinen Gebiet des Indischen Ozeans in einer Tiefe von 150 bis 400 Metern vorkommen. Auffälligstes Merkmal sind die paarweise angeordneten Flossen und die dreigeteilte Schwanzflosse, deren mittlerer Teil wie eine Art Pinsel herausragt. Ein ausgewachsenes Tier wird etwa 180 Zentimeter lang und 100 Kilogramm schwer. Quastenflosser sind die einzigen heutigen Vertreter einer ehemals größeren Tiergruppe, die bereits vor rund 400 Millionen Jahren in den Weltmeeren lebte. Lange Zeit galten sie als ausgestorben, bis im Jahr 1938 ein lebendes Exemplar gefischt wurde. Fossile Funde belegen, dass sich das äußere Erscheinungsbild der Quastenflosser in der langen Zeitspanne nur wenig verändert hat. Sie werden daher als **lebende Fossilien** bezeichnet.

Ein weiteres Beispiel dafür sind die an der amerikanischen Atlantikküste vorkommenden Pfeilschwanzkrebse oder die in Australien lebenden Schnabeltiere.

Lebende Fossilien unterscheiden sich in besonderem Maße von anderen Tiergruppen, deren Vorfahren sich im Verlauf der Evolution erkennbar verändert haben. Eine mögliche Erklärung dafür erhält man, wenn man den Lebensraum dieser Tiere genauer betrachtet: Quastenflosser sind Bewohner der Tiefsee. Dieser Lebensraum ist gekennzeichnet durch Dunkelheit, niedrige Temperaturen und hohen Wasserdruck. In den vergangenen Jahrmillionen haben sich diese Umweltbedingungen kaum verändert. Stabile Umweltbedingungen oder fehlende Konkurrenten sind mögliche Gründe für das Überleben von Arten über erdgeschichtlich lange Zeiträume.

Auch einige Pflanzen werden als lebende Fossilien bezeichnet: So belegen etwa 370 Millionen Jahre alte Funde, dass sich das äußere Erscheinungsbild von Schachtelhalmen im Verlauf der Zeit kaum verändert hat. Manche urtümliche Schachtelhalme waren aber verholzt und erreichten Wuchshöhen von etwa 30 Metern.

MATERIAL

Material A ▸ *Nautilus* – ein lebendes Fossil

Die in pazifischen Korallenriffen lebenden Perlboote (*Nautilus pompilius*) sind Kopffüßer mit einem auffällig gefärbten Gehäuse. Tagsüber ruhen sie in Meerestiefen von bis zu 650 Metern. Hier leben nur wenige räuberische Fische, die das Gehäuse des Perlbootes knacken können. Nachts steigen sie zur Nahrungssuche in geringere Tiefen auf.

Die heute lebenden Arten sind Vertreter einer einst artenreichen Gruppe, die weite Gebiete der Weltmeere besiedelte. Fossilenfunde zeigen, dass den Perlbooten sehr ähnliche Tiere bereits vor 35 bis 80 Millionen Jahren gelebt haben. Alle Arten waren Bewohner des Lebensraumes Tiefsee.

A1 Erkläre am Beispiel des Perlbootes den Begriff lebendes Fossil!

A2 Erkläre, weshalb der Begriff lebendes Fossil eigentlich widersprüchlich ist!

A3 Formuliere eine Vermutung, weshalb sich die Vertreter der Gattung *Nautilus* über Jahrmillionen kaum verändert haben!

Material B ▸ *Gansus yumenensis* – ein Vorfahr heute lebender Vögel

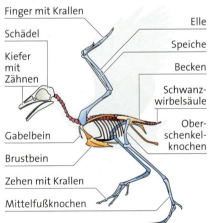

Finger mit Krallen
Schädel
Kiefer mit Zähnen
Gabelbein
Brustbein
Zehen mit Krallen
Mittelfußknochen
Elle
Speiche
Becken
Schwanzwirbelsäule
Oberschenkelknochen

Gansus yumenensis lebte vor 115 Millionen Jahren im Nordwesten des heutigen Chinas. Abgebildet ist die Rekonstruktion dieser etwa taubengroßen Tiere. Alle Funde sind gut erhalten. Neben Spuren von Federn wurden auch Reste von Schwimmhäuten gefunden. Knochenstrukturen an den Beinen weisen auf eine besonders kräftige Muskulatur hin. *Gansus* lebte demnach auf oder am Wasser. *Gansus* gilt als eine der ältesten Vogelarten. Aus ähnlichen Formen könnten sich heute lebende Vögel entwickelt haben.

B1 Vergleiche das *Gansus*-Skelett mit dem der Taube und des *Archaeopteryx*! Nutze dazu Abbildung 03 auf Seite 303! Nenne zunächst deine Vergleichskriterien!

B2 Vergleiche die Bedeutung von *Gansus yumenensis* und *Archaeopteryx* für die Evolutionsbiologie!

B3 Erkläre anhand der fossilen Funde von *Gansus* das Basiskonzept Angepasstheit!

EVOLUTIONÄRE ENTWICKLUNG
DEN FOSSILIEN AUF DER SPUR

01 *Triceratops*-Modell vor dem Museum für Naturkunde in Münster

Lebewesen der Vergangenheit

Vor dem Naturkundemuseum Münster kann man das Modell eines Triceratops bewundern. Dieser und andere Dinosaurier wecken Interesse. Sie sind die bekanntesten Tiere, die die Erde bis vor etwa 65 Millionen Jahren besiedelt haben. Doch wie sah die Erde zu dieser Zeit aus? Welche anderen Tiere und Pflanzen lebten damals?

02 Stromatolithen-Kolonien an der westaustralischen Küste

ERDZEITALTER · Zur Beschreibung der Geschichte des Lebens auf der Erde unterteilen Paläontologen die Zeit in vier große Abschnitte, die **Erdzeitalter**. Zur genaueren Betrachtung werden die großen Zeitalter noch in kleinere Abschnitte unterteilt.

ERDFRÜHZEIT · Vor etwa 4,6 Milliarden Jahren entstand der Planet Erde als glühender Gesteinsball. Allmählich kühlte er ab, die Oberfläche verfestigte sich und bildete schließlich eine feste Erdkruste. Lang anhaltender Regen und Eiswasser füllten große Becken, sodass große Ozeane entstanden. Um den Erdball herum befand sich die Uratmosphäre, die viel Kohlenstoffdioxid, aber noch keinen Sauerstoff enthielt.

Die ersten Lebewesen bevölkerten vor etwa 3,8 Milliarden Jahren die Urozeane: winzige, kugelförmige Lebewesen, die den heutigen Bakterien ähneln. Die ältesten Spuren gibt es unter anderem an der Westküste Australiens:

03 Panzerfisch: **A** Fossil, **B** Aussehen (Rekonstruktion)

04 Versteinerte Baumstämme

knollige oder säulenförmige Gebilde, die aus vielen Kalksteinschichten bestehen. Im Inneren dieser **Stromatolithen** findet man fossile Bakterien, die in Kolonien gelebt und die zusammen mit Sedimenten die steinernen Gebilde geformt haben. Einige dieser Bakterien entwickelten im Laufe von Jahrmillionen die Fähigkeit zur *Fotosynthese*. Sie setzten Sauerstoff frei, der sich schließlich in der Atmosphäre anreicherte. Andere Bakterien nahmen den Sauerstoff auf und nutzten ihn bei der *Zellatmung* für den eigenen Stoffwechsel. *Stromatolithen* sind *Leitfossilien* der **Erdfrühzeit**, die etwa vier Milliarden Jahre umfasst. Neben Bakterien entstanden in dieser Zeit auch vielzellige Lebewesen. Einige sahen heutigen Quallen ähnlich.

ERDALTERTUM · Die Zeit von etwa 540 bis etwa 250 Millionen Jahre vor heute wird als **Erdaltertum** bezeichnet. Die ältesten Fossilien dieser Zeit stammen von Meeresbewohnern wie Korallen, Schwämmen, Würmern, Seeigeln, Muscheln, Ammoniten und Trilobiten. Etwa 500 Millionen Jahre alte Fossilien belegen, dass kieferlose Fische die ersten Wirbeltiere waren. Etwa 80 Millionen Jahre später gab es Panzerfische, deren Kopf und Rumpf mit Knochenplatten gepanzert waren. Etwas später kamen die ersten Knorpelfische als Vorfahren von Haien und Rochen, aber auch Knochenfische hinzu. Aus dieser Zeit stammen ferner die ältesten Fossilien von Quastenflossern. Die ersten Landwirbeltiere waren Vorfahren der heutigen Amphibien, was unter anderem die etwa 370 Millionen Jahre alten Fossilien des *Ichthyostega* belegen.

Neben Fossilien tierischer Lebewesen findet man auch Abdrücke von Algen, die aus dem Erdaltertum stammen. Die ersten Landpflanzen gab es vor etwa 400 Millionen Jahren. Sie waren eher klein und unscheinbar. Etwa 50 Millionen Jahre später lebten Schachtelhalme, Baumfarne sowie Nacktsamer wie Schuppenbäume, die zum Teil bis zu 40 Meter hoch werden konnten. Am Ende des Erdaltertums bildeten sich sumpfige Wälder. Hier lebte eine Vielzahl wirbelloser Tiere, die zum Teil sehr groß waren. Auch die ersten Vorfahren der Reptilien, Vögel und Säugetiere traten auf. Die Wälder des ausgehenden Erdaltertums sind der Ursprung der heutigen Steinkohlelager, zum Beispiel im Ruhrgebiet.

griechisch stroma = Schicht
griechisch lithos = Stein

EVOLUTIONÄRE ENTWICKLUNG
DEN FOSSILIEN AUF DER SPUR

05 Skelett eines Brachiosauriers im Museum für Naturkunde Berlin

ERDMITTELALTER · Die Zeit von vor etwa 250 bis 65 Millionen Jahren wird als **Erdmittelalter** bezeichnet. Aus dieser Zeit stammen die Fossilien des *Archaeopteryx* sowie der ersten bedecktsamigen Pflanzen.
Besonders charakteristisch für diese Zeit sind jedoch die Saurier: Zu Beginn des Erdmittelalters gab es unter den Reptilien bereits Formen von zehn Meter Länge. In der Zeit von 200 bis 145 Millionen Jahre vor heute, dem **Jura**, existierte dann eine erstaunliche Vielfalt von Sauriern auf der Erde, sowohl an Land, im Wasser als auch in der Luft. Am Ende des Erdmittelalters starben zahlreiche Tiergruppen aus, darunter Ammoniten und Saurier.

ERDNEUZEIT · Vor etwa 65 Millionen Jahren begann die **Erdneuzeit**, die in die Abschnitte **Tertiär** und **Quartär** unterteilt wird. Die Pflanzen und Tiere dieser Zeit ähnelten in ihrem Aussehen zunehmend den heutigen Arten. Vor allem die Bedecktsamer bildeten eine Vielfalt von Arten. Die Säugetiere wurden zur dominierenden Wirbeltiergruppe. Vor etwa 5,5 bis 6,5 Millionen Jahren begann auch die Entwicklung des Menschen.

Die letzten 2,5 Millionen Jahre werden als *Quartär* bezeichnet. In diesem Abschnitt wechselten Warmzeiten mit Kaltzeiten, die zu einer Vereisung der Pole, der Gebirge sowie großer Teile Nordamerikas und Europas führten. Diese Klimaänderungen und der zunehmende Einfluss des Menschen haben bis heute starke Auswirkungen auf alle existierenden Arten.

1 Erstelle in deinem Heft einen Zeitstrahl, der die Zeit vom Beginn des Erdaltertums bis heute darstellt! Maßstab: 20 Millionen Jahre entsprechen einem Zentimeter.

2 Kennzeichne auf dem Zeitstrahl die einzelnen Zeitalter und benenne sie! Nutze dazu Abbildung 06!

3 Kennzeichne im Zeitstrahl die bedeutenden Ereignisse, die im Text genannt sind!

4 Rechne aus, wie lang der Zeitstrahl sein müsste, wenn die Erdfrühzeit im gleichen Maßstab angefügt würde!

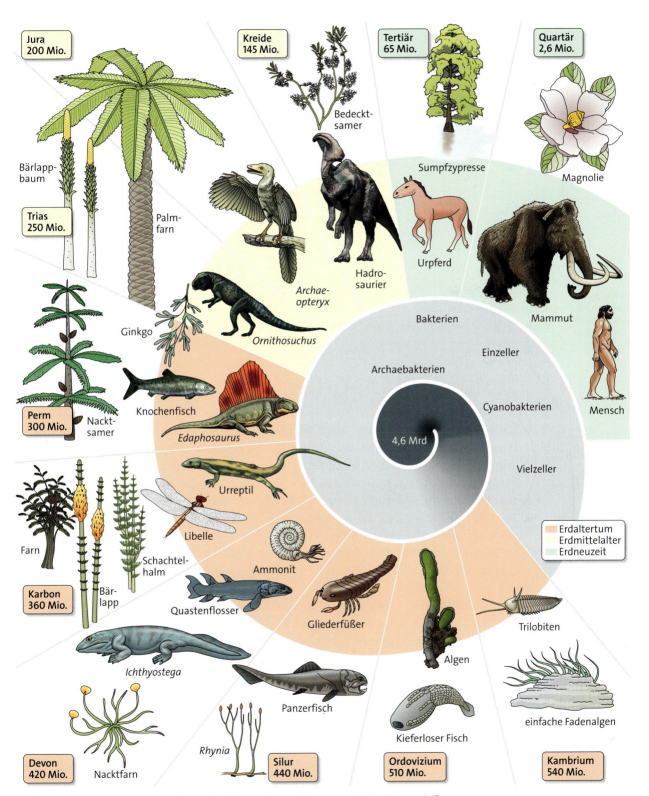

06 Übersicht der Abschnitte der einzelnen Erdzeitalter mit Darstellung ausgewählter Tiere und Pflanzen

EVOLUTIONÄRE ENTWICKLUNG
LEBEWESEN UND LEBENSRÄUME DAUERND IN VERÄNDERUNG

01 Die Galapagosinseln westlich vor Südamerika; Großer Grundfink (*Geospiza magnirostris*)

DARWINs Theorie

02 Schnäbel verschiedener Darwinfinken

Als 22-jähriger Student bekam Charles DARWIN die Gelegenheit, an einer Forschungsreise mit dem Vermessungsschiff „Beagle" teilzunehmen. Auf dieser Reise, die von 1831 bis 1836 dauerte, sammelte er viele Tiere und Pflanzen. Später entwickelte er eine Theorie über die Veränderung der Arten, die sehr viel Aufsehen, aber auch Empörung auslöste. Welche Ideen DARWINs waren damals so sensationell?

GALAPAGOSINSELN · Etwa 1000 Kilometer vor der Küste Ecuadors liegen die **Galapagosinseln**. Sie sind vulkanischen Ursprungs. Die Landschaft der Inseln ist sehr vielfältig. Sie reicht von trockenen Küsten- und Wüstengebieten über regenreiche Waldregionen bis zu Gebirgen, die bis zu 1000 Meter über den Meeresspiegel hinaus ragen.
Hier lebt eine Vielzahl von Tier- und Pflanzenarten, von denen einige ausschließlich auf den Galapagosinseln vorkommen, wie Riesenschildkröten und Meeresechsen.

DARWINS THEORIE · Charles DARWIN kam 1835 auf die Galapagosinseln, wo er umfangreiche Naturstudien durchführte. Dabei fielen ihm unter anderem verschiedene Finkenarten auf, die den Tieren des Festlandes unterschiedlich stark ähnelten. Aber auch die Finken der verschiedenen Inseln wiesen Unterschiede auf, besonders in der Körpergröße sowie in Form und Größe der Schnäbel: Vögel mit kurzem, kräftigem Schnabel ernährten sich von hartschaligen Samen. Solche mit kleinerem Schnabel fraßen weichere Samen und Vögel mit spitzem Schnabel ernährten sich von Insekten. Außergewöhnlich waren Finken, die mithilfe eines Dorns Larven aus morschem Holz bohrten und diese anschließend fraßen.
Nach der späteren Auswertung aller Beobachtungen und Aufzeichnungen kam DARWIN zu dem Schluss, dass Lebewesen sich im Laufe der Zeit verändern. Dies stand im krassen Widerspruch zu der Schöpfungsgeschichte in der Bi-

bel, die nach Überzeugung der meisten Menschen als unumstößliche Wahrheit galt.
Die Vielfalt der Finkenarten auf Galapagos erklärte DARWIN mit Annahmen, die sich auf eigene Beobachtungen und auf theoretische Überlegungen stützten: Demnach könnte vor langer Zeit eine Gruppe Finken vom Festland zufällig auf die Insel gekommen sein, vielleicht durch einen Sturm. Hier war zunächst Nahrung im Überfluss vorhanden und die Finken vermehrten sich stark. Allmählich wurde die Finkenpopulation jedoch größer und es kam zu Konkurrenz, zum Beispiel um Nahrung. Nur noch diejenigen Individuen fanden genug zu fressen, deren Schnabel besonders gut an die Beschaffenheit der Nahrung angepasst war, von der es genug gab. Vögel mit kräftigem Schnabel konnten sich zum Beispiel leicht von Nüssen und anderen hartschaligen Früchten ernähren, Vögel mit spitzen Schnäbeln hingegen gut Insekten fangen. Ihre Nachkommen konnten sie gut ernähren. In dieser Umweltsituation waren sie also *besser angepasst* als diejenigen, die Nüsse nur schlecht knacken und auch Insekten nur schlecht fangen und deshalb weniger Nachkommen gut ernähren konnten. Dadurch entwickelten sich aus der Ausgangspopulation nach und nach Finkenpopulationen mit deutlich unterschiedlichen Schnäbeln, die das vielfältige Nahrungsangebot nutzen konnten. Im Laufe der Zeit entstanden so neue Arten.

Der beschriebene Prozess beruht auf zufälligen Veränderungen der genetischen Information, den *Mutationen*, aufgrund derer sich die Eigenschaften von Nachkommen gegenüber ihren Eltern unterscheiden können. Im Verlauf der geschlechtlichen Fortpflanzung werden die Erbanlagen durchmischt und es entsteht eine große genetische **Variation**. Die am besten an die Umweltbedingungen angepassten Nachkommen überleben, was DARWIN als natürliche Zuchtwahl bezeichnete. Heute nennt man diesen Vorgang **natürliche Selektion**. Sie und die Veränderung der Lebensbedingungen sind der „Motor", der die Veränderung der Arten im Laufe großer Zeiträume vorantreibt.

/// STECKBRIEF

Charles Robert DARWIN (1809–1882)

Charles Robert DARWIN wurde 1809 in England geboren. Er studierte zunächst Theologie, interessierte sich aber mehr für die Naturforschung. Von 1831 bis 1836 fuhr DARWIN mit dem Vermessungsschiff „Beagle" nach Südamerika. Er sammelte an allen Stationen eine Vielzahl von Tieren und Pflanzen, Steinen, Fossilien und andere Funde. Zurück in England ordnete er seine Sammlungen und veröffentlichte 1837 ein Reisetagebuch. Ab 1843 arbeitete er als Privatgelehrter in seinem Landhaus in Kent. Während der folgenden Jahre entwickelte er die Theorie von der Entstehung der Arten. 1859 erschien sein Buch „The origin of species by means of natural selection". Es ist aus heutiger Sicht die Grundlage der modernen Evolutionsbiologie.

LAMARCK · Bereits vor DARWIN entwickelten auch andere Wissenschaftler Ideen, wie die Entstehung der Artenvielfalt auf der Erde erklärt werden könnte. Einer von ihnen war Jean Baptiste DE LAMARCK, der wie DARWIN davon ausging, dass die Artenvielfalt durch eine Veränderung vorhandener Arten entstanden sein könnte. Er nahm allerdings an, dass sich die Bedürfnisse der Lebewesen ändern, wenn sich die Umweltbedingungen ändern. Dies würde zu einem geänderten Gebrauch von Organen führen. Solche, die nun stärker genutzt würden, würden stärker ausgeprägt. Organe, die nicht oder weniger gebraucht würden, entwickelten sich dagegen zurück oder verschwänden ganz. Auf diese Weise veränderte sich ein Individuum im Laufe seines Lebens. Auch die Nachkommen würden die neuen Merkmalsausprägungen aufweisen, die sich bei ihren Eltern durch Gebrauch und Nichtgebrauch ausgeprägt hätten.

03 Jean Baptiste DE LAMARCK (1744–1829)

EVOLUTIONÄRE ENTWICKLUNG
LEBEWESEN UND LEBENSRÄUME DAUERND IN VERÄNDERUNG

DARWIN	LAMARCK
Geänderte Umwelt: Das Gras ist trocken; saftige, frische Blätter sind an hohen Bäumen zu finden.	
Vielfalt in der Population: Es gibt zufällig wenige Giraffen mit etwas längerem Hals, aber auch einige mit mittellangem und wenige mit recht kurzem Hals.	Geänderte Bedürfnisse: Die kurzhalsige Giraffe versucht an die Blätter an den hohen Bäumen zu kommen.

| Die wenigen Giraffen mit einem etwas längeren Hals erreichen viele Zweige, sie sind gut mit Nahrung versorgt und können sich erfolgreich fortpflanzen. Sie sind besonders gut an die neuen Umweltbedingungen angepasst. Die wenigen Giraffen mit einem kürzeren Hals erreichen gerade so viel Nahrung, wie sie zum Überleben brauchen, und haben einen geringeren Fortpflanzungserfolg. | Der Hals wird durch den ständigen Gebrauch beim Strecken nach den Zweigen am Baum länger. |

| | Die Giraffe zeigt die erworbene Merkmalsausprägung: langer Hals. |
| Insgesamt finden sich in den nächsten Generationen mehr Giraffen mit der Merkmalsausprägung „langer Hals". | Die Giraffen mit der neu erworbenen Merkmalsausprägung pflanzen sich fort und ihre Nachkommen zeigen die Merkmalsausprägung „langer Hals" auch. |

DARWIN betrachtet bei seiner Theorie eine ganze Population.   **LAMARCK betrachtet bei seiner Theorie einzelne Individuen.**

04 DARWINs und LAMARCKs Theorie zur Entstehung der Artenvielfalt am Beispiel des Giraffenhalses

lateinisch evolvere = entrollen

EVOLUTIONSTHEORIE · DARWINs Theorie der natürlichen Auslese wurde im Laufe der Zeit durch neue Erkenntnisse vor allem aus der Genetik, Ökologie und der Verhaltensforschung bestätigt und zur **Evolutionstheorie** erweitert. Besonders die modernen Verfahren zur Analyse und zum Vergleich der DNA verschiedener Lebewesen haben erheblich zum Verständnis der Evolution beigetragen: Man kann die Verwandtschaft zwischen verschiedenen, zum Teil auch fossilen Arten feststellen und damit ihre Evolution allmählich rekonstruieren. LAMARCKs Erklärung der Evolution konnte hingegen nicht bestätigt werden.

1 Beschreibe, wie DARWIN beziehungsweise LAMARCK die Entstehung des dicken Körnerfresserschnabels beim Großen Grundfink erklären würden! Erstelle dazu zwei Flussdiagramme wie in Abbildung 04!

MATERIAL

Material A ▸ Taubenzucht

Dragonertaube — Pfauentaube — Kropftaube
Perückentaube — Felsentaube — Trommeltaube

A1 Stelle an einem Beispiel dar, wie Taubenzüchter vorgehen, um eine neue Rasse ausgehend von der Felsentaube zu erhalten!

A2 Nenne die wesentlichen Aussagen von DARWINs Theorie von der Entstehung der Arten durch natürliche Zuchtwahl!

A3 Erkläre, weshalb DARWIN das Vorgehen der Taubenzüchter als Begründung für seine Idee von der Entstehung der Arten heranzog!

Lange Zeit beschäftigte sich DARWIN mit der Beobachtung und Züchtung von Tauben und nutzte seine Erkenntnisse zur Erläuterung seiner Evolutionstheorie. So stellte er fest, dass alle heute bekannten Taubenrassen von der Felsentaube abstammen.

Material B ▸ Röhrenschnauze des Ameisenbärs

Ameisenbären kommen ausschließlich in Mittel- und Südamerika vor. Sie sind nicht näher mit den Bären verwandt. Charakteristisch für Ameisenbären ist die lange Röhrenschnauze mit einer langen Zunge. Ameisenbären ernähren sich fast ausschließlich von Ameisen und Termiten. Mit ihren Krallen brechen sie die Bauten auf und lecken die Tiere dann mit der langen Zunge auf.

B1 Beschreibe, wie DARWIN die Entstehung der Röhrenschnauze mit langer Zunge beim Ameisenbär erklären würde! Erstelle dazu ein Flussdiagramm wie in Abbildung 04!

B2 Erkläre, welche Vorteile beziehungsweise Nachteile mit einer längeren oder kürzeren Röhrenschnauze und Zunge verbunden sein könnten!

B3 Stelle Vermutungen an, weshalb die Röhrenschnauze der Ameisenbären im Verlauf der Evolution nicht immer länger wird!

EVOLUTIONÄRE ENTWICKLUNG
LEBEWESEN UND LEBENSRÄUME DAUERND IN VERÄNDERUNG

01 Schnabelform:
A Sichelschnabelkolibri und Helikonienblüte,
B Schwertschnabelkolibri und Engelstrompetenblüte

Entstehung von Vielfalt

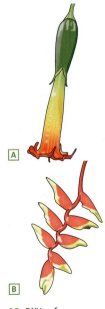

02 Blütenformen:
A Engelstrompete,
B Helikonie

In Süd- und Mittelamerika gibt es viele Kolibriarten, wie den Schwertschnabelkolibri und den Sichelschnabelkolibri. Ihre Hauptnahrungsquelle ist Nektar, den sie mithilfe ihrer Schnäbel aus den Blüten verschiedener Pflanzen trinken. Dabei fällt auf, dass die Kolibriarten unterschiedlich geformte Schnäbel haben. Wie sind diese entstanden?

ANGEPASSTHEIT · Der Schwertschnabelkolibri hat einen Schnabel, der mit etwa elf Zentimeter Länge die Hälfte seiner gesamten Körperlänge ausmacht. Er kann damit den Nektar beispielsweise aus den großen Blüten der Engelstrompete trinken, die einen sehr langen Blütenkelch haben. Andere Kolibriarten, deren Schnäbel nicht so lang sind, erreichen den Nektar am Blütenboden dieser Pflanze hingegen nicht. Dies gilt auch für den Sichelschnabelkolibri, dessen Schnabel zwar genauso lang ist wie der des Schwertschnabelkolibris, aber gebogen wie ein Haken. Er kann jedoch gut an den Nektar der gebogenen Helikonienblüten gelangen.

Beide Kolibriarten unterscheiden sich in dem Merkmal „Schnabelform". Durch den langen, geraden und den gebogenen Schnabel sind die beiden Kolibriarten an die Länge beziehungsweise die Form verschiedener Blüten angepasst. Wie entstehen solche **Angepasstheiten**?

VIELFALT · Betrachtet man die Nachkommen zweier Schwertschnabelkolibris, so stellt man fest, dass sie sich untereinander in der Länge des Schnabels unterscheiden. Es gibt also innerhalb einer Art unterschiedliche Merkmalsausprägungen, die oftmals auf Unterschiede in der genetischen Information der Individuen zurückzuführen sind. In diesem Fall spricht man von *genetischer Vielfalt*.
Eine Voraussetzung für diese Vielfalt sind *Mutationen*. Dies sind zufällige Veränderungen der Erbinformation, die eine Veränderung von Merkmalsausprägungen bewirken können.
Während der Meiose und der Befruchtung werden die Erbinformationen der Eltern durch die zufällige Verteilung der Chromosomen neu kombiniert. Dabei entstehen keine neuen

Elterngeneration

Schnabellänge: 10,8 cm   11,5 cm

1. Nachkommengeneration

Schnabellänge: 10,7 cm   11,2 cm   11,1 cm   11,4 cm

03 Variabilität der Schnabellänge innerhalb einer Familie der Schwertschnabelkolibris

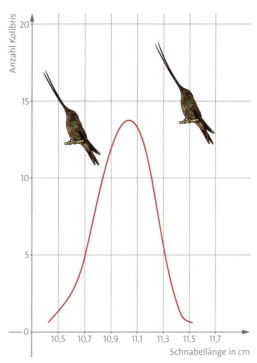

04 Variabilität der Schnabellänge innerhalb einer Kolibripopulation

---

Merkmale, vielmehr kommt es zu einer *Neukombination* vorhandener Erbanlagen der Eltern in den Nachkommen.

Neukombination und *Mutation* führen zur genetischen Vielfalt einer Population. Damit sind sie auch Ursache für die Vielfalt von Merkmalsausprägungen, wie Schnabellänge oder -form bei verschiedenen Kolibris.

NATÜRLICHE SELEKTION · In den meisten Populationen entstehen mehr Nachkommen, als in dem jeweiligen Lebensraum überleben können. Begrenzend wirken dabei Umweltfaktoren, wie zum Beispiel das Nahrungsangebot oder die Brutmöglichkeiten. Die Individuen einer Population stehen daher in Konkurrenz zueinander. Diejenigen, deren Merkmalsausprägungen am besten zur Umwelt passen, überleben gut und bekommen relativ viele Nachkommen: Schwertschnabelkolibris mit besonders langen Schnäbeln erreichen auch den Nektar von sehr langen Blüten. Individuen mit kürzeren Schnäbeln können dies hingegen nicht. Ersteren stehen also mehr Nahrungsquellen zur Verfügung, was ihre Wahrscheinlichkeit erhöht, zu überleben und sich fortzupflanzen. Dabei geben sie ihre Erbanlagen und damit ihre Merkmalskombinationen an die Nachkommen weiter. Die anderen Schwertschnabelkolibris werden weniger Nachkommen haben. Ihre Merkmalskombination wird daher in der nächsten Generation nicht so oft vertreten sein.

In einer Umwelt mit sehr langen Blüten sind also langschnäbelige Schwertschnabelkolibris nach und nach häufiger vertreten. Metaphorisch sagt man: Sie wurden durch ihren Vorteil bei der Nahrungsbeschaffung aus der Population ausgelesen. In diesem Sinne spricht man von **natürlicher Selektion.**

1 ⌋ Erläutere, wie es zu der in Abbildung 04 dargestellten Vielfalt innerhalb einer Kolibripopulation kommt.

EVOLUTIONÄRE ENTWICKLUNG
LEBEWESEN UND LEBENSRÄUME DAUERND IN VERÄNDERUNG

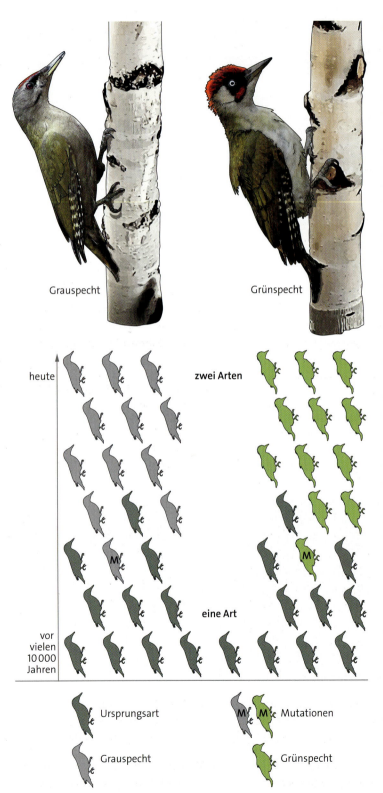

05 Artbildung bei Grauspecht und Grünspecht

ARTBILDUNG · Grau- und Grünspecht sind zwei heimische Spechtarten, die sich äußerlich ähnlich sind, aber auch einige Unterschiede aufweisen: Genetische Untersuchungen belegen, dass die beiden Arten verwandt sind und vor etwa 100 000 Jahren aus einer gemeinsamen Ursprungsart entstanden sind. Zu dieser Zeit trennten eiszeitliche Gletscher die europäische Population in zwei räumlich voneinander getrennte Teilpopulationen, die sich von da an unterschiedlich entwickelten. Sie waren also **geografisch isoliert** und entwickelten sich von da an getrennt voneinander.

Während der räumlichen Trennung waren Paarungen zwischen Individuen der beiden Teilpopulationen und eine Vermischung von Erbinformationen nicht mehr möglich. Mutationen, die nur in der einen Teilpopulation auftraten, konnten sich nur innerhalb der einen, aber nicht in der anderen Gruppe ausbreiten. Über einen langen Zeitraum entwickelten sich die beiden Teilpopulationen daher langsam auseinander und unterschieden sich schließlich in vielen Merkmalen. Nachdem die Barriere aufgehoben war, stellte sich heraus, dass die Unterschiede zwischen den Populationen so groß waren, dass eine erfolgreiche Fortpflanzung nicht mehr möglich war. Es ist also zu einer **sexuellen Isolation** gekommen. Ursache dafür sind vermutlich unterschiedliche Balzzeiten.

Alle Individuen, die zu einer **Art** gehören, können miteinander fortpflanzungsfähige Nachkommen zeugen und somit ihre Erbinformationen von Generation zu Generation weitergeben. Entstehen nun infolge von *geografischer* und anschließender *sexueller Isolation* Teilpopulationen, deren Individuen sich nicht mehr miteinander fortpflanzen können, sind zwei neue Arten entstanden.

2 Erkläre anhand von Abbildung 05 die Bedeutung von Mutation, Neukombination, Selektion und Isolation für die Artbildung!

MATERIAL

Material A ▸ Natürliche Selektion

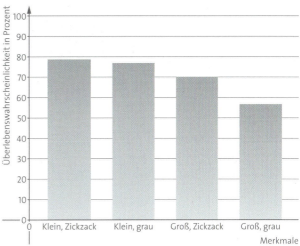

Von der in Südspanien vorkommenden giftigen Stülpnasenotter sind zwei Farbvarianten bekannt. Eine Variante hat ein auffälliges Zickzackmuster auf dem Rücken, die andere ist einheitlich grau. In einem Experiment mit unterschiedlich gefärbten und unterschiedlich großen Schlangenmodellen wurde untersucht, wie häufig das jeweilige Modell von Greifvögeln attackiert wurde, wenn man es im Gelände platzierte.

A1 Beschreibe die Ergebnisse des Experiments!

A2 Stelle Vermutungen an, welchen Einfluss die Merkmale auf die Überlebenswahrscheinlichkeit haben!

A3 Bewerte die Aussagekraft des Experiments!

Material B ▸ Gelbbauchunke und Rotbauchunke

Gelbbauch- und Rotbauchunken kommen in unterschiedlichen Regionen Europas vor. In einer Region überlappen sich ihre Verbreitungsgebiete. Dort kann man Individuen finden, die eine Kombination aus den Merkmalen der Gelbbauchunke und Merkmalen der Rotbauchunke zeigen. Diese Mischlinge sind fortpflanzungsfähig.

B1 Beschreibe die Verbreitungsgebiete von Gelbbauch- und Rotbauchunke!

B2 Stelle Vermutungen an, wie Gelbbauch- und Rotbauchunke entstanden sein könnten!

B3 Stelle Vermutungen an, ob Gelbbauchunke und Rotbauchunke unterschiedliche Arten sind!

EVOLUTIONÄRE ENTWICKLUNG
LEBEWESEN UND LEBENSRÄUME DAUERND IN VERÄNDERUNG

01 Wirbeltiere in Asien: **A** Orang-Utan, **B** Nashornvogel, **C** Nashorn, **D** Waran

Stammbaum der Wirbeltiere

Klassifikation
Reich
Vielzellige Tiere

Stamm
Wirbeltiere

Klasse
Säugetiere

Ordnung
Primaten

Familie
Menschenaffen

Gattung
Orang-Utan

Art
Borneo-Orang-Utan

Orang-Utan, Nashorn, Waran und Nashornvogel haben einen ganz unterschiedlichen Körperbau. Neben diesen Unterschieden gibt es aber einige gemeinsame Merkmale, weshalb Biologen sie für verwandt halten und in die Gruppe der Wirbeltiere einordnen. Welche Merkmale sind dies und wie sind sie entstanden?

WIRBELTIERE · *Säugetiere, Vögel, Reptilien, Amphibien* und *Fische* haben folgende gemeinsame Merkmale: eine innenliegende Wirbelsäule, die Gliederung des Körpers in Kopf und Rumpf sowie das Vorhandensein von zwei Extremitätenpaaren. Andere Tiere haben diese Merkmalskombination nicht. Daher geht man davon aus, dass Wirbeltiere einen gemeinsamen Vorfahren haben, also miteinander verwandt sind. Diese Verwandtschaft nennt man **stammesgeschichtliche Verwandtschaft.**
Alle heute lebenden Wirbeltiere besitzen Erbanlagen, die sich im Laufe der Zeit aus den Erbanlagen eines gemeinsamen Vorfahren entwickelt haben. Diese Entwicklung ist bei den einzelnen Gruppen verschieden verlaufen: Fische und Säugetiere haben das Merkmal „Wirbelsäule" gemeinsam. Fast alle Säugetiere haben sieben Halswirbel, Fische nicht. Diese Beobachtung lässt sich durch die Annahme erklären, dass die Vorfahren aller Säugetiere ebenfalls sieben Halswirbel hatten, die der Fische jedoch nicht. Daher lässt sich vermuten, dass die Verwandtschaft innerhalb der Gruppe Säugetiere enger ist als die zu den Fischen. Ähnliche Zusammenhänge gelten auch für Vögel, Reptilien und Amphibien.

WIRBELTIEREXTREMITÄTEN · Die Extremitäten der Wirbeltiere können als Beine und Arme, Flossen oder Flügel ausgeprägt sein: Das Nashorn hat stabile, säulenartige Beine, die seinen schweren Körper tragen. Vögel haben zu Flügeln umgebildete vordere Extremitäten. Orang-Utans sind vorwiegend Baumbewoh-

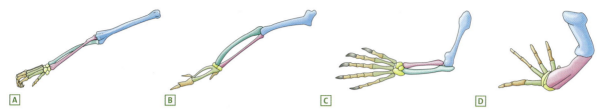

02 Vorderextremitäten der Wirbeltiere im Vergleich: **A** Säugetiere, **B** Vögel, **C** Reptilien, **D** Amphibien

ner. Mit ihren langen und kräftigen Armen sowie den kurzen, aber sehr beweglichen Beinen klettern sie über Äste oder hangeln sich von Baum zu Baum.

HOMOLOGIE · Die Extremitäten der Wirbeltiere sind ähnlich gebaut, sodass man einen hypothetischen Grundbauplan entwickelt hat: Die Vorderextremitäten haben einen Oberarmknochen, zwei Unterarmknochen, mehrere Handwurzelknochen, fünf Mittelhandknochen und fünf Finger. Abwandlungen von diesem Grundbauplan bei heutigen Wirbeltieren sind Folge von *Mutationen* der Erbanlagen, die bereits bei den Vorfahren der heutigen Wirbeltiere vorlagen. Daher kann man beispielsweise am Vorderbein von verschiedenen Säugetieren wie Pferd und Fledermaus den Grundbauplan erkennen sowie die konkreten Unterschiede erklären: Die langen Flügel der Fledermaus sind durch Mutation und Selektion als Angepasstheit an das Fliegen zu erklären, die Pferdefüße mit nur einer ausgebildeten Zehe als Angepasstheit an schnelles Laufen in einer Steppe. Ähnliche Beobachtungen macht man bei einem Vergleich der Vorderextremitäten von Vertretern der verschiedenen anderen Wirbeltiergruppen. Merkmale, die auf gemeinsame Erbanlagen zurückgeführt werden können, bezeichnet man als **homolog**. Sie können sich sehr stark ähneln, aber auch sehr unterschiedlich sein, wie zum Beispiel die Extremitäten der Wirbeltiere.

ANALOGIE · Maulwurfsgrille und Maulwurf haben eine ähnliche Lebensweise: Beide leben unter der Erde, wo sie mit ihren schaufelartigen Vorderbeinen weit verzweigte Tunnelsysteme und Nester graben. Beide Tiere haben stark verkürzte und verdickte Vorderbeine mit mächtigen Krallen, die sie auf die gleiche Art bewegen.

Die Maulwurfsgrille ist ein Insekt, der Maulwurf hingegen ein Säugetier. Seine Grabbeine besitzen ein knöchernes Innenskelett, die Grabbeine der Maulwurfsgrille haben hingegen ein Außenskelett aus Chitin.

Organe mit übereinstimmender Funktion, aber unterschiedlichem Bau werden als **Analogien** oder **analoge Merkmale** bezeichnet. *Analogien* liefern Hinweise auf eine ähnliche Lebensweise, die als Angepasstheiten an ähnliche Umweltbedingungen erklärt werden, wie zum Beispiel bei Maulwurf und Maulwurfsgrille. Sie liefern jedoch keinen Hinweis auf eine stammesgeschichtliche Verwandtschaft.

04 Analogie: **A** Maulwurf, **B** Maulwurfsgrille

EVOLUTIONÄRE ENTWICKLUNG
LEBEWESEN UND LEBENSRÄUME DAUERND IN VERÄNDERUNG

STAMMBÄUME · Ziel evolutionsbiologischer Forschung ist es unter anderem, den Ablauf der stammesgeschichtlichen Entwicklung verschiedener Organismen darzustellen. Homologe Merkmale geben wichtige Hinweise auf eine Verwandtschaft, da ihnen Erbanlagen gleichen Ursprungs zugrunde liegen: Je mehr solcher Merkmale vorhanden sind, desto enger ist die verwandtschaftliche Beziehung. Es ist daher im Rahmen evolutionsbiologischer Forschung von besonderer Bedeutung, zwischen homologen und analogen Merkmalen zu unterscheiden.

Wenn man die Entstehung der heute lebenden Tiere und Pflanzen veranschaulichen will, zeichnet man eine Grafik, die wie ein Baum aussieht. Durch die Verästelung wird die Abstammung der heutigen Lebewesen von ihren Vorfahren dargestellt. Diese Grafik bezeichnet man als **Stammbaum**. Ein *Stammbaum* stellt die derzeitigen Erkenntnisse über die natürlichen Verwandtschaftsbeziehungen betreffender Arten und Gruppen zueinander dar und ist Grundlage für weitere Forschungen. In *Stammbäumen* wird in der Senkrechten der zeitliche Verlauf abgebildet, während in der Waagerechten Unterschiede in den Merkmalen erkennbar werden. Je näher Tiergruppen hier zueinander angeordnet werden, desto näher sind sie miteinander verwandt und umgekehrt. Am Fuß eines Stammbaums steht in der Regel der vermutlich älteste gemeinsame Vorfahre, von dem aus die weitere Evolution betrachtet wird. An den Verzweigungen lässt sich ablesen, wann sich die Entwicklung zweier Gruppen trennte und in unterschiedliche Richtungen verlief.

Auch Fossilien lassen sich in einen Stammbaum einordnen, wenn man ihr Alter kennt. An ihnen kann man zudem erkennen, wann bestimmte Merkmale zuerst aufgetreten sind und sich weiterentwickelt haben. Übergangsformen wie zum Beispiel der *Archaeopteryx* zeigen außerdem, dass auch Lebewesen verschiedener Klassen gemeinsame Vorfahren haben

1 Erläutere, weshalb die Vorderextremitäten der Wirbeltiere einen gemeinsamen Grundbauplan aufweisen, aber unterschiedlich aussehen!

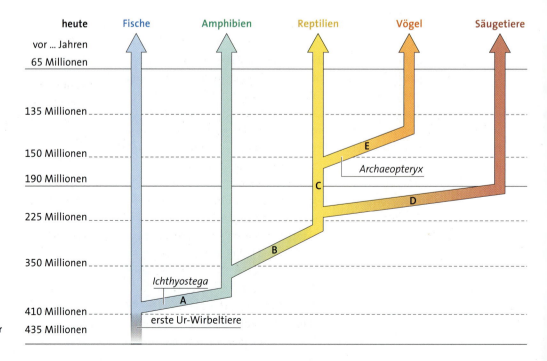

05 Stammbaum der Wirbeltiere

MATERIAL

Material A ▸ Stammbaum der Wirbeltiere

Vergleichskriterium	Säugetiere	Vögel	Reptilien	Amphibien	Fische
Körperbedeckung	trockene Haut mit Haaren, oberste Schicht der Haut verhornt	trockene Haut mit dünnen Hornschuppen und Federn	trockene Haut mit dicken Hornschuppen	feuchte Haut mit Schleimdrüsen	feuchte Haut mit Schleimdrüsen und eingelagerten Knochenschuppen
Wärmeregulation	gleichwarm	gleichwarm	wechselwarm	wechselwarm	wechselwarm
Atmung	Lungenatmung (sehr große Oberfläche zum Gasaustausch durch Lungenbläschen)	Lungenatmung mit Luftsäcken	Lungenatmung	Lungen- und Hautatmung (die Lunge weist kaum Oberflächenvergrößerung auf)	Kiemenatmung
Befruchtung	innere	innere	innere	äußere	äußere
Embryonalentwicklung	im Mutterleib in der Gebärmutter	außerhalb des Mutterleibs in einem Ei mit Kalkschale	außerhalb des Mutterleibs in einem Ei	außerhalb des Mutterleibs in einem Ei	außerhalb des Mutterleibs in einem Ei

Anhand der aufgeführten Merkmale kann man eine Tiergruppe den fünf Klassen der Wirbeltiere zuordnen.

A1 Ordne den Punkten A bis E in Bild 05 auf Seite 320 die Merkmale der Wirbeltierklassen zu, die erst zu diesem Zeitpunkt der Entwicklungsgeschichte aufgetreten sind!

A2 Vergleiche die Merkmale der Wirbeltiergruppen und benenne ursprüngliche sowie „neue" Merkmale, die eine Gruppe im Vergleich zu den anderen hat!

Material B ▸ Schnabeltier

Schnabeltiere leben in Australien, wo sie die meiste Zeit ihres Lebens in sauberen Süßgewässern oder in ihren Bauten im Uferbereich verbringen. Sie können sehr gut tauchen und schwimmen, bewegen sich aber auch an Land sehr geschickt und schnell. Schnabeltiere sind dämmerungsaktive Einzelgänger, die sich von Insekten und Würmern ernähren. Sie atmen mit Lungen, ihr Körper ist von wasserabweisenden Haaren bedeckt und an den Füßen besitzen sie Schwimmhäute. Das Weibchen legt ein bis drei Eier. Die Jungtiere lecken Milch von einem Hautbereich am Bauch der Mutter. Männliche Schnabeltiere haben an ihren Hinterläufen Fortsätze, aus denen sie bei Gefahr Gift ausstoßen.

B1 Nenne die Merkmale des Schnabeltiers und gib an, für welche Wirbeltierklasse sie jeweils charakteristisch sind! Nutze die Tabelle aus Material A!

B2 Begründe, dass Schnabeltiere nicht eindeutig einer Gruppe der Wirbeltiere zugeordnet werden können!

EVOLUTIONÄRE ENTWICKLUNG
LEBEWESEN UND LEBENSRÄUME DAUERND IN VERÄNDERUNG

01 Fußspuren von Laetoli

Stammesentwicklung des Menschen

Die Abbildung zeigt 3,6 Millionen Jahre alte Fußspuren von Lebewesen mit aufrechtem Gang. Die versteinerten Abdrücke wurden 1976 in Laetoli gefunden, einem ostafrikanischen Ort, wo viele weitere Fossilfunde menschenähnlicher Lebewesen gemacht wurden. Waren sie Vorfahren von Menschen oder von Menschenaffen? Wie kann man das feststellen?

ERFORSCHUNG DER STAMMESGESCHICHTE ·
Woher kommen wir? Dies ist eine der ältesten Fragen, mit der sich Menschen beschäftigen. Zu ihrer Lösung tragen in erster Linie Fossilfunde von Knochen, Zähnen und anderen Spuren bei. Mithilfe von Altersbestimmungen können Fossilien zeitlich eingeordnet und mögliche Stammbäume erstellt werden. Zahnformen lassen auf die Beschaffenheit der Nahrung schließen. Die Feinstruktur einiger Fossilien gibt Auskunft über die Fortbewegungsweise. Der Vergleich von DNA verschiedener Lebewesen liefert Hinweise auf Verwandtschaft und auf gemeinsame Vorfahren. Klimatische Gegebenheiten vergangener Erdepochen lassen Rückschlüsse auf die Entwicklungsgeschichte zu. So entsteht ein immer genaueres Bild der Menschheitsgeschichte. Selbst wenn noch vieles im Dunkeln liegt: Die Vielzahl der vorliegenden Indizien bestätigt die Annahme, dass der Mensch von Tieren abstammt.

Allerdings bleibt die Rekonstruktion der Stammesgeschichte des Menschen an manchen Stellen unbestimmt. Das liegt daran, dass Fossilien immer Spielraum für Interpretationen zulassen, insbesondere dann, wenn die Funde unvollständig sind. Auch die Altersbestimmung ist oft nicht eindeutig und Rückschlüsse auf Nahrung, Lebensraum oder Zeitspanne der Existenz einer Art sind lückenhaft. Unsere Vorstellung von der Menschwerdung ist also nicht endgültig geklärt. Somit werden neue Funde und verbesserte Methoden bisherige Vorstellungen verändern oder sogar ersetzen.

02 Verwandtschaftsgruppe der Primaten:
A Schimpanse,
B Altweltaffe (Berberaffe),
C Neuweltaffe (Brüllaffe),
D Koboldmaki,
E Lemur (Katta)

PRIMATEN · Die Entwicklung des Menschen beginnt innerhalb der **Primaten**. Diese biologische Ordnung der Säugetiere entstand vor etwa 80 bis 90 Millionen Jahren in der Kreidezeit. Primaten sind an das Baumleben angepasst. Sie haben Greifhände und -füße mit abspreizbaren Daumen und Großzehen. Finger und Zehen tragen Nägel und keine Krallen. Ihre Augen sind nach vorne gerichtet, was räumliches Sehen und Abschätzung von Entfernungen ermöglicht. Dazu kommen ein relativ großes Gehirn, langsames Wachstum, späte Geschlechtsreife und komplexes Sozialverhalten. Nicht alle Primaten haben alle diese Merkmale. Obwohl Menschen keine Greiffüße besitzen, haben sie genügend Merkmale für eine Zuordnung zu den Primaten.

Die Primaten werden unterteilt in Feuchtnasenaffen mit Lemuren und Galagos sowie Trockennasenaffen. Dazu gehören Koboldmakis sowie Neuwelt- und Altweltaffen. Unter den Altweltaffen gibt es Hundsaffen mit hundeartiger Körperhaltung und Menschenaffen. Letztere zeichnen sich dadurch aus, dass sie sich nicht in den Baumkronen laufend, sondern hangelnd fortbewegen.

DIE WIEGE DES MENSCHEN · Die eigenständige Menschheitsgeschichte, die auch **Hominisation** genannt wird, begann, als eine ursprünglich einheitliche Population in die Vorfahren des Menschen und die Vorfahren des Schimpansen getrennt wurde. Wann dieses Ereignis stattgefunden hat, kann mit dem vorhandenen Datenmaterial nur ungefähr bestimmt werden. Die meisten Forscher gehen davon aus, dass die Trennung in einem Zeitraum vor 5,5 bis 6,5 Millionen Jahren erfolgte. Zu dieser Zeit entstand in Afrika durch geologische Vorgänge ein mächtiges Gebirge, was zu einem Klimawandel führte: Der ursprüngliche Lebensraum trennte sich in den westafrikanischen Regenwald und das trockene Ostafrika. Hier entwickelte sich aus einem dichten Wald eine offene Baumsavanne. Die Vorfahren des Menschen mussten nun Strecken zwischen den Bäumen auf dem Boden zurücklegen.

Manche Forscher nehmen an, dass bei diesen Umweltbedingungen der aufrechte Gang einen Selektionsvorteil darstellte. Ähnliches gilt, wenn sich die Vormenschen in den Uferbereichen von Flüssen und Seen watend fortbewegt hätten. Auch das könnte den Erwerb des aufrechten Ganges erklären. Die in den Bäumen lebenden Menschenaffen Schimpanse, Gorilla oder Orang-Utan waren an eine andere Fortbewegungsweise angepasst.

1 Beschreibe mögliche Zusammenhänge zwischen Klimaänderung und Selektion des aufrechten Ganges!

EVOLUTIONÄRE ENTWICKLUNG
LEBEWESEN UND LEBENSRÄUME DAUERND IN VERÄNDERUNG

lateinisch australis = südlich

altgriechisch pithecos = Affe

afarensis bedeutet: aus der Region Afar (in Äthiopien) stammend

DER AUFRECHTE GANG · Einige der nun auftretenden Vormenschen, deren wissenschaftlicher Name **Australopithecus** ist, sind zumindest überwiegend aufrecht gegangen. Dies zeigen Fossilien von Knochen- und Gelenkformen, mit denen man das Skelett rekonstruieren kann. Auch die eingangs beschriebenen Fußspuren stammen von Zweibeinern.

Einer der sensationellsten Funde wurde 1974 in Äthiopien gemacht: Eine Forschergruppe entdeckte etwa 3,2 Millionen Jahre alte Knochen, die einer Frau der Art **Australopithecus afarensis** zugeordnet werden konnten. Die Wissenschaftler gaben ihr den Namen Lucy. Lucy hatte ein menschenähnliches Gebiss. Sie war 1,20 Meter groß und ihr Hirnvolumen entsprach mit etwa 400 Kubikzentimetern demjenigen heutiger Schimpansen. Auch ihr Gesicht war schimpansenähnlich mit niedriger Stirn, flacher Nase und hervorstehendem Kiefer.

Der aufrechte Gang verhalf den Vormenschen zu einem guten Überblick im offenen Gelände. Dadurch konnten sie Beutegreifer frühzeitig erkennen und die freien Hände zur Verteidigung einsetzen. Die steil einfallende Sonneneinstrahlung traf auf eine kleine Oberfläche, sodass sich der Körper weniger aufheizte.

Auffällig sind Funde von Fossilien später lebender *Australopithecus*-Arten. Ihre massiven Kiefer, großen Backenzähne und der Scheitelkamm auf dem Schädel als Ansatz für eine starke Kaumuskulatur sind Hinweise auf eine Angepasstheit an eine harte Pflanzennahrung, die langes Kauen erforderte.

Daneben gab es aber auch grazilere *Australopithecus*-Arten. Ihre kleineren Zähne lassen vermuten, dass sie sich zumindest zeitweise von Fleisch, zum Beispiel Aas, ernährt haben.

WERKZEUGHERSTELLUNG · Vor etwa 2,5 Millionen Jahren wurde das Klima noch trockener. Aus der Baumsavanne entwickelte sich eine Busch- und Grassavanne. Da sich das Nahrungsangebot an Früchten weiter verringerte, starben viele *Australopithecus*-Gruppen aus. Es überlebten vor allem solche, die andere Nahrungsquellen erschlossen. Von **Homo habilis**, dem geschickten Menschen, weiß man aus Fossilfunden, dass er gezielt unterschiedliche Steinwerkzeuge hergestellt hat, mit denen er Knochen aufbrach oder Fleisch von Knochen abschabte. Kleinere Mahlzähne im Gebiss der Frühmenschen sind ein weiteres Indiz für eine veränderte Ernährung.

Mit der Herstellung von Werkzeugen ging die Vergrößerung des Gehirns einher. Heutzutage wird die Werkzeugherstellung als entscheidender Evolutionsschritt in der Stammesgeschichte des Menschen angesehen.

03 Lucy: **A** Knochenfund, **B** Rekonstruktion

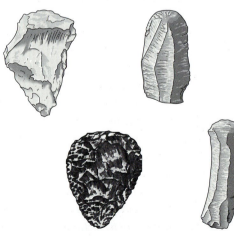

04 Steinwerkzeuge

BEHERRSCHUNG DES FEUERS · Fossilfunde menschenähnlicher Lebewesen, die vor etwa 1,9 Millionen bis ungefähr 200 000 Jahren lebten, zeigen eine Weiterentwicklung des bisherigen Typs: Durch eine Vergrößerung des Hirnschädels entstand ein menschenähnliches Gesicht und Platz für ein größeres Gehirn. Sein Volumen nahm von 700 Kubikzentimeter bis auf 1100 Kubikzentimeter zu. Im Vergleich zu früheren Formen waren die Arme kürzer und die Beine länger. Das führte zu einer Körperhaltung, die dem Lebewesen den Namen **Homo erectus** einbrachte, der aufrechte Mensch. Seine geringe Körperbehaarung kann als Angepasstheit an das Langstreckenlaufen angesehen werden, denn dadurch kann die Körpertemperatur besser reguliert werden.

Besonders bemerkenswert ist die Tatsache, dass zusammen mit Knochenfossilien und differenzierten Feuersteinwerkzeugen fast immer Spuren von Feuerstellen und Asche gefunden wurden. Nach Auffassung einiger Forscher ist die Handhabung des Feuers ein weiterer wesentlicher Schritt in der Stammesentwicklung des Menschen: Nun konnten Mahlzeiten gekocht werden. Gekochte Nahrung ist leichter verdaulich und liefert somit mehr Nährstoffe, was vor allem der Entwicklung des Gehirns zugute kam. Die gemeinsame Nahrungsaufnahme an einer Feuerstelle hatte sicher auch Einfluss auf das Sozialverhalten.

Zum Teil mehr als eine Million Jahre alte Fossilien aus Asien beweisen, dass Gruppen von *Homo erectus* den afrikanischen Entstehungsort verlassen und andere Erdteile besiedelt haben. Auch in Europa lebte vor etwa 650 000 Jahren mit *Homo heidelbergensis* eine *Homo erectus*-Form, die vermutlich auf frühe afrikanische Vorfahren zurückgeht.

Der **Neandertaler**, der mehr als 250 000 Jahre Europa besiedelte, stammt ebenfalls von *Homo erectus* ab. In Afrika entwickelte sich vor etwa 200 000 Jahren aus *Homo erectus* der moderne Mensch, **Homo sapiens**, der Jetztmensch.

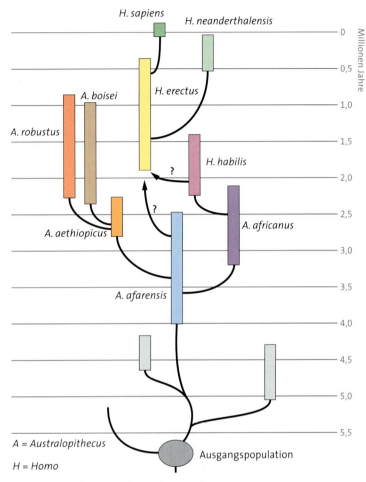

05 Hypothetischer Stammbaum des Menschen

Erste Nachweise des *Homo sapiens* in Asien, Australien, Europa und Amerika existieren seit etwa 40 000 Jahren. In Europa verdrängte er den Neandertaler, vermutlich weil er konkurrenzüberlegen war.

Kennzeichnend für den *Homo sapiens* sind seine kulturellen Fähigkeiten, beginnend mit der Höhlenmalerei, der Schmuckherstellung, der Laut- und Schriftsprache oder der Entwicklung religiöser Rituale. Ein Ende der sich beschleunigenden „kulturellen Evolution" ist nicht absehbar.

2 J Vergleiche die wesentlichen körperlichen Merkmale von *Australopithecus afarensis* und *Homo erectus*!

MATERIAL

Material A ▸ Vergleich des Skeletts von Schimpanse, *Australopithecus* und Mensch

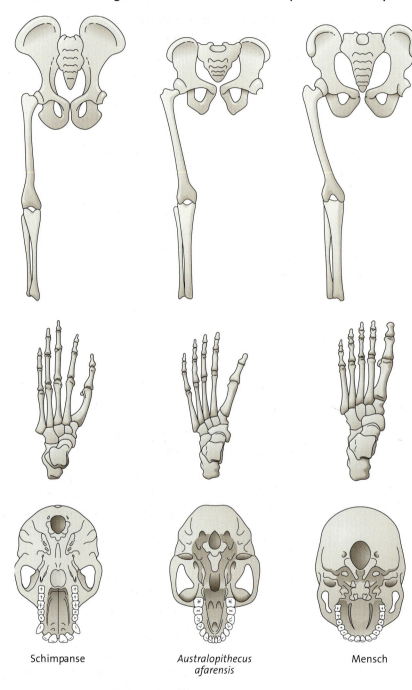

Schimpanse   *Australopithecus afarensis*   Mensch

Die Abbildungen zeigen Becken und Oberschenkel, Fußskelett und Schädel von unten von Schimpanse, *Australopithecus afarensis* und heutigem Menschen.

Durch das Hinterhauptsloch verlässt das Rückenmark den Schädel. Es liegt unmittelbar hinter der Wirbelsäule. Im Oberkiefer sind die Zähne zu erkennen.

A1 Beschreibe die Stellung des Oberschenkelknochens zum Becken und stelle Vermutungen an, welche Bedeutung dies für die aufrechte Körperhaltung hat!

A2 Beschreibe Form und Bau des Beckens! Gib begründet an, ob man daraus auf Rückschlüsse die Art der Fortbewegung ziehen kann!

A3 Vergleiche den Bau der drei Fußskelette und erläutere, inwieweit sie zum Klettern in Bäumen oder zum Laufen auf dem Boden geeignet sind!

A4 Vergleiche die Form der Gebisse sowie die Form und die Anordnung der Zähne in den Gebissen!

A5 Stelle Vermutungen an, welche Aussagen anhand der Form des Gebisses sowie der Form und der Größe der Zähne gemacht werden können!

A6 Vergleiche die jeweilige Lage des Hinterhauptsloches!

A7 Stelle einen Zusammenhang her zwischen der Lage des Hinterhauptsloches und der Körperhaltung!

A8 Erläutere, ob mithilfe der anatomischen Merkmale Aussagen über die Fähigkeit zum aufrechten Gang von *Australopithecus* möglich sind!

Material B ▸ Menschwerdung

Im Verlauf der Stammesgeschichte fanden Entwicklungen statt, die zu den Eigenschaften des Menschen geführt haben, die ihn von Tieren unterscheiden. Als Wendepunkte für diese Menschwerdung werden diskutiert:

- der Erwerb des aufrechten Gangs,
- die Herstellung und die Nutzung von Werkzeugen,
- die Beherrschung des Feuers und damit die Möglichkeit, Nahrung zu kochen,
- die Herstellung von Schmuck und von Kunstgegenständen wie Wandmalereien.

B1 Beschreibe für alle vier Fälle, welchen Einfluss die jeweiligen Neuerungen auf die Lebenssituation der betreffenden Lebewesen hatten!

B2 Erläutere die Entwicklung von Gehirnvolumen und Sprache im Zusammenhang mit den vier Neuerwerbungen!

B3 Diskutiere mit deinen Mitschülern, welche der vier neuen Fähigkeiten eurer Meinung nach der Startpunkt der Menschwerdung war!

Material C ▸ Gehirnentwicklung und Energiebedarf

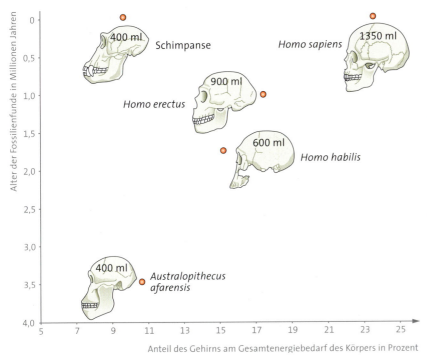

C1 Beschreibe den im Diagramm dargestellten Zusammenhang!

C2 Erläutere die Einflüsse, die sehr wahrscheinlich zu einer Vergrößerung des Gehirns geführt haben!

C3 Erkläre mithilfe des Diagramms, welcher Zusammenhang zwischen der Ernährungsumstellung auf fleischliche Nahrung und dem Wachstum des Gehirns besteht!

C4 Formuliere eine Vermutung, weshalb die Gehirne von Neandertalern und von *Homo sapiens* etwa gleich groß sind!

EVOLUTIONÄRE ENTWICKLUNG
LEBEWESEN UND LEBENSRÄUME DAUERND IN VERÄNDERUNG

01 Javamensch:
A Knochenfund,
B Rekonstruktion

Der Mensch erobert die Erde

Vor rund 100 Jahren wurden auf Java und in der Nähe von Peking Knochen gefunden, die man später dem Frühmenschen Homo erectus zuordnen konnte. Der älteste der beiden Funde wurde auf etwa 1,8 Millionen Jahre datiert. Dies entspricht in etwa dem Alter von Funden des Homo erectus in Afrika. Wie lässt sich das erklären?

AUSBREITUNG DER FRÜHEN MENSCHEN · Nach einhelliger Ansicht der meisten Paläontologen hat die Menschheitsgeschichte ihren Ursprung in Ostafrika, in einem Gebiet des heutigen Äthiopien, Tansania und Kenia. Dort wurden etwa zwei Millionen Jahre alte Fossilien eines grazilen *Homo erectus* gefunden, der bisweilen auch als *Homo ergaster*, der *arbeitende Mensch*, bezeichnet wird. Neben den Fossilien in Ostasien und auf den indonesischen Inseln wurden auch in Südafrika, in Spanien, im Kaukasus und in Deutschland Überreste gefunden, die *Homo erectus* zuzuordnen sind.

Wenn *Homo erectus* also in Ostafrika entstanden ist, kann er nur durch Auswandern in die genannten Gebiete gelangt sein.

Wie aber war es möglich, dass er in relativ kurzer Zeit an ungefähr 10 000 Kilometer entfernte Orte gekommen ist und sogar Inseln besiedeln konnte? Nimmt man eine Ausbreitungsgeschwindigkeit von nur einem oder gar einem halben Kilometer pro Jahr an, so ergibt sich für die Bewältigung dieser Entfernungen eine Zeit, die evolutionsbiologisch als „rasch" bezeichnet werden kann. Da außerdem während der verschiedenen Eiszeiten der Meeresspiegel mehr als 100 Meter tiefer lag, entstanden Landbrücken, auf denen Meeresarme überwunden oder heutige Inseln erreicht werden konnten. Außerdem gab es im Gebiet der heutigen arabischen Halbinsel und der Sahara keine unüberwindlichen Wüsten, sodass auch hier Wanderungen möglich waren.

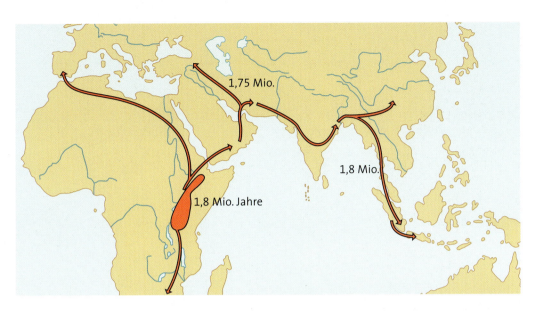

02 Die Ausbreitung von *Homo erectus*

DER NEANDERTALER · Im Jahr 1856 fanden Arbeiter in einem Steinbruch in der Nähe von Düsseldorf Knochen, die später dem **Neandertaler** zugeordnet wurden. Anhand weiterer Funde weiß man heute, dass dieser Menschentyp etwa 250 000 Jahre lang bis ungefähr vor 30 000 Jahren in Europa und im Nahen Osten lebte.

Der Neandertaler war untersetzt, hatte einen kinnlosen Kiefer und Überaugenwülste. Sein Gehirnvolumen lag mit bis zu 1500 Kubikzentimetern über dem des heutigen Menschen. Die Form eines Zungenbeinfundes zeigt, dass er die anatomischen Voraussetzungen zum Sprechen hatte. Er verwendete differenzierte Werkzeuge und benutzte Speere mit Knochenspitzen. Seine Nahrung bestand vorwiegend aus Fleisch. Er lebte in räumlich aufgeteilten Höhlen oder in Zelten aus Fellen und schützte sich mit Fellkleidung vor Kälte. Einige Knochenfunde zeigten Verletzungen, die offenkundig medizinisch behandelt worden waren. Grabbeigaben weisen auf Bestattungsrituale hin. Als sein direkter Vorfahre gilt der *Homo heidelbergensis*, der bis vor etwa 200 000 Jahren in Europa lebte. Dieser wird von einigen Forschern als eigenständige Art, von anderen hingegen als eine an das kalte Klima angepasste Form des *Homo erectus* angesehen.

03 Neandertaler, Rekonstruktion aus dem Neandertalermuseum in Mettmann

Sicher scheint zu sein, dass der Vorfahre von *Homo heidelbergensis* vor etwa einer Million Jahren aus Nordafrika kommend in Südeuropa eingewandert ist.

1. Beschreibe die Ausbreitungswege von *Homo erectus*!

EVOLUTIONÄRE ENTWICKLUNG
LEBEWESEN UND LEBENSRÄUME DAUERND IN VERÄNDERUNG

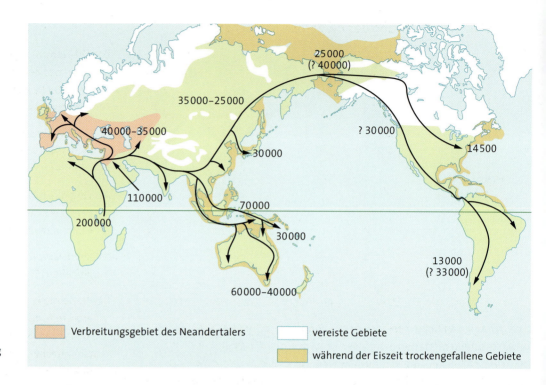

04 Die Ausbreitung von *Homo sapiens*

AUSBREITUNG DES *HOMO SAPIENS* · Die Herkunft des modernen Menschen war bei Wissenschaftlern lange Zeit umstritten. Die meisten von ihnen sind aber inzwischen davon überzeugt, dass *Homo sapiens* in Afrika entstand und von dort aus die ganze Erde erobert hat. Diese **Out-of-Africa-Hypothese** wird sowohl durch Fossilmaterial als auch durch genetische Untersuchungen gestützt. Die ältesten Fossilien, die eindeutig *Homo sapiens* zugeordnet werden können, stammen aus dem heutigen Äthiopien und sind ungefähr 160 000 Jahre alt.

Die genetischen Untersuchungen wurden weltweit an 147 Menschen durchgeführt. Dabei wurde festgestellt, dass der weibliche Urahn der heutigen Menschen vor etwa 200 000 Jahren in Afrika gelebt haben muss.

Mithilfe der Untersuchungsergebnisse konnten auch die Ausbreitungswege rekonstruiert werden. Demzufolge lebte *Homo sapiens* bis vor rund 110 000 Jahren nur auf dem afrikanischen Kontinent. Danach besiedelte er zunächst Asien und später die anderen Kontinente. Im heutigen Hinterindien trennten sich die Wege zweier Gruppen: Die eine breitete sich nordwärts über Ostasien und die während der Eiszeit trockengefallene Beringstraße bis nach Nord- und Südamerika aus. Die andere zog südwärts und erreichte Australien über die ebenfalls während der Eiszeit weitgehend zusammenhängende Landmasse des heutigen Indonesien. Vor etwa 40 000 Jahren erreichte der moderne Mensch Europa. Die Besiedlung erfolgte wahrscheinlich über Vorderasien.

Nach neueren Untersuchungen enthält das Erbgut von Eurasiern, Australiern, Nord- und Südamerikanern sowie Nordafrikanern einen Anteil von zwei bis vier Prozent Neandertalergenen. Afrikaner südlich der Sahara besitzen diese Gene nicht. Dies kann nur damit erklärt werden, dass der aus Afrika auswandernde *Homo sapiens* vor etwa 100 000 Jahren mit dem im Gebiet des heutigen Nahen Ostens ansässigen Neandertaler gemeinsame Nachkommen hatte.

2) Vergleiche die Ausbreitung von *Homo sapiens* mit der von *Homo erectus*!

MATERIAL

Material A ▸ Der Ursprung des modernen Menschen

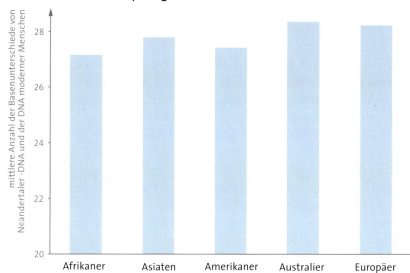

Das Diagramm zeigt die Basenunterschiede eines bestimmten Abschnitts der DNA von Neandertalern und der DNA der jeweiligen Populationen.

A1 Gib an, wie die Unterschiede in der DNA-Basensequenz zustande kommen!

A2 Vergleiche die obige Annahme mit der Out-of-Africa-Hypothese! Nimm dazu Seite 330 zu Hilfe!

A3 Beschreibe die im Diagramm dargestellten Ergebnisse!

A4 Werte die Ergebnisse aus und erläutere, ob die Annahme, dass der moderne Mensch durch allmähliche Veränderung regionaler Populationen entstanden ist, bestätigt oder widerlegt wird!

Der Ursprung von *Homo sapiens* war lange Zeit umstritten. Manche Wissenschaftler nahmen an, dass der moderne Mensch durch allmähliche genetische Veränderung der verschiedenen *Homo-erectus*-Populationen in den unterschiedlichen Regionen der Erde entstanden sein könnte. Um diese Annahme zu untersuchen, wurde der genetische Abstand zwischen Neandertaler und Menschen verschiedener Kontinente überprüft. Dieser ist umso größer, je mehr Unterschiede es in der Basensequenz eines bestimmten DNA-Abschnitts gibt.

Material B ▸ Vermutungen zum Aussterben des Neandertalers

Neandertaler und moderner Mensch lebten mehrere tausend Jahre in Europa nebeneinander.

Es ist nicht geklärt, weshalb der Neandertaler schließlich ausgestorben ist. Dazu einige Vermutungen:

B1 Gib an, welche Spuren Hinweise für die Richtigkeit der Vermutungen A bis D geben könnten!

B2 Erläutere, welche Probleme aufgetreten sein könnten, wenn Vermutung E zutrifft.

B3 Recherchiere vergleichbare Beispiele aus der jüngeren Menschheitsgeschichte für den Fall F und berichte!

B4 Entscheide dich für eine Vermutung und begründe!

Vermutungen zum Aussterben des Neandertalers

A Neandertaler waren Spezialisten für das kalte Klima in Europa während der Eiszeit.

B Der Neandertaler war Großwildjäger. Das Aussterben von Mammuts und anderen Beutetieren führte daher zu Nahrungsengpässen.

C Der moderne Mensch hatte bessere Waffen und hat den Neandertaler zum Aussterben gebracht.

D Die Kindersterblichkeit war bei Neandertalern höher und ihre Lebenserwartung geringer.

E Der moderne Mensch und der Neandertaler konkurrierten um die gleichen Umweltangebote und der moderne Mensch war überlegen.

F Der moderne Mensch brachte Krankheitserreger mit, gegen die der Neandertaler nicht immun war.

EVOLUTIONÄRE ENTWICKLUNG
LEBEWESEN UND LEBENSRÄUME DAUERND IN VERÄNDERUNG

IM BLICKPUNKT GESCHICHTE

Menschliche Rassen – ein umstrittener Begriff

ART UND RASSE · Alle heute lebenden Menschen gehören zur Art *Homo sapiens*. Mit dem Begriff **Art** werden alle Lebewesen bezeichnet, die gemeinsam fruchtbare Nachkommen zeugen können. Genetische Untersuchungen der DNA von Fossilien deuten darauf hin, dass auch der Neandertaler zu dieser Art gehörte, aber eine eigene **Unterart** darstellte. Der biologische Begriff Unterart wird für Populationen einer Art verwendet, die sich in vielen Merkmalen unterscheiden. Manchmal wurde früher, insbesondere im englischen Sprachraum, anstelle des Begriffs Unterart auch der Begriff **Rasse** benutzt.

Von Rassen spricht man vor allem in der Tierzucht, zum Beispiel bei Hunden oder Tauben. Dort werden Tiere mit besonderen Merkmalen gezielt gepaart und von anderen artgleichen Tieren ferngehalten. Nach etlichen Generationen prägen sich bestimmte Merkmalskombinationen aus, die für die Rasse typisch sind.

RASSEN UND RASSENDISKRIMINIERUNG · In verschiedenen Regionen der Erde sehen Menschen unterschiedlich aus: Vor allem Körpergröße, Statur, Hautfarbe, Augenfarbe, Haarfarbe und Haarstruktur variieren stark. Deshalb hat man auch Menschen in verschiedene Rassen eingeteilt. Infolge von Abgrenzungsproblemen wurden drei, zehn oder bis zu 60 Rassen unterschieden.

Bereits in der Mitte des 19. Jahrhunderts wurde äußeren Merkmalen vielfach auch kulturelle Fähigkeiten und Intelligenz zugeordnet. Nach der Veröffentlichung von DARWINs Evolutionstheorie übertrugen viele seine Aussagen auf die menschliche Gesellschaft und begründeten damit den **Sozialdarwinismus**: Sie behaupteten, dass auch kulturelle und soziale Veränderungen der natürlichen Selektion unterliegen.

Dadurch wurde nicht mehr nur zwischen verschiedenen Rassen unterschieden, sondern sie wurden auch bewertet. So wurde die eigene Rasse als besser, überlegen oder höherwertig angesehen. Es entstand eine Weltanschauung, die andere Lehrmeinungen weitgehend ausschloss. In der Zeit des Nationalsozialismus führte diese Ideologie zur Judenverfolgung und wurde sogar zum Inhalt des Biologieunterrichts. Mit den Nürnberger Rassengesetzen rechtfertigte das NS-Regime später seine Massenmorde. Auch nach dem zweiten Weltkrieg blieb Rassendiskriminierung offiziell erhalten, in den Südstaaten der USA bis in die 1960er-Jahre und in Südafrika sogar bis 1990.

Auch heute noch gibt es Menschen, die für rassistische Parolen und diskriminierende Sprüche empfänglich sind. Dies zeigt der Zuspruch, den einige politische Gruppierungen mit ihrer zum Teil offen rassistischen Wählerwerbung erfahren.

01 Toilettenanlage während der Apartheid

MENSCHENGRUPPEN · Bei der Begutachtung von Menschen war man lange Zeit nur auf die Feststellung äußerer Merkmale angewiesen. So wurden Menschen verschiedener Kontinente vermessen, gezeichnet, fotografiert und danach klassifiziert. Heute forscht man mit molekulargenetischen Methoden, um die Verwandtschaft verschiedener Menschengruppen zu untersuchen. Dabei stellt man immer wieder fest, dass es nur sehr geringfügige Unterschiede zwischen menschlichen Populationen gibt. Zum Beispiel belegten Untersuchungen an mehr als 1000 Personen aus 51 verschiedenen Populationen, die im Jahr 2008 veröffentlicht wurden, dass eine scharfe genetische Trennung zwischen den einzelnen Populationen nicht möglich ist. Man beobachtete lediglich sehr feine geografische Abstufungen im Erbgut von Menschen verschiedener Regionen.

Aufgrund dieser Erkenntnisse erklärte die UNESCO, die Organisation der Vereinten Nationen für Erziehung, Wissenschaft und Kultur, im Jahr 1995, dass die Anwendung des Rassebegriffs auf den Menschen wissenschaftlich nicht mehr vertretbar sei.

BEISPIEL HAUTFARBE · Ein wichtiges Kriterium der Rassentheorie war die Hautfarbe. Aber welche Bedeutung hat die Hautfarbe für die Evolution des Menschen?

Wissenschaftler nehmen an, dass die dunkle Hautfarbe bei den frühen Menschen entstand, nachdem sie ihre dichte Körperbehaarung verloren hatten. Die Pigmentierung der Haut schützt vor schädlicher UV-Strahlung und verringert dadurch das Krebsrisiko. Andererseits benötigt der Mensch eine geringe Dosis UV-Strahlung zur Synthese von Vitamin D, das für die Kalkeinlagerung bei der Knochenbildung wichtig ist. Deshalb ist in Gegenden mit hoher Sonneneinstrahlung eine dunkle Haut von Vorteil. In Gegenden mit wenig Sonneneinstrahlung hingegen sind hellhäutige Menschen besser angepasst.

Im Jahr 2005 entdeckten Wissenschaftler zwei Varianten eines an der Pigmentsynthese beteiligten Enzyms, die sich nur geringfügig unter scheiden. Bei hellhäutigen Menschen ist an Position 111 eine einzige Aminosäure ausgetauscht. Hierdurch ist die Wirkung des Enzyms gegenüber dem Enzym dunkelhäutiger Menschen wesentlich herabgesetzt. Eine kleine genetische Veränderung hat also eine große Auswirkung auf das äußere Erscheinungsbild.

Dies scheint bei anderen genetisch bedingten Unterschieden der Körperoberfläche ähnlich zu sein. Es leuchtet ein, dass vor allem solche Gene unterschiedlich selektiert wurden, die in Anpassung an unterschiedliche Klimazonen äußere Merkmale bestimmen. Weil aber das äußere Erscheinungsbild so unterschiedlich ist, nahm man Gleiches auch vom Rest der genetischen Ausstattung an. Dies ist jedoch ein Trugschluss: Der genetische Unterschied aller Menschen ist nur sehr gering.

1) Vergleiche, welche Unterschiede zwischen menschlichen Populationen biologisch festgestellt und welche von Rassisten behauptet werden!

02 Jugendliche verschiedener Kulturen

EVOLUTIONÄRE ENTWICKLUNG
VIELFALT DER LEBEWESEN ALS RESSOURCE

01 Bergmähwiese

Biodiversität

> *Rosa blühende Orchideen, das Gelb von Korbblütlern und Wundklee, nicht zu vergessen die vielen Gräserarten: Das Bild zeigt Biodiversität. Was versteht man genau darunter und welche Rolle spielt sie?*

BIOLOGISCHE VIELFALT · In Biozönosen wie der abgebildeten Bergmähwiese leben viele Arten von Lebewesen zusammen, die die Umweltressourcen auf unterschiedliche Weise nutzen. Besonders auffällig sind die Pflanzen. Doch vielfältige Pflanzenarten ermöglichen auch Artenvielfalt der dort lebenden Tiere. Andere Typen von Biozönosen vermitteln ein anderes Bild und unterscheiden sich in ihrem Arteninventar. Aber auch die Mitglieder einer Art sind nicht einheitlich: Sie unterscheiden sich in manchen Erbmerkmalen. Das wird besonders deutlich bei den durch Züchtung erzeugten Haustier- und Nutzpflanzenrassen. Die Vielfalt des Lebens auf allen Ebenen, von den Genen bis zu Biozönosen bezeichnet man als **Biodiversität**.

NUTZEN DER BIODIVERSITÄT · Viele Lebewesen enthalten Stoffe, die von Menschen genutzt werden: Nährstoffe, Fasern, Öle, Fette, Farbstoffe, Harze und pharmazeutische Wirkstoffe. Darüber hinaus nützen Insekten dem Menschen als Blütenbestäuber und sichern als Schädlingsbekämpfer die Ernte. Einige technische Erfindungen machen sich Vorbilder aus der Natur zunutze, so die nach dem Vorbild der Haihaut gestaltete Hülle von Flugzeugen und Schiffen. Sie senkt die Reibung und spart so Treibstoff ein. Die Auswahlmöglichkeit zwischen verschiedenen Zuchtrassen ist Voraussetzung dafür, dass dieselbe Haustier- oder Nutzpflanzenart für unterschiedliche Aufgaben und Klimaanforderungen genutzt werden kann. Unabhängig von ihrem wirtschaftlichen Nutzen hat die Vielfalt des Lebens in ihrer Schönheit und der Faszination, die von ihr ausgeht, einen hohen Wert. Sie ist ein Schatz, an dem die Menschheit teilhaben darf, und jede Art, die ausstirbt, macht die Welt ärmer.

ARTENVIELFALT · Heute unterscheiden Wissenschaftler ungefähr 1,5 Millionen verschiedene Arten von Bakterien, Pilzen, Pflanzen und Tieren. Viele Arten sind jedoch noch nicht entdeckt worden, sodass man davon ausgeht, dass insgesamt mindestens drei Millionen verschiedene Arten die Erde bewohnen. Manche Forscher rechnen sogar mit einer zweistelligen Millionenzahl. Alleine der Anteil an Insektenarten könnte bis zu acht Millionen betragen. Auch bei den sehr artenreichen Pilzen ist vermutlich nur ein kleiner Bruchteil bekannt.

GENETISCHE VIELFALT · Die Eigenschaften der Lebewesen werden durch die Erbanlagen bestimmt, die sich in ihnen ausprägen. So hat der Zweipunkt-Marienkäfer sowohl Anlagen für überwiegend schwarze als auch für rote Deckflügel. Schwarze Käfer absorbieren Sonnenstrahlen effektiv. Trotz kühler Temperatur, also am Morgen und allgemein im Frühjahr, werden sie schnell aktiv. Die roten Tiere können tiefen Temperaturen besser standhalten. Sie sterben seltener beim Überwintern. Im Laufe des Jahres und bei sich änderndem Klima sind mal die roten und mal die schwarzen Käfer im Vorteil und tragen gemeinsam zum Weiterbestehen der Population bei.

Die genetische Vielfalt von Nutzpflanzen und Haustieren ist Voraussetzung dafür, dass bei wechselnden Umweltbedingungen einige Individuen bereits über die nötige Angepasstheit verfügen. Lokale Sorten haben oft Angepasstheiten an Besonderheiten einer örtlichen Umwelt ausgebildet. Sie gedeihen gut an Orten, an denen durchschnittliche Exemplare ihrer Art nur mäßige Erträge bringen. Daher ist es bedenklich, dass in manchen Staaten Patente auf das Erbgut von gezüchteten Lebewesen erteilt werden, die verbieten, damit an Ort und Stelle weiterzuzüchten. Das beschränkt die Weiterentwicklung der lebenswichtigen genetischen Vielfalt. Für alle Erbanlagen und alle Lebewesen gilt: Je vielfältiger eine Population ist, desto flexibler kann sie auf wechselnde Bedingungen reagieren.

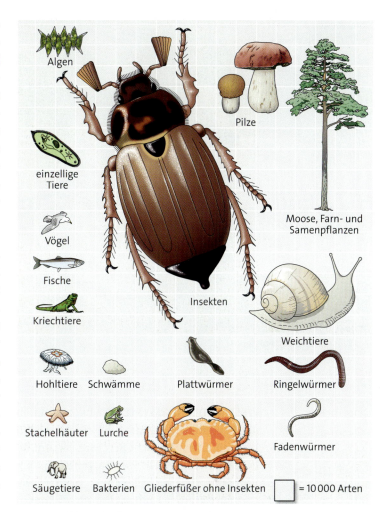

02 Artenzahl verschiedener Gruppen von Lebewesen

03 Schwarze und rote Form des Zweipunkt-Marienkäfers

EVOLUTIONÄRE ENTWICKLUNG
VIELFALT DER LEBEWESEN ALS RESSOURCE

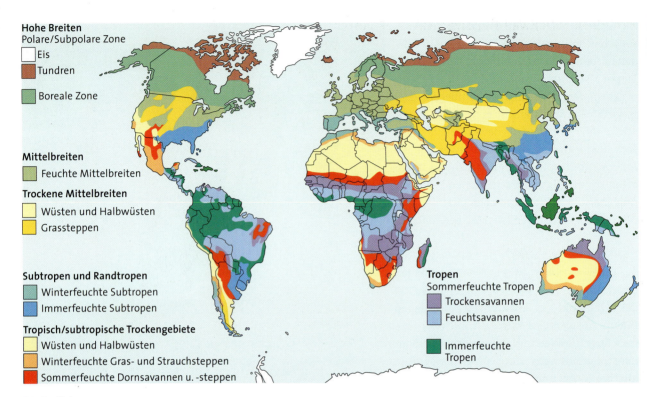

Hohe Breiten
Polare/Subpolare Zone
- Eis
- Tundren
- Boreale Zone

Mittelbreiten
- Feuchte Mittelbreiten

Trockene Mittelbreiten
- Wüsten und Halbwüsten
- Grassteppen

Subtropen und Randtropen
- Winterfeuchte Subtropen
- Immerfeuchte Subtropen

Tropisch/subtropische Trockengebiete
- Wüsten und Halbwüsten
- Winterfeuchte Gras- und Strauchsteppen
- Sommerfeuchte Dornsavannen u. -steppen

Tropen
Sommerfeuchte Tropen
- Trockensavannen
- Feuchtsavannen
- Immerfeuchte Tropen

04 Großlebensräume der Erde

05 Drüsiges Springkraut

VIELFALT DER ÖKOSYSTEME · Bedingt durch unterschiedliche klimatische Bedingungen kann die Erde in typische Bereiche, die **Großlebensräume**, eingeteilt werden. Ihnen können Vegetationsformen zugeordnet werden wie der sommergrüne Laubwald mittlerer Breiten oder der immergrüne tropische Regenwald. Die polaren Eiswüsten und Kältesteppen sowie die daran anschließenden Nadelwälder nehmen knapp ein Drittel der Landoberfläche ein, die Gebiete sommergrüner Laubwälder, in denen wir leben, etwa zehn Prozent. Die Wüsten der Subtropen und Tropen bedecken knapp 21 Prozent und die sommer- und immerfeuchten Tropen etwa ein Viertel. In den immerfeuchten Tropen ist die Artenvielfalt mit etwa 70 Prozent aller bekannten Arten sehr hoch. Ozeane bedecken zwei Drittel der Erdoberfläche mit vielfältigen Lebensräumen wie Lagunen, Riffen und Tiefseegräben. Strömung und Temperatur wirken wie das Klima an Land. Viele dieser Lebensräume sind noch kaum erforscht.

NEOBIONTEN · Das Drüsige Springkraut war früher an Bachufern im Himalaja heimisch. Nun besiedelt es in dichten Beständen hiesige Flussufer und verdrängt andere Sumpfpflanzen. Dadurch ändert sich das Artenspektrum. Hummeln nutzen jedoch intensiv seine Blüten und Menschen werden durch seine Blütenpracht beeindruckt. Nutzen oder Schaden neu eingewanderter Arten sind also schwer abzuwägen.
Neue, ursprünglich gebietsfremde Pflanzen- oder Tierarten bezeichnet man als **Neophyten** beziehungsweise **Neozoen**. Allgemein spricht man von **Neobionten**. Schon immer haben sich neue Arten angesiedelt. Durch Handel und Verkehr werden sie jedoch zunehmend häufiger verfrachtet.

1) Nenne verschiedene Ebenen, auf denen sich die Biodiversität ausprägt!

2) Nenne drei Beispiele für den Nutzen oder den Wert einer reichhaltigen Biodiversität!

MATERIAL

Material A ▶ Weltweite Biodiversität von Pflanzen

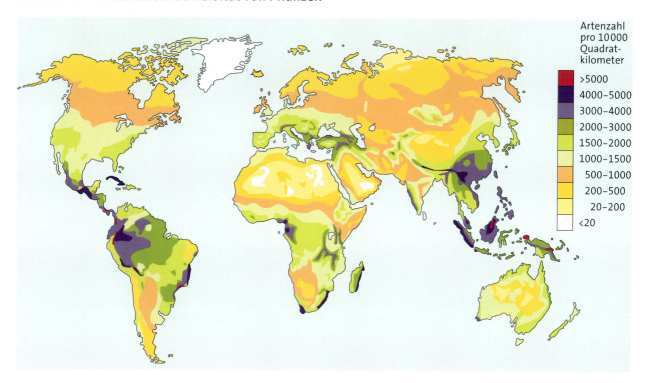

A1 Beschreibe, in welchen Gebieten die Pflanzenvielfalt besonders groß ist!

A2 Ermittle aus Abbildung 04, in welchen Großlebensräumen die Pflanzenvielfalt am größten ist!

A3 Vermute, wodurch die große Artenvielfalt in diesen Lebensräumen verursacht wird!

Material B ▶ Artenvielfalt von Vögeln in der Stadt

B1 Begründe die unterschiedlichen Artenzahlen anhand der drei Kartenausschnitte!

B2 Schlage vor, wie durch Landschaftsgestaltung die Anzahl der Vogelarten zu steigern wäre!

B3 Bewerte die Biodiversität im mittleren und rechten Kartenausschnitt im Vergleich!

EVOLUTIONÄRE ENTWICKLUNG
VIELFALT DER LEBEWESEN ALS RESSOURCE

01 Feldhase

Gefährdungsstufen:
0: ausgestorben
1: vom Aussterben bedroht
2: stark gefährdet
3: gefährdet

Bedrohte Vielfalt

Feldhasen sind, wie die ihnen ähnlichen Kaninchen, Pflanzenfresser. Im Gegensatz zu Letzteren leben sie auf offenen Flächen wie Feldern. Ihre Existenz ist bedroht, wenn ihr Lebensraum zu wenig Nahrung bietet. Zählen Feldhasen zu den bedrohten Arten und kann man sie schützen?

LANDWIRTSCHAFT · Die Landwirtschaft hat jahrtausendelang die Artenvielfalt gefördert. Ein Landschaftsmosaik aus unterschiedlich bewirtschafteten Flächen, Brachen und Hecken bot Arten mit unterschiedlichen Bedürfnissen Lebensraum. Steppenbewohner wie der Feldhase fanden auf Landwirtschaftsflächen ihren Lebensraum. Andere Arten, wie zum Beispiel Schwalben, siedelten in der Nähe menschlicher Siedlungen Sie werden als **Kulturfolger** bezeichnet. Die moderne Landwirtschaft steht unter dem Zwang, immer mehr und immer effektiver zu produzieren: Die Größe einheitlich bewirtschafteter Flächen nimmt immer mehr zu, Wildkräuter und Insekten, die den Ertrag schmälern könnten, werden durch Pestizide vernichtet. Damit verschwindet auch die Nahrungsgrundlage für Feldhasen und Tiere mit ähnlichen Bedürfnissen.

Inzwischen produzieren die Industriestaaten so viele landwirtschaftliche Produkte, dass Überschüsse erzeugt werden, die nicht mehr zu vermarkten sind. Daher bietet sich die Chance, Landwirte dafür zu bezahlen, dass sie ihre Flächen nicht produktiv, sondern umweltgerecht gestalten. Dort können auch Gebiete geschützt werden, die keine extrem seltenen Arten beherbergen.

ROTE LISTE · Im Jahr 1966 wurde von der Weltnaturschutzorganisation eine Liste gefährdeter Arten herausgegeben. Sie berücksichtigte zunächst nur wenige Tiergruppen wie Vögel. Inzwischen wurde die Liste auf weitere Gruppen und auch auf Pflanzen und Pilze ausgeweitet. Allerdings sind immer noch viele Gruppen, zum Beispiel der Insekten, nicht berücksichtigt, weil die Gefährdung ihrer Arten noch unzureichend erforscht ist.

In dieser Roten Liste werden Tier- und Pflanzenarten je nach Grad ihrer Gefährdung verschiedene Gefährdungsstufen zugewiesen. Arten der Gefährdungsstufen 0 bis 3 werden auch als Rote-Liste-Arten bezeichnet. Das Vorkommen einer Art der Roten Liste kann dazu führen, dass Bauvorhaben, durch die diese Art gefährdet würde, verändert oder gar gestoppt werden müssen.

Neben den Listen der internationalen Organisationen gibt es auch solche, die nur für einzelne Staaten oder Bundesländer Geltung haben, weil die Gefährdung bestimmter Arten regional sehr unterschiedlich sein kann.

GEFÄHRDETE ARTEN · Es kann unterschiedliche Gründe geben, dass eine Art in die Rote Liste aufgenommen wird. Die hier dargestellten Arten sind Beispiele dafür.

Der Feldhamster ist genau wie der Feldhase ein Tier der freien Ackerflächen. Früher war er häufig und wurde als ein Landwirtschaftsschädling verfolgt, weil er große Mengen der Getreideähren als Wintervorrat in seinen unterirdischen Bau schaffte. Ursache seiner heutigen Seltenheit ist weniger die Verfolgung, als vielmehr Nahrungsknappheit während langer Perioden im Jahr. Ackerkräuter zwischen dem Getreide, die schon vor dem Getreide Samen bilden, werden nämlich bekämpft und Getreidesorten mit frühem Erntetermin kommen zur Aussaat. So sind die Ähren geerntet, bevor der Hamster beginnt, Wintervorräte zu sammeln. Heute gilt der Feldhamster als vom Aussterben bedroht.

Der Biber lebt in Flüssen mit unbefestigten Ufern, an denen Büsche und kleine Bäume wachsen, von denen er sich ernährt. Er baut aus Geäst sogenannte Biberburgen mit unterirdischen Gangsystemen, in denen er rastet und seinen Nachwuchs großzieht. Flüsse mit wechselndem Wasserstand staut er durch selbst gebaute Dämme und hält sich in den Stauweihern auf. Biber wurden ihres Pelzes wegen gejagt und hatten in dicht besiedelten Gebieten keine Rückzugsmöglichkeit. Sie starben daher 1877 im heutigen Nordrhein-Westfalen aus. Seit 1981 gibt es wieder eine Population in der Eifel und seit 2002 am Niederrhein. Die Tiere stammen von der Elbe und wurden gezielt angesiedelt. Inzwischen hat sich die Niederrhein-Population auch entlang der Lippe ausgebreitet.

Der Juchtenkäfer bewohnt morsches Holz gut besonnter Bäume, also etwa alter Parkbäume. Er steht stellvertretend für weitere Arten dieses Lebensraums. Der Juchtenkäfer ist ihre Schirmart. Der Schutz der Bäume, die er besiedelt, ist oft schwierig, weil morsche Äste in Parks auch die Besucher gefährden können. Beim Streit um das Bahnhofsprojekt „Stuttgart 21" wurde der Käfer berühmt, weil er Bäume des Schlossgartens besiedelte, die wegen des Bahnhofbaus gefällt werden sollten.

Eine Pflanze auf der Roten Liste ist der Frauenschuh. Er besiedelt naturnahe, nicht zu schattige Laubwälder. Er wird vor allem durch forstwirtschaftliche Waldpflege gefährdet, da ein aufgelockerter Baumbestand keine optimale Holzproduktion ermöglicht. Auch durch „Naturliebhaber", die sie ausgraben, um sie im Garten zu kultivieren, ist die Pflanze bedroht. Die Kultur im Garten misslingt aber meistens, da man die Umweltbedürfnisse des Frauenschuhs hier in der Regel nicht erfüllen kann.

02 Rote-Liste-Arten:
A Juchtenkäfer,
B Frauenschuh

EVOLUTIONÄRE ENTWICKLUNG
VIELFALT DER LEBEWESEN ALS RESSOURCE

03 Roter Milan

GLOBALE VERANTWORTUNG · Manche Arten kommen nur in kleinen Gebieten der Erde vor. Selbst wenn sie dort nicht selten sind, muss man sich darüber im Klaren sein, dass in diesem engen Bereich praktisch die gesamte Weltpopulation lebt. Für solche Arten hat man eine besondere Verantwortung. Wenn ein Teil der Population ausstirbt, kann der Rest möglicherweise auch nicht überleben, weil die wenigen verbliebenen Individuen nicht mehr über genügend genetische Vielfalt verfügen. Alle sind miteinander verwandt, die Inzuchtrate ist zu hoch.

Ein Beispiel einer solchen Tierart ist der Rote Milan. Zwei Drittel aller Roten Milane der Erde leben in Deutschland und viele davon in Nordrhein-Westfalen. Sie kommen im Berg- und Hügelland vor und brauchen große, alte Laubbäume zum Nisten, möglichst am Waldrand oder in kleinen Gehölzen. In der Umgebung muss eine offene, aufgelockerte, abwechslungsreiche Landschaft sein. Dieser Landschaftstyp wird aber immer seltener.

SCHUTZGEBIETE · Es gibt verschiedene Gründe, Schutzgebiete auszuweisen: Einige schützen den Lebensraum besonders gefährdeter Arten, andere schützen seltene Lebensräume und manche, meist in der Nähe größerer Städte, bewahren den Menschen in den Ballungsgebieten die Möglichkeit, wohnortnah Natur zu erleben. Solche Gebiete werden verschiedenen Kategorien zugeordnet, in denen unterschiedlich weitgehende Schutzbestimmungen gelten. Die wichtigsten und zugleich strengsten Schutzkategorien sind der *Nationalpark*, das *Natura-2000-Gebiet*, das *Biosphärenreservat* und das *Naturschutzgebiet*. In diesen Gebieten ist die Nutzung durch den Menschen stark eingeschränkt oder untersagt und die Flächen dürfen außerhalb der Wege nicht betreten werden. Einzelne kleinflächige Objekte wie alte Bäume oder Felsen können unter die Kategorien *Naturdenkmal* oder *Geschützter Landschaftsbestandteil* fallen. Sie sind so vor schädlichen Veränderungen geschützt. So könnte man eine alte Allee schützen, in der der Juchtenkäfer lebt, ohne den ganzen Park unter Schutz zu stellen.

Die Kriterien für die Kategorien *Landschaftsschutzgebiet* und *Naturpark* sind deutlich weniger streng. Nutzung durch Landwirtschaft und Tourismus ist hier weiterhin möglich. Lediglich gravierende Eingriffe ins Landschaftsbild wie Straßenbau oder Wohnbebauung sind nicht gestattet.

Die Verantwortung für die kleineren, weniger streng geschützten Gebiete liegt bei den Städten und Kreisen. Nationalparks stehen unter staatlicher Aufsicht. Natura-2000- und FFH-Gebiete, die ein europaweites Gebietsnetz zum Schutz von Tieren, Pflanzen und Lebensräumen bilden, und Biosphärenreservate unterliegen internationaler Kontrolle.

FFH steht für Fauna, Flora, Habitat

04 Kennzeichnung von Schutzgebieten

1) Stelle die Gefährdungsursachen der aufgeführten Rote-Liste-Arten zusammen!

2) Schlage Schutzmaßnahmen für die aufgeführten Arten vor!

Material A ▸ Vertragsnaturschutz für Feldvögel

Brutreviere der Feldlerche		
Jahr	NRW (Schätzung)	Versmolder Bruch, Kreis Gütersloh
1968	–	59
1984	500 000	keine Angaben
2002	124 600	23
2010	109 000	4

Feldlerchen pro Hektar auf je zehn Flächen		
Kreis	mit Lerchenfenster	Vergleichsflächen
Coesfeld	0,033	0,034
Düren	0,276	0,182
Gütersloh	0,064	0,006
Soest	0,093	0,064
alle Kreise	0,116	0,071

Anzahl von Feldtieren pro Hektar auf Vertragsnaturschutzflächen und Vergleichsflächen in der Hellwegbörde				
Vertragstyp	Vögel	Lerche	Hase	Falter
1	3,6	0,7	0,5	15
2	2,7	0,5	0,6	9
3	2,6	0,7	0,9	8
4	1,7	0,7	0,5	10
ohne Schutz	0,4	0,2	0,1	5

Die Körnerfresser und Insektenfresser unter den Feldbewohnern benötigen Wildkräuter zwischen dem Getreide, an denen zu verschiedenen Jahreszeiten Samen reifen und auf denen Insekten leben. Besonders während der Brutzeit von April bis Juni ist reichhaltige Nahrung unverzichtbar. Am Boden brauchen sie zwischen den Halmen Platz für die Nester und Sicherheit vor Landmaschinen.

Typische Feldvögel werden in den letzten Jahrzehnten in Mitteleuropa immer seltener. Dieser Tendenz soll der Vertragsnaturschutz entgegenwirken. Landwirte werden für ihren Ernteausfall entschädigt, wenn sie eine der folgenden Maßnahmen auf ihren Feldern durchführen:
1: Begrünen einer stillgelegten Fläche mit Luzerne, einer Hülsenfrucht, die als Gründüngung untergepflügt werden kann
2: Stilllegen einer Ackerfläche, die sich selbst begrünt
3: Stoppelacker über Winter liegen lassen und im Frühjahr Sommergetreide säen
4: Anbau von Wintergetreide, das im Herbst gesät wird, in doppeltem Reihenabstand
5: Überwintern lassen nicht abgeernteten Getreides
6: Kleine, nicht eingesäte Flächen im dichten Getreide freilassen, sogenannte Lerchenfenster

A1 Belege anhand einer der Tabellen, dass die Feldlerche gefährdet ist!

A2 Erläutere den Nutzen der verschiedenen Typen des Vertragsnaturschutzes für Feldvögel!

A3 Beurteile den Nutzen von Lerchenfenstern für den Bestand von Feldlerchen!

A4 Beurteile den Nutzen der übrigen Schutzmaßnahmen für verschiedene Feldtierarten!

A5 Nimm Stellung dazu, ob der Vertragsnaturschutz oder ein Naturschutzgebiet für Feldvögel günstiger wäre!

ÜBERPRÜFE DEIN GRUNDWISSEN ▸ EVOLUTIONÄRE ENTWICKLUNG

A ▸ Den Fossilien auf der Spur

Kann ich ...

1. verschiedene Fossilformen nennen und die Entstehung von mindestens zwei Formen beschreiben? *(Seite 298 bis 300)*

2. die Bedeutung von Fossilien für die Erforschung der Evolutionsgeschichte erläutern? *(Seite 300)*

3. die Bedeutung des *Archaeopteryx* für die Evolutionsbiologie erklären? *(Seite 302 und 303)*

4. den Begriff lebendes Fossil erklären und Beispiele nennen? *(Seite 304)*

5. die vier Erdzeitalter nennen und sie zeitlich gegeneinander abgrenzen? *(Seite 309)*

6. jedem Erdzeitalter ausgewählte Lebewesen zuordnen und besondere Ereignisse beschreiben? *(Seite 309)*

B ▸ Lebewesen und Lebensräume dauernd in Veränderung

Kann ich ...

1. DARWINs Erklärung zur Entstehung der Darwinfinken auf den Galapagosinseln wiedergeben? *(Seite 311)*

2. anhand von zwei Flussdiagrammen vergleichend darstellen, auf welche Weise DARWIN und LAMARCK die Entstehung eines neuen Merkmals erklären würden? *(Seite 312)*

3. den Begriff Variation einer Population erklären? *(Seite 311)*

4. erklären, welche Bedeutung die Überproduktion von Nachkommen für die Veränderung von Arten hat? *(Seite 311)*

5. die Rolle der natürlichen Selektion und von Mutationen für die Veränderung von Pflanzen- und Tierarten erläutern? *(Seite 311 und 315)*

6. beschreiben, wie aufgrund geografischer Isolation neue Tier- und Pflanzenarten entstehen können? *(Seite 316)*

7. den Begriff stammesgeschichtliche Verwandtschaft erklären? *(Seite 318)*

8. beschreiben und erklären, dass der Grundbauplan der Vorderextremität aller Wirbeltierklassen gleich ist? *(Seite 318 und 319)*

9 ▸ den unterschiedlichen Bau der Vorderextremitäten von Wirbeltieren als Angepasstheit an die Lebensweise erläutern? *(Seite 319)*

10 ▸ die Begriffe Homologie und Analogie vergleichend erklären? *(Seite 319)*

11 ▸ am Beispiel des Wirbeltierstammbaums erklären, welche Bedeutung Stammbäumen für die Evolutionsbiologie haben? *(Seite 320 und 321)*

12 ▸ Probleme bei der Erforschung der Stammesgeschichte beschreiben? *(Seite 322)*

13 ▸ Merkmale der Verwandtschaftsgruppe der Primaten nennen, die für die Entwicklung zum Menschen bedeutsam sind? *(Seite 323)*

14 ▸ Mögliche Ursachen für den Erwerb des aufrechten Ganges nennen und die damit verbundenen Auswirkungen beschreiben? *(Seite 324)*

15 ▸ die Herstellung von Werkzeugen als einen wesentlichen Schritt in der Menschwerdung erläutern? *(Seite 324)*

16 ▸ begründen, weshalb die Beherrschung des Feuers ein wichtiger Entwicklungsschritt hin zum Menschen gewesen ist? *(Seite 325)*

17 ▸ erläutern, dass die Entwicklung der Menschen in Afrika ihren Ursprung hatte? *(Seite 328 bis 330)*

18 ▸ die Ausbreitung von *Homo erectus*, Neandertaler und *Homo sapiens* beschreiben? *(Seite 328 bis 330)*

19 ▸ erläutern, weshalb es aus biologischer Sicht nicht sinnvoll ist, von menschlichen Rassen zu sprechen? *(Seite 332 bis 333)*

C ▸ Vielfalt der Lebewesen als Ressource

Kann ich ...

1 ▸ Systemebenen des Lebens nennen, in denen sich Biodiversität darstellt? *(Seite 334)*

2 ▸ anhand von drei Beispielen den Nutzen von Biodiversität nennen? *(Seite 334)*

3 ▸ erläutern, was man unter genetischer Vielfalt versteht und welche Bedeutung sie hat? *(Seite 335)*

4 ▸ erklären, welche Rolle Neobionten für die Biodiversität spielen? *(Seite 336)*

5 ▸ zwei Arten der Roten Liste Nordrhein-Westfalens nennen und begründen, weshalb sie in diese Liste aufgenommen wurden? *(Seite 339)*

6 ▸ vier Typen von Schutzgebieten nennen und kurz charakterisieren? *(Seite 340)*

Kann ich aus dem Kapitel „Evolutionäre Entwicklung" Beispiele nennen für die Basiskonzepte:
- Entwicklung?
- Reproduktion und Vererbung?
- Struktur und Funktion?
- System?
- Variabilität und Angepasstheit?

REGISTER

f. = folgende Seite,
ff. = die folgenden Seiten

A
1. MENDEL'sche Regel 257
2. MENDEL'sche Regel 257
3. MENDEL'sche Regel 262
A-Horizont 77
Abdruck 299
abiotische Faktoren 14, 26
Abstoßungsreaktion 248
Achselhaare 188
Acquired Immunodeficiency Syndrome 174
adäquater Reiz 133
Adenin 271
Adrenalin 180
afferenter Nerv 145
Aids 174
aktive Immunisierung 167
akute Phase 174
Algen 93
Alkohol 237
Allel 258
Allergen 171
Allergie 171
Allesfresser 17, 65
Altern 223
Altersbestimmung 300
Altwässer 106
Aminosäuresequenz 274
Amphetamin 242
Ampulle 136
analoges Merkmal 319
Analogie 319
Anaphase 215, 267
Andockstelle 157
angeborenes Verhalten 148
Angepasstheit 311, 314
Antibabypille 206
Antigen 164, 170
Antigen-Antikörper-Reaktion 170
Antikörper 164, 170
Äquatorialebene 215
Arbeitsgedächtnis 149
Archaeopteryx 302 f., 320
Argumente
- gewichten 87
- prüfen 87
- sammeln 86

Art 316, 332
Artbildung 316
Artengefährdung 339
Artenvielfalt 84, 335
ATCH 182
Atmung 225

Atmungssystem 246
Aue 106
Auenwald 59
Auffrischungsimpfung 167
aufrechter Gang 324
Aufwuchsorganismus 94
Auge 134
Ausbreitung 328 ff.
Ausläufer 12
Ausscheidung 244
Außenparasit 160
Australopithecus afarensis 324
Autosom 216, 280
autosomal-rezessiv 281, 291
autosomaler Erbgang 291
Axon 135

B
B-Horizont 77
Bakterien 152 ff.
- Bau 154
- Bekämpfung 153
- Form 154
- Kolonie 154
- Vermehrung 154
- Zellwand 154
Balken 139
Ballaststoff 226
Bandwurm 156
Basenpaar 271
Basensequenz 271, 275
Basentriplett 275
Basiskonzept
- Entwicklung 8
- Information und Kommunikation 8
- Reproduktion und Vererbung 7
- Steuerung und Regelung 8
- Stoff- und Energieumwandlung 9, 48
- Struktur und Funktion 7
- System 9, 33
- Variabilität und Angepasstheit 7, 268
Baustoff Holz 82
Bedecktsamer 62
Bedeutung des Waldes 82 ff.
bedingte Reaktion 146
Befruchtung 212
Begleitart 108
Bergsenkungsgewässer 89
Bernstein 299
Beschaffungskriminalität 240
Beute 21
Beutegreifer 98
Beutegreiferpopulation 33
Beutepopulation 33
Beutezyklus 22
Bewegungsenergie 44

Beziehung 201
Bildungsgewebe 36, 219
Bindegewebe 36, 219
Biodiversität 84, 334 ff.
Biogas 117
Bioindikator 69
biologische Vielfalt 334
biologischer Reinigungsschritt 117
Biosphäre 33, 120 ff.
Biosphärenreservat 340
biotische Faktoren 13
Biotop 24
Biozönose 24
bisexuell 202
Black Box 137
Bläschendrüse 192
Blastozyste 212
Blutdruck 244
Bluterkrankheit 282
Blutgruppen 170
Blutkiemen 98
Blutzuckerspiegel 176
Boden 77
Bodenfeuchte 14
Bodenhorizont 77
Bodenzone 97
Bogengang 136
Bowman'sche Kapsel 245
Brackwasser 105
Brust 188
Brutpflege 70
Buchenwald 50

C
C-Horizont 77
chemische Energie 44
chemische Verhütung 205
chemischer Reinigungsschritt 117
Chitin 72
Chlorophyll 34, 38
Chloroplast 34
Cholchizin 216
Chorionzottenbiopsie 290
Chromatid
Chromatinfaden 271
Chromosom 214, 270
Chromosomenbau 271
Chromosomensatz 216
Chromosomentheorie der Vererbung 270
Cocastrauch 242
Coitus interruptus 204
Coming-out 202
Cortisol 182
Cowper'sche Drüse 194
Crack 242

Crystal 242
Cytoplasma 34 f.
Cytosin 271

D

DARWIN, Charles Robert 310 ff.
Darwinfinken 310
De LAMARCK, Baptiste 311 f.
Deckgewebe 36, 219
deklaratives Gedächtnis 150
Dendrit 135
Designerdroge 242
Desoxyribonucleinsäure 270
Desoxyribose 271
Destruent 32, 66, 80
Diabetes 178
Diabetes mellitus 178
Dialyse 245
Diaphragma 205
Dichtezyklus 27
Differenzierung 212
dihybride Kreuzung 262
diploid 216, 266
Diskriminierung 202
Disstress 180
DNA 270
DNA-Verdopplung 272
DNS 270
dominant 257, 291
dominant-rezessiver Erbgang 257
dominanter Erbgang 291
Doping 238
Doppelhelix 271
Dotter 193
Down-Syndrom 284
Drehsinnesorgan 136
Droge 236
Drogenszene 240

E

Ecstasy 242
efferenter Nerv 145
Eichel 192
Eierstock 193
Eihülle 193
Eileiter 193
Ein-Chromatid-Chromosom 214, 267
eineiige Zwillinge 288
Einnistung 197, 212
Einzeller 92 ff., 158
einzellige Tiere 93
Eisprung 193, 196
Eiter 163
Eiweißstoffe 40
Eizelle 193
Ejakulation 194

elektrische Energie 44
Embryo 212
Embryoblast 212
Embryonalentwicklung 213
Empfängnisverhütung 204 ff.
Endharn 245
Endknöpfchen 135
Energiebedarf 40
Energieentwertung 44
Energieerhaltungssatz 44
Energiefluss 12 ff.
Energieform 44
Energiehaushalt 43
Energieträger 44
Energieumwandler 48
Energieumwandlung 225
Energiewandler 44
Energieweitergabe 18
Entscheidungslösung 249
Entwicklungsrahmen 222
Enzyme 228 ff., 276
Enzymprotein 274
Enzymspezifität 229
Enzymwirkung 229
Epidemie 152
Epidermis 39
Erbgang
 • autosomaler 281, 291
 • dominanter 291
 • gonosomaler 291
 • intermediärer 259
 • rezessiver 281, 291
Erbgänge 257 ff.
Erbinformation 254
Erbkoordination 146
Erbsenversuche 256
Erbsubstanz 156, 214
Erdaltertum 307
Erdfrühzeit 306
Erdmittelalter 308
Erdneuzeit 308
Erdzeitalter 306
Erektion 194
Erholungsfunktion 82
Erlenbruch 59
Ernährungsempfehlung 232
Ernährungsvielfalt 18
erneuerbare Energiequelle 82, 85
Erneuerung 214
Erosionsschutz 83
erste Baumschicht 50
erste Liebe 201
erste Reifeteilung 267
Erstinfektion 166
erwachsen 223
Erwachsenenalter 223
Erwachsenwerden 188 ff.

essenziell 233
essenzielle Aminosäure 234
Eustress 180
Evolutionstheorie 312

F

F_1-Generation 256
F_2-Generation 257
Faktor Mensch 121
Familienforschung 289
Fang sortieren 102
Farne 55 f.
Farnwedel 55
Faulturm 117
Fensterfraß 52, 65
Fetalentwicklung 213
Fette 40
Fetus 213
Feuerbeherrschung 325
Feuerlöschteich 88
FFH-Gebiet 340
Fieber 163
Fiebermücke 158
Fight-or-Flight-Syndrom 181
Filtration 245
Filtrierer 98
Finne 159
Fischregion 108
Fischzuchtteich 88
Fixer 241
Flechte 75
Fleischfresser 65
fließende Modifikation 279
Fließgewässer 104 ff.
Flirtsignal 190
Flussaue 106
Flussumbau 112
Flussverlauf 105
Flusszonen 104
Folgen des Klimawandels 122
Follikel 193, 196
Forst 58
Fossilien 298 ff.
Fossilisation 299
Fotosynthese 38 ff.
Fotosyntheseprodukte 40
Fotosyntheserate 40
Freiwasserzone 97
Fresszelle 163
Fruchtwasseruntersuchung 290
Frühholz 52
FSH 189
Fuchsbandwurm 160
Furchung 212

REGISTER

G
Galapagosinseln 310
Gallertkuppel 136
Gansus 305
Gartenteich 88
Gebärmutter 193
Gebärmutterschleimhaut 193
Gedächtnis 148 ff.
Gedächtnisformen 150
Gedächtnismodell 149
Gedächtniszelle 166
gefährdete Art 339
Gehirn 134 f., 138 ff.
Gehirnbereiche 139
Gehirnforschung 140
gehirngerechtes Lernen 150
Geißel 93, 154
Gel 205
Gelbkörper 197
Geldverdienen 243
Gen 255
Generationswechsel 159
genetisch bedingte Krankheit 280
genetische Variabilität 268
genetische Vielfalt 314, 335
genetischer Code 275
Genmutation 281
Genommutation 284 f.
Genotyp 255
geografische Isolation 316
Gerinnungsfaktor 282
Geschlechterrolle 190
Geschlechtshormone 189
Geschlechtsmerkmale
- primäre 188
- sekundäre 189
Geschlechtsorgane 56, 192 f.
- männliche 192
- weibliche 193
Geschlechtsreife 188
Geschlechtsverkehr 194
Geschlechtszellen 56, 194, 266
Geschützter Landschafts-
  bestandteil 340
Gestein 76 f.
gesunde Ernährung 232 ff.
gesunde Lebensweise 234
Gewässerbelastung 118
Gewässergüte 118
Gewässernutzung 113
Gewässerzone 90
Gewebe 36, 219
Giftklaue 69
Gleichgewichtsnerv 136
Glücksspiel 243
Glukagon 176

Glukose 38
Glukosespiegel 176
Glykogen 72
Gonosom 216
gonosomal-rezessiv 282
gonosomaler Erbgang 291
Großhirn 139
Großhirnrinde 139 f.
Großlebensräume 336
Guanin 271
Güteklasse 118

H
Hämophilie 282
haploid 216, 267
Harn-Sperma-Röhre 192
Harnleiter 192, 244
Hartholzaue 59, 106
Haschisch 240
Heilimpfung 168
Heilserum 168
Helferzelle 172
Herbstfärbung 52
Heroin 241
Herz-Kreislauf-System 246
heterosexuell 202
heterozygot 258
HI-Virus 172 f.
Hinterleib 69
HIV 172 f.
- Bau 173
- Infektion 174
- -negativ 174
- -positiv 174
- Schutz 174
- Test 174
- Übertragung 173
- Vermehrung 173
Hoden 192
Hodensack 192
Holz 82
Hominisation 323
Homo
- erectus 325, 328
- ergaster 328
- habilis 324
- heidelbergensis 325, 329
- sapiens 325, 330
homolog 216, 266
homologes Merkmal 319
Homologie 319
homosexuell 202
homozygot 258
Hormon 177, 183, 244
Hormondrüse 183
hormonelle Verhütung 206

Hormonimplantat 206
Horst 12
Hudewald 60
Hüllzelle 135
Human Immunodeficiency Virus 172
Humangenetik 288
Humus 80
Hybrid 257
Hyphe 72
Hypophyse 139, 189, 196
Hypothalamus 180, 189, 196

I
Ichthyostega 307, 320
identische Replikation 272
illegale Drogen 240 ff.
im Blickpunkt
- Bodenökologie 80
- Geowissenschaften 77
- Geschichte 153, 332 f.
- Medizin 170, 171, 178
- Naturwissenschaft 44
- Recht 243
- Technik 116 f.
Immunabwehr 162 ff.
- spezifische 163
- unspezifische 162
Immunisierung 166 ff.
Immunität 166
Immunsystem 163, 248
Immunzelle 163
Impfung 167
Indischer Hanf 240
Individualentwicklung 222
Infektion 152
Inkubationszeit 152
Innenkörper 173
Innenohr 136
Innenparasit 159
Insulin 176
intermediär 259
intermediärer Erbgang 259
Interphase 215
Isolation
- geografische 316
- sexuelle 316

J
Jagdkonkurrenz 22
Jahreslauf der Bäume 52
Jahresring 52
Javamensch 328
Johannistrieb 52, 65
Joint 241
Jugend 222

Jugendschutzgesetz 243
Jungfernhäutchen 193
Jura 308

K

Kahlfraß 65
Kalendermethode 204
Kapsel 154
Karyogramm 216, 270
Keimbläschen 212
Keschern 102
Kiefertaster 69
Kiemen 98
Kiemenatmung 108
Kiffen 241
Killerzelle 164
Kindheit 222
Kitzler 193
Kläranlage 116 f.
Klärschlamm 117
Kleinhirn 139
Kleinkindalter 223
Klimaschutz 83
Klimawandel 122 f.
Klinefelter-Mann 285
Klitoris 193
Klonen 221
Kohlenstoffdioxidspeicher 83
Kokain 242
Kokke 154
Kokon 68
komplementär 271
Kondensat 238
Kondom 205
Konduktorin 282, 291
Konkurrenz 12
- Jagd- 22
- Nahrungs- 66
Konservierung 299
Konsumenten 17, 32, 66, 80
Kontaktinfektion 157
Kopf 192
Kopf-Brust-Stück 69
Körperschmuck 243
Kralle 69
Krankheitserreger 152 ff.
Krautschicht 50
Krebszelle 282
Kreislaufwirtschaft 125
Kreuzung 256, 262
Kulturfolger 338
künstliche Systeme 47
Kunststoffmüll 126
Kurzzeitstress 180
Kutikula 39

L

Laktoseunverträglichkeit 230
Langzeitgedächtnis 149
Langzeitstress 182
Latimeria 304
Laub 80
Laubaustrieb 52
Laubbaum 62
Laubmoos 54
Laubstreu 80
lebendes Fossil 304
Lebendspende 249
Lebensgemeinschaften 24
Lebensmittelherstellung 230
Lebensraum 13
Lebermoos 55
legale Drogen 236 ff.
Leitart 108
Leitfischart 109
Leitfossil 300, 307
Lernen 148 ff.
lesbisch 202
LH 189
Licht 14
Lichtenergie 44
Liebe 200
Lignin 64
Liquid Ecstasy 242
Lucy 324
Lymphe 163
Lymphgefäßsystem 163
Lymphknoten 162

M

Malaria 158
Mangelernährung 226, 235
männliche Geschlechtsorgane 192
Marihuana 240
Masern 157
mechanische Verhütung 205
mechanischer Reinigungsschritt 117
Medikamente 238
Mehrspeichermodell 151
Meiose 267
MENDEL, Johann Gregor 257
Menschengruppen 333
Menschwerdung 322 ff.
Menstruation 188, 196
Menstruationszyklus 196 f.
Merkmal 254, 274
Merkmalsträger 291
Metaphase 215, 267
Methoden
- Bestimmung von Bodenlebewesen 81
- biologische Gewässergüte bestimmen 118 f.
- Naturschutzkonflikte lösen 86 f.
- Stammbäume lesen und auswerten 291
- Tierbestand des Teiches erfassen 102 f.
- Untersuchung eines Ökosystems 28 ff.

Mikropille 206
Mineralisation 80
Mineralstoff 12, 226
Minipille 206
mischerbig 257
Mischling 257
Mitochondrium 35, 43
Mitose 214 ff.
Mittelhirn 139
Mittellauf 105
Mittelstück 192
Modell
- Drehsinn 136
- Enzymwirkung 229
- Räuber-Beute-Beziehung 23
Modifikation 278
monohybride Kreuzung 262
Monokultur 84
Moose 54 ff.
Moosschicht 50
Morphium 241
Mücken 158
Mukoviszidose 280
Mumie 299
Mumps 157
Mundfeld 93
Mündungsregion 105
Muskel 135
Muskelfaser 135
Muskelgewebe 36, 219
Mutagen 282
Mutation 280, 284 f., 311, 315
Mutationsfolgen 280
Mutationsrate 282
Muttermund 193
Mykorrhiza 73
Myzel 72

N

nachhaltige Nutzung 60
nachhaltige Waldwirtschaft 84
nachhaltiges Handeln 124 ff.
Nachhaltigkeit 124
Nachhirn 139
Nacktsamer 63
Nadelbaum 63
Nährstoffe 224

REGISTER

Nährstoffgruppe 224
Nahrung 224
Nahrungskette 18
Nahrungskonkurrenz 66
Nahrungsnetz 18, 66
Nahrungsvakuole 93
Nationalpark 340
Natura-2000-Gebiet 340
Naturdenkmal 340
natürliche Selektion 311, 315
natürliche Systeme 47
natürliche Verhütung 204
naturnahe Gestaltung 113
Naturpark 340
Naturschutzgebiet 340
Nautilus 305
Neanderthaler 325, 329
Nebenhoden 192
Nebenniere
- Mark 180
- Rinde 180
Neobiont 336
Neophyt 336
Neozoon 114, 336
Nephron 245
Nerv 138
Nervenfaser 135
Nervengewebe 36, 219
Nervensystem 138 ff., 247
- peripheres 139
- zentrales 139
Nervenzellen 134 ff.
Netzhautbild 142
Neukombination 268, 315
Neukombinationsregel 262
nicht-deklaratives Gedächtnis 150
Niederwald 60
Niere 244 f.
- Arterie 244
- Becken 244
- Kanälchen 245
- Körperchen 245
- Mark 244
- Rinde 244
- Vene 244
Nierenbeckenentzündung 245
Nierenstein 245
Nierentransplantation 250
Nikotin 238
Nisse 160
Noradrenalin 180
Nukleotid 271

O

Oberlauf 104
Objekterkenntnis 142

Ökosystem 24 f., 120, 336
Ökosystemvielfalt 336
Opium 241
Organ 220
Organisationsstufe 220
Organismenvielfalt 94
Organismus 220
Organspende 249
Organsystem 220
Organtransplantation 248
Orgasmus 194
Östrogen 189
Out-of-Africa-Hypothese 330
Ovulation 196

P

P-Generation 256
Paläontologe 298
Paläontologie 298
Palisadengewebe 39
Papierherstellung 82
Parasit 73
Parasympathikusnerv 139
Parkteich 88
Partnerschaft 201
Partydroge 242
passive Immunisierung 168
Penicillin 153
Penis 192
peripheres Nervensystem 139
Pflanzenfresser 16 f., 64
Pflanzenzelle 34 ff.
Phänotyp 254, 278
Pigmentfleck 93
Pille 206
Pille danach 206
Pilze 72 ff.
Plankton 94
Plazenta 198, 212
Pollendiagramm 79
Polyploidie 286
Population 33
postmortale Organspende 249
pränatale Diagnostik 290
primäre Geschlechtsmerkmale 188
Primärharn 245
Primaten 323
Produzenten 17, 32, 66, 93
Promille 237
Prophase 215, 267
Prostata 192
Proteinbiosynthese 275 f.
Proteine 274
- räumliche Gestalt 275
Proteinhülle 156
psychischer Stress 182

Pubertät 188 ff., 223
pulsierendes Bläschen 93
Punktauge 69

Q

Quartär 308
Quastenflosser 304
Quellregion 104

R

Rasen 12 ff.
Rasse 332
Rassenbegriff 332
Rassendiskriminierung 332
Räuber 21
Räuber-Beute-Beziehung 20 f.
Reaktionen 144 ff.
Reaktionsbreite 278
Reaktionskontrolle 144
Reaktionsnorm 278
Reduktionsteilung 267
Reflex 145
Regenwasser 125
Reifeteilung 267
reinerbig 256
Reize 132 f.
relative Altersbestimmung 300
Replikation 272
Ressourcenschonung 125
Rezeptor 176
rezessiv 257, 291
rezessiver Erbgang 291
reziproke Kreuzung 256
Rinderbandwurm 159
RNA 276
Rohopium 241
Röhrichtzone 90
Rote Liste 338
Rückenmark 139
Rückresorption 245
Rückziehreflex 147
Ruhr 104

S

Salbe 205
Sammelröhrchen 245
Saprophyt 73
Säureschutzmantel 162
Schachtelhalm 304
Schamhaare 188
Schamlippen 193
Schaumspray 205
Schaumzäpfchen 205
Scheide 193
Schlafmohn 241

Schleimhaut 162
Schlüssel-Schloss-Prinzip 164, 229
Schulalter 223
Schutzbarriere 162
Schutzgebiet 340
Schutzimpfung 167
Schwammgewebe 39
Schwangerschaft 198
Schwangerschaftstest 207
Schwanzfaden 192
Schwellkörper 192, 193
Schwimmblattpflanze 90
schwul 202
Sediment 299
Sedimentfresser 98
See 89
Sehrinde 142
sekundäre Geschlechtsmerkmale 188
Selbstbestäubung 256
Selbstreinigung 116
Selektion 311
sensorischer Speicher 149
Sexualität 201, 243
sexuelle Isolation 316
Sinneshärchen 136
Sinnesorgane 132 f.
Sinneszellen 134 ff.
sommergrün 52
Sozialdarwinismus 332
Spaltöffnung 39
Spaltungsregel 257
Spätfrost 52
Speed 242
Sperma 192
Spermienleiter 192
Spermienzelle 192
spezifische Immunabwehr 164
Spielen 148
Spindelfaser 215
Spinndrüse 68
Spinnen 68 ff.
Spinnfaden 68
Spinnwarze 68
Spirale 205
Spirochäte 154
Sporen 56
Sporenkapsel 56
Sporenpflanzen 56
Sporentierchen 158
Sporenträger 56, 72
Spurenfossilien 299
Stäbchen 154
Stammbaum 320 ff.
Stammbaumanalyse 289, 291 f.
Stammesgeschichte 318, 322 ff.

stammesgeschichtliche
  Verwandtschaft 318
Stammzelle 218
Stärke 40
Staubfilter 83
Stausee 89
stehende Gewässer 88 ff.
Steinkern 299
Stimmbruch 188
Stockwerke des Waldes 50
Stoffkreisläufe 12 ff.
Stoffumwandler 48
Strauchschicht 50
Stress 180 ff.
Stressoren 180
Streuschicht 80
Stromatolith 307
Strömung 110
Strukturgüte 106
Symbiose 73
Sympathikus 180
Sympathikusnerv 139
Symptom 152
Systeme 32 f., 47
• im Gleichgewicht 32
• im Ungleichgewicht 33
Systemgrenzen 33

T

Tabak 238
technische Klärung 117
Teich 88
Teichtiere 96 ff.
Teichwasser 92 ff.
Telophase 215, 267
Temperaturmethode 204
Tertiär 308
Testkreuzung 264
Testosteron 189
THC 240
Thymin 271
Tierfresser 17
Tierzelle 35 f.
Toleranz 202
Torfmoos 57
totipotent 218
Tracheenkiemen 98
Training 145
Transduktion 142
Transplantation 248
Transplantationsmedizin 248
Treibhauseffekt 121
Triceraptus 306
Trilobit 300
Trisomie 21 284
Tröpfcheninfektion 152, 157

Trophoblast 212
Tümpel 89
Turner-Syndrom 285

U

Überdosis 241
Übergangsform 303
Überschwemmungsschutz 83
Überträger 158
Übertragung 173
Ultraschalluntersuchung 290
umschlagende Modifikation 279
Umwelteinfluss 255
Unabhängigkeitsregel 262
ungesättigte Fettsäure 233
uniform 256
Uniformitätsregel 257
unspezifische Immunabwehr 163
Unterart 332
untergetauchte Wasserpflanzen 90
Unterlauf 105
Urpferdchen 298
Urvertrauen 200
Urvogel 302
Uterus 193

V

Vagina 193
Vakuole 35
Variabilität 263, 268
Variation 255, 311
vegan 234
vegetarisch 234
Verantwortung 340
verborgene Phase 174
Verdauung 224
Verdauungssystem 247
Verdopplung 272
Vererbungsregeln 256 ff.
Vererbungstyp 281 f.
Verhütung 204 ff.
Verliebtsein 201
Versteinerung 299
Verwandtschaft 318
Vielfalt
• Arten- 84, 335
• biologische 334
• Ernährungs- 18
• genetische 314, 335
• Ökosystem- 336
• Organismen- 94
Vielfaltsbedrohung 338 ff.
Viren 156 f.
• Bau 156
• Vermehrung 156

REGISTER

Viruserkrankung 157
Vitamin 226
Volumenprozent 237
Vorsteherdrüse 192

W

Wachstum 214
Wahrnehmung 142 f.
Wald 50 ff.
- Stockwerke 50
Waldbinnenklima 51
Waldentwicklung 78
Waldmantel 51
Waldnutzung 60
Waldsaum 51
Wassereinzugsgebiet 106
Wasseroberfläche 97
Wasserpflanze 90
Wasserrahmenrichtlinie 112
Wasservögel 96
Wechselfieber 158
Wechseljahre 197
Wechselwirkung 47
weibliche Geschlechtsorgane 193
Weichholzaue 59, 106

Weide 24 f.
Weidegänger 94, 98
Weiher 89
Werkzeugherstellung 324
Wiederbesiedlung 114
Wiederkäuer 64
Wiege der Menschheit 323
Wiese 24 f.
wirbellose Bachtiere 110
Wirbeltiere 318
Wirbeltierstammbaum 318
Wirtswechsel 159
Wirtszelle 156
Wolkenbildung 83
Wollhaarmammut 301
Wuchsform 12
Wuchsort 24, 59

Z

Zellatmung 42 f., 48
Zelldifferenzierung 218
Zelle 34 ff., 220
- Kern 34
- Körper 135
- Membran 35

- Plasma 154
- Wand 34
Zellfaden 56
Zellfläche 56
Zellkolonie 94
Zellteilung 214 ff.
Zelltypen 36, 219
Zellulose 40, 64
Zellzyklus 215
zentrales Nervensystem 139
Zerkleinerer 98
Zersetzung 79 f.
Zilie 93
Zucker-Phosphat-Band 271
Zwei-Chromatiden-Chromosom 214, 267
zweieiige Zwillinge 288
zweite Baumschicht 50
zweite Reifeteilung 267
Zweitinfektion 166
Zwillinge 288
Zwillingsforschung 289
Zwischenhirn 139
Zygote 56, 218

BILDQUELLENVERZEICHNIS

Titel: F1online **3.o.l.:** mauritius images / imagebroker / Marko König **4.o.l.:** Shutterstock / Andrii Muzyka **4.o.r.:** mauritius images / Photo Alto **4.u.r.:** iStockphoto / gemena communication **5.m.l.:** Corbis / 3d4Medical.com **5.o.r.:** Corbis / Image Source **6.o.r.:** Okapia / Hans Reinhard **6.u.:** Imago / INSADCO **6.m.r.u.:** iStockphoto / Anna Utekhina **6.m.r.:** Okapia / Claude Cortier **6.m.r.o.:** TopicMedia / Martin Rügner **7.u.r.:** mauritius images / Phototake **7.m.r.:** TopicMedia / Ruckszio **7.u.r.:** Imago / imagebroker / Michael Weber **8.m.l.:** Neanterhal Museum, Mettmann **8.u.l.:** picture-alliance / Arco Images GmbH **9.m.:** iStockphoto **9.u.:** picture-alliance / dpa / dpaweb **11:** mauritius images / imagebroker / Marko König **12.1:** Martin Post, Arnsberg **13.4 A:** Shutterstock / Bildagentur Zoonar GmbH **13.4 D:** Fotolia / alinamd **13.4 B:** Fotolia / goldbany **13.4 C:** Fotolia / doris oberfrank-list **D:** Fotolia / Mark Herreid **13.4 E:** Fotolia / Axel Gutjahr **14.7 A:** Shutterstock / Igor Sirbu **14.7 B:** imago **14.7 C:** imago / imago / blickwinkel **15.MA A-B:** Lars Wilker, Wittmoldt **15.MB B:** mauritius images / Alamy / Nigel Cattlin **15.MB C:** panthermedia / Martina Berg **16.1:** mauritius images / Alamy / FLPA **16.2:** Shutterstock / Konjushenko Vladimir **16.3 A:** mauritius images / imageBROKER / Hans Lang **16.3 B:** imago **17.4 A:** Fotolia / Mihail Tolstihin **17.4 B:** mauritius images / Alamy / fotolincs **17.4 C:** Fotolia / claffra **17.4 D:** Okapia / FLPA / Tony Hamblin **17.4 E:** Shutterstock / Michael Meshcheryakov **17.5:** imago **20.1:** mauritius images / Alamy / Francisco Martinez **20.2:** mauritius images / Anton Luhr **21.3:** imago / blickwinkel **23.MA A:** Volker Minkus, Isernhagen **24.1:** Lars Wilker, Wittmoldt **25.3:** picture alliance / ZB **26.MA B:** Fotolia / Henrik Larsson **29.1:** Deutsche Rasengesellschaft e. V. **31.A:** mauritius images / Alamy / Zoonar GmbH **31.B:** imago / imago / blickwinkel **31.F:** Clip Dealer / Lothar Hinz **31.C:** mauritius images / imagebroker **31.D:** mauritius images / Alamy / Heiti Paves **31.E:** F1online **32.1:** Volker Minkus, Isernhagen **34.1 A:** Okapia / † J.C. Rèvy **34.1 B:** Corbis / Carolina Biological / Visuals Unlimited **36.4 A:** mauritius images / Phototake / Carolina Biological Supply Company **36.4 B:** mauritius images / Photo Researchers, Inc. / Biophoto Associates **37.MA A:** Wissenschaftliche Bildagentur Karly **37.MA B:** Okapia / Kage Mikrofotografie **38.1:** mauritius images / mindbodysoul **39.2 A:** Wikipedia / public domain **42.1:** iStockphoto / Roger Whiteway **44.4 A:** picture-alliance / Arco images **44.4 B:** Okapia / OSF / Raymond Blythe **44.4 C:** iStockphoto / Steve Cole **44.4 D:** iStockphoto / Peter Burnett **44.4 E:** iStockphoto / Edwin Haan **44.4 F:** iStockphoto **46.1:** Volker Minkus, Isernhagen **47.3:** picture-alliance / dpa **49.MA B:** Shutterstock / Porojnicu Stelian **50.1:** Imago / imagebroker **52.3:** Fotolia / Barbara Gromadzki **52.4:** Fotolia / M.E.A. **52.5:** Prof. Dr. Hansjörg Küster **52.6:** Shutterstock / Federico Rostagno **53.MA A:** Shutterstock / Prof. Dr. Hansjörg Küster **53.MA B1:** Fotolia / Robert Schneider **53.MA B3:** Clip Dealer / Karin Jaehne **53.MB B2:** Prof. Dr. Hansjörg Küster **54.1:** imago / imago / blickwinkel **54.2:** Clip Dealer / Martina Berg **55.3:** Okapia / KINA / Philippe Clement **55.4:** Okapia / Karl Gottfried Vock **55.5:** Fotolia / Jürgen Fälchle **55.6:** Okapia / Carsten Braun **56.7:** mauritius images / Pixtal **56.8:** Fotolia / bildreif **56.9:** Shutterstock / Marian Uradnik **57.V A:** Fotolia / M. Schuppich **58.1:** Prof. Dr. Hansjörg Küster **59.2:** Fotolia / kentauros **59.3-4:** Prof. Dr. Hansjörg Küster **60.5:** Prof. Dr. Hansjörg Küster **60.6:** mauritius images / Alamy / Martin Grace **60.7:** Prof. Dr. Hansjörg Küster **61.MA r.:** mauritius images / David & Micha Sheldon **61.MA l.:** mauritius images / imagebroker **62.1:** mauritius images / Flowerphotos **62.2:** Juniors Bildarchiv / WILDLIFE / D.Harms **62.4:** F1online **62.5:** mauritius images / imageBROKER / Creativ Studio Heinemann **63.5:** mauritius images / Alamy / Nigel Cattlin **63.6:** picture alliance / WILDLIFE **63.7:** Juniors Bildarchiv / WILDLIFE / D. Harms **63.8:** Juniors Bildarchiv / WILDLIFE / D.Harms **64.1:** mauritius images / nature picture library **65.2:** picture-alliance / blickwinkel / R **65.3:** Prof. Dr. Hansjörg Küster **65.4:** Shutterstock / Vetapi **67.MA A:** Okapia / Holt Studios / Nigel Cattlin **68.1:** mauritius images / Alamy **69.3:** Okapia / imagebroker / Marko König **69.4:** imago **69.5:** mauritius images / Alamy **70.6 A:** Okapia / imagebroker / Oliver Heinz **70.6 B:** Okapia / Hermann Gehlken **71.MA A:** Shutterstock / Katarina Christenson **71.MA B:** Shutterstock / LFRabanedo **71.MA C:** Shutterstock / Henrik Larrson **71.MA D:** Fotolia / Hans-Peter Moehlig **71.MA E:** Shutterstock / kurt_G **71.MA F:** mauritius images / Alamy **72.1:** F1online **72.2:** picture alliance / WILDLIFE **74.4 A:** Fotolia / pimonpim **74.4 B:** Fotolia / H.LEITNER **74.4 C:** Shutterstock / Bellozerova Daria **74.4 D:** F1online **74.5 A:** Fotolia / Quade **74.5 B:** mauritius images / Science Source **74.6:** Okapia / Rainer Kohlrusch **76.1:** Interfoto / Mary Evans / Library of Congress **78.3-6:** Prof. Dr. Hansjörg Küster **82.1:** ddp images / Nigel Treblin / dapd **84.3:** Imago **84.4:** Fotolia / Sascha Rösner **84.5:** picture-alliance / wildlife **85.MA l.:** F1online **85.MA r.:** Okapia / Bruno Roth **86.1:** Fotolia / Simon Alvinge **88.1:** Wolfhard Koth-Hohmann, Dortmund **89.2:** Wolfhard Koth-Hohmann, Dortmund **89.3:** Fotolia / Henry Czauderna **91.MA r.u.:** Clip Dealer / Andreas Altenburger **91.MA r.o.:** mauritius images / imageBROKER / Erhard Nerge **91.MA l.o.:** Shutterstock / Pavel Vakrushev **91.MA l.u.:** Shutterstock / Vladimir Arndt **92.1:** Annette Schossig (Ruhrverband, Essen in Zusammenarbeit mit Emschergenossenschaft und Lippeverband, Essen) **93.4 B:** Corbis / Wim van Egmond / Visuals Unlimited, Inc. **93.5:** Corbis / Wim van Egmond / Visuals Unlimited, Inc. **95.MA A:** Corbis / Wim van Egmond / Visuals Unlimited, Inc. **96.2 A:** Clip Dealer / Struve Norbert **96.2 B:** Fotolia / John Sandoy **96.2 C:** Clip Dealer / Karin Jähne **96.2 D:** Clip Dealer / Dirk Rueter **96.1:** Wolfhard Koth-Hohmann, Dortmund **97.3 A:** Fotolia / mite **97.3 B:** Fotolia / micro_photo **97.3 C:** mauritius images / imageBROKER / Siepmann **97.4 A:** Shutterstock / Dirk Ercken **97.4 B:** imago **98.5 A:** mauritius images / ANP Photo **98.5 B:** imagebroker.com **98.5 C:** mauritius images / Alamy / Roger Eritja **98.6 A:** Okapia / BIOS / Alain Berly **98.6 B:** Clip Dealer / Michael Albrecht **98.6 C:** imago / blickwinkel **100.MA B:** Wolfhard Koth-Hohmann, Dortmund **104.1-2:** Wolfhard Koth-Hohmann, Dortmund **108.1:** Corbis / Frank Lane Picture Library / Jack Perks **109.2 E:** picture-alliance / Wildlife **109.2 A:** shutterstock / Marcin Pawinski **109.2 b:** blickwinkel **109.2 C:** imago **109.2 D:** blickwinkel **110.3 A:** imago / imago / blickwinkel **110.3 B:** WILDLIFE / F.Stich **110.3 C:** imago **110.3 D:** WILDLIFE / W. Fiedler **110.3 E:** picture-alliance / WILDLIFE **110.3 F:** imago **112.1:** Wolfhard Koth-Hohmann, Dortmund **113.2 A:** mauritius images / Alamy **113.2 B:** Fotolia / Jürgen Fälchle **113.2 C:** Fotolia / Ian Law **113.3 A:** Wolfhard Koth-Hohmann, Dortmund **113.3 B:** Fotolia / Carsten Meyer **113.3 C:** Fotolia / hd-design **114.5 A:** Shutterstock / Gertjan Hooijer **114.5 B:** mauritius images / Minden Pictures **114.5 C:** mauritius images / ANP Photo **114.4:** Visum / Woodfall **115.MA A m.r.:** Fotolia / Robert Schneider **115.MA A o.r.:** Fotolia / Frank Wagner **115.MA A m.:** Fotolia / mars **115.MA A u.l.:** Clip Dealer / Prill Mediendesign & Fotografie **115.MA A u.r.:** Fotolia / creativenature.nl **115.MA A m.l.:** Clip Dealer / Clemens Schüßler **115.MA A o.l.:** Clip Dealer / Christine Müller **116.1:** mauritius images / imageBROKER / Hans Blossey **120.1:** Corbis / Ocean / Sylvain Sonnet / 145 **122.3 A:** TOPICMedia / imagebroker **122.3 B:** TopicMedia / Olaf Krueger **122.3 C:** Okapia / Lighthouse / Francesco Tomasinelli **123.MA A:** Biosphoto / Michel Poinsignon **124.1:** mauritius images / imageBROKER / Norbert Michalke **124.2:** akg-images **125.3:** Okapia / SAVE / Auscape / Jean-Paul Ferrero **125.4:** Wolfhard Koth-Hohmann, Dortmund **127.A:** Martin Post, Arnsberg **127.B:** mauritius images / mindbodysoul **127.C:** mauritius images / nature picture library **128.D:** Annette Schossig (Ruhrverband, Essen in Zusammenarbeit mit Emschergenossenschaft und Lippeverband, Essen) **129.E:** Corbis / Ocean / Sylvain Sonnet / 145 **129.F:** Deutsche Rasengesellschaft **131:** Shutterstock / Andrii Muzyka **132.1:** Volker Minkus, Isernhagen **134.1:** Volker Minkus, Isernhagen **134.3:** Interfoto / KAGE Mikrofotografie **137.VB l.:** mauritius images / Science Source **137.VB r.:** Ronald Schulte, Franeker / NL **138.1:** Gunther von Hagens KÖRPERWELTEN, Institut für Plastination, Heidelberg, www.koerperwelten.de **140.9:** SUPERBILD / Your Photo Today / BSIP / AJ PHOTO **142.1:** culture-images / fai **143.6:** Shutterstoc / Anton Vakhlachev **144.1:** Fotolia / Monkey Business **144.2:** Fotolia / Sergey Bogdanov **145.4:** picture-alliance / M.i.S.-Sportpressefoto **148.1:** Volker Minkus, Isernhagen **148.2 A:** Fotolia / DAWID KLOBUSEK **148.2 B:** imago **152.1:** REUTERS / Finbarr O›Reilly

BILDQUELLENVERZEICHNIS

(DEMOCRATIC REPUBLIC OF CONGO) **153.3:** mauritius images / Phototake **153.2:** picture alliance / United Archives / WHA **154.4 A:** Agentur Focus / Gelderblom / eye of science **154.5 A:** Agentur Focus / SPL **154.5 B:** mauritius images / Alamy **154.5 C:** Agentur Focus / SPL / AMI IMAGES **156.1 A:** Public Health Image Library / PHIL **156.1 B:** mauritius images / Science Source **157.m.:** iStockphoto / ScrappinStacy **157.u.:** SciencePictures / KES / Kaempre **158.1:** CDC-Center for Disease Control and Prevention **159.2 A:** Corbis / Visuals Unlimited, Inc. / Dr. Arthur Siegelman **159.3 A:** Agentur Focus / SPL / CNRI **159.3 B:** H. Theuerkauf, Gotha **160.5 A:** mauritius images / Alamy **160.5 B:** Corbis / George D. Lepp **160.5 C:** Okapia / P. Arnold, Inc. / Darlyne A. Murawski **162.1:** mauritius images / Stephanie Böhlhoff **162.2:** Agentur Focus / SPL / Jürgen Berger **163.4:** Okapia / Kage Mikrofotografie **165.MA A:** iStockphoto / Scott Cramer **165.MA B:** Shutterstock / Kletr **165.MA C:** iStockphoto / Victor Melniciuc **165.MA D:** mauritius images / Alamy **166.1:** Agentur Focus / SPL **169.MA B:** Gabriele Rupp, Stutensee **171.m.:** Gabriele Rupp, Stutensee **171.o.r.:** mauritius images **171.o.r.:** mauritius images / imagebroker **171.u.r.:** Fotolia / seen **171.r.:** Agentur Focus / SPL / DR KLAUS BOLLER **171.r.:** Agentur Focus / SPL / STEVE GSCHMEISSNER **171.u.l.:** picture-alliance / BSIP / IMA **171.o.l.:** iStockphoto / Kaan Ates **171.o.l-:** Fotolia / Amaro **171.m.l.:** iStockphoto **172.1:** BzGA Bundeszentrale für gesundheitliche Aufklärung 2011* **174.5:** iStockphoto / G. Medina **175.MA CA-CB:** BzGA Bundeszentrale für gesundheitliche Aufklärung 2011* **176.1:** Fotolia / lagom **178.4:** mauritius images / Science Photos Library **178.5:** Shutterstock / Dmitry Lobanov **180.1:** Volker Minkus, Isernhagen **181.3:** Shutterstock / Kzenon **184.A:** Fotolia / Monkey Business **184.B:** CDC-Center for Disease Control and Prevention **185.C:** Volker Minkus, Isernhagen **187:** mauritius images / Photo Alto **188.o. A-C:** Cornelsen Schulverlage GmbH / Z.Arghan **188.u. A-C:** Cornelsen Schulverlage GmbH / K. Kretschmer, Berlin **190.3:** Volker Minkus, Isernhagen **192.1 B:** mauritius images / Phototake **193.2 B:** mauritius images **196.1:** iStockphoto / CAGRI OZGUR **200.1:** mauritius images / bilderlounge **200.2 A:** iStockphoto / Justin Horrocks **200.2 B:** iStockphoto / ImagesBazaar **201.3 A:** iStockphoto **201.3 B:** iStockphoto **202.4 A:** mauritius images / Alamy **202.4 B:** iStockphoto / Adam Kazmierski **202.4 C:** iStockphoto / mediaphotos **204.1:** Your_Photo_Today **205.2 A:** Volker Minkus, Isernhagen **205.2 B:** iStockphoto / Eduardo Luzzatti Buy **205.2 C:** Okapia / imagebroker / Ottfried Schreiter **205.2 D:** Minkus, Volker, Isernhagen **207.MA A:** BzGA Bundeszentrale für gesundheitliche Aufklärung 2011* **208.A l.:** mauritius images **208.A r.:** mauritius images **208.B:** iStockphoto / CAGRI OZGUR **209.C:** mauritius images / bilderlounge **209.D:** Volker Minkus, Isernhagen **211:** iStockphoto / gemena communication **212.1:** Shutterstock / Monkey Business Images **213.3:** Agentur Focus / DR G. MOSCOSO / SPL **213.4:** Agentur Focus / EDELMANN / SPL **214.A-D:** mauritius images / Science Source **214.E:** Fotolia / Jonas Glaubitz **216.5:** Fotolia / Andrea Wilhelm **217.MA A:** mauritius images / Phototake **217.MA B:** mauritius images / Phototake **217.MA C:** mauritius images / Phototake **219.3 A-B:** mauritius images / Phototake / Carolina Biological Supply Company **219.3 C:** mauritius images / Science Source **219.3 D:** Corbis / Visuals Unlimited, Inc. / Dr. Fred Hossler **221.MA AA:** mauritius images / Photo Researchers, Inc. / Biophoto Associates **221.MA AB:** Agentur Focus / ISM / 2008 Jean-Claude Révy **222.1 A:** Allstar Picture Library **222.1 B:** picture alliance / Sammy Minkoff **223.4 A:** Fotolia / Andrey Kuzmin **223.4 B:** Fotolia / BillionPhotos.com **223.4 C:** Fotolia / Minerva Studio **223.4 D:** Fotolia / Robert Kneschke **226.5:** mauritius images / FOODFOLIO **226.6:** Fotolia / A_Lein **226.7:** Volker Minkus, Isernhagen **228.1:** Volker Minkus, Isernhagen **230.5:** Volker Minkus, Isernhagen **230.6:** Fotolia / Heike Rau **230.7:** Volker Minkus, Isernhagen **231.MA B:** Agentur Focus / SPL / MARTYN F. CHILLMAID **232.1:** Fotolia / shahrohani **233.3:** Shutterstock / Annette Meyer **234.4:** picture-alliance / Stefan Eisend **234.5:** Fotolia / Arina Habich **236.1:** Volker Minkus, Isernhagen **237.2:** iStockphoto **238.4:** Fotolia / gradt **238.5 A:** InfraTec GmbH **238.5 B:** InfraTec GmbH **239.MA A r.:** iStockphoto / DeltaOFF **239.MA A m.r.:** Fotolia / Gunter Kremer **239.MA A m.l.:** Fotolia / Big City Lights **239.MA A l.:** iStockphoto **238.u.:** InfraTec GmbH **239.MA B, C:** BMJ Publishing Group Ltd, © 2011 **240.1:** mauritius images / Alamy **241.2 A:** iStockphoto / S. Cramer **241.2 B:** iStockphoto / Eric Gevaert **241.2 C:** Panthermedia / R. Kneschke **241.3 A:** picture-alliance / WILDLIFE / G.Synatzschke **241.3 B:** mauritius images / Science Faction **241.3 C:** mauritius images **242.4 A:** iStockphoto / Niels Laan **242.4 B:** mauritius images / Alamy **242.4 C:** iStockphoto **242.4 D:** mauritius images / Alamy **242.5 A:** Drug Enforcement Administration (DEA) **242.5 B:** Panthermedia **243.1 A:** imago / Steffen Schellhorn **243.1 B:** Fotolia / Erwin Wodicka **243.1 C:** mauritius images / Alamy **243.1 D:** iStockphoto **244.1 A:** TopicMedia / imageBROKER / martin schrampf **248.1:** imago **250.:** Dr. Karl-Wilhelm Leienbach, Münster **251.C:** imago **251.A:** Shutterstock / Monkey Business Images **251.B:** Fotolia / shahrohani **253:** Corbis / 3d4Medical.com **254.1:** Shutterstock / wavebreakmedia **256.1:** Okapia / Christian Grzimek **257.u.r.:** picture alliance / akg-images **259.5 r.:** mauritius images / ParoliGalperti / Cuboimages **259.5 m.:** mauritius images / GARDENWORLD IMAGES / JOHN SWITHINBANK **259.5 l.:** mauritius images / Alamy **260.MA A r.:** mauritius images / Alamy **260.MA A l.:** Arco Images / Wegner, P. **260.V B:** Volker Minkus, Isernhagen **262.1 A-D:** Theuerkauf, H., Gotha **265.MA A r.:** mauritius images / Alamy **265.MA A l.:** Fotolia / Ralf Gosch **265.MA B:** picture-alliance / Udo Bernhart **266.1:** mauritius images / Phototake **270.1:** mauritius images / Science Source **274.1:** Fotolia / william87 **275.2:** Fotolia / molekuul.be **275.3 A:** Fotolia / Roman Milert **279.3:** picture alliance / Arco Images G **280.1:** Volker Minkus, Isernhagen **282.4:** TopicMedia / imagebroker **284.1:** Corbis / Mika **288.1:** mauritius images / Alamy **289.4 A:** 123RF / Tyler Olson **290.5:** mauritius images / imagebroker **293.MA D:** Fotolia / Monkey Business **294.A u.r., u.l., o.r., o.l.:** Theuerkauf, H., Gotha **295.B:** Volker Minkus, Isernhagen **297:** Corbis / Image Source **298.1:** mauritius images / Alamy / tbkmedia.de **298.2:** TopicMedia / Martin Siepmann **299.2:** Okapia / Breck P. Kent **299.3:** imago **299.4:** Fotolia / Stokholm **300.6:** Fotolia / Dietrich Leppert **301.MA B:** DK-images **302.1:** mauritius images / imagebroker **304.4 A:** imago **304.4 B:** mauritius images / Gerard Lacz **304.5 A:** Okapia / NAS / Louise K. Broman **304.5 B:** Fotolia / Manfred Ruckszio **305.MA A l.:** Fotolia / farbkombinat **305.MA A r.:** Okapia / Rene Arnault **306.1:** LWL-Museum für Naturkunde / Oblonczyk **306.2:** mauritius images / Alamy **307.3 A:** picture-alliance / WaterFrame / Tom Stack **307.4:** Shutterstock / Brian Lasenby **308.1:** Corbis / ZUMA Press / Sergi Reboredo **311.o.r.:** picture-alliance / akg-images **311.u.r.:** mauritius images / Alamy **313.MA B:** Fotolia / Xaver Klaußner **314.1 A:** mauritius images / Minden Pictures **314.1 B:** Okapia / imagebroker / Rolf Nussbaumer **317.MA A:** Okapia / Chris Mattison / FLPA **317.MA B l.:** Okapia / Raimund Cramm **317.MA B m.:** mauritius images / imageBROKER / Marko König **318.1 u.r.:** Corbis / Biosphoto **318.1 o.r.:** Shutterstock / Awei **318.1 o.l.:** Shutterstock / LeonP **318.1 u.l.:** Colourbox / khunaspix **319.4 A:** WILDLIFE / R.Usher **319.4 B:** imago / imago / blickwinkel **321.MA B:** Corbis / David Watts / Visuals Unlimited **322.1:** Agentur Focus / SPL / Reader **323.2 A:** Fotolia / nasared **323.2 B:** Shutterstock / Bernhard Richter **323.2 C:** imago **323.2 D:** picture-alliance / chromorange **323.2 E:** Shutterstock / Damson **324.3 A:** mauritius images / Alamy / The Natural History Museum **324.3 B:** Bridgemanimages.com **328.1 A:** Fotolia / Ing. Schieder, Markus **328.1 B:** akg-images / Hess. Landesmuseum **329.3:** Neanderthal Museum, Mettman **332.1:** VISUM / PANOS / Eric Miller **333.2:** Fotolia / Franz Pfluegl **334.1:** Axel Schulte / Naturschutzzentrum **335.3:** imago / imago / blickwinkel **336.5:** mauritius images / Alamy **338.1:** WILDLIFE **339.2 A:** Juniors Bildarchiv / WILDLIFE / B.Stein **339.2 B:** Shutterstock / Pixeljoy **340.3:** Shutterstock / Peter Schwarz **340.4 r.:** Fotolia / Andreas Gerlach **340.4 l.:** Fotolia / DOC RABE Media **341.MA A r.:** mauritius images / Alamy / Ernie Janes **341.MA A l.:** Ralf Joest, Bad Sassendorf **342.A:** mauritius images / imagebroker **342.B:** Okapia / imagebroker / Rolf Nussbaumer **343.C:** Axel Schulte / Naturschutzzentrum

*Mit freundlicher Genehmigung und Unterstützung der Bundeszentrale für gesundheitliche Aufklärung